BRASIL

A construção de um continente

O legado da colonização portuguesa no Brasil

António Neto Guerreiro

BRASIL

A construção de um continente

O legado da colonização portuguesa no Brasil

Espaço Editorial

São Paulo

– 2009 –

Título original:
Brasil – A Construção de um Continente:
O Legado da Colonização Portuguesa no Brasil

Capa
Zaé Júnior

Diagramação
Tarlei E. de Oliveira

Revisão
Luiz Gonzaga S. Neto

Dados Internacionais de Catalogação na Publicação

Guerreiro, António Neto
Brasil – A construção de um continente : o legado da colonização portuguesa no Brasil. António Neto Guerreiro. São Paulo : Espaço Editorial, 2009.

16 x 23 cm. 551 p.
ISBN 978-85-903392-2-9

1. História do Brasil 2. Geografia do Brasil 3. Geopolítica do Brasil. 4. Colonização portuguesa. I. Título

CDD304-6
918-1
981

netoguerreiro@superig.com.br

Espaço Editorial
Rua Pintassilgo, 457 – Moema
Cep 04514-032 – São Paulo – SP
Fone: (11) 5543-7099

Impresso no Brasil
Primavera de 2009

A verdade é uma fera que não convém andar à solta. As profecias desagregaram os povos e os profetas foram apedrejados e perseguidos porque soltaram ao vento inverdades discretas... Galileu foi forçado a abjurar, resgatou no instante supremo, com a mentira, a vida que estava prestes a perder, só porque denunciou um pedacinho da verdade...

Aristides Ávila

Sumário

Capítulo III

Capítulo IV

Capítulo V

Capítulo VI

Capítulo VII

Capítulo VIII

Prefácio

INTENTAMOS UMA OBRA que reabilite o hercúleo esforço despendido pelos primeiros povoadores europeus chegados ao Brasil: suas realizações esquecidas, seus feitos ignorados e sua participação decisiva na construção de um País, de um continente. Mas são tão grandes e diversas as dificuldades com que nos deparamos, e tantas as inverdades a contestar, que nos parece ser quase impossível remover essa avassaladora quantidade de ideias, pareceres, preconceitos e ódios propalados contra a herança da colonização portuguesa. Tão duramente criticada e vilipendiada, a presença portuguesa no Brasil se torna quase impossível defendê-la ou reabilitá-la dos linchamentos escritos e verbais e dos defeitos atribuídos àqueles que aqui ficaram e trabalharam durante os primeiros três séculos.

Vale a pena esta luta inglória pela defesa dessa herança, quando sabemos das nossas limitações sobre assunto tão árido e controvertido? Será necessária a defesa de gente de nobre estirpe que, se viva fosse, não necessitaria de alguém para defendê-la porque, com certeza, saberia muito bem se defender? Porém, mesmo convicto de que teremos muitas contradições e mentiras a combater, a objetar, entendemos que vale a pena.

Alguns historiadores e sociólogos brasileiros modernos têm se dedicado a ensinar e a descrever os momentos vivenciados pelos primeiros homens e mulheres lusitanos em terras brasileiras e, depois, por seus filhos e netos, que ajudaram a povoar e a civilizar esta terra, com tanta paixão. Estes receberam, em troca, a ingratidão e a irrisão de seus descendentes, é preciso que se note. Essa ingratidão se manifesta na maneira como esses descendentes se expressam e difundem seus queixumes contra seus ancestrais. De tal modo como se pretendessem se vingar, ou destilar sua bílis, daqueles que lhes deram o ser. Tudo se contesta, sem remorsos nem escrúpulos ou, melhor dizendo, com uma espécie de rancor e sadismo e com uma irritabilidade ímpar em relação à colonização lusa do Brasil.

Contesta-se e diz-se à boca cheia sobre o pouco amor ao trabalho dos lusitanos, sobre sua cupidez, indolência e má-fé e até os acusam de roubo e de assassinato. Imputa-se lhes uma tendência à anarquia, ao relaxamento e à desídia. Isso tudo aos primeiros povoadores que, com raras exceções, se dedicaram com fé e amor a povoar o Brasil. Tais generalizações rancorosas são fruto do desconhecimento da história em seu mais amplo sentido.

De 1940 para cá, o que se escreveu e o que se propalou sobre o assunto contribuiu para "DESFAZER a História do Brasil". Tanto as grandes figuras dos fidalgos que para cá vieram, inclusive as dos reis que governaram o Império português daqui do Brasil (a partir de 1808), quanto as do Reino Unido de Portugal e dos Algarves têm sido tão mal tratadas, que isso só pode satisfazer os desejos espúrios dos detratores da colonização lusa. Essas grandes figuras têm sido taxadas de glutões e comedores de porcos – entre vários epítetos –só para servirem de galhofas e dichotes ridículos, com a única finalidade de se ridicularizar personagens centrais da história brasileira diante de um público que, no geral, ignora a história do País. Isso quando não são apresentadas como figuras desprezíveis, burlescas e indesejáveis à nação brasileira de hoje, que até nos parece mais desejável que esses detratores delas se esquecessem!

Antes de começar a escrever este trabalho, li algures algo que me deixou comovido e, de certo modo, alegre ao mesmo tempo. Se de alguns dos intelectuais brasileiros, temos escutado e lido a crítica destrutiva e a contumaz maledicência, é-nos grato e compensador escutar e ver escrito palavras de apreço e reconhecimento sobre os feitos e conquistas desses mesmos antepassados, pelos que estão de fora, pelos que nada têm a ver com a história do Brasil, com suas raízes e cultura.

É assim que vimos o professor e historiador *Charles Ralph Boxer*, nascido na Ilha de Wight, Reino Unido, que escreveu, entre outras obras, *O Império Marítimo Português*, da qual extraímos o texto abaixo, contradizendo o que escreveram Sérgio Buarque de Holanda, Viana Moog, Darcy Ribeiro, Franklin de Oliveira e outros escritores e sociólogos. Assim se expressa Boxer:[1]

O cronista espanhol Francisco Lopez de Gómara, na dedicatória da sua "História Geral das Índias para o Imperador Carlos V", escrita em 1573, descreveu os descobrimentos ibéricos das rotas oceânicas das Índias

1. Boxer, Charles Ralph. *O Império Marítimo Português*, p.15. São Paulo: Companhia das Letras, p. 15, 2002.

ocidentais e orientais como "maior acontecimento desde a criação do mundo, depois da encarnação e da morte Daquele que o criou". Aproximadamente dois séculos mais tarde, o economista político escocês Adam Smith afirma textualmente o mesmo: "A descoberta da América e a da passagem para as Índias orientais, através do Cabo da Boa Esperança, são os dois maiores e mais importantes acontecimentos de que se tem registro na história da humanidade".

Logo a seguir, diz o historiador inglês:

> *Mesmo nesta era de viagens espaciais, muitos – incluindo não-cristãos – podem pensar que López de Gómara e Adam Smith não estariam longe da verdade. Porque a característica principal da história da sociedade humana antes dos descobrimentos de portugueses e espanhóis era a dispersão e o isolamento dos vários ramos da humanidade. As sociedades que floresciam e declinavam em toda a América, e em grande parte da África e do Pacífico, eram completamente desconhecidas dos que viviam na Europa e na Ásia.*

O texto acima reflete com precisão o que era o mundo antes das grandes navegações iniciadas pelos portugueses, depois seguidas pelos espanhóis. Entretanto, e apesar dos estrangeiros reconhecerem esses valores e virtudes dos antepassados brasileiros, os intelectuais, pensadores e grandes formadores de opinião do Brasil de hoje, em contrapartida, entendem que tudo foi feito ao acaso, na base da improvisação, sem nenhum método nem organização, como diz Sérgio Buarque de Holanda, em *Raízes do Brasil:*

> *À frouxidão da estrutura social, à falta de hierarquia organizada devem-se alguns dos episódios mais singulares da história das nações hispânicas, incluindo-se nelas Portugal e o Brasil. Os elementos anárquicos sempre frutificaram aqui facilmente, com cumplicidade ou indolência displicente das instituições e costumes.*[2]

Por mais paradoxal, esta é a opinião de muitos intelectuais e formadores de opinião brasileiros sobre o que os portugueses fizeram pelo mundo, e, mais notadamente, pelo Brasil. Ficamos perplexos quando estes descrevem a grandeza do Brasil, sem darem o devido valor àqueles que lutaram, se dedicaram e se sacrificaram para que o Brasil fosse grande e forte.

A este preâmbulo pouco mais temos a acrescentar. Porém, os fatos serão narrados – acolhidos ou repudiados pelo caro leitor – com argumentos documentados sobre a história brasileira, e jamais com ilações capadócias, tiradas ao belo sabor das ideias, como têm feito alguns intelectuais. Esses que só enxergam mediocridade, incompetência, negligência e inferioridade na formação das raízes do Brasil terão com certeza um forte opositor neste modesto plumitivo. O nosso esforço para transmitir os fatos históricos documentados está aí. Alguns, certamente, entenderão a obra muito prolixa e seu conteúdo nada terá de importante ou inovador, porém, outros achá-la-ão sintética e singela. Mas o que vale é a intenção de pôr as coisas nos seus devidos lugares.

---

2. Holanda, Sérgio Buarque de. *Raízes do Brasil.* Rio de Janeiro: Livraria José Olímpio Editora, p. 5, 1982.

Por derradeiro, queremos dizer que a história da povoação do Brasil não foi tarefa fácil. Depois da Independência do País, tornou-se, aliás, mais complicada para caber neste pequeno livro, no qual pretendemos demonstrar o outro e mais fidedigno lado da história da colonização do Brasil, diferente das mentiras e ilações sobre os heróis brasileiros de um passado recente.

Capítulo 1

I – Os Primeiros Contatos e Como Viviam os Nativos em 1500;

II – Tratado de Tordesilhas;

III – Dom Manuel, Vasco da Gama e a Descoberta do Brasil por Pedro Álvares Cabral;

IV – A Teoria da Riqueza das Nações, de Adam Smith;

V – A Ingratidão e o Desamor ao Trabalho;

VI – O Ciclo da Cana: a Primeira Grande Riqueza da Agroindústria Nacional;

VII – Os Invasores Holandeses, suas Conquistas e Expulsão.

I

Os primeiros contatos e como viviam os nativos em 1500

Limitar os nossos conhecimentos históricos sobre a descoberta do Brasil, por Pedro Álvares Cabral (ou de Gouveia), sem imaginarmos outra hipótese a não ser aquela simplista dos relatos de alguns historiadores é, na verdade, estreitar nossas vistas, nossa inteligência ou imaginação quanto aos conhecimentos geográficos, cartográficos e científicos dos portugueses da época remota das grandes navegações e dos descobrimentos marítimos. Dizer mui simplesmente que Cabral, o senhor de Belmonte, desviou sua rota marítima em decorrência das calmarias e, por acaso, achou terras de Santa Cruz é, no mínimo, um erro de avaliação ou maneira singela de relatar o curso da historiografia do mundo cósmico daquela época. É, também, concomitantemente, negar o sábio conhecimento científico e oceanográfico dos lusitanos de 1500. Devemos, pelo menos, reconhecer que os portugueses eram os mais bem preparados e os mais experimentados na arte de navegar e os detentores da tecnologia de ponta daquelas eras remotas.

Ao dizermos que houve erro de avaliação, levamos em conta, por intuição, o pragmatismo ou a veemente teimosia de Dom João II em só assinar o Tratado de Tordesilhas, em junho de 1494, com sua linha divisória a 370 léguas a oeste de Cabo Verde. Grosso modo, o tratado dividia o mundo a ser descoberto entre as Coroas portuguesa e espanhola. Tal decisão demonstra que Dom João já tinha conhecimento da existência de terras inseridas à distancia por ele exigida. Em segundo lugar, pelo relato de Pedro Velho, em seu diário de bordo de 23 de agosto de 1497, sobre a viagem de Vasco da Gama, conforme narração de Eduardo Bueno em sua obra *O Descobrimento das Índias:* "... quando dois anos atrás por ali passara, já sentira ou imaginara a hipótese de haverem terras firmes naquelas proximidades".[3] Nesse mesmo relato de bordo, o cronista enfaticamente observa:

> *Indo de volta ao mar*[4] *ao sul à quarta do sudeste, achamos muitas aves semelhantes a garções que, ao anoitecer, seguiam contra o sudoeste muito rijas, como aves que iam para terra. Neste mesmo dia, vimos uma baleia, e isto a oitocentas léguas em alto mar.*

Todavia, na falta de outros indícios e como prova de que os portugueses já tinham conhecimento de terras firmes a pouca distância de onde passaram anteriormente, entendemos que estes dois indícios históricos são suficientes para nos levar a acreditar que tanto o Rei D. João

3. Bueno, Eduardo. *O Descobrimento das índias.* Rio de Janeiro: Editora Objetiva, 1998.
4. *A volta ao mar* era a rota que os navegantes portugueses faziam para se livrarem das calmarias das costas africanas entre Serra Leoa e a Baía de Santa Helena.

II de Portugal como alguns dos seus capitães mais próximos já tinham conhecimento de haver terras a menos de 370 léguas de Cabo Verde. Por isso mesmo, não haveria razões para tantas acirradas polêmicas com o Papa Alexandre VI nem com os reis católicos de Espanha, muito antes do ano de 1500.

Ainda no mesmo sentido, pelo que relata o cronista Pero Vaz de Caminha, em sua carta a Dom Manuel, comunicando-lhe sobre *O Achamento do Brasil*, como ele se refere às terras encontradas, não residem quaisquer dúvidas, pelos documentos, sobre este fato. No dia 22 de abril de 1500, os portugueses chegaram a Porto Seguro (sul da Bahia), sob os olhares incrédulos e de espanto, e com algum burburinho, dos habitantes destas terras, às quais os lusitanos lhes deram o nome de Santa Cruz. Deve-se ainda observar que, quando os portugueses desembarcaram nas bonitas praias de águas claras e tépidas dos mares do sul da Bahia, sob um sol rutilante, viram-se de repente frente a frente e cercados por uns 70 ou 80 índios completamente nus. Porém, estes estavam armados com arcos e flechas, como se fossem para a guerra e pretendessem matar ou quiçá levar presos os recém-chegados, por estes lhes invadirem suas praias e terras. Natural, portanto, os visitantes terem ficado alarmados com essa presença insólita.

Entretanto, a primeira reação dos índios, ao verem tantos barcos e uma multidão de homens, talvez tivesse sido, com razão, a de entender que se tratava de uma grande invasão. Logo observaram que se tratava de uma missão de paz. O objetivo dos lusos era descobrir as terras a que os mesmos tinham direito, segundo o Direito Canônico da época, como se suas fossem, adquiridas pelo Tratado de Tordesilhas. No entanto, outro problema maior surgiu. Os índios viviam da pesca, da caça e de alguns frutos silvestres; moravam rudimentarmente em cabanas feitas com paus e cobertas com folhas de palmeiras, para se proteger do frio e das intempéries da natureza; e dormiam em redes ou em esteiras feitas de tabua estendida pelo chão de terra batida.

Ao verem aqueles homens vestidos com roupas bizarras e com grandes chapelões nas cabeças, de botas altas, os índios se alarmaram, pensando tratar-se de gente que os vinha proibir de pescar nas águas do mar salgado. Contudo, a primeira imagem que os cronistas de bordo da época tiveram daquela gente nua, de rostos pintados e de armas nas mãos, e que faziam guerra a outras tribos das quais se diziam inimigos, era a de que se tratava de povo bárbaro que os queria matar. Em outras palavras, que aqueles índios de bonitas feições não eram pacíficos ou bonzinhos como os pintam.

A agricultura, em tão boas terras para o plantio (como informou Caminha em sua carta enviada a El Rei Dom Manuel), quase não existia. Os silvícolas apenas cultivavam o algodão, a mandioca, nada mais. E, diga-se, da mandioca, a mais importante fonte de riqueza das suas plantações, os índios fabricavam uma bebida alcoólica chamada *cauim*, que bebiam em larga escala quando faziam suas festanças, plenas de rituais pagãos e sensuais, ao som do rufar dos tambores e das matracas, onde preponderavam as danças e as bebedeiras, ao redor de enormes fogueiras, no melhor estilo selvagem.

Os primeiros contatos entre ambas as raças, como não se entendiam em seus diferentes idiomas, só se deram através de gestos ou de mímicas. Porém, mesmo não se entendendo, ocorreram as trocas de presentes e a celebração de pacto de amizade e de lealdade mútua. Os selvagens ficaram extasiados com a visão dos grandes navios dos visitantes e, como seria natural, pediram aos lusitanos permissão para visitarem os grandes navios que, por precaução, ficaram um pouco afastados da praia. Então, os gentios desnudos, cobertos apenas por pinturas exóticas em seus corpos, com grande algazarra penetraram nos barcos dos recém-chegados, que usavam grandes chapelões e pesadas vestimentas naquele estonteante calor do verão do sul da Bahia.

Porém, os indígenas também quiseram mostrar aos visitantes suas embarcações. Mas estas eram pequenas canoas feitas de casca de Ingá ou de troncos de árvores cujo miolo eles lhes extraíam com cunhas feitas de pedra lascada e com martelos do mesmo material. Essas eram as únicas ferramentas de que dispunham ou que conheciam naquela época e as usavam nas mais variadas atividades industriais, principalmente nesses tipos de construções, que eram destinadas à pesca e ao transporte coletivo de suas comunidades.

Segundo informações dos cronistas da expedição, essas populações também fabricavam as *inis* (redes de dormir). Além disso, teciam um fio chamado *tacum,* tirado das folhas de um tipo de palmeira, com o qual faziam redes de pescar. Além destes artefatos, fabricavam arcos e flechas para caçar, pescar e lutar contra seus inimigos. Grosso modo, eram essas as principais atividades produtivas e engenhosas dos gentios selvagens.

Na organização familiar, as tarefas eram divididas. Aos homens cabiam a caça e a pesca em tempos de paz. Em tempos de guerra, naturalmente, tinham obrigações com o chefe da tribo (cacique), a quem cabia organizar e comandar os guerreiros. As mulheres dedicavam-se à plantação

da mandioca, a tecer o algodão, assim como a fabricar o tucum, cuidar dos filhos e a catar certos tipos de ervas para, depois de secas, as fumarem no cachimbo da amizade (ou da paz), prática comum entre os componentes de todas as malocas dos índios brasileiros. Amiúde, costumavam convidar indivíduos de outras tribos para assistir às festas, aos jogos ou aos rituais religiosos quando, então, celebravam a amizade e que culminavam com os principais chefes tribais pitando, coletivamente, o cachimbo da paz.

A antropofagia de algumas tribos brasileiras foi um dos hábitos e rituais que mais chamaram a atenção dos escribas lusitanos, tanto pela crueldade como pelo ato anticristão (no contexto da época) praticado por canibais. Foi descrita de maneira tão brutal que os primeiros episódios narrados deixaram seus interlocutores impressionados e incrédulos com a crueldade empregada neste modo de matar e de comer os inimigos. A descrição dessa barbaria causava arrepio e aflição nos interlocutores e os deixava perplexos.

Na verdade, o canibalismo foi, entre todos os atos, na visão do colonizador europeu, o mais horripilante, dramático e selvagem que os lusitanos presenciaram. Isso pelos atos humilhantes e cruéis que algumas dessas tribos infligiam a seus adversários, o modo como eram executados seus inimigos ou prisioneiros, além do terror e da tortura psicológica a que lhes submetiam, quer pelo ritual propriamente dito, quer pela preparação do ato em si, que gerava às suas vítimas um sofrimento atroz inda antes de morrer. Ver descrição de Hans Staden.[5]

5. *Hans Staden – Primeiros registros escritos e ilustrados sobre o Brasil e seus habitantes.* São Paulo: Editora Terceiro Nome, 1998.

No entanto, alguns historiadores teimam em considerar a antropofagia como não sendo ato brutal e bárbaro e digno de reprovação (só porque era praticada por várias tribos brasileiras). À parte essas crueldades, outras mais brutais e desumanas eram impostas às suas vitimas, como, por exemplo, a exasperação da morte antecipada: colocavam-lhes um colar de algodão ao pescoço e lhes atavam as mãos a esse mesmo colar, como boi que vai para o abate ou como cordeiro oferecido ao sacrifício dos deuses, nas oferendas das tribos dos antigos judeus.

Danças macabras, ritmos endiabrados e ensurdecedores, acompanhados do rufar dos tambores e das matracas, cantares e algazarras pavorosas, praticadas pelos selvagens ao redor dos condenados à morte, surdiam pela floresta e, enquanto isso, enormes fogueiras ardiam à sua volta: depois de os prisioneiros serem mortos barbaramente, eram assados e esquartejados e, em seguida, devorados por seus algozes com requintes selvagens e de prazer. Segundo nos informa Hans Staden em seus relatos, as mulheres também participavam dessas festas e se divertiam, comendo com os homens e acompanhadas das crianças que, desde cedo, participavam desses rituais, juntando-se aos adultos em alegres festanças bárbaras.

Independente da antropofagia praticada por algumas tribos, é evidente que, pelo relato deste primeiro encontro entre portugueses e indígenas, nas terras de Santa Cruz, a partir do início do século XVI, os primeiros habitantes viviam como os homens da Idade da Pedra Lascada, também chamada Era do Paleolítico. Portanto, povos chamados de cultura inferior.[6] Entretanto, no dizer de alguns historiadores brasileiros, a nudez

6. Conforme classificação de Krickeberg inserida no trabalho de José Verdasca dos Santos, *Raízes da Nação Brasileira – Os Portugueses no Brasil.* São Paulo: Ibrasa, p. 51, 1997.

era natural, pois, em relatos condescendentes, alguns autores afirmam que os índios brasileiros não precisavam cobrir seus corpos porque usavam pinturas como códigos sociais e que, ao mesmo tempo, as pinturas serviam de roupagens para cobrir ou proteger seus corpos das intempéries naturais.

Em nosso entender, nada mais paternalista e hipócrita do que querer esconder o evidente atraso cultural dos gentios do Brasil daqueles recuados tempos. De fato, eles não usavam vestes (ou andavam nus) porque desconheciam a arte da tecelagem e, como tal, não tinham noções de fabricar panos para suas vestes a fim de se cobrirem. Por isso andavam nus. Por que é que isto não acontecia com os Maias, Astecas ou Incas das mesmas eras? Os argumentos de que esses povos não careciam cobrir o corpo, como afirma Jorge Caldeira, em sua *História do Brasil*,[7] é desculpa inconsistente que não merece crédito, ao não revelar o atraso dos índios brasileiros. Diz o autor:

> *Não sentiam necessidade de cobrir o corpo, mas as pinturas corporais funcionavam como um código social: cada uma delas indicava uma situação especifica (guerra, nascimento de filhos, ritos, luto etc.).*

As relações de parentesco foram, talvez, o que de melhor os portugueses encontraram entre os povos primitivos e selvagens do Brasil. Primeiro, parece que os índios tinham conhecimento do mal que lhes poderia advir do acasalamento entre parceiros do mesmo tipo sanguíneo e, por isso, proibiam o casamento entre indivíduos da mesma tribo. Entretanto,

---

7. Caldeira, Jorge. *Viagem pela História do Brasil.* São Paulo: Companhia das Letras, 1997.

não se tem a certeza se a proibição ocorria por conhecimento ou se por tradição. Em segundo lugar, definiam antecipadamente um conjunto de parentes entre os quais não podiam se casar. Possivelmente por acreditarem que a união de indivíduos da mesma linhagem de parentesco trazia problemas à comunidade e, por isso, os proibiam de casarem entre pessoas do mesmo clã. Isso denotava algum avanço na procriação (quiçá o de nascerem defeituosos). Simultaneamente, essa mesma regra estabelecia a vida social, ao mesmo tempo em que definia normas de trabalho ou funções dentro do corpo social da tribo.

Os parentes mais próximos cuidavam das relações sociais com outros grupos, estabelecendo condições para novas uniões de parentesco, determinando novas alianças com esses outros grupos. Esses laços afetivos reforçavam, mais uma vez, a união entre grupos diferentes de eugenia, como sinal de perfeita saúde. O nascimento dos filhos era outro ritual muito especial e diferente dos de outros povos. Talvez o mais atrasado de que temos conhecimento. Dizem que, no momento do parto (como é de nossa cognição), o filho ainda ligado à mãe pelo cordão umbilical, este era cortado pelo pai com os dentes ou, então, com uma pedra afiada, quando eram separados os dois, mãe e filho. Depois, até o resto de o referido cordão secar e cair (geralmente no oitavo dia de vida da criança), era o pai que permanecia resguardado na cabana sob uma dieta rigorosa, protegendo-se da luz do sol e do vento, enquanto a mãe, terminado o trabalho do parto, lavava-se no rio e retornava às suas lides e atividades domésticas normais.

Era primitiva e rude a operação do corte do cordão umbilical: *O pai cortava o cordão com os dentes ou, então, com uma pedra afiada.* Essa operação indica que os índios viviam no paleolítico, como atrás nos referimos. Além disso, era o pai quem ficava de quarentena porque, segundo a crença destes aborígines, a criança era fruto apenas do pai, enquanto o ventre da mãe era apenas o recipiente onde se processava o desenvolvimento do feto. Portanto, há de se convir que esses dois fatos em si são reveladores do primitivismo dessas tribos. No que concernia às guerras, estas, muitas vezes, eram resolvidas através de alianças pelo casamento entre jovens das tribos em litígio. Outro estratagema comum era o rapto das mulheres das tribos adversárias, normalmente celebrado com rituais cruéis de antropofagia.

II

O Tratado de Tordesilhas

JÁ FALAMOS SOBRE O TRATADO de Tordesilhas, todavia sob a ótica que levou os reis católicos a solicitarem ao Papa Alexandre VI a divisão do Novo Mundo em duas partes. Isto porque Portugal era a grande nação marítima daquela época. Dir-se-ia que a Espanha, através dos seus soberanos Isabel de Castela e Fernando de Aragão, apenas ensaiava, naquele momento, os primeiros passos, as primeiras experiências marítimas. Sendo os reis católicos espanhóis neófitos neste assunto e não tendo a certeza do que estavam fazendo, solicitaram ao Papa a posse de todas as terras descobertas e a descobrir a ocidente dos Arquipélagos dos Açores ou de Cabo Verde.

Com efeito, em um primeiro momento, o Papa (que também desconhecia o assunto), aquiesceu à petição dos reis católicos, estabelecendo uma linha divisória a 100 léguas a ocidente daquelas possessões portuguesas. Essa demarcação determinava e garantia, à Coroa espanhola, a posse das terras descobertas e a descobrir além da linha imaginária reivindicada pelos reis católicos, cujo regulamento teria como parâmetro o que determinava a "*Bula Inter Caetera*" (documento que definia os termos do decreto papal).

Todavia, o rei de Portugal, Dom João II, profundo conhecedor do assunto (e sabedor de a quantas léguas dos citados arquipélagos portugueses estariam as terras firmes), ao se sentir prejudicado pela determinação do papa, recusou-se, determinantemente, a aceitar a ordem bulática. O Rei deu, então, início a várias e complicadas negociações diplomáticas entre as duas Coroas da Península Ibérica. Porém, após algumas negociações, marchas e contramarchas (inclusive com ameaças de uma guerra peninsular entre os dois reinos), as partes chegaram finalmente a um acordo, assinado em 7 de junho de 1494, denominado "Tratado de Tordesilhas",[8] assim chamado por ter sido celebrado na povoação castelhana de Tordesilhas.

Pelo que ficou estabelecido no acordo entre as duas Coroas, teríamos: as terras aquém das 370 léguas de Cabo Verde (e não 100 léguas como estabelecia o decreto anterior), na linha divisória imaginária, pertenceriam à Coroa portuguesa e aquelas que ficassem a oeste dessa linha pertenceriam à Coroa espanhola. Entretanto, no referido acordo, as demais nações da Europa não foram chamadas à lide, quiçá por descaso ou desconhecimento destas sobre este assunto. Mas após alguns anos, essas mesmas nações, vendo as fabulosas riquezas – o ouro, a prata, os diamantes e outros metais preciosos – que os espanhóis retiravam das nações indígenas, especialmente do Império dos Maias e dos Astecas, no México, e

8. Ameal, João. *História de Portugal.* Porto: Livraria Tavares Martins, p. 242, 1962.

dos Incas, no Peru, vieram em seu encalço a fim de tentar usufruir daquelas mesmas riquezas emergentes do Novo Continente. Para isso, pretenderam anular o tratado celebrado entre as duas nações da Península Ibérica.

Ante a expectativa da riqueza imediata, a França, a Inglaterra e a Holanda levaram, logo, o assunto do Tratado de Tordesilhas para a ribalta da diplomacia internacional, tendo como árbitro o Papa. Declarado arbitrário, entra novamente em discussão a validade do complicado tratado, que foi dado como nulo, de pleno direito. As nações interessadas no assunto evocaram, como argumento principal, a teoria simplista de que o mundo jamais poderia ser dividido apenas entre as duas Coroas da Península Ibérica. Tal como fora proclamado e declarado aquele tratado (um ato jurídico nulo e imperfeito), deveria ser revogado ou anulado, segundo aquelas nações.

Desta desordem internacional, iniciaram-se, então, as invasões, pelos países descontentes e discordantes do Tratado de Tordesilhas, dos territórios descobertos – tanto pelos portugueses como pelos espanhóis, a partir de meados do século XVI.

Tanto a França como a Holanda pretenderam e chegaram até a estabelecer bases na América do Sul, mais especificamente no Brasil, como por exemplo, em São Luis do Maranhão e no Rio de Janeiro, sem, contudo, lograrem êxito, combatidos que foram pelos portugueses. Já a Inglaterra limitou-se a algumas ações bélicas em algumas pequenas bases do território brasileiro, sem êxito também. Depois, os ingleses desviaram suas atenções para o norte do Continente, onde estabeleceriam as 13 colônias americanas que, mais tarde, dariam origem aos Estados Unidos da América do Norte, como mais adiante analisaremos.

III

Dom Manuel, Vasco da Gama e a descoberta do Brasil por Pedro Álvares Cabral

A DOM MANUEL I COUBE a glória de construir e alargar o Império Português. Dizem, e com razão, que foi *O Venturoso* porque teve a ventura de alcançar, ainda em seu reinado, o esplendor e a glória para a Coroa portuguesa e para Portugal. Dá-nos João Ameal, em sua *História de Portugal*,[9] este alegórico texto sobre a pátria portuguesa.

Até então, subimos sempre – desde os alvores da nacionalidade, quando Dom Henrique de Borgonha procurava libertar-nos da suseraria de Leão – subimos sempre na luta contra os islamitas para chegar a Portugal completo de Afonso III, na incessante e triunfal resistência contra as veleidades absorventes de Castela. As conquistas em África, depois as navegações ao longo do Continente Negro, deram-nos riqueza, poder de expansão, promessas de Império. Com Dom Manuel se colhem todos os

9. AMEAL, João. *Op. cit.*, p. 245.

frutos – magníficos frutos! – do esforço acumulado pelos Monarcas e pelas sucessivas gerações. E vamos algumas décadas – quase um século de alto esplendor.

De fato, as honras das maiores conquistas de Portugal couberam a este venturoso rei. Foi brilhante por estar à frente de um destemido e arrojado povo em sua época. Durante os quatro anos que se seguiram à assinatura do Tratado de Tordesilhas, os portugueses sem cessar, em arrojados lances e longas navegações intercontinentais, foram alargando continuadamente os seus sonhos e horizontes, dedicando-se, com esforço e entusiasmo, ao descobrimento de novos oceanos e continentes, no então incógnito caminho marítimo das Índias.

Este objetivo repleto de incidentes e dificuldades, perseguido a duras penas, durante mais de oito décadas, foi coroado de êxito: em 27 de maio de 1498, Vasco da Gama entra triunfalmente em Calicute, na costa do Malabar, no sul da Índia, com sua modesta mas aguerrida esquadra, fazendo tremular, pela vez primeira, o pendão nacional de Portugal naquelas longínquas e recônditas terras indianas.

Nos primeiros encontros com os indianos na cidade de Calicute, os portugueses sofreram muitos dissabores, humilhações e algumas represálias, inclusive foram chamados de ladrões pelos árabes que ali se encontravam e que já comerciavam havia algum tempo com a Europa. Diga-se que os árabes já conheciam os portugueses através de contatos anteriores no norte de África. Em combates e batalhas, já se tinham defrontado dezenas de vezes com os lusitanos, porém, perdendo aqueles quase todas.

Destarte, e com razão, receavam os árabes um novo reencontro com os lusos, temendo novos reveses e severas derrotas. Por isso, dificultaram ao máximo o contato de Vasco da Gama e de seus comandados em terras da opulenta e fabulosa Índia. Não queriam, de forma nenhuma, a aproximação dos portugueses com os indianos, chegando em certo momento a sequestrar e a deter Vasco da Gama, mantendo-o como refém por algumas horas em cárcere privado, na fascinante Calicute, movimentado porto comercial da costa sudoeste indiana e principal centro produtor de pimenta da época.

Mas o grande navegador, valendo-se da sua autoridade e de presença de espírito, fê-los se demoverem do seu intento de aprisioná-lo, argumentando em sua defesa que usaria de vingança contra os seus sequestradores, caso não o liberassem imediatamente. Enfim, depois de muitas negociações, Vasco da Gama regressava a Portugal com a glória de ser o primeiro navegador português a pisar terras da Índia, através dos oceanos. Regressou, contudo, com menos da metade dos seus companheiros que o acompanharam nesta espetacular aventura, onde também esteve presente seu irmão, Paulo da Gama, que pereceu na arriscada e longa viagem.

No regresso, o almirante trouxe algumas amostras das famosas especiarias da Índia, carregando consigo minuciosos relatos nos diários de viagem, onde foram narradas as alegrias e desventuras por que passaram durante a enorme travessia transatlântica. Esta teve início em 8 de julho de 1497 e terminou em 18 de setembro de 1498 (portanto, mais de um ano em arrojadas navegações por mares nunca dantes navegados). Foi recebido triunfalmente em Lisboa, pelo povo, que o ovacionou, e por Dom Manuel, que o consagrou.

Os sinos de todas as igrejas da Lisboa daquelas eras (Olissipo) dobraram em sinal de regozijo, e o povo mais uma vez se acotovelava para o ver em 1498. Nesta data, eis que o grande navegador entrava pelo porto do Restelo, coberto de glória e honradez, regressando à Pátria que um dia o viu nascer. O almirante, vestido de luto pela morte de seu irmão, prostrando-se diante do monarca português, teria dito perante enorme multidão que viera recebê-lo no Restelo:

> *Senhor, nesta hora são acabados meus trabalhos e de todo satisfeito, pois Nosso Senhor me trouxe ante Vossa Alteza.*[10]

Em seguida, foram-lhe prestadas as mais altas homenagens. Mal os heróis portugueses tinham acabado de festejar o grande acontecimento da descoberta do caminho marítimo para a Índia, já Dom Manuel ideava, com ardor e alvoroço, outra nova missão para os argonautas portugueses. Desta vez, fora construída uma esquadra capaz de impor respeito e chamar à ordem todos os inimigos dos portugueses. Uma esquadra de assombrar o mundo e, mais precisamente, os árabes de Calicute, mormente aqueles que tiveram o desdouro de menosprezar os portugueses, chamando-os de ladrões e mentirosos, quando da estadia de Vasco da Gama.

Para comandar a armada e levar avante a importante missão, foi escolhido, pelo rei de Portugal, o cortesão Pedro Álvares Cabral, senhor de Belmonte. A esquadra de Cabral era composta de treze navios, com um contingente de 1.200 homens, entre tripulantes e soldados. Foi, entre

10. BUENO, Eduardo. *O Descobrimento das índias, pág. 123* – Editora Objetiva, 1998 – Rio de Janeiro.

todas, a mais bem equipada e a maior força naval de um país e que o mundo jamais teria visto até aquela data. No dizer de muitos povos por onde passou aquele enorme comboio de navios, a esquadra, de pronto, impunha respeito e admiração a quem a visse – quer pelo porte de suas naves armadas com enormes canhões, quer pela destreza e manejo de armas de seus tripulantes, marinheiros e capitães que nelas navegavam, atentos aos interesses da Coroa portuguesa e à fé em Cristo.

Depois de descobrir as terras do Brasil, em 1500 (de que trataremos mais adiante), e mandar Gaspar de Lemos como mensageiro a Lisboa avisar a Dom Manuel do *Achamento* das terras do Novo Mundo (como se refere Caminha), o capitão levanta ancoras, solta as velas ao vento, e novamente, sulcando os mares do Atlântico Sul, segue rumo à Índia, conforme incumbência do seu Rei e Senhor, Dom Manuel I de Portugal. A travessia do Atlântico a caminho da Índia, passando pelo Cabo da Boa Esperança (no extremo sul do continente africano, hoje África do Sul), deu-se demasiadamente conturbada, acidentada e fatal para muitos dos tripulantes e marinheiros. Temporais violentos se desencadearam em frente ao Cabo das Tormentas (como era conhecido), provocando o naufrágio e destruindo completamente quatro navios em frente ao tenebroso rochedo do gigante Adamastor.

Anos antes, em 1488, Bartolomeu Dias tivera a glória de ser o primeiro a transpô-lo, o primeiro vencedor do gigante, como cantou Camões, no oitavo verso da estrofe 60, canto V, do seu poema épico *Os Lusíadas: Casos, que Adamastor cantou futuros* (ecoando as lendas seculares que tanto falavam do horripilante fantasma do gigante Adamastor). Por coincidência ou ironia do destino, foi nessa terrível travessia que o implacável mar salgado, quiçá por vingança ou fatalidade, o engoliu para sempre, levando-o deste mundo para a eternidade.

Contudo, nada disso desarmou o espírito de luta e de fé do obstinado capitão Cabral. Nem mesmo com o coração a sangrar, partido de dor pela perda dos seus leais companheiros, se deixa abater. Navegando sempre em frente, ei-lo chegando, finalmente, em 16 de julho de 1500, a Sofala (na costa central da atual Moçambique, na África Oriental, já no Oceano Índico), com sua importante esquadra, ainda que desmantelada e reduzida a apenas seis navios. Mais da metade da sua gente foi tragada para sempre nas águas revoltas do terrível promontório do sul da África, esquina do mundo. Mas Cabral, após a tempestade ter passado, e enchendo-se de confiança, segue seu destino sem se atemorizar, passa por Moçambique, depois alcança Quiloa (atual Tanzânia), aporta em Melinde (hoje no Quênia), e chega, finalmente, em Calicute, em 13 de setembro de 1500.

Diligencia Cabral, como já o fizera Vasco da Gama, de estabelecer boas relações de amizade com o Samorim (rei ou rajá) da cidade de Calicute. Mas o Samorim era o mesmo que, tempos atrás, tivera atritos com o almirante Vasco da Gama. Os seus aliados e conselheiros também são os mesmos fomentadores de intrigas, aqueles que exortavam os indianos a ficar contra os lusitanos, com suas insídias e ciladas. Para complicar a situação, alguns portugueses imprudentes desembarcaram para admirar as belezas da encantadora cidade. Ora, os naturais, insuflados pelas intrigas dos mercadores árabes, sem motivos justificáveis, assassinam à traição o português Aires Correia e mais outros portugueses incautos que haviam aberto um estabelecimento para vender pimenta. Naturalmente, a esta provocação contra os portugueses, Cabral não se fez de rogado.

Numa reação espontânea, impôs duro castigo aos inimigos dos lusitanos, incendiando-lhes quinze barcos, ao mesmo tempo em que bombardeava, implacavelmente, toda a cidade, deixando-a em chamas durante alguns dias, reduzindo-a a um monte de destroços e cinzas. Após o castigo, Cabral seguiu viagem com destino às cidades de Cochim e Cananor, onde foi recebido com grande alvoroço pelos monarcas desses reinos, talvez com medo ou quiçá pelo ódio que estes devotavam ao Samorim de Calicute.

Em Cananor, recebem-no com absoluta cordialidade e manifesta amizade, com navios carregados de canela e gengibre, esperando sua chegada para negociar com os portugueses. Vendo a receptividade dos senhores destes reinos, Cabral nomeou Gonçalo Gil Barbosa para o cargo de embaixador em Cochim, deixando-lhe mais alguns companheiros de viagem.

Em 15 de janeiro de 1501, o capitão inicia o regresso a Lisboa, aportando na capital portuguesa a 25 de Junho desse mesmo ano e, para confirmar a Dom Manuel o bom relacionamento com os potentados daquelas praças da Índia, trouxe consigo embaixadores dos reis de Cochim e de Cananor, onde obtivera um grande e valioso carregamento de especiarias das exóticas nações indianas, tão cobiçadas na Europa daquela época.

Todavia, voltamos nossa atenção para o Brasil, que é a causa principal deste trabalho e, ao mesmo tempo, para a carta de Pero Vaz de

Caminha – a certidão de nascimento do País, como dizem alguns –, em que o cronista confidente de Dom Manuel sugere o que seu rei deve fazer em suas novas terras. A carta de Caminha obriga-nos a imaginar qual seria o tipo de relacionamento que um simples amanuense do Reino de Portugal teria com o seu soberano, para lhe sugerir o que deveria ou não fazer em suas novas terras. Como se verifica no relato abaixo, Caminha faz prolixa e esclarecedora narrativa do que foi encontrado e do que observou, num dos tópicos da carta, dizendo, com extrema clareza:

> *Contudo a terra em si é de muito bons ares frescos e temperados como os de Entre-Douro-e-Minho... Águas são muitas, infindas. Em tal maneira é graciosa que, querendo-a aproveitar, dar-se-á nela tudo, por bem das águas que tem.* [11]

Com referência a esta observação de Caminha ao rei Dom Manuel, a carta não convenceu e nem convence alguns intelectuais brasileiros no que concerne ao cultivo da terra. Pois, mesmo com o famoso cronista aconselhando Dom Manuel e seus súditos a vir semear as terras brasileiras, *em que se plantando tudo dá*, como afirma textualmente o escriba, ainda assim muitos ensaístas e sociólogos nacionais são taxativos em negar aos seguidores de Caminha as boas qualidades de agricultores, como diversas vezes assevera Sérgio Buarque de Holanda, em seu *Raízes do Brasil,* nos parágrafos que transcrevemos a seguir:

11. Carta a El-Rei D. Manuel I de Portugal. *Sobre o Achamento do Brasil.* Trabalho de J. Alves das Neves, p. 51, São Paulo: Edição do Elos Clube de São Paulo, 1986.

> *Essa pouca disposição para o trabalho, ao menos para o trabalho sem compensação próxima, essa indolência como diz o deão Inge (sic), não sendo evidentemente um estímulo às ações aventurosas, não deixa de constituir, com notável frequência, o aspecto de ânimo que gera as grandes empresas. Como explicar, sem isso, que os povos ibéricos mostrassem tanta aptidão para a caça aos bens materiais em outros continentes?*[12]

E, continuando, ele enfatiza:

> *E essa ânsia de prosperidade sem custo, de títulos honoríficos, de posições e riquezas fáceis, tão notadamente características da gente da nossa terra, não é bem uma das manifestações mais cruas do espírito de aventura?*[13]

O que se observa nas intervenções do ensaísta e sociólogo Buarque de Holanda é um grande desprezo, além de certo despeito e rancor contra os portugueses. Isso fica particularmente nítido quando ele insiste em afirmar que os portugueses não gostavam de trabalhar, isto é, eram refratários especialmente ao trabalho manual, tal como a lavoura, a indústria, enfim, às atividades que dependessem esforço físico. O mais estranho é que o ensaísta se baseia em pesquisas feitas com pessoas que não devem ter conhecido a história de Portugal e, muito menos, os portugueses. Esse tal *deão Inge*, do qual o estudioso tirou as declarações a respeito da pouca disposição dos portugueses para o trabalho físico, com certeza não conheceu a história de Portugal. Muito ao contrário de Buarque de

---

12. HOLANDA, Sérgio Buarque de. *Raízes do Brasil.* Rio de Janeiro: Livraria José Olímpio Editora, p. 15, 1982.
13. Idem.

Holanda, que a conheceu e muito bem, inclusive a existência de um rei português chamado Dom Dinis, que teve por cognome *O Lavrador* por se ter dedicado de corpo e alma à agricultura durante seu reinado. Caem por terra as inclinações tendenciosas do sociólogo de *Raízes do Brasil*, principalmente, quando nos deparamos com trechos, como este abaixo, do historiador João Ameal, no qual ele se refere ao Rei Lavrador português:

> Porque "O Lavrador" desvelado, o homem da Terra, o protetor do Comercio e da Marinha – é também extraordinário animador da Cultura e das letras. Não lhe bastam as sementes lançadas à Terra, outras sementeiras, as do Espírito, constantemente lhe inspiram e solicitam o ânimo. Ninguém duvida de que as segundas contribuirão para lhe ilustrar o nome tanto, pelo menos como as primeiras.[14]

Do exposto e das observações que podemos tecer sobre nossos sociólogos e o deão inglês, quando prejulgam os portugueses afirmando que só iam atrás das coisas materiais e fáceis, ou de aventuras para alcançar títulos honoríficos, perguntamos: qual foi o outro país que, entre a sua realeza, teve um rei com o cognome de Lavrador? Não existiu nenhum. Existiram reis com o cognome de Frederico Barba-Roxa; João Sem-Terra; Luiz O Capêlo; Carlos Coração de Leão; Luis XIV Rei Sol; e vários outros títulos. Entretanto com o título de Lavrador só encontramos na realeza portuguesa, o que nos leva a crer que a intenção de propalar que os portugueses não gostavam de trabalhar a terra é, no mínimo, desonesta.

14. Ameal, João. *Op. cit.*, p. 110.

Enfim, vamos ao que interessa. Descobriram-se as terras brasileiras. A bem da verdade, no princípio, os portugueses pensaram encontrar nelas muitas riquezas – ouro, prata, pedras preciosas etc. –, como os espanhóis encontraram no México e no Peru. Mas enganaram-se. O que encontraram foi qualquer coisa, menos algo que se aproximasse das riquezas da opulenta Índia. Encontraram, isto sim, uma população paupérrima, nua, faminta, carente de tudo, vivendo uma vida rude de nômades ao melhor estilo das populações do paleolítico, como já frisamos. Uma população muito diferente daquelas das nações ricas, que os espanhóis encontraram no México e no Peru, cuja cultura e modelo de vida, talvez, não ficassem nada a dever à dos seus conquistadores castelhanos.

A única e primeira riqueza que os portugueses encontraram no território descoberto por Cabral foi o pau-brasil, naquele momento batizado de pau-de-tinta. E a descoberta desta madeira, ainda que não fosse uma riqueza pródiga e reluzente, e que mal dava para as despesas da viagem de volta, foi o início das consequentes invejas e das cobiças de algumas nações europeias. O pau-brasil apareceu no mercado europeu como uma novidade extraída do Novo Mundo. E, como novidade, essa riqueza despertou a cobiça de outras nações concorrentes de Portugal, invariavelmente atentas aos caminhos percorridos pelos portugueses, como espanhóis, franceses, ingleses, holandeses etc. Para essas nações, era mais fácil vir atrás da coisa descoberta do que descobri-la. Além do mais, como se diria, uma vontade egoísta de adquirir a madeira de fazer tinta encheu-lhes os olhos e o coração de ciúmes. Movidos pela cobiça, vieram fazer guerra e concorrência desleal na extração e no carregamento da madeira, ajudados por algumas tribos indígenas locais.

O Tratado de Tordesilhas, ainda que contestado, jamais foi revogado ou impugnado por qualquer dessas nações. Assim permaneceu lícito por largo tempo, até a celebração do Tratado de Madrid (1750). Em razão disso, tanto portugueses como espanhóis se achavam com direitos sobre as terras descobertas e a descobrir, como entendiam os soberanos da Península Ibérica. Como consequência, teve início uma fiscalização regular, por parte dessas nações, a partir da assinatura do contrato, arbitrado pelo papa da então Santa Madre Igreja Católica, Alexandre VI. Com efeito, não tardou muito e todas aquelas nações, ou pelo menos os seus naturais, acorreram, aleivosamente, atrás do pau-de-tinta, invadindo o território brasileiro como se fosse terra de ninguém.

Com referência às invasões, acreditamos que não há uma só voz nacional a discordar de que os lusitanos tinham razão naquela altura dos acontecimentos, em expulsar os alienígenas das terras brasileiras. Era óbvio, e mais que legal, que os portugueses tivessem motivos suficientes para resguardar o território nacional das investidas dos intrusos, tendo em vista o ordenamento jurídico da época, exarado no Tratado de Tordesilhas. Até mesmo os contrários ao modelo de colonização adotado pelos portugueses no Brasil são a favor das intervenções contra as invasões das terras de Santa Cruz. Apesar de o pau-brasil gerar alguma riqueza, esta deixava muito a desejar se comparada às especiarias da Índia ou às sedas e porcelanas da China e ao ouro em pó de São Jorge da Mina (atual cidade de Elmina, em Gana, oeste da África), conforme narra Charles Boxer, em seu trabalho o *Império Marítimo Português:*[15]

---

15. Boxer, Charles Ralph. Op. cit., p. 45.

> *De 1450 a 1560, durante o reinado de Dom Manuel I (1496-1521), importou-se, só de São Jorge da Mina, uma quantidade média anual de 170 mil dobras de ouro e, em alguns anos, a soma era ainda maior.*

Esclareça-se que cada dobra pesava 4,6 gramas e valia 270 reais. Quando o historiador inglês emprega a palavra importou-se, com referência ao ouro vindo de São Jorge da Mina, leia-se *extraiu-se*. Portanto, nas datas em questão, aquele território pertencia à Coroa portuguesa. Quanto ao pau-brasil, que vinha em quantidades substanciais para Portugal, não era preocupação maior da Coroa defender essas riquezas originárias do vasto território brasileiro, e sim o território em si mesmo, quando se iniciou a tenaz perseguição aos corsários oriundos das nações anteriormente citadas.

Não obstante a enérgica fiscalização exercida por Dom Manuel sobre o seu novo reino, muitas das nações já aludidas saqueavam o pau-brasil, ajudados pelos nativos, recebendo estes, em troca, bugigangas, o que contrariava os interesses dos portugueses. Depois de encarniçadas escaramuças, nas quais os lusos se empenharam na expulsão dos vilões oriundos do Velho Mundo, Dom João III, que subira ao trono pela morte do seu pai, começou a pensar em povoar o Brasil. Pensou em fazê-lo da mesma maneira antes feita por outros monarcas portugueses, como no povoamento da Ilha da Madeira, Porto Santo e Açores etc., que alcançou extraordinário êxito, através da criação de capitanias hereditárias, célebre modelo posteriormente adotado na divisão das terras do Brasil.

A falta de gente, o tamanho descomunal do território brasileiro, a grandeza dos impérios nas Índias e na África, conquistados pelos portugueses, foram, de certa maneira, o gravame e estavam no cerne do problema do atraso em pôr em prática o povoamento das terras de Santa Cruz. Existem documentos comprobatórios de que uma parte da nobreza da corte de Dom João III vinha propondo o abandono das praças conquistadas por Dom Afonso V, no norte de África. Não apenas pelas despesas que estas davam ao erário do reino de Portugal, mas, sobretudo, porque não davam retorno compensatório que valesse os elevados gastos na defesa destas terras, dos adversários de Portugal. Todavia, para Dom João III, o império era uma glória e sua perda, um sofrimento.

Debatia-se então o rei de Portugal, em seu íntimo, no constante desejo de assegurar o império. Porém, os gastos astronômicos, as longas guerras, as grandes expedições e, especialmente, a perda de vidas humanas dos seus súditos na conquista e manutenção dessas praças ensejavam-lhe um acomodamento sobre a ideia fixa que consigo carregava, de conservá-las. Eram tantas as terras conquistadas e os problemas administrativos e tantos os inimigos de Portugal a combater que ao seu soberano não lhe sobravam alternativas senão escolher entre aquilo que deveria manter e o que deveria perder.

Diante deste dilema, o monarca voltou seus olhos para o Novo Mundo e se viu, naquele momento, ameaçado por seus inimigos. Com o agravante de que estes se faziam representar por corsários sem rosto, sem pátria, indivíduos fora da lei ou da ordem jurídica, que assolavam o Atlântico Sul, matando, assaltando e pilhando tanto os galeões espanhóis como os navios portugueses. Dom João decidiu, com sua visão privilegiada, reconsiderar o modelo político a adotar no reino do Brasil. No seu entendimento, havia enormes possibilidades de construir um largo Império, com a formação de uma nova e grande nação, entre os gentios a catequizar nas terras de Santa Cruz. Este foi o seu objetivo. Porque esta missão era, no seu entender, a sua maior glória, como alto mandatário da pátria portuguesa e da Ordem de Cristo. Sentiu que deveria seguir, sem receios, mesmo que isso lhe trouxesse muitos trabalhos e sacrifícios depois.

Por isso, providências já haviam sido tomadas ainda no tempo de seu pai, para enfrentar os corsários franceses. Foi pensando assim que lhe veio a ideia de mandar Cristóvão Jaques, em 1516, comandando uma forte esquadra, para reprimir os assaltantes e proteger as costas brasileiras. Apesar de positiva, a ação não teve os efeitos desejados porque, mesmo tendo reprimido violentamente os corsários, eles continuaram, depois do regresso do capitão português, com o saque e o roubo no território brasileiro. Isso sem que o rei de Portugal pudesse reclamar dessas ações de pilhagem junto aos representantes legais dos países de onde eles eram oriundos. Mesmo porque essa gente agia por sua conta e risco, não dando satisfações ao seu rei ou à sua pátria.

Contudo, para fazer valer os seus direitos, Dom João III, em 1526, manda, outra vez, o mesmo Cristóvão Jaques, no comando de outra esquadra, dando-lhe plenos poderes para castigar os usurpadores. Desta vez, os navios portugueses conseguiram apreender três navios franceses na Baía de Todos Santos. Em seguida, como castigo, após apreenderam seus capitães e suas tripulações, mandaram os navios dos corsários franceses a pique para o fundo do mar. Este incidente provocou grandes protestos, em 1529, do Rei da França e seus representantes postularam, junto ao governo de Lisboa, opíparas indenizações pelos prejuízos e a devolução dos prisioneiros à França.

Porém, estas reivindicações não foram atendidas e nem tiveram maiores consequências. Para acabar de vez com tal desordem, em 3 de dezembro de 1530, Dom João decidiu mandar uma esquadra comandada por Martim Afonso de Sousa, investindo-o de plenos poderes a fim de instalar um governo legal no Brasil. Note-se que o Brasil foi descoberto em 1500, mas só começou a ser povoado (e não colonizado) em 1532, como relata Jorge Caldeira em sua *Historia do Brasil*, deste modo pouco convincente e muito sarcasticamente:[16]

> *A mistura étnica como método de ocupação, quase um acidente no início, acabaria reforçada pela situação de Portugal. Sem recursos financeiros e humanos para empreender uma ocupação de grande escala, D. João III decidiu, em 1532, implantar em suas novas terras o sistema de Capitanias Hereditárias. Dividiu o Brasil em quinze faixas horizontais, e as doou para quem quisesse explorá-las por conta própria. Nem todos os donatários chegaram a tentar a sorte nos trópicos – e entre os que o fizeram, só foram bem-sucedidos aqueles dispostos a ouvir os conselhos dos primeiros ocupantes do Território.*

Este historiador nacional nem sempre narra a história brasileira com isenção de ânimo, como deveria ser narrada e como os fatos aconteceram. É muitas vezes faccioso e inventor, o que não é salutar para um bom historiador. Conquanto neste trecho ele quase se aproxime da verdade (com a diferença de apenas dois anos), mas narra os fatos como

16. Caldeira, Jorge. Op. cit., p. 24.

não aconteceram. Di-los com certo sarcasmo e a seu talante, não exatamente como se passaram as coisas.

Na verdade, Dom João III mandou Martim Afonso de Sousa para o Brasil, em 1530 (e não em 1532, como diz Caldeira), com uma esquadra de 5 navios e 400 homens solteiros aproximadamente. Estes percorreram toda a costa brasileira, desde Pernambuco até ao Rio da Prata, fazendo estudos profundos e meticulosos para saber onde se deveriam instalar os colonos. Depois disso, ao retornarem, deixaram um contingente de 80 homens, em Cananeia (litoral sul de São Paulo), sob o comando de Pero Lobo. Esta foi, aliás, a primeira bandeira dos portugueses em terras brasileiras, os quais foram todos trucidados pelos índios. Morreram 80 pessoas de uma só vez. Caldeira silencia sobre este fato. Como eram portugueses, o historiador nem faz referência a este episódio (fosse o contrário, certamente ele não silenciaria).

Em seguida, Martin Afonso de Sousa veio fundar a Vila de São Vicente, em 1532. Estes são os fatos acontecidos naquela primeira expedição dos portugueses, marco inicial do povoamento de que um dia seria o extenso território brasileiro. Mas é necessário que se faça uma dissertação completa sobre o assunto, posto que o povoamento não foi assim fácil e nem ao acaso, como diz textualmente Caldeira.

As capitanias hereditárias, no Brasil, não foram criadas ao mero acaso, como refere o historiador. Foram organizadas, e já contando com a vasta experiência dos portugueses, ao longo de mais de 80 anos, na Ilha da Madeira, nos Açores etc. Essas ilhas foram os primeiros laboratórios das experiências, tão criticadas, das capitanias hereditárias, como nos diz João Ameal:

Ao mesmo tempo, o Rei sente a oportunidade de organizar o povoamento de toda a costa brasileira e, numa carta de 1532 a Martim Afonso de Sousa, alude o fato de que diversas pessoas lhe pedirem capitanias em território americano. É a aplicação do sistema já provado nos Açores e na Madeira.[17]

Os portugueses não vieram fazer experiências no Brasil quanto à implantação das capitanias hereditárias. Como se nota, já tinham experiência, bem-sucedida, no concernente ao assentamento das populações em outras regiões, e à implantação desse sistema que, de certo modo, sortiu grande prosperidade nesses lugares, como diz o historiador lusitano João Ameal. Tanto é isto verdade que as primeiras mudas da cana-de-açúcar foram trazidas pelos portugueses e vieram da Ilha da Madeira. Hoje, o açúcar e o álcool, dela derivados, estão entre os produtos de maior exportação do Brasil e, por sinal, esta foi a primeira grande riqueza brasileira.

Antes de entrarmos noutro assunto referente às riquezas do Brasil, é justo falarmos sobre mais algumas das muitas qualidades de Dom João III. Amante das artes, das ciências, das letras e da cultura, este rei, apesar de misantropo, fez da sua corte uma universidade, ou melhor, um centro científico do saber, da ciência e da cultura por onde desfilaram altas intelectualidades do reino de Portugal e de grande parte da Europa.

Na corte de Lisboa desta época, entre outras figuras de alto relevo e saber, distinguiram-se: Gil Vicente, introdutor do teatro em Portugal e

---

17. AMEAL, João. *História de Portugal*, p. 279.

amigo particular do rei; Damião de Góis, o cronista do reino; Pedro Nunes, matemático, físico e cientista de fama universal; Luis Vaz de Camões, o príncipe dos poetas da língua portuguesa; Sá de Miranda; António Ferreira, o primeiro poeta a cantar a língua portuguesa, e tantos outros. E a universidade? Altamente desenvolvida nas Faculdades de Teologia, de Cânones, de Medicina, das Artes. Contava com professores de alta capacidade intelectual, alguns castelhanos e muitos portugueses, como Garcia da Orta; André de Resende; Amaro Lusitano; Jerônimo Cardoso e muitos outros.

No estrangeiro, havia o luso Marcial de Gouveia ensinando em Poitiers; os irmãos André e Diogo de Gouveia, um sendo reitor da Universidade de Paris, e o outro na Universidade de Bordeaux; o grande latinista Antonio Pinheiro etc. O reino que se transformara no maior império do mundo era agora também pródigo no saber e a intelectualidade não poderia ficar para trás. Por isso, era o próprio rei a incentivar a cultura e as artes entre todos os portugueses. Sua maior preocupação era fazer progredir e proliferar os espíritos evoluídos e especulativos dentro da sociedade portuguesa, com o fito de atingir as altas aspirações nacionais, dentro e fora do seu largo império, conquistado com inteligência, esforço, fé, suor e lágrimas. Além de estimular a conquista do mundo ignorado até esta data.

IV

Teoria da riqueza das nações, de Adam Smith

No final do século XVIII, Adam Smith foi o primeiro pensador a se debruçar sobre o estudo científico da riqueza das nações. Foi também o primeiro teórico a pensar uma fórmula didática, organizada e metódica sobre como conseguir compatibilizar uma economia nacional saudável, pragmática e concomitantemente progressista, com as enormes possibilidades do desenvolvimento sustentado, para que os países pudessem se tornar ricos e poderosos.

Apesar de seus estudos se basearem em trabalhos anteriores de outros pensadores e intelectuais, isso não autoriza a dizer que a obra de Smith não tivesse méritos e credenciais para colocá-lo entre os mais capacitados economistas do mundo. Mais tarde iriam lhe chamar o pai da economia política. Seus estudos se basearam em trabalhos de autores como, por exemplo, Devenante Petty, que desenvolveu estudos sobre "O Produto Nacional"; Mandaville, que se dedicou à "divisão do trabalho"; Humes, com suas pesquisas em torno dos "fisiocratas".

O trabalho principal do filósofo escocês, *A Riqueza das Nações*, foi impresso num compêndio de 514 páginas distribuídas em cinco livros, e editado pela primeira vez em 1776. Trata-se de uma obra inédita para a sua época e uma das mais influentes do mundo ocidental e de alto valor para o desenvolvimento econômico das nações. Pode-se acrescentar que foi um criterioso trabalho intelectual sobre bens e riquezas naturais, sustentado por um tripé: primeiro, pelos bens naturais (representados pela terra e seu valor intrínseco); segundo, pelos meios de produção ou pelo capital (representado pelo arado); terceiro, pela divisão do trabalho (representado pelo homem).

Para explicar sua teoria, o filosofo dá como exemplo o valor da terra nos arrabaldes de Londres e o valor da mesma quantidade e qualidade de terra num condado do norte da Inglaterra. Isso para demonstrar, e concluir, que aquela terra perto de Londres, por estar próxima à capital dos ingleses (grande centro de consumo), tinha muito maior valor econômico do que a outra que ficava bem mais distante, na zona rural. Logo, era muito mais difícil cultivar e levar produtos oriundos da agricultura da zona rural para vendê-los nos grandes centros urbanos.

A mesma comparação ele faz sobre a produção do trigo. Por exemplo, entre produzir trigo num lugar distante e produzi-lo num lugar onde o cereal fosse mais fácil de ser transportado para os grandes centros de consumo. Assim, sucessivamente, com outros exemplos e raciocínios, ele vai esboçando em sua obra, com precisão, comparações objetivas para, em seguida, concluir como se pode produzir produtos de qualidade a preços competitivos: seja para serem consumidos no mercado interno, seja para serem exportados e, assim, proporcionar a geração de divisas para o país produtor equilibrar sua balança de pagamentos.

Em toda a sua teoria, há uma preocupação com o desenvolvimento nacional. Para Smith, as nações necessitam da produção de bens de consumo para seu crescimento e enriquecimento. O resultado dessa produção, dessa riqueza, tende a ser posteriormente distribuído às populações através de benefícios do Estado. Tal distribuição se daria equitativamente, em quinhões equivalentes, tendo como finalidade atingir a justa distribuição das riquezas e, consequentemente, a justiça social.

Nas lições de Smith, vimos como podem as nações, através da economia política, alcançar a riqueza. A sua teoria é amparada num científico e elaborado trabalho e enfatiza os meios de produção, o valor da terra e, posteriormente, o capital. No trecho sobre a *Renda da Terra*, o filósofo escocês dá-nos esta lição:

> *A renda da Terra não só varia com sua fertilidade, seja qual for o seu produto, mas com sua situação, qualquer que seja sua fertilidade. A terra na vizinhança de uma cidade dá mais renda que terra igualmente fértil em região distante, no campo. Se bem que possa não custar mais trabalho cultivar uma e outra, deve sempre custar mais a trazer o produto da terra distante ao mercado.*[18]

Como se observa no exemplo em tela, ou no modelo ideado pelo economista, há grande similitude entre o que ele propunha e as longínquas

18. Smith, Adam. *A Riqueza das Nações*, p. 107. São Paulo: Hemus.

terras do Brasil naquela época. Na verdade, o custo da terra no Brasil, na altura do seu descobrimento, era muito inferior ao das terras mais próximas dos grandes centros de consumo da Europa. Aliás, terras eram o que não faltava aos portugueses. Pois, toda a costa leste africana, bem mais perto de Portugal do que do Brasil, pertencia à Coroa portuguesa. Em consequência, as terras do Brasil não tinham valor nominal nenhum. Com efeito, se fixarmos nossos sentidos no exemplo de Smith e na similitude que nos oferece sua tese, concluir-se-á que a questão sobre o problema da posse das terras era o que menos interessava ao rei e à Coroa portuguesa.

Não obstante os exemplos citados, vale a pena refletir sobre este assunto: – Quem seria o louco que, em 1500 ou 1530, deixaria a sua terra, o seu lar, a sua família, seus amigos, enfim, seus hábitos e se abalaria para um lugar desconhecido, inóspito, onde só tivesse matas virgens e, portanto, difícil de cultivar e, ainda por cima, habitado por índios incultos, selvagens e muitas vezes hostis? Quem iria comprar ou arrendar terras? Quem? Só se fossem loucos ou então recebessem grandes vantagens. O que não aconteceu.

O que sabemos sobre os homens que proporcionaram as primeiras grandes riquezas do Brasil – como Martin Afonso de Sousa, Duarte Coelho, Francisco Pereira Coutinho, Pedro Lopes de Sousa, João de Barros e outros capitães donatários (aos quais mais adiante dedicaremos capítulo especial) –, é que não tiveram vantagens absolutamente nenhumas. Isso se pode constatar, com base em documentos de muitos dos historiadores antigos e honestos.

Mas há alguns historiadores – isto é, aqueles que relatam *"o passado humano"* sem se aterem a documentos ou a fatos sólidos – que contam a história do Brasil ao sabor de suas inclinações ideológicas, religiosas ou políticas. Estão sempre prontos a recriminar ou a achincalhar o trabalho dos capitães donatários portugueses, quando do povoamento do Brasil. Provam o contrário os fatos históricos e documentados dessa época, encontrados nas Câmaras das Repúblicas (como eram conhecidas as Câmaras municipais) ou nas paróquias e conventos antigos. Estes documentos nos dão uma imagem do que era o Brasil silvícola, em 1532, quando Martim Afonso de Sousa fundou a Vila de São Vicente. Assim mesmo, escrevem-se compêndios de história, antologias, ensaios etc., muitas vezes rotulando os capitães portugueses de preguiçosos, autoritários, sanguinários e outros epítetos ainda mais escabrosos, visando, com isso, apenas denegrir a imagem dos antepassados brasileiros.

É importante referir que os capitães donatários, ao iniciarem, nesta terra, suas plantações e atividades de produção de cana-de-açúcar, algodão, tabaco, milho, vinha, laranjas e outras atividades agrícolas, assim como o fabrico das alfaias para agricultura, fizeram-nas à sua custa e risco. Arcaram com enormes despesas e muitos sacrifícios, não com favorecimentos, como preconizam certos historiadores e sociólogos modernos.

Digno de salientar é a história que aí está repleta de documentos, as fortificações, os monumentos e os quadros alegóricos e que ninguém poderá contestá-los ou omiti-los. Podem deturpá-los, narrá-los de maneira capciosa, como têm feito muitos historiadores e sociólogos nacionais, cujo objetivo é, de alguma maneira, desdenhar os primeiros civilizadores do Brasil e seu hercúleo trabalho nessas terras. Podem distorcer ou negar aos primeiros povoadores suas qualidades, seu destemor para vencer as dificuldades da natureza, das florestas e matas nacionais, mas jamais chamá-los de omissos, vagabundos ou malandros, como têm feito alguns. Isto é desonesto.

Cabe-nos asseverar, de forma veemente, o seguinte: – Foram estes homens a povoar, a alargar este imenso território e a enriquecer o Brasil, com sua garra e coragem, com sua empolgante história, com seu desprendimento pela vida.

De fato, como em quase todo o continente americano antes de 1500, o Brasil era uma terra de nômades caçadores, predadores que comumente não cultivavam nada, a não ser aqueles produtos já citados. Porém, de modo rudimentar e atávico. Entretanto, com a chegada dos portugueses, no convívio com os indígenas neste vastíssimo território, não houve grandes guerras. Não preponderou o extermínio, se compararmos com as guerras entre os índios mexicanos e os espanhóis; ou entre os peles-vermelhas americanos e os ingleses; ou entre indígenas e holandeses e mesmo franceses. Nas Américas inglesa e espanhola, as guerras eram mais de extermínio para a ocupação e para a punição religiosa.

Dir-se-ia que o ódio dessas nações contra os índios era mais um ódio contra o pecado e não contra o pecador, ao passo que, no Brasil, o que houve foi o sentido de atrair o pecador para o seio da fé cristã, e catequizá-lo, educá-lo nesta fé. Apesar de que, em certas ocasiões, houve excessos, e não se pode negar que houve algumas desavenças entre índios e lusitanos. Posto isto, voltemos à teoria da riqueza das nações, de Smith, onde ele nos dá exemplo contundente sobre o *status quo* de nações como o Brasil daquela época:

> *Nas nações de caçadores e pastores, cuja comida consiste principalmente da carne desses animais, cada homem obtendo a sua própria comida, e peles que proporciona a si mesmo material e demais roupas de que ele pode vestir... Se não houvesse comércio exterior, a maior parte delas seria lançada fora como coisa sem valor. Este era provavelmente o caso nas nações de caçadores da América do Norte, antes do seu país ser descoberto pelos europeus com quem agora eles trocam seu excesso de peles por cobertores, armas de fogo e brandy, o que dá às peles algum valor.*[19]

Apesar de Smith escrever o seu tratado no final do século XVIII, o exemplo acima, passados 300 anos, se enquadra perfeitamente ao instante da chegada dos portugueses de Cabral ao Brasil, quando encontraram aqui o mesmo tipo de vida predatória dos índios silvícolas das nações de caçadores da América do Norte, às quais ele se refere.

Outro assunto a ser destacado é a ocupação do solo brasileiro pelos índios no momento do descobrimento desta terra. Estudos feitos pela maioria dos antropólogos, sociólogos e indigenistas brasileiros dão-nos conta que os aborígines nacionais, divididos em mais de 300 nações, ocupavam apenas alguns pedaços esparsos da imensidão das terras que hoje constituem o vasto território nacional. Porém, os lusitanos, auxiliados pelos bandeirantes, com ingente esforço e audácia, juntaram todos esses pedaços que estas nações ocupavam e, somados estes aos enormes espaços vazios existentes nesta terra, formaram este gigante continental de 8.500.000 km^2 (oito milhões e quinhentos mil quilômetros quadrados)

---

19. Smith, Adam. Op. cit., p. 119.

chamado Brasil. Diga-se, de passagem, que milhares desses lusitanos e bandeirantes perderam a vida nessa tarefa descomunal. Este é um fato que grande parte do povo brasileiro desconhece e que pouquíssimos intelectuais ressaltam.

Ainda ao mesmo nível comparativo, extraímos da obra de J. Verdasca dos Santos, *Raízes do Povo Brasileiro*, trechos[20] em que cita o norte-americano Napoleon Chagnon, que viveu muito recentemente, durante cinco anos, com os índios Yanomamis e nos diz o seguinte:

> *Na sua obra, Chagnon desmistifica, de uma vez por todas, as nossas tribos indígenas. Nos seus estudos podemos ler: "Os índios reais se sujam, cheiram mal e fazem guerra. São seres humanos. É o bastante para que mereçam atenção".*

Ou, ainda:

> *... é falsa a ideia de que os povos tribais não exaurem o solo, caçam apenas animais velhos e não desperdiçam seus recursos. Estes sempre foram pouco numerosos e não tiveram tecnologia para destruir a natureza. Quando obtém armas de fogo, eles as usam exatamente como o homem branco.*

Como se pode observar, este parecer recentíssimo de Chagnon sobre os índios jamais foi desmentido pelos tais indigenistas, historiadores e

20. Santos, J. Verdasca dos. *Raízes do Povo Brasileiro*, p. 104.

antropólogos nacionais. Geralmente, estes são ligeiros em enaltecer ou se ufanar das nações indígenas de 1500, com indeléveis predicados. Porém, diante do sociólogo norte-americano, silenciam, nada contestam. O que prova que o que eles têm defendido não é consistente ou não é verdadeiro, pois, se fosse, seria chegada a hora de defenderem as posições que sempre assumiram noutras oportunidades.

V

A Ingratidão e o Desamor ao Trabalho

Observamos anteriormente como o Brasil se tornou grande e rico, com o esforço e a colaboração dos primeiros povoadores, formando as grandes plantações de cana, tabaco, algodão, milho e outros produtos agrícolas, além do agrupamento das enormes extensões de terras, que formariam mais tarde as bonitas fazendas, com engenhos de produção de açúcar, tendo como base física os enormes caudais das águas límpidas (como relatou Caminha ao rei de Portugal). Ainda assim, alguns historiadores entendem que nada foi feito, nada foi realizado, nada foi consumado ou construído.

Os nacionais mamelucos, que deram origem a grande parte dos nossos bandeirantes do final do século XVI, foram verdadeiros seguidores dos seus ancestrais de sangue português e fundaram subcolônias, desbravando os sertões, num esforço ingente, talvez até inconscientes daquilo que faziam. Esses mamelucos-bandeirantes têm sido, ultimamente, ultrajados e criticados, como já referimos, por jornais, revistas e pela mídia eletrônica. Tem-se escrito e falado mal apenas com o intuito de desfigurar a glória desses heróis que, invariavelmente, são rotulados pelos modernos historiadores de bárbaros, vândalos, estupradores de índias, como se tem visto amiúde nos jornais de todo o País.

Sabemos das imensas dificuldades por que passaram tanto os lusitanos como nossos bandeirantes para a conquista do interior brasileiro, como relata Paulo Setúbal, na sua obra *A Bandeira de Fernão Dias*. Mas, para aqueles detratores, o trabalho gigantesco destes antepassados não representou nada de significativo, nada de valor, nada de positivo. Segue-se pequeno, mas expressivo, relato de Setúbal que engrandece o esforço dos bandeirantes:

> *Fernão Dias correra assim terras e terras. Rompera matos. Vencera corredeiras. Escalara muito morro. Varara pântanos. Mergulhara fundo no labirinto selvagem. Sempre diante dele, como um facho, a esperança de alcançar lá ao longo no desconhecido, essa enlouquecedora terra incerta, tão desejada, onde viviam fuzilantes as esmeraldas.*[21]

O sacrifício, a luta titânica, o trabalho insano, a luta pela sobrevivência deste herói, e tantos outros do seu jaez, nada valeu, nada representou, nada constituiu para esses sociólogos, antropólogos e historiadores da modernidade? Pois aí temos Sérgio Buarque de Holanda, em seu ensaio, *Raízes do Brasil*, a insinuar que tudo foi fácil, que tudo veio de graça e sem trabalho parar às mãos dos antigos povoadores desta terra, tal como assevera, deste modo:

---

21. SETÚBAL, Paulo. *A Bandeira de Fernão Dias*. São Paulo: Saraiva S.A – Editores Livreiros, p. 10, 1971.

> *É compreensível, assim, que jamais se tenha naturalizado entre gente hispânica a moderna religião do trabalho e o espaço à atividade utilitária. Uma digna ociosidade, sempre pareceu mais excelente e até mais nobilitante, a um bom português ou a um espanhol, do que a luta insana pelo pão de cada dia. O que ambos admiram como ideal é uma vida de grande senhor, exclusiva de qualquer esforço, de qualquer preocupação...*[22]

O que se pode interpretar das palavras do ensaísta é que nem portugueses nem espanhóis, e muito menos os seus descendentes, os mamelucos bandeirantes, gostassem de trabalhar. O trabalho duro ou a luta pelo pão do dia a dia não era com eles. Comer o pão do suor do seu rosto era coisa que não acrescentava nada à glória dos portugueses, espanhóis e seus descendentes, que são as raízes que ele severamente critica, quando alude: *O que ambos admiram como ideal é uma vida de grande senhor, exclusiva de qualquer esforço ou de qualquer preocupação...*

Não é de admirar, portanto, que o ensaísta, ao escrever *Raízes do Brasil*, colocasse tantos graves defeitos nesses antepassados. Ainda mais sabendo-se da aversão do autor ao catolicismo e que seus ideais políticos e partidários eram completamente refratários aos Jesuítas, de quem se declarou inimigo figadal, quiçá a única razão que o levou a escrever esse livro e a difamar exacerbadamente os ibero-portugueses.

Mas o que não se entende é por que investe ele contra os portugueses, dizendo taxativamente que eram malandros, com poucos ou nenhuns escrúpulos, sempre prontos a tirar vantagens, com desamor ao

22. Holanda, Sérgio Buarque de. Op. cit., p. 10.

trabalho físico, tendentes a inclinações capadócias ou trapaceiras e classificando-os de incompetentes, relaxados e inconsequentes etc. De tudo isto, o que mais nos intriga é quais teriam sido são as razões que o levaram a escrever todos estes epítetos a um povo que sempre moldou a sua vida no trabalho, além de ser um povo pragmático, responsável e empreendedor, como foi e é o povo português.

Para corroborar o que dissemos, logo nas páginas seguintes, depois de uma análise do comportamento dos lusitanos, quer nas suas crenças religiosas, quer na sua conduta moral e social entre os gentios brasileiros – sem se ater aos diversos sacrifícios e às intempéries climáticas e a mais uma série de contratempos que estes encontraram entre os gentios do Brasil –, o historiador, sem motivos, investe contra os primeiros povoadores, com sua pena repleta de um ódio visceral, dizendo cinicamente:

> *O que o português vinha fazer era, sem dúvida, buscar a riqueza que custa ousadia, não a riqueza que custa trabalho.*[23]

Mas que tipo de riqueza era esta? O que foi que os lusitanos encontraram de riquezas nos dois primeiros séculos do *Achamento* do Brasil? Ouro, prata? Essas riquezas foram encontradas pelos espanhóis entre os Maias e os Incas e não aqui no Brasil, entre a gente pobre, rude e selvagem que aqui habitava. Como o leitor se recorda, a esta pergunta já respondemos anteriormente, e, em comparações, podemos dar outro tipo de resposta. Podemos dizer que os portugueses encontraram aqui o mesmo que os ingleses encontraram nas treze colônias americanas, quando lá

---

23. Holanda, Sérgio Buarque de. Op. cit., p. 18.

chegaram os primeiros (corsários) ingleses. É isto que nos diz Adam Smith em seus escritos sobre a chegada dos ingleses à América do Norte.

A ingratidão não tem limites e "a maldade dessa gente é uma arte", como dizia o poeta. Se aquela frase, que espelha o pensamento de Buarque de Holanda, viesse de um descendente de outra etnia que não a dele, já seria difícil de engolir. Porém, vindo de quem veio, é muito difícil de conceber ou de aceitar o que teria levado o ensaísta a escrever, com tanta raiva, o que escreveu, quando no mínimo sabia que a ousadia (no sentido pejorativo como ele refere) dos portugueses jamais foi maior do que sua força de trabalho.

O que se observa e o que nós extraímos do pensamento do autor de *Raízes do Brasil,* nesta sua investida cheia de má vontade contra a grei portuguesa, é que ele jamais leu a empolgante história de Hans Staden ou a de Gabriel de Sousa ou a de outros historiadores dos primórdios do Brasil. Para fixar raciocínio tão leviano e contraditório, devemos concluir que, ou há falta de informação de sua parte (o que achamos pouco provável) ou, então, há alguma grande mágoa ou indisfarçável ciúme doentio contra esses antepassados. Do contrário, não vimos razão plausível para ele investir contra estes de forma tão injusta, brutal e irresponsável.

O fato é que, no seu entender ou pelo que nos diz seu texto sobre os portugueses, estes encontraram em terras brasileiras tudo pronto, tudo plantado. Não foi preciso despender nenhum esforço nem capital nem inteligência para o desenvolvimento do País. Depreende-se deste seu julgamento que os portugueses receberam de graça um país com oito milhões e quinhentos mil quilômetros quadrados, sem nenhum esforço, sacrifício, luta, sem nenhuma imaginação, contrariando o que nos informa o sociólogo Gilberto Freyre, como demonstraremos mais adiante.

É sobejamente conhecida a vida dos silvícolas brasileiros antes de Cabral. Há quem diga, sobre o *status* desses nativos, que talvez fossem os mais primitivos de todas as Américas. Viviam, como já informamos, da maneira mais rudimentar e atrasada entre todos habitantes deste continente e, quiçá, da maneira mais predatória entre todos seus congêneres. Nem por isso, foram exterminados como foram os seus irmãos da América do Norte ou também, como já referimos, como os Maias, os Astecas e os Incas da América espanhola, tão laureada e invejada por alguns xenófobos ensaístas nacionais, inclusive Buarque de Holanda. Para confirmar o nosso entendimento sobre os habitantes do Brasil antes de Cabral, é de bom alvitre conferir o que nos diz Gilberto Freyre, em sua obra *Casa-Grande & Senzala*:[24]

> *Terra e homem estavam em estado bruto. Suas condições de cultura não permitiam aos portugueses vantajoso intercurso comercial que reforçasse ou prolongasse o mantido por eles no Oriente. Nem reis da Cananor nem sobas de Sofala encontraram os descobridores do Brasil com que tratar ou negociar. Apenas MORUBIXABAS, BUGRES. Gente quase nua e à-toa, dormindo em rede ou no chão, alimentando-se de farinha de mandioca, de fruta do mato, da caça ou peixe comido cru ou depois de assado em borralho. Nas suas mãos não cintilavam pérolas de Cipango nem rubis de Pegu nem ouro de Sumatra nem sedas de Catar lhes abrilhantavam os corpos cor de cobre, quando muito enfeitados de*

24. Freyre, Gilberto. *Casa-Grande & Senzala*, p. 97 e 98, Rio de Janeiro: Record, 2001.

penas, os pés em vez de tapetes da Pérsia pisavam a areia pura. Animal doméstico ao seu serviço não possuíam nenhum. Agricultura, umas raras plantações de mandioca ou midubi de um outro fruto. Oliveira Viana tem razão quando escreve que entre as Índias, "com uma maravilhosa riqueza acumulada e uma longa tradição comercial com povos do Oriente e Ocidente", e o Brasil, "com uma população de aborígines ainda na idade da pedra polida" havia diferença essencial Esta "ausência de riqueza organizada, esta falta de organização puramente comercial", acrescenta o autor da EVOLUÇÃO, é que leva os peninsulares para aqui transplantados a se dedicarem à exploração agrícola.

Entre essas, há muitas outras citações, neste mesmo sentido, do autor de *Casa-Grande & Senzala*, e que contrariam, categoricamente, o que diz o autor de *Raízes do Brasil.* Acreditamos que, na falta de outra intervenção, só esta, do mais importante ensaísta brasileiro, desmente o que diz o ensaísta paulista. Mormente, se notarmos, as reflexões de Freyre, além de serem verídicas, são, sobretudo, realidades para pensar. Não devem ser lidas e passadas adiante, para depois esquecê-las. A nosso ver, qualquer brasileiro que se preze, antes de falar, deveria ater-se a uma grande reflexão sobre o que era o Brasil dos primeiros tempos e em que se tornou depois dos anos subsequentes ao seu descobrimento. Uma reflexão no sentido contrário à que comumente fazem ou fizeram alguns ensaístas e historiadores nacionais, de maneira ingrata e difamatória sobre seu próprio povo ou sobre o povo de seus antepassados.

Dizer que os portugueses não gostavam de trabalhar ou que o trabalho não era de sua índole, como refere o autor de *Raízes do Brasil*, é, no mínimo, faltar com a verdade. Se não é do conhecimento de todos, é pelo menos da grande maioria da população brasileira que, se há um povo cuja obstinação para o trabalho, a fim de conseguir seus haveres, se tenha pautado pelo esforço, com o suor do seu rosto, quer seja na conquista dos seus bens materiais, quer seja na honradez do seu nome, este povo é, sem duvida nenhuma, o povo português.

No mundo inteiro, no de hoje e no de antanho, o português é reconhecido como grande trabalhador. Não consta em parte alguma do planeta que os portugueses não conseguissem as suas riquezas, o seu mundo, de outra maneira que não fosse através do trabalho, quer pelo seu esforço, quer pela persistência de sua fé. Jamais se ouviu dizer que os portugueses se dedicassem ao banditismo, andassem a roubar, a rapinar, na pirataria, a assaltar galeões ou navios no Atlântico Sul, como fizeram ingleses, franceses, holandeses e outros povos. A esses povos, sim, é que o autor de *Raízes do Brasil* se deveria debruçar e apontar como eram pouco amantes do trabalho e praticantes do roubo e da perfídia. Mais adiante citaremos suas atitudes criminosas e não as dos portugueses, como se refere o festejado intelectual nacional.

A aversão aos portugueses é de tal ordem que autor chega a admitir a docilidade dos colonos alemães vindos para o Brasil, no reinado de Dom Pedro II, dizendo que estes encontraram um modelo de agricultura tão rudimentar e atrasado, que não tiveram outra opção, a não ser seguir o modelo implantado por brasileiros descendentes de portugueses. Tudo isto, depois de tantos anos da Independência do Brasil, logo, portanto, um País já senhor das suas orientações e ideias desenvolvimentistas.[25]

---

25. Holanda, Sérgio Buarque. Op. cit., p. 21.

A verdade é que, depois de quase dois séculos de Independência, imputam-se aos lusitanos e a seus descendentes tudo o que de ruim aconteceu e acontece no Brasil. No dizer de intelectuais modernos, está tudo errado no País e os grandes responsáveis por todos esses erros são os portugueses. Muitos historiadores, sociólogos, escritores e jornalistas brasileiros do século passado se prestaram a seguir os passos e a orientação maniqueísta de Robert Edgar Conrad, escritor norte-americano de elevado prestígio na América do Norte e também no Brasil (fonte de referência de grande parte desses seguidores nacionais). A influência de Conrad foi exercida por meio de sua teoria da *Superioridade e Inferioridade das Raças*,[26] obra em que faz referência ao intelectual gaúcho Viana Moog. Este havia escrito o ensaio *Bandeirantes e Pioneiros* e foi laureado com uma cadeira na Academia Brasileira de Letras.[27] Carlos Lisboa de Mendonça, em sua importante obra *500 Anos de Descobrimento: uma Nova Dialética,* assim se expressa a respeito do trabalho de Moog:[28]

> *A influência que ele exerceu e a importância que o alto mundo cultural atribuiu ao que ele escreveu ficam demonstrados por sua admissão na Academia Brasileira de Letras, onde permaneceu até o seu falecimento na década de 1990. Eis os títulos dos capítulos dedicados aos brasileiros a quem – ele descobriu, apesar de não dizer onde – os portugueses nem sequer consideravam os brasileiros chamando-os desprezivelmente de:*

---

26. CONRAD, Robert Edgar. *Os Últimos Anos da Escravidão no Brasil.* Rio de Janeiro: Civilização Brasileira, 1978.

27. MOOG, Viana. *Bandeirantes e Pioneiros.* Rio de Janeiro: Civilização Brasileira, 1967.

28. MENDONÇA, Carlos Lisboa de. *500 Anos de Descobrimento: uma Nova Dialética.* Editora Destaque.

"Mazombos"; "Crioulos & Mazombos"; "Teoria do Mazombo"; "Desamor ao Trabalho Orgânico"; "José Dias, Sinônimo da Malandragem Nacional! Diagnóstico do Malandro"; "Imaturidade Decorrente do Desamor ao Trabalho"; "Novos Aspectos do Mozambismo"; "Antepassados do Mozambismo", além de outros. Em sentido contrário, eis os títulos dos capítulos daquela mesma obra, em que ele se refere aos norte-americanos: "A Dignificação do Trabalho"; "Crença na Perfectibilidade"; "Otimismo Americano"; "O Sentido Orgânico da Formação Norte-Americana e o Predatório da Formação Brasileira"; "Conquistadores (Brasileiros) e Colonizadores (Americanos)"; "A Inventibilidade dos Americanos"; "Contribuição das Várias Seitas na Estruturação Econômica dos Estados Unidos"; "Os Jesuítas e a Moralidade Colonial no Brasil"; "Os Americanos não Sabem Descansar" etc.

Este texto é um retrato do Brasil e de sua população, pintado por Viana Moog e por muitos outros intelectuais nacionais. Este é o Brasil visto por grande parte dos seus cidadãos, à imitação de Viana Moog e de Buarque de Holanda, que são prodigiosos em dizer mal de seus antepassados. Esta é opinião de grande parte de brasileiros sobre sua própria nação, tal qual Franklin de Oliveira a retrata. Este é o Brasil onde se ensina nas escolas às crianças, na própria língua de Camões, uma história facciosa e desonesta sobre antigos heróis. Este é o Brasil onde se escrevem ou se escreveram livros, revistas e jornais facciosos e pouco confiáveis sobre a realidade histórica brasileira. Este é, finalmente, o Brasil, onde uma grande parte da imprensa escrita, rádio-difundida e televisiva se presta a informar meias verdades ou mentiras por inteiro sobre suas raízes e seus ancestrais.

Mas, para nossa satisfação, vimos Lisboa de Mendonça rechaçar o conteúdo da obra de Viana Moog, naquele mesmo capítulo de sua obra, título por título, sentença por sentença. Depois de algumas inferências sobre os adjetivos preconceituosos usados por Viana Moog, com referência ao povo brasileiro, Mendonça adverte seu leitor e exibe exemplos documentados e contundentes sobre o desprezo e os apelidos de inferioridade imputados aos brasileiros. Dessa forma, Mendonça se posiciona firmemente contra a falácia do escritor gaúcho.

VI

O ciclo da cana e a primeira grande riqueza da agroindústria nacional

Os portugueses tinham singular predisposição para o desbravamento e a civilização das terras por eles descobertas e ocupadas. Os gentios dos mais diversos cantos do mundo, a eles irmanados, tinham-lhes proporcionado um sentimento humanístico e a sensibilidade de como lidar com os povos nativos das mais variadas regiões do planeta. Convém lembrar ainda que, sendo os portugueses conquistadores, souberam ser simples e humildes em seguir conselhos, hábitos e costumes dos nativos. Por onde passaram, misturaram-se gostosamente com nativos (como diz Gilberto Freyre em *Casa-Grande & Senzala*), trabalhando e convivendo fraternalmente com todos, sem deixar transparecer superioridade ou arrogância, inversamente ao que aconteceu com outras nações da Europa, nas mesmas condições, durante as conquistas de suas colônias e possessões.

Isso prova porque os portugueses casavam com as mulheres índias, constituindo famílias, formando suas proles entre os gentios das tribos das terras brasileiras. Quantos não foram os naturais de Portugal que vieram para o Brasil e jamais regressaram à pátria sequer para lhes dar o último adeus? Torna-se imperativo dizer isto porque não aconteceu apenas no Brasil. Isto aconteceu na Índia, onde Afonso de Albuquerque estimulava casamentos entre portugueses e indianas; aconteceu na África e até na China (Macau), onde Luis Vaz da Camões, o maior de todos os poetas da língua portuguesa, encontrou o seu grande amor em Dinamene, à qual o laureado vate dedicou um dos seus melhores sonetos.

E na América tropical portuguesa, rumo ao povoamento, o que aconteceu? É ponto pacífico que, ao invés do famoso mercantilismo praticado pelos lusitanos na Índia, o que ocorreu foram a sua entrega e a sua dedicação à agricultura de alta produção na monocultura da cana-de-açúcar. Esta atividade fora recomendada por Caminha ao Rei Dom Manuel!

Surpreende-nos e não dá para entender a maneira como nos é contada a história da cana-de-açúcar no Brasil, por alguns sociólogos que nos querem vender ou passar uma imagem pulhesca, cabotina e negativa da primeira e principal atividade econômica brasileira. Darcy Ribeiro, na sua obra *O Povo Brasileiro*,[29] é um desses sociólogos que, com suas abstrações ocas, tanto críticas quanto exaltadoras sobre o povoamento do Brasil, se contradiz constantemente. Em certa altura diz uma coisa e, logo a seguir, posiciona-se de forma contrária sobre aquilo que afirmou na página anterior. Perde-se em divagações e conceitos meramente ideológicos, confundindo o positivo com o abstrato. Simultanea-

29. Ribeiro, Darcy. *O Povo Brasileiro: a formação e o sentido do Brasil.* São Paulo: Companhia das Letras, p. 121, 1995.

mente, confunde o leitor menos avisado sobre seu ponto de vista, no concernente aos colonizadores portugueses e a sua convivência e amalgamação com os aborígines da imensidão das terras de Santa Cruz.

Depois de já organizada a sociedade brasileira, em termos muito diferentes daquela organizada pelos lusitanos nos primórdios do Brasil, os olhos se voltaram para a única riqueza encontrada, a terra. Dedicou-se, no princípio, à agricultura, muito diferente daquilo que se fez na Índia ou na África, com grande preferência para o mercantilismo. O colono português, vindo para extração do pau-de-tinta, logo a seguir dedicou-se de corpo e alma às grandes plantações, tanto da cana-de-açúcar como do fumo, do algodão e de outras monoculturas para exportação, limitando a agricultura de subsistência a alguns dos outros produtos já citados, como a mandioca.

Como referem alguns sociólogos modernos, os lusos não vieram fazer experiências agrícolas nos infindáveis sertões brasileiros. Trouxeram, para os naturais desta terra, as experiências que tinham adquirido com os nativos de outras terras, trouxeram aquilo que tinham de bom para ensinar e passar para os nativos brasileiros. O sucesso da cultura da cana-de-açúcar foi tão espantoso que logo chamou a atenção dos nativos para que estes se organizassem e desenvolvessem este tipo de cultura. Os nativos passaram a preencher o vazio que eles desconheciam ou não percebiam existir, pela falta de discernimento, e que o civilizado, com sua experiência de vida e oriundo de uma civilização mais adiantada, entendia de grande valia para a sua sobrevivência. Ensinar as novas e modernas técnicas das grandes plantações em série, das quais os lusos já tinham o conhecimento, foi muito salutar para o Brasil. No princípio foi um modelo empírico, isso não se discute, mas desenvolvido ao longo de quase um século de aprendizado, de tentativas e de muito trabalho nas terras descobertas e cultivadas nas ilhas da Madeira e dos Açores.

Nos primórdios da formação dessa sociedade agrícola latifundiária brasileira, a terra pouco ou nada valia. Entretanto, com as grandes plantações de cana-de-açúcar, a terra apetrechada, com os seus engenhos de moenda da cana, além de outras plantações, resultou em poucos anos no florescimento de uma forte economia, tanto de subsistência como de exportação. Isso gerou riquezas incalculáveis, com excelentes resultados, proporcionando uma nova feição à nação, que emergira do nada para se tornar um pólo florescente e importante centro econômico. Discutiremos, mais adiante, as conquistas desses resultados superiores.

Foi a partir deste primeiro processo de desenvolvimento, quase instantâneo e acelerado, que milhares de portugueses se deslocaram de suas terras, nas províncias do norte de Portugal, para o Brasil. Vieram na companhia dos primeiros capitães hereditários, carregando todos seus bens, acompanhados de suas famílias, parentes e amigos, que partiram com indômita força de vontade. Vieram com o objetivo e finalidade precípua de plantar e povoar a nova terra, segundo o desejo e vontade do seu rei.

Na realidade, foram esses primeiros colonos, esses primeiros trabalhadores incansáveis, os precursores do formidável desenvolvimento e os produtores das primeiras riquezas do território nacional. Depois destes trabalhadores é que vieram os escravos africanos, pois as grandes extensões de terras a cultivar consumiam enormes contingentes de pessoas, demandando avassaladora soma de mão-de-obra. A população portuguesa não reunia condições de suprir essa demanda naquele momento e houve necessidade de se valerem dos escravos africanos para poderem executar as tarefas das múltiplas agroindústrias para o elevado desenvolvimento nacional.

No início das 16 capitanias hereditárias, a que mais prosperou foi a de Martim Afonso de Sousa, a capitania de São Vicente, como refere José Verdasca dos Santos:[30]

> *Com Martin Afonso de Sousa começou, efetivamente, a implantação dos órgãos de soberania do Estado e de uma nova civilização em terras de Santa Cruz. Aqueles representados e materializados pelo poder municipal, quando o município era a célula-mater dos estados da época, e seu primeiro núcleo autônomo, pelo pelourinho, símbolo emblemático da Ordem e da Justiça, a cargo do Poder Judiciário, e pela organização social, efetivada com a distribuição da propriedade, agora privada, com a prática da agricultura e da agroindústria açucareira e com a introdução da criação de gado, e pela implantação da indústria da construção naval, iniciada pelo capitão-mor nos portos do Rio de Janeiro e de São Vicente.*

Com efeito, o rei de Portugal ordenara, através de um contrato de direitos e obrigações, que se doassem terras aos donatários, para estes explorá-las. Entretanto, pelo contrato celebrado entre as partes, o donatário obrigava-se a prover, por sua conta e risco, tudo quanto fosse necessário para povoamento da terra. Vale dizer, o capitão deveria prover as benfeitorias, a defesa do território pertencente à capitania, da qual lhe

30. Santos, José Verdasca dos. Op. cit., p. 170.

foram destinadas as terras, além de ter de contribuir com um quinto dos seus rendimentos, na forma de impostos que revertiam para a Coroa portuguesa.

O que se sabe é que grande parte desses impostos era destinada ou incorporada ao próprio País de origem, com a finalidade de edificar melhoramentos, como infra-estruturas nas Câmaras Municipais, conforme diz Manuel Rodrigues Ferreira, em sua obra *História do Brasil Documentada*:[31]

> *Daquele quinto, 20%, a Coroa Portuguesa empregava a maior parte no próprio Brasil, construindo fortes, fortalezas, estaleiros navais, pontes, navios, edifícios para a administração, comprando armas e munições, inclusive canhões, pagamento de funcionários civis e militares, construção de caminhos etc.*

Depois das informações desse historiador, é de entender que a Coroa não cobrava impostos escorchantes e sem critério, se comparados aos impostos que o governo brasileiro hoje cobra do contribuinte nacional e do povo em geral. Um quinto, como acabamos de nos referir, parece-nos um imposto justo, se levarmos em consideração que este quinto cobrado não se destinava totalmente à Coroa portuguesa, como explica Rodrigues Ferreira.

Principalmente porque no País não havia nada, isto é, não havia efetivamente uma agricultura tal como a já conhecida pelo mundo

31. Ferreira, Manuel Rodrigues. *História do Brasil Documentada.* São Paulo: RG Editores, p. 26, 1996.

civilizado daquele tempo, com a cana-de-açúcar, o trigo, a cevada e o gado vacum e o cavalar (tão necessários). Somem-se a isso a necessidade de ferramentas, alfaias e outros utensílios para os colonos sobreviverem. Se todos esses bens, instrumentos e mudas de plantas etc. eram importados de Portugal, nada mais justo que a Coroa portuguesa cobrasse impostos. Nada mais natural que cobrasse uma contrapartida sobre pequena parcela dos rendimentos dos capitães donatários e dos colonos, e sobre os produtos que eram importados ou exportados, a título de investimentos no Brasil, como constava no contrato celebrado entre as partes.

As mudas da cana-de-açúcar vieram da Ilha da Madeira; a cevada, o trigo, as laranjas, as alfaias e os animais domésticos vieram de Portugal continental. Mas não eram somente estas coisas que o Brasil importava. O País também necessitava de artesãos para fazer os engenhos, os arados, as carroças, as casas para morar, enfim, entendemos que talvez seja redundância dizer, mas tem de ser dito: o Brasil não tinha nada, como já o disse Gilberto Freyre, aqui citado anteriormente.

Além disso, os capitães donatários eram obrigados, por lei, a prover a capitania de todos meios e instrumentos pertinentes à agricultura, à sua habitação e de seus colonos e, finalmente, à defesa de seu território. Enfim, tinham de ter o mínimo indispensável para ele e sua família sobreviverem. Todos esses apetrechos, os animais, as sementes, as carroças para carregar a cana custavam dinheiro, ouro ou prata. O donatário deveria possuir esses recursos de raiz, na pátria-mãe, para poder receber a terra doada pela Coroa, caso contrário não receberia as terras.

Eis o rol de apetrechos que o donatário se obrigava a adquirir: a) pólvora necessária; b) dois falcões (canhão de pequeno calibre); c) seis berços (boca de fogo pequena e curta que atirava balas de ferro de 1,5 quilo); d) seis meios berços; e) vinte arcabuzes; f) vinte bestas (antiga arma formada de arco, cabo e corda que disparava piloros ou setas); g) vinte gibões acolchoados de algodão para os colonos se protegerem das flechas dos índios; h) quarenta espadas e vinte chuços; i) capital para comprar todo este material e contratar os colonos e suas famílias; j) navios para transportar esta parafernália de instrumentos e todo o pessoal e animais que vinham como agregados ao donatário. Enfim, deveria dispor de uma fortuna se quisesse arriscar para depois receber a terra da Coroa, como determinava o contrato, acordado entre os contratantes.

Com esses enormes investimentos, as capitanias proporcionaram, no início da atividade econômica brasileira, grande surto de desenvolvimento produtivo e riqueza para o Brasil. Tanto que, à medida que o tempo foi passando, as atividades foram crescendo, as raízes dos donatários se foram fixando à terra de tal modo, que o resultado foi a primeira grande riqueza nacional, a cana-de-açúcar, que ainda hoje impera nesta terra.

É importante dizer que algumas deficiências do sistema foram detectadas ao largo dos anos. Como em todos os empreendimentos em que há progresso, mais tarde ou mais cedo preponderam dificuldades e deficiências. Neste caso, foram principalmente aquelas deficiências inerentes ao sistema defensivo, tanto contra as investidas dos índios hostis aos portugueses, como também contra os ataques dos corsários e bandidos franceses, holandeses e ingleses que pretendiam saquear as costas brasileiras. Tais ataques ocorriam em quase todas as regiões litorâneas do País, especialmente naquelas mais ricas e desenvolvidas, onde se instalaram grandes fazendas, com seus engenhos de açúcar muito cobiçados pelos corsários, e o ponto mais vulnerável para os capitães donatários, que se desdobravam para protegê-las. De certo modo, este foi o ponto mais suscetível de ser atacado e o que provocou o maior atraso no desenvolvimento inicial do País.

Em razão disso e mormente diante dessas sérias dificuldades, sentiu Dom João III, depois de analisar com muito critério e paciência o cerne do problema, a necessidade de maior unidade nacional, ao largo de toda a costa do território brasileiro. Naturalmente, foi para preencher esta lacuna administrativa, esta fragilidade no comando do império, que Dom João nomeou Tomé de Sousa como primeiro Governador Geral do Brasil, em 7 de janeiro de 1549, através de carta régia. Quase três meses depois, em 28 de Março, Tomé de Sousa chegava à Baia de Todos os Santos, tendo como missão principal edificar a capital do País, na Bahia, batizando-a com o nome de "São Salvador". Após essas providências, deveria o governador, como determinara o rei, constituir um governo central com poderes superiores e acima dos poderes dos capitães donatários.

Ainda como lhe ordenara o rei, o Governador Geral deveria proteger a capital, com algumas muralhas reforçadas à sua volta. Em seguida, deveria construir um palácio para o Governo, a Igreja Matriz, a Câmara Municipal, o Pelourinho, a cadeia etc., principais órgãos do poder central da Coroa portuguesa. Note-se que, apenas com o intuito de ridicularizar a forma como se iniciou o povoamento do Brasil pelos portugueses,

Jorge Caldeira, historiador com várias obras publicadas, ao se referir à chegada do primeiro Governador Geral, diz o seguinte:[32]

> *O Governador Geral trazia instruções minuciosas, soldados, degredados, artesãos, padres, funcionários da Coroa, algumas mulheres e crianças – cerca de 1.500 pessoas.*

Depois de tecer outras considerações (no seu entender sobre o mau povoamento do Brasil), diz no parágrafo seguinte:

> *Já o Brasil era para muitos, uma condenação, não uma escolha – com o novo Governador, chegaram 400 (quatrocentos) criminosos para cumprir pena de degredo. Vieram também algumas mulheres forçadas ou de livre vontade. Além delas, Tomé de Sousa trouxe crianças, oito meninos da Casa dos Órfãos de Lisboa, que ficaram a cargo dos jesuítas.*

Caldeira é de uma prodigalidade fantástica para falar dos degredados que vieram de Portugal para o Brasil. O que o historiador diz, ao levantar o assunto dos degredados, tem o intuito de reiterar que este País foi colonizado por degredados e bandidos, tal qual estamos acostumados a ouvir. Jamais o vimos referir que, na mesma esquadra conduzida pelo primeiro Governador Geral do Brasil, vinha, em cada navio, um cirurgião e personalidades do alto Clero ou da alta Justiça portuguesa, enfim, pessoas altamente capacitadas para constituir um governo no novo País e fazê-lo funcionar, como se provou depois que, na realidade, o fizeram.

---

32. Caldeira, Jorge. *Op. cit.*, p. 30.

Intui-se, desde logo, que é insensata e, porque não dizer, inverídica e tendenciosa a informação do historiador em seu relato, ao se referir aos 400 criminosos daquela expedição. Pois se considerarmos que na mesma expedição vinham crianças, mulheres e funcionários públicos, como nos informa o mesmo historiador, chega-se à triste conclusão de que há exagero ou má-fé na informação de Caldeira. Ademais, se investigarmos os crimes pelos quais os indivíduos daqueles tempos eram apenados com o degredo, ou tidos como criminosos, chegar-se-á facilmente à conclusão de que tais crimes, hoje em dia, não passariam de pequenas contravenções penais, sem importância ou ressonância nos tribunais modernos.

Por exemplo, eram apenados com o degredo, ou prisão, indivíduos que praticassem a vadiagem, o rufianismo, a canalhice, a regateirice, a jogatina de cartas ou que portassem armas proibidas, dormissem com freira e mais um rol de outros crimes de somenos importância. Se tais crimes fossem apenados atualmente, uma grande parte da nossa população estaria atrás das grades ou então seria desterrada pela prática de crimes comuns e banais no dia a dia dos cidadãos da atualidade. Mas o que o historiador deseja, ardentemente, ao expressar-se dessa forma, é desconsiderar e reprovar o povoamento do Brasil, feito pelos portugueses, como é fácil concluir. Além do mais, como poderia o Governador Geral misturar tantos bandidos ou degredados com crianças, mulheres, padres, juízes, funcionários públicos, militares etc. dentro das mesmas embarcações dessa viagem? (Isso é implausível).

Ainda vale a pena levar em conta o caráter de D. João III, homem de escrúpulos, convicções e sentimentos tão religiosos que não deveria consentir na mistura de bandidos ou marginais (como afirma o historiador) com padres, crianças, mulheres e outras pessoas de bem que vinham na expedição. Admitimos, é verdade, que viessem alguns degredados. Todavia, não em tão grande quantidade como nos pinta o historiador. Portanto, é de considerar que há ânimo deste para aumentar o número de degredados na informação, com o fito de ridicularizar a colonização portuguesa, como já dissemos. Aliás, sobre esse assunto do povoamento do Brasil, há um relato de João Ameal,[33] reclamando este feito a mando Dom João III. O relato é bastante enfático, e seu conteúdo rebate frontalmente a informação de Caldeira:

> *E na América? "A principal cousa que me moveo a mandar povoar as ditas terras do Brasil foi pêra que a gente dellas se convencesse da nossa santa fé católica", escreve o Rei a Tomé de Sousa, antes da partida do governador.* (Ortografia original).

Além da sentença acima, não há documento nenhum que comprove sua tese de Caldeira. Ainda no mesmo diapasão, e com base nas pesquisas que fizemos, ao longo dos anos, sobre a história do povoamento do Brasil, jamais tivemos conhecimento de virem 400 degredados de uma só vez, a fim de cumprir suas penas nestas terras.

Outro assunto importante são as atividades dos capitães donatários, particularmente quando estes iniciaram as plantações de cana, tabaco, algodão, vinha, laranja, trigo e outras culturas no Brasil. Deve se observar que estes começaram essas atividades com enormes sacrifícios e não com benesses ou favorecimentos, como querem e dizem certos sociólogos.

---

33. Ameal, João. Op. cit., p. 292.

Como os críticos de plantão são pródigos em maldizer o modelo de colonização escolhido pelas autoridades portuguesas da época, temos a dizer o seguinte: em vez de críticas e inverdades, este modelo deveria ser aplaudido e enaltecido, na maioria das vezes. Pois não sabemos a troco de que e por que tudo quanto foi feito nesta terra pelos lusos foi feito de maneira errada e sem planejamento. Frequentemente, a crítica vem de pessoas que não conhecem a história brasileira, não sabem nada sobre essas terras nem sobre seus heróis. Criticam apenas porque ouvem os outros criticar. Passados cinco séculos, não é certo admitirmos algo errado sobre este assunto, apenas comparando o que se fez com a agricultura naquele tempo com o que se pode fazer com os meios modernos de que dispomos hoje.

Diante dessa conjura infundada e sem justificativa, é necessário o registro desses tópicos importantes, que não podem ficar no esquecimento, depois de passarem pelo crivo da história. É preciso que se faça justiça e se diga, com todas as letras, a maneira como aconteceu o primeiro grande surto de desenvolvimento do Brasil, no século XVI. De 1532, quando Martim Afonso de Sousa plantou o primeiro canavial e montou o primeiro engenho para produção de açúcar, até o ano de 1570, portanto 38 anos depois, fundaram-se 60 engenhos de moer cana ao longo do litoral brasileiro. Depois, até ao fim desse mesmo século, calcula-se que foram montados mais o dobro desses engenhos. Quer isto dizer que, em 1600, já existiam 120 dessas agroindústrias produzindo, a todo o vapor, o açúcar para exportação e enriquecendo o País. Para se ter uma ideia do progresso do Brasil nesse lapso de tempo, apenas no Estado de Pernambuco, registravam-se 66 engenhos com seus respectivos campos de plantação de cana (fazendas), tabaco e algodão e uma pujante agropecuária (bovinos e equinos).

O tabaco, mesmo não tendo a importância da cana, atingiu produção invejável e servia como espécie de moeda corrente na troca de escravos africanos, trazidos ao Brasil para trabalhar nas grandes plantações brasileiras. O algodão foi outra cultura que deu substancial contribuição para o barateamento do custeio da produção. Pois o algodão servia para confeccionar as roupas dos escravos, e era muito mais barato que os outros tecidos geralmente importados da Europa a preços altíssimos e, portanto, caros para ser importados.

Em meados do século XVII, existiam cerca de 230 engenhos produzindo açúcar. Essa produção chegou a atingir três milhões de arrobas por ano, tornando o Brasil, então, o maior produtor de açúcar mundial, invejável posição que vem sendo mantida através dos séculos até os nossos dias. Segundo a Organização Internacional do Açúcar (OIA), com sede em Londres, em 2006, Brasil foi o maior produtor e exportador de açúcar do mundo. Sem falar do etanol, produzido a partir da cana-de-açúcar, biocombustível brasileiro que hoje é exportado para o mundo inteiro, incluindo Estados Unidos, Europa e Japão. Ambos, açúcar e etanol, têm gerado receitas (riquezas) extraordinárias para o Brasil.

A pecuária, em parte, foi a grande responsável pela conquista do interior brasileiro, especialmente do Norte e Nordeste, surgindo como ponto de apoio à cultura da cana-de-açúcar. Tornou-se, em seguida, grande fonte de riquezas, quando importantes fazendeiros e criadores de gado implantaram inúmeros currais espalhados pelas margens do Rio São Francisco, o que levou a população ribeirinha do "Velho Chico" a apadrinhálo de *Rio dos Currais*, como ficou conhecido entre os habitantes de quase todo o Nordeste brasileiro daquele tempo. Era então a província de Pernambuco a região de maior prosperidade e a mais rica do Brasil. Pernambuco, nessa época, contava com 121 indústrias de açúcar e toda uma infraestrutura em torno destas, onde abundavam fazendas produtoras de cana, de algodão, tabaco, mandioca e a agricultura de subsistência e grande quantidade de gado vacum e cavalar. A província despertou, como seria óbvio, inefável cupidez no espírito dos holandeses que, sequiosos de lucro e de riqueza fácil, se dispuseram a conquistá-la.

É interessante notar que, enquanto o Brasil não produzia nada, os holandeses não vieram interferir e não se interessaram pelo processo de desenvolvimento do País. Todavia, quando sentiram a prosperidade e a possibilidade de êxito na exploração das riquezas implantadas e consolidadas pelos portugueses nas terras brasileiras, os holandeses vieram atrás da riqueza emergente e fácil, por meio de ousada rapinagem. A estes é que Buarque de Holanda deveria atribuir aquela riqueza que não dava glória nem preocupação a ninguém e, muito menos a seus descendentes. Por isso, consideramos ilações as comparações maldosas que o autor faz sobre os portugueses, como vimos anteriormente.

VII

Os invasores holandeses, suas conquistas e expulsão

Sequiosos do ouro fácil e da riqueza que não custava trabalho, os holandeses, onde quer que os portugueses estivessem, vinham atrás farejando o ouro ou a prata, como aconteceu na Índia, na Indochina, na Indonésia (onde permaneceram até ao fim da Segunda Guerra Mundial). Os holandeses, que de longa data conheciam a pujante cidade de Olinda, naquele tempo capital da província de Pernambuco, dispuseram-se a saqueá-la, depois tomá-la de assalto, como se fossem piratas.

Conhecedores, e muito bem, da estupenda quantidade e qualidade das suas agroindústrias e das fazendas de produção de cana, assaltaram e pilharam alguns navios portugueses e galeões espanhóis, em alto mar, em 1629. Com o produto desses roubos e saques, os holandeses formaram uma forte armada de mais de sessenta navios. Recrutaram um contingente de sete mil mercenários e, fortemente armados, investiram contra Olinda, tomando-a de assalto, em fevereiro de 1630: não ficou pedra sobre pedra durante sua ocupação, que durou até 1654. Pretenderam fundar uma colônia com o nome de Companhia das Índias Ocidentais. Os holandeses já haviam tomado de assalto, em 1624, a cidade de Salvador, então capital do Estado do Brasil, na Capitania da Bahia. A ocupação durou um ano, quando, em 1625, os portugueses retomaram a cidade.

É importante lembrar, no entanto, que o governador da Capitania de Pernambuco, o mameluco luso-brasileiro Matias de Albuquerque, desprevenido e desarmado, sequer ofereceu resistência aos numerosos e fortemente armados piratas batavos. O efetivo das tropas de defesa de Olinda era formado por pequeno contingente de soldados, que não chegava a mil homens em armas, precariamente armados se comparados aos homens do comandante holandês Diederik van Waerdenburgh, que comandou o assalto.

Desbaratado, o pequeno núcleo do exército de Matias de Albuquerque foi destruindo, na sua retirada, grande parte dos víveres existentes na capital de Pernambuco. Apesar disso, o invasor ainda encontrou formidável espólio de mantimentos e víveres na província e toda uma estrutura planificada para a plantação e industrialização do açúcar. Essa estrutura havia sido organizada, com muito trabalho e determinação, pelas populações locais durante todo um século. Tudo isto que não custara nada aos holandeses para implantar, repetimos, lhes serviu de suporte para edificar posteriormente a opulenta cidade do Recife, na época ainda de parcos recursos dentro do conjunto das cidades da Província de Pernambuco.

Não obstante se creditar à nação holandesa a conquista das riquezas de Pernambuco, é preciso dizer que esta conquista não foi da nação e nem do governo da Holanda e, sim, de uma empresa chamada

Companhia das Índias Ocidentais, cujo objetivo era implantar, no continente americano, colônias daquele país, como já o fizera noutras partes do mundo já conquistadas e colonizadas pelos portugueses. Quanto aos 25 anos de ocupação dessa região pelos holandeses, não se deve confundir com o período em que o príncipe Mauricio de Nassau esteve à frente dos negócios da Companhia das Índias Ocidentais, entre 1637 e 1644.

Enquanto este príncipe esteve como administrador à testa dos negócios daquela empresa, os holandeses fizeram prosperar muito esta localidade, tanto construindo avenidas, como algumas pontes, fortes e até palácios. Essa administração de Nassau muitas vezes serve de referência para opinião de milhares de brasileiros mal informados, que espalham aos quatro ventos que, se fossem colonizados pelos holandeses, a civilização brasileira seria melhor do que aquela que foi herdada dos portugueses. Puro engano.

A ocupação dos batavos em Pernambuco foi, de longe, o período mais negro e amargo e de privações jamais impostas às populações daquela província. Apesar de todos os benefícios realizados na cidade do Recife, quando sob a orientação do príncipe de Nassau, cuja capacidade de gerir os negócios da Companhia das Índias Ocidentais surtiu efeitos fantásticos, estes, porém, não retornaram para os brasileiros, como benefícios, como nos diz Lisboa de Mendonça, em sua citada obra.[34] Foi por causa dos gastos excessivos de Nassau, ao querer embelezar a cidade do Recife, que a Companhia das Índias Ocidentais, nada satisfeita com sua administra-

---

34. Mendonça, Carlos Lisboa de. Op. cit., p. 198 e 199.

ção, o mandou chamar para uma prestação de contas. Talvez pelos gastos exagerados com as obras, quando estas absorveram grande parte dos lucros destinados aos cofres insaciáveis da dita companhia. Isso resultou na exoneração de Nassau.

Os comentários daquela época eram de que as despesas com o embelezamento da cidade do Recife tinham ultrapassado as expectativas da direção da Companhia das Índias Ocidentais, gerando desconfianças na administração de Mauricio de Nassau. Aberta uma sindicância para apurar responsabilidades, e tendo sido apurada a verdade onde fora usado o dinheiro, ficou comprovado que o numerário tinha sido investido em benfeitorias da cidade. Este episódio causou grande mal-estar na direção da Companhia. O administrador Nassau, sofrendo grande desgaste político pela desconfiança, pediu para ser exonerado, no que foi atendido de imediato. A partir daí, a Companhia das Índias Ocidentais, por falta de liderança política e administrativa, começou a declinar, tendo como resultado a sua expulsão do território nacional da Holanda, fato que mais adiante narraremos. Porém, há um fato histórico na ocupação pelos holandeses da Província de Pernambuco que jamais poderá ser esquecido. Aliás, é digno de registro dizer que os habitantes das vilas circundantes a Olinda jamais aceitaram o jugo dos alienígenas batavos, como veremos a seguir.

Os colonos de todas as classes, credos religiosos, origens e cores, mantinham bem viva a chama da liberdade e da independência do território nacional. Fato esse que os unia cada vez mais contra o invasor e opressor e os levava a promover uma guerra de guerrilhas e ataques de surpresa contra a ocupação dos homens da Companhia das Índias Ocidentais da Holanda. Durante o período das guerrilhas, portugueses e brasileiros uniram-se pelos mesmos ideais de nacionalidade e ofereceram guerra sem trégua aos inimigos comuns. Foram vários anos de lutas sangrentas e desiguais entre os poderosos holandeses, fortemente armados, e os luso-brasileiros, desprovidos de melhor armamento, com uma milícia de parcos e deficientes recursos, mas que enfrentaram heroicamente os intrusos holandeses e jamais esmoreceram. Contudo, mais uma vez a traição prevaleceu sobre a fidelidade ou a lealdade dos nacionais.

Domingues Fernandez Calabar, mulato nascido em Porto Calvo, por volta de 1600, distinguira-se na luta contra a ocupação dos holandeses até 1631. A resistência de Matias de Albuquerque, retirando-se para o Arraial de Bom Jesus, oferecia tenaz luta contra os invasores batavos quando, em abril de 1632, Calabar desertou das hostes luso-brasileiras, passando para o lado do inimigo. Levou consigo todas as informações de que dispunha para os inimigos e passou a operar a favor destes. A situação dos nacionalistas mudou completamente e também o rumo e o curso das guerrilhas: com base nas informações de Calabar, ao invés de atacar, as guerrilhas passaram a ser atacadas.

O traidor, conhecendo o processo de guerra dos luso-brasileiros, índios e negros, e tendo armas e meios mais eficazes e modernos que seus adversários, ocupou, sucessivamente, Rio Formoso, Itamaracá, Porto Calvo, Rio Grande, Paraíba e, finalmente, o forte de Nazaré. Capitulando em todas as praças nordestinas, o capitão-mor das forças da resistência nacional, Matias de Albuquerque, resolveu retirar-se para Alagoas, com cerca de 300 soldados e alguns índios fiéis ao seu movimento. Mas, ao passar por Porto Calvo, tomou conhecimento de que Pedro Calabar estaria naquela praça, comandando um destacamento de holandeses. Albuquerque, imbuído de patriotismo, tomou de assalto, com seus homens, esta praça, em 19 de dezembro de 1635, conquistando-a. Depois de várias buscas e diligências, conseguiu capturar o traidor Calabar. Em seguida à sua prisão, no dia 21 desse mesmo mês, Calabar foi condenado à morte e enforcado, esquartejado em praça pública, pagando o alto preço por sua traição.

Novas esperanças renasceram no espírito dos luso-brasileiros. Porém, iniciaram-se novas escaramuças entre nacionais e holandeses pela posse da terra. Os holandeses, sabendo da vantagem numérica de seus exércitos e muito melhor armados e treinados, por decisão do coronel Von-Schkopp, propuseram anistia geral aos exércitos nacionais, desde que estes depusessem as armas e reconhecessem todas as terras conquistadas até aquela data. Todavia, os nacionalistas não aceitaram estas condições, repelindo categoricamente a oferta, pois, o que de fato eles pretendiam era a expulsão pura e simples dos invasores, sem negociações.

Não restava alternativa ao coronel holandês senão a de recorrer à força das armas para resolver a pendência. Os exércitos holandeses, muito superiores em número e em armamento, compunham-se de 8.300 homens, comandados pelos coronéis Brinck, Van-den-Brade, Van Este, Hautyn, Heerweer e Hous. Iniciaram-se os preparativos dos nacionais com vistas ao enfrentamento, com um exército de apenas 3.500 homens, mal armados e equipados se comparados aos seus fortes opositores. Francisco Barreto foi designado como comandante-chefe dos exércitos nacionais, compostos de portugueses, índios, mamelucos, negros, cafuzos, enfim todo o amálgama brasileiro.

Barreto percebe que não poderia enfrentar as numerosas tropas holandesas. Por isso, deixou pequenas guarnições nos fortes de Olinda, do Arraial e da Bateria. Com o grosso dos exércitos, escolheu uma planície que se estendia entre o sopé dos Montes Guararapes e o mar, formando suas tropas à retaguarda, dentro de uma pequena faixa de terreno, entre o boqueirão e um pântano ali existente. O flanco direito, amparado pelos montes, e o esquerdo, por uns pauis, ofereciam, de alguma forma, proteção às tropas nacionais. Como nos referimos, comandavam os exércitos nacionais, além de Francisco Barreto, André Vidal de Negreiros, Fernandes Vieira, o negro Henrique Dias e o índio Felipe Camarão.

Estes foram momentos de grande expectativa e temor. Em 19 de abril de 1648, o exército batavo apareceu diante das tropas nacionais, tendo a comandá-lo o coronel Van Schkopp. Repentinamente, o coronel holandês atacou os luso-brasileiros pela retaguarda. Francisco Barreto, percebendo a manobra do comandante dos holandeses, ordenou a Fernandes Vieira e a Henrique Dias que investissem pelos montes contra o inimigo, enquanto André Vidal de Negreiros e Felipe Camarão entretinham os holandeses na campina. Porém, como as tropas inimigas não esperassem ser atacadas pelos montes, ao se aperceberem da presença das tropas nacionais naquela parte do terreno, com receio de serem atacados pela retaguarda, se precipitaram, abandonando a artilharia e, em debandada, vieram-se juntar ao grosso da tropa junto à planície.

Van Schkopp, juntando os fugitivos, ainda investiu contra André Vidal que, em tempo, foi apoiado por Fernandes Vieira e Henrique Dias, e rechaçou as pretensões do holandês. Porém, Hous, com algumas tropas frescas, veio em auxílio a Schkopp, todavia sem êxito porque Francisco

Barreto, com 500 homens, reforçou as tropas de Henrique Dias, que se batiam com grande bravura. Van Schkopp ainda tentou, duas vezes, romper as forças nacionais, mas, repelido com energia, desistiu da intenção de oferecer combate ao exército luso-brasileiro, retirando-se do campo de batalha.

Ferido, cansado e vencido, retirou-se para Recife, deixando na posse dos luso-brasileiros mais de mil homens, entre mortos, feridos e prisioneiros, 33 bandeiras e uma peça de artilharia. Vencedores desta tremenda batalha, brasileiros e portugueses deram provas de elevado espírito patriótico. A segunda batalha deu-se em 19 de fevereiro de 1649. Os holandeses, agora comandados pelo coronel Brinck, com um exército de 3.500 homens, novamente contra um exército inferior, de apenas 2.600 luso-brasileiros, já contavam a vitória como certa.

O sol escaldante batia forte e de frente nos rostos dos holandeses. Sem água potável e pressionados pelo calor, o coronel Brinck movimentou suas tropas para outro lugar mais aprazível. Barreto, mais uma vez atento à manobra do comandante holandês, observando o desgaste das tropas inimigas, determinou ao seu exército para investir contra o inimigo no sentido convergente. Embate duríssimo. A vitória foi difícil, porém, mais uma vez, a atitude providencial de Francisco Barreto, com suas tropas num momento decisivo, favoreceu os nacionais. Para ajudar ainda mais os luso-brasileiros, uma bala certeira foi-se alojar no coração do coronel Brinck, matando-o instantaneamente. Vencidos, os inimigos se retiraram, em debandada, deixando no campo de batalha 1.045 homens, entre mortos, feridos e prisioneiros. Aprisionadas também foram cinco peças de artilharia e várias bandeiras. As baixas do exército luso-brasileiro foram de 45 mortos e 200 feridos. Este feito aumentou sobremaneira o prestígio do exército nacional e seus comandantes foram aclamados heróis nacionais.

Esses dois enfrentamentos nos Montes Guararapes, no atual município de Joboatão dos Guararapes (ao sul de Recife, capital de Pernambuco), são conhecidos como a *Batalha ou Guerra dos Guararapes*. A primeira batalha marca, simbolicamente, a origem do exército brasileiro. Isto porque, pela primeira vez, as três raças que estão na origem do povo brasileiro – índios, brancos e negros – se uniram e lutaram lado a lado em torno do ideal da liberdade nacional. Em 1654, com a assinatura da *Capitulação do Campo de Taborda*, diante do Forte das Cinco Pontas, em Recife, os holandeses deixariam o Nordeste. Mas a República holandesa reconheceria apenas em 1661 a soberania portuguesa sobre todo o Nordeste brasileiro, quando foi firmado o *Tratado de Haia*.

Esta foi sem dúvida uma das páginas mais significativas da história brasileira: marca a união e o convívio, no geral pacífico, das três raças em solo nacional, graças a esses heróis do século XVII, entre muitos outros que iriam aparecer ao longo da história do País.

Capítulo II

VIII – Elementos Comparativos entre o Brasil Colonial e as Treze Colônias dos Estados Unidos da América do Norte;

IX – Homens Nobres, Ricos e Intelectuais à Frente da Colonização do Brasil;

X – Bandeiras e Bandeirantes;

XI – Pedro Teixeira Conquista a Amazônia para o Brasil

BRASIL 1776

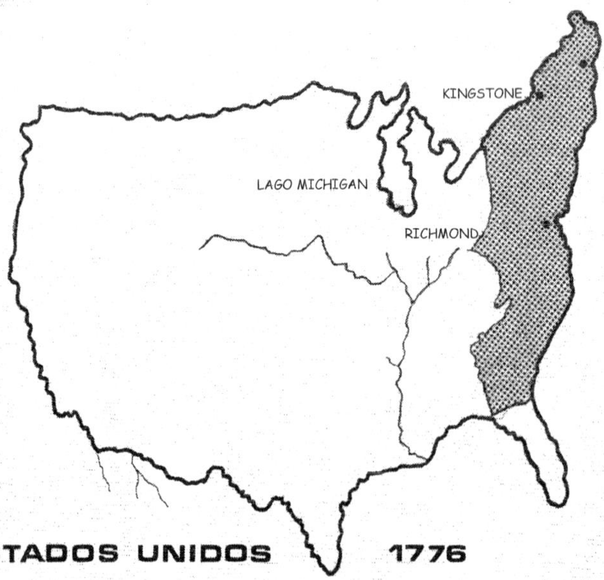

ESTADOS UNIDOS 1776

As 13 colonias americanas e apenas a parte escura deste mapa, que mediam 836.000 km^2 em 1776 data da proclamação da República dos Estados Unidos.

A parte branca foi tomada dos índios durante o Século XIX.

VIII

Elementos comparativos entre o Brasil Colonial e as treze colônias dos Estados Unidos da América do Norte

A MÍDIA ELETRÔNICA, A propaganda cinematográfica, as revistas e jornais facciosos e alguns historiadores e sociólogos brasileiros e norte-americanos têm propagado os Estados Unidos da América do Norte como alto produto da colonização inglesa (desde o tempo das treze colônias). Com isso, estão construindo e consolidando uma inverdade no imaginário do crédulo povo brasileiro e, em especial, daqueles menos esclarecidos. É muito frequente se ouvir de brasileiros aquela velha menção: "Oh!, se tivéssemos sido colonizados pelos ingleses ou pelos holandeses seríamos outro povo, outro País!" Ou esta: "Somos o que somos, um País de pobres, analfabetos e subdesenvolvidos, porque fomos colonizados pelos portugueses!"

Esta é uma opinião equivocada expressa por muitos brasileiros, ensinados que foram por maus professores de história, influenciados por livros de historiadores e sociólogos avessos aos antepassados lusos ou pelos discursos demagogos dos atuais políticos e governantes do País. Estes, por sua vez, preconizam apenas aquilo que interessa ao seu proveito midiático, isto é, aquilo que lhes serve para serem eleitos para o cargo político que postulam no momento.

Os professores ensinam mal porque seus mestres lhes ensinaram mal. Há ainda sociólogos que defendem teses ou mestrados sem um preparo criterioso ou um estudo mais profundo da história do Brasil, apoiados em pesquisas tendenciosas. Estes, de má-fé ou por duvidosa formação científica, repetem as mesmas vulgaridades que aprenderam no ensino básico. Talvez porque lhes seja mais fácil falar mal do que ir fundo atrás da história real. Quiçá por isso digam mal dos antepassados lusos: porque lhes é mais simpático e empolgante convencer as massas populares com um falso patriotismo. Isso é mais fácil do que percorrer os caminhos da pesquisa científica sobre a história brasileira, que é aquela perseguida pelos historiadores antigos e confiáveis do País.

É nosso dever chamar a atenção para que se observem governantes e políticos brasileiros, mormente quando estes dissimulam seus erros e fracassos administrativos, na malversação do dinheiro público, ou a sua incapacidade de gerenciar a coisa pública, para se locupletarem dos bens do Estado. Como geralmente fazem, não tendo em quem jogar a culpa por seus erros, em uma administração abjeta e desprezível, jogam a culpa no sistema deixado pelos portugueses que, ao final, são os bodes expiatórios de tudo que se faz e fez de errado. São sempre as mesmas escusas, distorções e retóricas, quando todos estão cansados de saber que a corrupção e a roubalheira são as grandes mazelas sociais, responsáveis pela pobreza do povo brasileiro. Notadamente, quando essas mazelas estão aliadas a conchavos políticos cuja finalidade é encobrir as incapacidades e as desonestidades dos políticos, como temos visto, ao longo dos anos, na administração do sistema político brasileiro.

Grande parte dos intelectuais brasileiros conhece muito bem a história dos Estados Unidos. Sabem que o que se diz à cerca da colonização inglesa naquele país não corresponde aos fatos históricos e nem à realidade desenvolvida, paralelamente, entre aquele país e o Brasil, durante o tempo em que ambos foram colônias. Não obstante terem esses conhecimentos, a maioria dos homens esclarecidos brasileiros jamais, com raras exceções, defendeu esta realidade subjacente. Falam mal não apenas das origens, dos heróis, dos antepassados e da colonização lusa, mas, principalmente, da própria nação atual, chamando seu povo de raça inferior, de subdesenvolvidos, preguiçosos, vagabundos, neobobos e, acima de tudo, de refratários ao trabalho que depende de esforço físico. Isso não é verdade.

Não nos causa admiração que os americanos valorizem suas coisas, que digam das suas glórias, que falem dos seus heróis, que queiram ser melhores que os brasileiros, mais engenhosos ou capazes. Afinal, estão no papel deles. Mas é lamentável que alguns intelectuais, com cursos de doutorado no exterior, cientistas, artistas, enfim as classes dominantes e pensantes do País, se prestem a aceitar este tipo de maniqueísmo e de representação a fim de confundir ainda mais a sofrida nação brasileira.

Conquanto saibamos das deficiências do Brasil e do povo brasileiro, somos obrigados a comparar este tipo de comportamento "lato senso" de alguns homens importantes do Brasil ao de Domingos Calabar, o traidor da Pátria, aqui citado. É preciso que se diga que, durante o Período Colonial, o Brasil (como escreveram alguns dos maiores historiadores brasileiros) sempre foi mais rico, mais populoso, mais industrioso, intelectualmente mais avançado e mais próspero que os Estados Unidos. O Brasil tinha um território 10 vezes maior do que as treze colônias inglesas, até a data da independência destas, em 4 de julho de 1776, as quais deram origem aos Estados Unidos da América (conforme mapa a seguir). Abaixo, damos o nome e a área, em quilômetros quadrados, das treze colônias que os ingleses deixaram para os americanos, uma a uma, para que se tenha ideia do tamanho daquele país no início de sua colonização:

1 – New Hampshire, com 24.097 km^2;
2 – Massachusetts, com 21.386 km^2;
3 – Connecticut, com 12.873 km^2;
4 – Rodhe Island, com 3.144 km^2;
5 – Maryland, com 27.394 km^2;
6 – Delaware, com 5.328 km^2;
7 – New Jersey, com 20.295 km^2;
8 – Virgínia, com 106.711 km^2;
9 – Nova Iorque, com 128.402 km^2;
10 – Pensilvânia, com 117.412 km^2;
11 – Geórgia, com 152.589 km^2;
12 – Carolina do Norte, com 136.524 km^2;
13 – Carolina do Sul, com 80.432 km^2.

Área total das treze colônias: 836.587 km^2

Eis a área total do conjunto das treze colônias que originaram os Estados Unidos, em 4 de julho de 1776. Eram apenas 836.587 quilômetros quadrados: isto é dez vezes menor que o Brasil – depois da conquista da Amazônia por Pedro Teixeira, em 1639 – que tinha mais ou menos o mesmo tamanho de hoje, 8.514.000 Km^2 (oito milhões, quinhentos e quatorze mil quilômetros quadrados). Porém, como se disse, a propaganda facciosa é de tal forma exacerbada, os enlatados norte-americanos são de tal forma difusora de inverdades históricas que, invariavelmente, confundem e levam grande parte das pessoas a acreditar numa suposta maravilhosa e austera colonização daquele país, pelos ingleses.

Sabemos que os Estados Unidos, enquanto Colônia, não foram nada que se assemelhasse ao Brasil da mesma época. Estavam, isto sim, muito aquém da realidade apresentada nos filmes ou na propaganda enganosa que nos querem impingir. Apesar de os historiadores norte-americanos saberem dessa verdade, jamais se viu alguns deles, mesmo sociólogos ou escritores, abominarem as origens da sua colonização ou as suas raízes. Alias, muito pelo contrário, são fanáticos na defesa dos poucos e humildes valores que herdaram. Enquanto isso, há uma prodigalidade fantástica na intelectualidade brasileira em falar mal dos valores históricos do Brasil, de suas raízes, seus heróis, enfim, do seu passado e do seu povo. O pior é que o fazem, na grande maioria das vezes, com inverdades, quando se imputa à herança colonial brasileira falhas e vícios inexistentes, e isso inclui a herança dos portugueses, dos índios, miscigenados com os indígenas ou negros!

Neste sentido, há um xenofobismo que vai além da malquerença contra os portugueses, nutrido por imensurável hostilidade, chegando-se às raias da perfídia. Assim se explica que elementos avessos aos lusitanos tenham esse contumaz comportamento de revolta ou de aversão aos primeiros povoadores do Brasil. Há alguns anos, o jornalista Samuel Wainer entrevistou o também jornalista, dramaturgo e artista paulista Abílio Pereira de Almeida (descendente de portugueses), sobre o desenvolvimento de São Paulo, desde os remotos tempos dos bandeirantes. O homem de letras assim se expressou sobre seus antepassados bandeirantes, a quem o Brasil tanto deve:

> *Eu era grande admirador de Raposo Tavares, mas depois que fiquei sabendo que ele era português, minha admiração pelas bandeiras se me desencantou.*

Observe-se quanta xenofobia há na frase deste homem de letras, intelectual nacional, quando investe contra todos os bandeirantes, apenas porque um deles era português! Quanta repulsa e hostilidade existia no âmago deste ser contra os portugueses, de quem era descendente. Veja-se com que ranço ele investe contra os bandeirantes, mesmo sabendo que a maioria deles era de brasileiros, como por exemplo, Borba Gato, Fernão Dias Paes Leme, os Anhangueras (I, II e III) e tantos outros que se entregaram de corpo e alma à conquista, ao desbravamento e alargamento do território brasileiro. E se dedicaram com sacrifício, amor e fé para que o Brasil fosse grande e forte, tal qual é hoje!

Quantas não teriam sido as ocasiões em que estes destemidos homens, com o sacrifício da própria vida, deixaram para trás a família, os amigos, o que lhes era mais caro, tudo, para se embrenharam pelas matas e selvas infindáveis? Quantas inglórias jornadas empreenderam pelos desconhecidos sertões brasileiros, sem saber se chegariam ao outro dia com vida? Tudo isso para agora serem difamados e maltratados de maneira rude e mal-agradecida pelos seus próprios descendentes. Quantas não teriam sido as vicissitudes enfrentadas por esses heróis?

Quem ler *Os irmãos Leme ou A Bandeira de Fernão Dias Pais,* do escritor Paulo Setúbal, poderá avaliar o sacrifício desses antepassados, hoje difamados. No entanto, e apesar de o dramaturgo saber do esforço e da bravura desses homens para a construção de um País, ainda assim investe contra eles apenas porque um deles era português! Ainda com referência a este assunto, temos o depoimento de Seymour Martin Lipset, em *Ensaios Comparativos Sobre a História Americana*, sobre um trecho de *Bandeirantes e Pioneiros.* Lipset se refere ao trabalho de Viana Moog, nos seguintes termos: [35]

> *Uma tentativa para explicar por que o Brasil, o maior, o mais populoso e o mais ricamente dotado dos Estados latino-americanos se desenvolveu, do ponto de vista econômico, tão mais POBREMENTE do que os Estados Unidos, também acentua a diversa natureza da colonização fronteiriça nas Américas. Viana Moog chama a atenção para as diferenças entre os "bandeirantes" e os "pioneiros" como a origem principal dos vários padrões de desenvolvimento em seu Brasil natal e nos Estados Unidos.*

E conclui Lipset:

35. Lipset, Seymour Martin. "A Novidade da Nova Nação", p. 81 e 82. In: Woodward, Vann. *Ensaios Comparativos sobre a História Americana.* São Paulo: Senac, 2000.

Moog relaciona a diversidade da natureza das fronteiras brasileiras e estadunidense ao fato de no Brasil, durante três séculos, o principal motivo para as incursões na fronteira era enriquecer depressa, descobrir ouro e outros metais preciosos, sendo que o trabalho, fosse em lidas rurais, fosse nas ocupações urbanas, era havido por aviltante, próprio apenas de escravos, ao passo que os colonos ingleses e, mais tarde, os norte-americanos procuraram novos lares, baseados em seu trabalho.

Essas diferenças estão ligadas a vários traços culturais e motivos para buscar novas oportunidades na fronteira. "No Brasil, o bandeirante tem a seu crédito a dilatação geográfica do país, exatamente como sucede ao pioneiro nos Estados Unidos. Moog assinala que "Nos Estados Unidos uma coisa, para ser capaz de despertar entusiasmo, precisa trazer o rótulo de pioneiro; no Brasil... precisa merecer o epíteto de bandeirante."

Observe, caro leitor, com que desprezo Viana Moog fala ao afirmar que os bandeirantes queriam enriquecer depressa, encontrar ouro e outros metais preciosos e ir embora, depois de ricos. Da inferência acima se podem tirar duas conclusões: de Viana Moog, como brasileiro e intelectual, se deduz que houve inveja ou má-fé quando este afirma que os bandeirantes apenas pensavam em ficar ricos e retirar-se do Brasil, depois de satisfazerem a sua infinita cupidez, ou quando os classifica, em seguida, de malandros, dizendo que não gostavam de trabalhar.

De Lipset, que sabe ele sobre a história do Brasil? Absolutamente nada e muito menos sobre os bandeirantes. Se soubesse não escamotearia a verdade e não transcreveria o que Viana Moog afirmou. O sociólogo norte-americano saberia que o que Moog escreveu não corresponde à verdade dos fatos, e resume-se a veleidades e invencionices. Os bandeirantes, em sua grande maioria, eram brasileiros e por isso não pensavam em abandonar o Brasil. Basta dizer que Fernão Dias Pais Leme era neto de portugueses, logo jamais pensaria em deixar o Brasil!

Entendemos que na obra de Moog existem más intenções porque jamais se pode comparar os dois movimentos, a não ser pela similitude das causas. Pois, no que diz respeito às épocas em que aconteceram ambos os movimentos, há significativas diferenças de datas, para além de haver grandes diferenças de efeitos. Para que possamos avaliar um e outro movimento, partiremos primeiro das épocas em que os Bandeirantes iniciaram as Bandeiras, e a época em que os Pioneiros avançaram para o Oeste, quando então, deram o nome a seu país de Estados Unidos América do Norte.

Vejamos: os bandeirantes iniciaram o movimento das bandeiras rumo ao interior do sertão brasileiro em fins do século XVI, como nos informa o historiador Manoel Rodrigues Ferreira, em seu livro *O Mistério do Ouro dos Martírios*:[36]

> *Até 1585, durante os primeiros trinta anos, a guerra entre os povoadores da Vila de São Paulo e os índios teve um caráter de defesa. Envolvidos na guerra contra os Tamoios, acabaram os moradores da vila chegando ao fim de trinta anos de lutas, e os povoadores de São Paulo de Piratininga chegaram a conclusões bastante realistas sobre a situação no planalto e a sua posição perante os indígenas.*

---

36. Ferreira, Manoel Rodrigues. *O Mistério do Ouro dos Martírios*, p. 178, Editora Biblos.

Uma nova concepção de vida passou a dominá-los. Antes a sua segurança dependia da resistência à guerra que lhes desfechavam os indígenas. Agora verificavam que sua prosperidade dependia da guerra que eles desfechassem contra os nativos.

Os paulistas, premidos pelas guerras constantes que os índios lhes faziam, como se observa, pensaram em revidar. Mas isto carecia de uma licença passada pela Câmara da São Vicente. Foi então requerida a licença, transcrita na mesma obra:[37]

No dia 17 de novembro de 1585, a ata da Câmara da Vila de São Paulo registrou que se fazia eleição de novos membros, "... por os mais serem idos ao sertão em companhia do Capitão Jerônimo Leitão à entrada que se fez ao gentio do sertão...".

A bandeira de Jerônimo de Sousa partiu, na data acima, dirigindo-se ao litoral. Regressou a São Paulo, em 1586, trazendo grande quantidade de índios presos, depois de oito meses. Esta é uma das primeiras bandeiras que percorreu o sertão brasileiro.

Já os Pioneiros norte-americanos iniciaram a "conquista do Oeste", somente no final do século XVIII, e que se estendeu durante todo o século XIX. Portanto, 200 anos depois do início do movimento interiorano brasileiro, quando, no Brasil, os bandeirantes já pertenciam à história. Isto quer dizer que os americanos, quando iniciaram o seu movimento de pioneirismo, além de serem favorecidos pelo terreno de

---

37. Idem, p. 180.

extensas planícies, tinham já outra estrutura quanto às armas empregadas e à disponibilidade de víveres enlatados, em virtude das tecnologias avançadas já disponíveis nessa época. Os bandeirantes, dois séculos antes, não possuíam nem tiveram acesso a essas facilidades. Logo, não se pode comparar um e outro movimento.

Conclui-se que ambos os ensaístas não tiveram o cuidado de analisar em profundidade os dois movimentos, no tempo e espaço em que ambos aconteceram. Se observassem com melhor critério, verificariam que entre os dois movimentos houve uma diferença de datas enorme. Enquanto os bandeirantes terminaram o movimento por volta de 1700, com a descoberta de ouro em Minas Gerais, o movimento dos pioneiros norte-americanos se iniciou por volta de 1790, como dissemos, e terminou em 1898. Portanto, há uma diferença de mais de dois séculos entre ambos os movimentos.

Diante dessas dessemelhanças, não há absolutamente nenhuma dificuldade em se averiguar as diferenças substanciais entre os dois processos de ocupação, como também não pode haver comparação nenhuma entre Bandeirantes e Pioneiros. A história é fundamentada em fatos e contra fatos não há argumentos, quer sejam eles americanos ou brasileiros.

Quem pretender mudar esses fatos, com mentiras, é bom que saiba que sempre haverá alguém que os conheça e os esclareça em seu devido tempo. Por isso, nunca é demais repetir que o Brasil, enquanto Estado pertencente à Coroa portuguesa, era pelo menos dez vezes maior do que as treze colônias da América do Norte pertencentes à Inglaterra, antes de se tornarem independentes. Além disso, O Brasil era muito mais rico e próspero e muito mais intelectualizado do que aquelas simples, desabitadas e incultas colônias inglesas, banhadas pelo Oceano Atlântico.

Para que não pairem dúvidas, convém observar o depoimento do historiador R. R. Palmer, decano do corpo docente da Universidade de Princeton, que, entre outras obras, escreveu *A History of The Modern World* (1950) e *The Age of The Democratic Revolution* (1959, 1964). Paradoxalmente, em sua intervenção, o professor norte-americano assim se posiciona em *Ensaios Comparativos sobre a História Americana:* [38]

> *Entretanto, a revolução Norte-Americana foi muito diferente da européia e, sobretudo da Revolução Francesa, pura e simplesmente porque a América do Norte no século XVIII era, como país, muito diferente da Europa, muito mais do que hoje. O que espanta é que se pudesse estabelecer algum paralelo em matéria de comportamento político ou de ideologia. Nas Treze Colônias, ao tempo da sua revolução, não havia feudalismo, não havia sistema senhorial, nem solarengo, e não havia classe camponesa – pois os lavradores norte-americanos, que possuíam mobilidade e bens de raiz, dificilmente se poderiam considerar camponeses. Não havia senhores feudais, não havia uma igreja magnífica e privilegiada, e quase se pode dizer que não havia monarquia, se bem o rei distante e os seus agentes fossem respeitados. Antes das dificuldades com a Inglaterra, os norte-americanos viviam virtualmente sem problemas de tributação, funcionalismo público, forças armadas ou política externa. Não havia guildas nem outras relíquias medievais. Os norte-americanos não tinham*

---

38. Palmer, R. R. *Ensaios Comparativos sobre a História Americana.* São Paulo: Editora Cultrix, p. 64 e 65, 1980.

um capitalismo desenvolvido, como na Europa, nem bancos ,nem empresas ou companhias comerciais, nem grandes riquezas nem pobreza extrema. As exceções eram os escravos negros numerosos no Sul, mas que não desempenhavam papel político (senão para dar importância aos seus donos) e cuja própria existência acentuava a diferença entre os dois continentes. Não havia GRANDES CIDADES nem uma rede significativa de estradas. Havia um punhado de escolas de nível secundário, mas inexistiam universidades; e, conquanto muitos norte-americanos, como Franklin, Adams e Jefferson fossem cultos e ilustrados, não havia, a bem dizer, classe intelectual. Quase não se escreviam livros na América do Norte; o comércio livreiro fazia parte do comércio de importação da Inglaterra. Escassamente havia uma cultura nacional distintiva ou alguma unidade política. Como poderia um País nessas condições dar lições à Europa, ou mesmo partilhar de idéias européias?, conclui o historiador americano.

Afortunadamente, o enfoque dado pelo professor de Princeton reforça nossa tese sobre o que eram as treze colônias inglesas antes de 4 de julho de 1776. Demonstra nitidamente o atraso em que estas se encontravam em relação à Europa e ao Brasil da mesma época, e até mesmo muito depois daquela efeméride, como declara o professor. Portanto, não podem existir dúvidas ou reparos a fazer sobre este ponto de vista que defendemos ao longo deste capítulo. Cabe-nos dizer ainda que são inúmeros os exemplos, neste mesmo sentido, em que são verificadas grandes diferenças entre as duas nações americanas, enquanto colônias das nações europeias.

Nota-se a expressiva superioridade colonial brasileira em relação às treze colônias inglesas, em todos os sentidos, seja no desenvolvimento agrícola, no setor industrial, na cultura ou nas artes. No setor agrícola, em nada se poderiam assemelhar ou comparar as grandes plantações brasileiras de cana-de-açúcar, algodão, fumo, trigo, milho, mandioca e laranjas, que os portugueses trouxeram para cá, com as poucas e pequenas plantações de fumo, trigo e milho, produzidas pelas treze colônias inglesas.

O Brasil era também, de longe, muito mais industrializado do que as colônias inglesas. Sem falar das grandes usinas de transformação da cana-de-açúcar brasileiras, que suplantavam todos os tipos de indústrias lá instaladas durante a colonização inglesa. É relevante citarmos também o avanço do Brasil daqueles tempos, ou até muito antes, na fundição de ferro em larga escala, como nos informa o historiador Manuel Rodrigues Ferreira, em sua *História do Brasil Documentada:* [39]

> *A verdade é que nos primeiros séculos (1500–1700), os habitantes do Brasil -- portugueses europeus e portugueses aqui nascidos – trabalharam duramente para vencer a natureza hostil, criando riqueza, desenvolvimento e progresso, desde o primeiro século já havia uma siderúrgica produzindo ferro, segundo a moderna tecnologia da época (fornos catalães) tanto na vila de São Paulo como em Sorocaba (Araçoiaba-SP).*

Ainda no que concerne ao desejo de tornar o Brasil daquele tempo um País extenso, é interessante observar como os primeiros povoadores desta terra já nutriam especial sentido de grandeza. Sobre isso, há um fato inusitado e importante e que não pode ficar esquecido. Para tanto,

---

39. Ferreira, Manuel Rodrigues. *História do Brasil Documentada.* São Paulo: RG Editores, p. 116,

precisamos relatar as intenções dos dirigentes dos destinos do Brasil, naquela época, e lembrar de seus esforços para o desenvolvimento do País.

Salvador Correia de Sá, quando Governador Geral do Brasil, em 1659, iniciou a construção de um navio nos estaleiros do Rio de Janeiro. Para essa finalidade, havia montado um grande estaleiro na Ilha do Governador. Para lá mandou enorme quantidade de toras de madeira de lei, arrancadas e transportadas da Ilha Grande, cuja distância entre uma e outra é de aproximadamente 100 quilômetros. Em seguida, trouxe, de Portugal, técnicos da construção naval, como serradores, carpinteiros, ferreiros, calafates, pintores, artesãos das mais diversas artes e técnicos de outras profissões. Ajudados pelos nativos, construíram naquele estaleiro o maior e mais completo navio do mundo daquela época. A nave, que demorou aproximadamente quatro anos para ser construída, foi batizada com o nome de Padre Eteno e lançada ao mar no dia de Natal de 1663.

A enorme embarcação, ao atracar no porto de Lisboa, causou espanto entre as populações da cidade. Mesmo acostumadas a ver aqueles engenhos marítimos, todos a admiravam com alvoroço em razão do seu descomunal tamanho. Sulcando depois os mares da Europa, a nave foi alvo de espanto em todos os portos em que atracou por causa do seu gigantismo, deixando as pessoas embasbacadas. Vale a pena mais uma vez salientar o talento e o gênio do velho povo lusíada, não apenas pela grandeza da obra, mas também pela conquista da amizade dos povos indígenas, com os quais mantiveram sólida fraternidade, e que muito contribuíram para a construção deste navio. Tal união de esforços jamais ocorreu com os ingleses, durante a colonização dos Estados Unidos, que nunca se misturaram aos nativos das treze colônias. Eis aí mais uma razão para não se comparar os dois sistemas de colonização.

Com a referência ao relato acima, o que se pretende dizer é que também no setor industrial o desenvolvimento do Brasil, se comparado ao desenvolvimento das treze colônias inglesas, era de longe muito mais importante e próspero, empolgando nações e gentes estrangeiras com sua engenharia naval do século XVII. Tudo isto deve ser levado em consideração, e contradiz aqueles que julgam que o Brasil sempre foi mais atrasado e subdesenvolvido em relação aos Estados Unidos da América do Norte.

Por derradeiro, se hoje os brasileiros não têm motivos para se ufanarem da grandeza da sua terra ou da sua pátria, pelo menos naquele tempo, com certeza, os tinham. Nesses fatos residem as grandes diferenças, quando comparamos o Brasil Colonial ao país das treze colônias da América do Norte.

IX

Homens nobres, ricos e intelectuais à frente da colonização do Brasil

Muito se tem falado e escrito sobre o sistema de colonização do Brasil, pela via das capitanias hereditárias, como estratégia de ocupação dos espaços vazios do território brasileiro, e muito se tem criticado a maneira como esta foi feita. Note-se que este sistema já havia sido introduzido noutras colônias descobertas pelos portugueses, com ótimos resultados. Ao contrário do que propalam certos antropólogos, sociólogos e pseudo-historiadores atuais, caluniando a colonização do Brasil, dizendo que esta foi feita por degredados e celerados, nos primórdios da fixação dos primeiros colonos ao chão brasileiro. Os grandes responsáveis pelo povoamento desta terra, a partir do ano de 1532, foram homens ricos e nobres, em seu tempo e espaço, na sua pátria de origem ou, mais propriamente dito, na Corte de Lisboa, em Portugal.

Foram pessoas de bem e honradas os primeiros homens lusitanos que vieram para extração do pau-de-tinta, a primeira riqueza dessas terras, feita apenas na orla marítima e com a ajuda dos silvícolas nacionais.

Sobretudo aqueles que vieram sob as ordens do Rei D. João III, sob a vigência do Tratado Tordesilhas, e sob o papado de Alexandre VI (mediador do tratado entre Espanha e Portugal). Aqui chegaram os lusos com a condição de obedecer aos mandamentos e as leis Canônicas da Igreja Católica. Leis essas cujo objetivo maior era espalhar, no mundo inteiro, a fé cristã e a esperança em Deus.

Vale dizer que, do ponto de vista jurídico, com base no Direito Canônico que regia as leis do mundo de então, os portugueses não vieram roubar ou subtrair nada a ninguém. Todo o território brasileiro era da Coroa portuguesa por delegação do Papa que, naquela altura, era a maior autoridade jurídica do mundo ocidental. Logo, não é demais afirmar que os portugueses vinham, dentro da legalidade existente naquele momento, extrair a única riqueza que o território oferecia. Muito diferente dos corsários ou piratas ingleses, franceses ou holandeses que, à revelia das leis da época, vinham saquear o pau-brasil, assaltar navios e galeões e praticar outros atos de banditismo. A esses é que se poderiam chamar de celerados e bandidos, como nominalmente eram chamados naqueles tempos pelos navegantes legalmente qualificados.

No que se refere à população autóctone brasileira, se pode explorar mais dois aspectos: a legitimidade, citada acima, e a inevitabilidade, naquele tempo, da invasão portuguesa das terras indígenas e o fato de haver muitas terras vazias no Brasil de então, não ocupadas por índios.

Primeiro, a legitimidade: aos olhos de hoje, houve uma invasão, uma conquista de terras alheias, terras das nações indígenas que há muito viviam no Brasil. Portanto, olhando da perspectiva de hoje, há uma ilegitimidade, uma violência, na base da ocupação portuguesa, como há em todas as outras ocupações daquele tempo. Porém, do ponto de vista histórico, dos quinhentos e seiscentos, seria inevitável a ocupação das terras brasileiras. Se os portugueses não o fizessem, sem dúvida nenhuma, outras nações o fariam. As civilizações mais avançadas daquela época, detentoras de tecnologia, de conhecimento técnico, militar e econômico e de formas mais complexas de organização social, inevitavelmente conquistariam as terras dos povos primitivos, principalmente daqueles que viviam no Brasil, tidos como os mais atrasados das Américas. A história se movia assim naqueles tempos (e talvez continue dessa forma). Se hoje a legitimidade dessa ocupação pode ser questionada, não se pode ter dúvida da inevitabilidade e da legitimidade dessa ocupação portuguesa nos séculos XV e XVI. Ocupação amparada, inclusive, em um tratado internacional, assinado entre civilizações e entidades dominantes em sua época.

Mas, como reitera Gilberto Freyre, houve uma miscigenação na base da sociedade brasileira, diferente da ocorrida em outras ocupações, em que a segregação racial já se definia na base da pirâmide social. Tal miscigenação em terras brasileiras reduziu o grau de genocídio das populações autóctones, como ocorreu na América espanhola e inglesa. Durante todo o século XX, por exemplo, dezenas de tribos que jamais tiveram contato com brancos foram descobertas em território brasileiro. Além do que, como dissemos, há registro de enormes extensões do território brasileiro não ocupadas por humanos, naquela época. Não se pode, portanto, subestimar o enorme esforço empreendido pelos lusos na formação do território continental brasileiro que, ao lado da língua, constituem, por si só, os dois maiores legados da herança portuguesa no Brasil.

Não bastasse, poucas nações do mundo conseguiram dominar as vegetações dos trópicos, principalmente as gigantescas florestas tropicais. Há suspeitas de que franceses e holandeses não teriam suportado a natureza feroz dos trópicos. Estes hoje estão instalados em pequenos territórios tropicais, como as Guianas e as ilhas do Caribe. Portugal foi o único país a conseguir criar um imenso território uno, dentro de um gigantesco espaço tropical, com suas florestas densas, calor escaldante e umidade alta, e com terras muito menos férteis do que as de clima temperado, do que as das imensas planícies férteis da América do Norte. O início da colonização do Brasil se deu, principalmente, nas capitanias do nordeste brasileiro, Pernambuco e Bahia, e na de São Vicente, no sudeste. No Nordeste, o clima no interior é árido e quase imprestável, naquela época, para plantações como arroz, trigo, embora se já cultivasse mandioca e frutas. Mesmo assim, na zona da mata nordestina, os portugueses deram início aos engenhos de açúcar.

Houve um atraso na ocupação do norte e do centro-oeste brasileiros. O pantanal, com suas enchentes, e o cerrado, no centro-oeste, e as densas florestas úmidas, no norte amazônico, constituíram-se grandes obstáculos para sua ocupação. A falta de tecnologia na época para cultivar seus solos duros de cultivo atrasou o desenvolvimento dessas regiões. Mas Portugal tratou de consolidar suas bases e seus fortes em Belém, no Pará, em Manaus, no Amazonas, em Cuiabá, no Mato Grosso, etc. Manteve o importante controle político e territorial dessas regiões, mas sem condição de desenvolvê-las economicamente, em escala. O que vem acontecendo apenas recentemente.

No Sul do Brasil, muitos atribuem o desenvolvimento atual da região aos colonos imigrantes, particularmente alemães e italianos, entre outros, que vieram para o Brasil entre o final do século XIX e início do século XX. Não pretendemos fazer com estes o mesmo que outros historiadores fizeram ou fazem com os colonos lusos, desqualificando seus esforços, mas pouco se fala do clima favorável, da fertilidade do solo da região e da infraestrutura já construída. Nem subestimamos os esforços e a luta desses colonos "tardios", mas estes aqui chegaram com um Estado constituído, com leis, com uma infra-estrutura básica pronta. Abriram fronteiras próximas de centros já constituídos legal e juridicamente. Vieram sob acordos bilaterais assinados entre o Brasil e seus países de origem, na maioria dos casos com garantias mínimas de trabalho (em alguns casos com doação de terras), hospedagem etc. Certamente, esses imigrantes deram sua contribuição para o desenvolvimento regional, mas não se pode apagar o que os portugueses já tinham feito antes, o que não foi pouco.

Voltando à questão da qualificação dos primeiros povoadores, lusos, do território brasileiro, não haveria necessidade de abordá-la se não houvesse certo escamoteamento dos fatos históricos por parte de muitos intelectuais e historiadores nacionais. Estes denigrem os antepassados e os heróis brasileiros, talvez a fim de se promoverem ou quiçá de se tornarem populares aos olhos dos estrangeiros. Todavia, bastará um pouco de reflexão sobre a historiografia do Brasil, no tempo e no espaço em que começou seu desenvolvimento econômico, para chegarmos à conclusão de que os primeiros povoadores não foram homens desclassificados, como lhes chamam tais intelectuais.

Seria ingenuidade afirmar que não vieram para o Brasil vários homens ou mulheres de pouca ilustração ou mesmo marginais. Isto não seria possível nos tempos de antanho. É um fato que ocorreu em todos os processos de colonização. Por exemplo, o caridoso general inglês Oglethorpe, tocado pela condição dos presos por calote (dívidas) na Inglaterra, teve a ideia de criar uma colônia com detentos na América (nos Estados Unidos). O governo inglês aprovou, e, em 1732, o general desembarcou com os imigrantes perto da atual cidade de Savannah, e lá deu início a uma colônia, que se tornaria, mais tarde, o atual Estado da Geórgia. Na Austrália, a Coroa inglesa tinha uma política deliberada de enviar prisioneiros e detentos para ajudar no processo de colonização. Há dezenas de outros exemplos nos processos de colonização espanhola, holandesa, francesa (ver Caiena) e outras.

Contudo, não se pode afirmar que esses processos de colonização foram feitos por criminosos, bandidos etc. Esses movimentos foram liderados e conduzidos, e majoritariamente compostos, por enviados de alta patente, por pessoas das cortes europeias, religiosos de alto nível, gente de posses e com significativos bens de raiz, por trabalhadores, artistas, estudiosos e cientistas etc.

Os homens e os donos dos grandes capitais que vieram para o Brasil, no início de sua colonização, vieram para tomar decisões e planejar e organizar os importantes projetos econômicos iniciais. Foram figuras da mais alta relevância, de notáveis predicados intelectuais e administradores de alta qualidade. Talvez não tivessem muita habilidade política, mas esse não era um predicado necessário naquele momento histórico. Essa capacidade para tomar grandes decisões, sem grande tacto político, talvez fosse o quesito mais eficaz ou mais conveniente, como escreveu Maquiavel, em seu tratado político *O Príncipe.*[40]

É sabido que os primeiros colonizadores do Brasil tinham alguns defeitos, mas, no geral, eram portadores de virtudes, como a coragem, por exemplo. Imagine-se qual não seria o destemor desses fidalgos para atravessar o Atlântico e começar uma nova vida, um novo negócio ou projeto nas selvas do Brasil, considerando que eram ricos, com posição social invejável na Corte de Lisboa, desfrutando, amiúde, do convívio e da amizade do monarca de sua pátria. Trocaram isso para vir a um lugar completamente alheio a seus conhecimentos e, simultaneamente, repleto de diferenças de hábitos, no meio de aborígines e em terras selvagens. Quais não seriam as dificuldades dessa gente? É de admitir que precisassem ter audácia e força de vontade para trocar uma vida cheia de facilidades e vir atrás do desconhecido, do incerto; trocar a convivência social pela barbárie.

As primeiras dificuldades enfrentadas por esses homens foram as adversidades do clima tropical, quente e úmido. Neste ambiente proliferava infindável gama de mosquitos transmissores das mais variadas doenças tropicais, naquela altura desconhecidas e incuráveis, e que levava muitas vezes à morte. Depois, o enfrentamento das feras (sem falar dos índios hostis) que vagueavam pelas matas virgens, sempre à espreita para surpreender suas vítimas alheias ao sistema, quer na tocaia, quer no bote traiçoeiro dos bichos ou de cobras e serpentes venenosas da infernal mataria verde brasileira. Essas eram condições mais do que suficientes

40. Maquiavel, Nicolau. *O Príncipe.* Rio de Janeiro: Paz e Terra, 1996.

para se temer, assim como é de se enaltecer as qualidades desta destemida gente pela sua capacidade de superação.

Convém lembrar as imensas dificuldades que os primeiros povoadores deste extenso território tiveram, mormente pela concorrência desenfreada de outras nações europeias, aqui vindas a fim de subtrair o pau-brasil. Essas nações, não raro, induziam as populações nativas a combater os poucos e pequenos núcleos populacionais de brancos que originaram as primeiras povoações brasileiras. Foram essas que construíram os primeiros fortes de proteção ao País emergente, dada a extensão difícil e trabalhosa a resguardar.

A primeira expedição civilizadora, idealizada por Dom João III e executada por Martim Afonso de Sousa (conforme falamos), era composta de cinco unidades navais: duas naus, duas caravelas e um galeão. Nelas vieram aproximadamente quatrocentas pessoas, entre colonos, tripulantes e alguns fidalgos, figuras da alta estirpe da Corte de Dom João III. Contra esses fidalgos, Sérgio Buarque de Holanda destilou sua raiva porque entendeu que esses homens nobres e ricos deveriam pegar na enxada ou no arado e arar a terra, como qualquer colono. Daí ele dizer, textualmente, que os portugueses eram dados ao desamor ao trabalho manual, ambicionando apenas a riqueza, todavia *a riqueza que custa ousadia e não a riqueza que custa trabalho.*

É nosso dever dizer que, entre os cortesãos que vieram na esquadra de Martim Afonso de Sousa, encontrava-se Brás Cubas, que mais tarde fundaria o Hospital da Santa Casa da Misericórdia de Todos os Santos que, posteriormente, daria origem à cidade de Santos. Encontrava-se também o irmão do capitão-mor, Pero Lopes de Sousa, intelectual e escrivão da esquadra que, pelo seu estilo erudito de escrever, se aproximou muito de Caminha e escreveu o diário de bordo da viagem capitaneada pelo irmão Martim Afonso. Vinham também os irmãos Luis e Pero de Góis, irmãos do grande Damião de Góis, o cronista da Corte de Dom João III. Estavam ainda Pascoal Fernandes e Domingos Pires, este último daria origem à família dos Pires, importantes personagens da Vila de São Paulo de Piratininga, e que sustentaria acirradas disputas políticas com os Camargos. Outro personagem importantíssimo que veio com a esquadra foi o Frei da Madre de Deus, que relacionou mais vinte e sete casais de fidalgos que acompanharam a expedição. Deduz-se, então, não ser verdadeira a afirmação de que o Brasil foi colonizado por bandidos e deportados. São injustas e inconcebíveis tais críticas, principalmente porque não há documentos comprovando isso.

Certa vez, folheando um livro de história sobre a fundação da cidade de Guarulhos (hoje na Grande São Paulo), cujo título é *Repaginando a História*, percebi o historiador utilizando-se de artifícios para demonstrar o sofrimento dos índios goarulhos (na ortografia antiga) quando foram expulsos das suas terras pelos brancos, a partir de 1625 e até 1717. Diz ele:[41]

> *... O que obrigou os aborígines da aldeia da Conceição dos Guarulhos, e quiçá da dos maramomins, a embrenharem-se nas matas rumo a Atibaia, onde foi buscá-los, em recâmbio o padre Mateus Nunes de Siqueira, conforme registrado nas Atas da Câmara de São Paulo, Vol. VI, pág. 248. Com isso, as posses dos primeiros íncolas foram abandonadas e por*

41. Ranali, João. *Repaginando a História de Guarulhos.* Guarulhos: Soge, 2002.

isso tornaram-se improdutivas, foram sendo distribuídas, pelo sistema de cartas de sesmarias, a quem as pedisse à Edilidade Paulistana. Nessas condições especialíssimas e que FIGURAÇOS (sic), como Amador Bueno da Veiga, Manuel Rodrigues, Gaspar Sardinha da Silva, Sebastião Bueno de Siqueira, Brás Cubas, e muitos outros, de 1625 a 1717, foram empalmando as chamadas "terras devolutas dos índios".

Como se nota, o historiador tendenciosamente diz que o *Figuraço* Brás Cubas recebeu terras devolutas desses índios porque eles haviam fugido para Atibaia. Tal fato não é verdadeiro e nem possível de ter acontecido: se Brás Cubas morreu em 1592 (com 93 anos), como poderia ele receber terras devolutas em 1625? Só se as recebeu no céu. E, se as tivesse recebido anteriormente, quando vivo (pelo sistema das sesmarias), como diz o historiador, naturalmente teria feito jus a recebê-las. Quiçá por sua dedicação à comunidade ou por serviços prestados à Edilidade da época, a qual, segundo o historiador, foi a autora do projeto de doação. É preciso ver a legitimidade das ações históricas no contexto de sua época.

Mas o que se quer dizer com o exemplo em tela é que a história do Brasil, ao longo do século XX, tem sido escamoteada na sua essência, com a deturpação dos fatos e atos dos seus heróis, mormente quando são nascidos em Portugal. Quando não se diz mal, galhofa-se ou tenta-se depreciar. É o que se tem feito com Dom João VI, a quem o Brasil tanto deve.

Neste sentido, Manoel Rodrigues Ferreira defende a tese de reescrever a História do Brasil português à luz da documentação existente nas Atas das Câmaras das Repúblicas, dos registros das Igrejas, dos

Conventos e dos Mosteiros (que não são poucos). A ideia é colocar todos esses documentos nas memórias dos computadores para que os fatos sejam levados ao conhecimento dos brasileiros. E assim possibilitar a todos o acesso a esses fatos, tal como se passaram, sem interferências de historiadores mal intencionados e suas ilações. Estes têm demasiadamente adulterado, falsificado e negligenciado os fatos históricos.

Capitães e Capitanias

O sistema de capitanias hereditárias como fator de desenvolvimento do Brasil é outro tema que tem suscitado farta critica de muitos pseudo-historiadores, sociólogos e intelectuais contemporâneos. Reiteramos que o sistema de capitanias hereditárias, antes de ser introduzido no Brasil, foi largamente empregado noutras possessões portuguesas, com profícuos resultados. Era condição *sine qua non* que os capitães-donatários morassem com suas famílias em definitivo nas suas capitanias. Além disso, tinham como encargo, no início, a guarda e a proteção da propriedade, contra os assaltos dos piratas ou corsários estrangeiros, assim como a proteção contra as investidas de outros intrusos internos.

Este sistema conferia, através da Carta de Doação, total autonomia ao donatário dentro do seu território, como se fossem reservas ou direito de reservas feudais semelhantes aos condados ou ducados. Também é preciso dizer que todas as terras pertenciam à Coroa portuguesa (governo), que cobrava do donatário um quinto da riqueza produzida na sua vasta propriedade. Na maioria das vezes, esse quinto era revertido em benefícios da capitania, como a construção de fortificações, caminhos, estradas, pontes etc. Essas e outras benfeitorias, ou obras públicas, foram necessárias para o desenvolvimento das vilas ou das cidades que se formaram ao longo dos anos dentro das próprias fazendas. Invariavelmente, nessas fazendas era construída a residência do capitão-donatário, com casa grande e senzala, como ficou conhecida, arrastando consigo grande surto de progresso e prosperidade para toda a região onde estava inserida.

Martim Afonso de Sousa
(Capitania de São Vicente)

Foi o primeiro capitão-donatário do Brasil. Instalou-se, como se sabe, em São Vicente (litoral de São Paulo). Com a ajuda do português João Ramalho e sua gente, que já estava por lá há muito, Martim Afonso de Souza formou a primeira grande fazenda de cana-de-açúcar do Brasil, instalando também, naquele momento, o primeiro engenho de moer cana da América do Sul. O êxito não poderia ser maior: São Vicente floresceu e a partir dela, alguns anos depois, surgiria a Vila de Santo André da Borda do Campo, já no planalto paulista, vencida a muralha da Serra do Mar, e, em seguida, a Vila de São Paulo de Piratininga, já mais planalto adentro. Santo André, como é hoje conhecida esta rica cidade do ABC paulista, era espaço muito conhecido de João Ramalho, e de sua mulher, a índia Batira, com quem teve grande prole. Dizem que Ramalho teve 56 filhos homens, naturalmente de diversas mulheres e que apenas o clã deste português foi o suficiente para barrar certas pretensões de controle, via catequização, dos jesuítas de São Paulo.

A capitania de São Vicente, no início, foi uma das mais importantes do País. Todavia, por ter necessidade da ajuda do seu leal amigo, na administração do Reino e do Império Português, o Rei de Portugal mandou chamar Afonso de Souza para cumprir missão importante na sua rica e importante colônia da Índia. O capitão regressou a Portugal, se ausentando da sua próspera capitania, entregando-a a seu irmão para administrá-la.

O sistema progrediu porque o capitão-donatário trazia ordens do rei para conceder terras a seus companheiros de viagem (de quem já falamos). Pelas famosas cartas das "sesmarias", essas pessoas também se tornaram proprietárias de fazendas de cana, de gado, e de outras atividades agrícolas. Essas atividades foram se desenvolvendc, através dos anos, e fizeram surgir o que mais tarde se chamaria de a primeira burguesia nacional.

Como já informamos, com Afonso de Souza vieram homens ilustres, como Brás Cubas, os dois irmãos de Damião de Góis e vários outros aptos a desenvolver atividades as mais díspares, tendo como resultado o enriquecimento do Brasil. Consequentemente, criou-se o poder econômico com a construção dos fortes, das fortalezas, das igrejas, dos conventos, das escolas, da indústria naval e de outros tipos de atividades cruciais para o crescimento nacional, do qual mais tarde falaremos. Por isso, deve-se evocar o grande trabalho deste donatário.

Duarte Coelho

(Capitania de Pernambuco)

Figura de relevantes qualidades, com papel importante na epopeia agrícola lusa em terras brasileiras, fidalgo da Corte de Dom João III, Duarte Coelho – depois de prestar significativos serviços à Coroa portuguesa na Índia, onde acumulou grande fortuna – recebeu, através de alvará de 10 de março de 1534, uma faixa de terra com cerca 60 léguas de costa, entre as fozes dos rios São Francisco (atual Estado de Alagoas) e de Igaraçú (litoral norte de Pernambuco). Porém, como veio para ficar, o capitão-donatário fez-se acompanhar de sua mulher Brites de Albuquerque, da qual nasceram dois filhos homens. O primeiro, em 1537, chamou-se Duarte Coelho de Albuquerque, e o outro, nascido em 1539, chamou-se Jorge de Albuquerque Coelho. Com o capitão vieram várias famílias de colonos que ajudaram a construir a cidade de Olinda, em Pernambuco.

Duarte Coelho, homem de temperamento enérgico, ainda que afável e humano, fez valer sua autoridade ante os ataques dos índios, de início hostis e agressivos à sua chegada. Todavia, depois de certo tempo, tornaram-se seus amigos e aliados, graças a Vasco Fernandes Lucena, náufrago lusitano, casado com uma índia, que intermediou negociações de paz e entendimento com os índios daquela região.

O capitão-donatário Duarte Coelho foi um entre muitos que trouxeram a sua fortuna, adquirida na Índia, para o Brasil. Aqui aplicou tudo quanto tinha adquirido. Seus filhos se casaram com índias, formando grandes proles de mamelucos. Depois de Olinda construída, Duarte Coelho dedicou-se e incentivou a agricultura, especialmente a canavieira, e fez proliferar os engenhos de moer cana nas grandes fazendas de Pernambuco. O milho, o fumo, o algodão e a mandioca acompanhavam os canaviais, deixando a capitania fortalecida e enriquecida. Depois, Duarte Coelho viajou para Portugal a fim de ampliar seus poderes administrativos na capitania, deixando sua mulher à testa dos negócios. Brites de Albuquerque, no comando da capitania, fato inusitado para época, soube conduzir o barco a um porto seguro até o marido retornar de Portugal. Assim, mais do que retirar a riqueza do Brasil, os donatários vinham aplicar aqui tudo o que tinham conseguido, para gerar mais riqueza, com muito trabalho, o que, mais uma vez, contraria o que disse Buarque de Holanda, em *Raízes do Brasil.*

O mais estranho é que as grandes fortunas que estes homens trouxeram para o Brasil, logo no início do seu povoamento, jamais foram comentadas pelos historiadores a que nos referimos. Para estes, assim como para sociólogos e antropólogos, como Franklin de Oliveira, Darcy Ribeiro, Jorge Caldeira, Viana Moog e outros, essa riqueza aqui aplicada não teve valor nenhum, nada representou ou significou coisa alguma.

Francisco Pereira Coutinho

(Capitania da Bahia de Todos os Santos)

Outro fidalgo da Corte de Dom João III, Francisco Pereira Coutinho, que se distinguiu como militar na Índia, teve como prêmio a Capitania da Bahia de Todos os Santos, pelo alvará de 5 de abril de 1534. O território da capitania, constituído de 50 léguas costeiras, começava na foz do São Francisco (divisa de Alagoas com Sergipe) e terminava ao sul na Ponta do Padrão (atual Farol da Barra, em Salvador). Este donatário também se fez acompanhar de sua família, mulher e filhos. Chegando ao Brasil, em 1536, trouxe grande quantidade de parentes, amigos e colonos que, por sua vez, se fizeram acompanhar das suas famílias e de todos os seus haveres em Portugal.

Esta capitania era dotada de terras férteis e boas e os índios ali existentes já de algum tempo conheciam os portugueses. Pereira Coutinho, homem afável, contou, desde o início de sua chegada à Bahia, com o apoio do português Diogo Álvares Correia, o Caramuru. Este já havia desenvolvido excelente trabalho na construção de um aldeamento em um lugar chamado Vitória, depois chamado Vila Velha, e que apresentava grande prosperidade. A sua atividade em terras brasileiras traduziu-se em enorme progresso, longo sentido na vasta região da sua capitania, tal como se dera em São Vicente.

Em seguida, surgiram as fazendas e engenhos de moer a cana-de-açúcar, a agricultura de subsistência. O desenvolvimento econômico crescia a olhos vistos pela grande quantidade dos produtos exportados, principalmente o açúcar e o fumo. Entretanto, alguns desentendimentos entre os seus colonos e os índios, por injustiças cometidas pelos primeiros contra os segundos, redundaram em grande conflito. Este conflito originou também uma grave desavença entre o donatário e seu ex-aliado, Diogo Álvares, o que levou Pereira Coutinho a prender seu grande auxiliar e amigo Diogo.

Os índios, que consideravam o português Caramuru como sendo o seu melhor e mais fiel aliado, posicionaram-se contra o capitão Coutinho, obrigando-o a retirar-se para Porto Seguro. Contudo, posteriormente, o capitão- donatário fez as pazes com Caramuru. Quando os dois retornavam de Porto Seguro, naufragaram perto da Ilha de Itaparica e foram capturados pelos índios. Sem oferecer resistência, o capitão foi atingido mortalmente pelas flechas dos silvícolas. O Caramuru foi libertado, mas Pereira Coutinho foi devorado numa festa antropofágica. Deixou mulher e filhos desamparados no ano de 1547. A sua fortuna, que era enorme, dissipou-se, ficando sua família sem nada, na penúria e na miséria, em terras brasileiras. Assim, depois de ter construído um patrimônio de alto valor econômico e social, com a fortuna adquirida na Índia e que trouxera para o Brasil, Francisco Pereira Coutinho morreu, como tantos outros portugueses, nas mãos dos índios.

Situações como a acima descrita fizeram com que o Rei Dom João III revisse a sua política destinada a proteger os capitães-donatários. A partir de 1539, mudou completamente a política e nomeou um Governador-Geral a fim de melhorar a administração da nova nação. O Brasil começava a despontar como grande exportador de riquezas naturais, pau-brasil e cana-de-açúcar, sob a direção dos grandes agricultores lusitanos que para cá vieram com sua gente e fortuna. Antes de entrarmos no assunto do Governador-Geral, convém, desde logo, falarmos de alguns outros capitães-donatários e de suas capitanias.

Jorge de Figueiredo Correia

(Capitania de Ilhéus)

Descendente de famílias abastadas, Jorge de Figueiredo Correia recebeu o território desta capitania, que compreendia 50 léguas costeiras, através do alvará expedido em 26 de junho de 1534. A capitania abrangia terras ao centro-sul do atual Estado da Bahia. Era descendente de um alcaide da Covilhã, portanto, homem rico e poderoso, condição necessária para receber as terras das capitanias. Apenas sob essa condição, a Coroa doava as terras, pois apenas quem dispunha de muito capital poderia prover a capitania da sua defesa, contratar colonos, navios, sementes, pólvora etc. Se tais quesitos não fossem satisfeitos, o donatário não receberia as terras.

Porém, Correia, por conveniência ou por interesses particulares, não pode assumir sua capitania. Em razão disso, mandou como seu preposto Francisco Romero que, a princípio, teve algum êxito. Contudo, foi fogo de pouca dura, pois, passado algum tempo, por questões de desrespeito às leis vigentes, foi remetido preso para Lisboa. Mas, regressando novamente à capitania, ainda tentou retomar as terras que havia perdido. Porém, os colonos e os índios sublevaram-se e não consentiram que as terras voltassem ao preposto donatário. Estas retornaram, posteriormente, à posse da Coroa portuguesa, que as adquiriu em 1761. Outra capitania que teve o mesmo destino triste foi a de Porto Seguro.

Pedro do Campo Tourinho

(Capitania de Porto Seguro)

A capitania deste donatário ia da foz do Rio Santo António até a foz do Rio Mucuri e tinha também 50 léguas de costa marítima, a exemplo de outras. Pedro do Campo Tourinho, homem rico e de prestígio, recebeu as terras através do alvará de 07 de outubro de 1534. O primeiro ato do capitão foi convocar, nas cercanias onde morava em Portugal, colonos que quisessem vir ao Brasil para trabalhar. Através de um edital, convocou e escolheu aqueles que lhe pareciam ser os mais capazes e aptos. Feita a seleção, vendeu todo seu patrimônio em Portugal para fazer face às grandes despesas de viagem, como a compra de implementos agrícolas, sementes, mudas, pólvora, engenhos e animais, enfim o que lhe recomendaram ser necessário para fazer florescer e prosperar a sua capitania.

Já no Brasil, fixou-se, com mulher e filhos, num lugar a que chamou de Porto Seguro, e aí fundou a sede de sua capitania. Talvez por excesso de rigor e ordem, mesmo sendo de família cristã e professando sua fé nessa religião, foi acusado de heresias por alguns colonos e padres opositores à sua política. Por isso, foi preso e deportado para Lisboa. Provou mais tarde que tudo o que lhe fizeram foi uma grande vindita: enquanto dirigiu a sua capitania, ergueu igrejas em sete das oito vilas por ele construídas, prova de que era bom cristão. Apesar disso, não conseguiu voltar à sua capitania e esta, muito mal dirigida pelos filhos, foi vendida em 1556. Em 1759, por confisco, voltou novamente a integrar o patrimônio da Coroa portuguesa, tal qual acontecera à capitania de Jorge Correia.

Vasco Fernandes Coutinho

(Capitania do Espírito Santo)

Depois de prestar valorosos serviços à Coroa, em África e nas Índias, e de acumular grande fortuna em Portugal continental, o nobre fidalgo Vasco Coutinho recebeu do rei uma capitania no Brasil. As suas terras também continham as mesmas 50 léguas costeiras e faziam divisa com as de Pedro Tourinho, tendo por limite, ao Norte, o Rio Mucuri, e, ao Sul, o Rio Itapemirim. Foi-lhe concedida a capitania pelo alvará de 1º de janeiro de 1534.

O donatário pôs-lhe o nome de Capitania do Espírito Santo. O empreendimento começou bem, apresentando ótimos resultados rapidamente e tornando-se muito promissor. Logo, ergueu duas grandes vilas: a primeira, a de Nossa Senhora do Espírito Santo (hoje Vila Velha), e a segunda, a Vila de Nossa Senhora da Vitória (hoje Vitória, capital do Estado do mesmo nome da capitania). Vasco Coutinho contou com a colaboração de dois fidalgos seus amigos que vieram consigo na sua caravana: Dom Jorge de Menezes e Dom Simão de Castelo Branco. Estes homens vieram degredados para o Brasil por crimes de somenos importância e foi graças à ajuda destes dois personagens que a Capitania do Espírito Santo tanto prosperou no princípio.

Entretanto, os continuados ataques dos índios, algumas brigas com colonos e o comportamento temperamental do próprio Vasco Coutinho, pela avançada idade, levaram-no à ruína, depois de haver acumulado singular fortuna. Acabou seus dias na indigência, morrendo de fome e vivendo de esmolas na Ilha de Santo António no Brasil. As terras da capitania, que representavam quase todo o atual Estado do Espírito Santo, voltaram para o patrimônio da Coroa portuguesa, em 1718.

Pero de Góis

(Capitania de São Tomé)

Como já informado, Pero de Góis era um dos fidalgos que vieram com Martim Afonso de Sousa e irmão do grande Damião de Góis, o cronista da Corte. A sua capitania tomou o nome de Capitania de São Tomé. Foi uma das menores capitanias doadas, pois suas terras eram banhadas por apenas 30 léguas costeiras, que começavam na parte norte da foz do Rio Itapemirim, fazendo divisa com as terras de Martim Afonso de Sousa, na parte Sul, em Macaé. Essas terras foram-lhe doadas através do alvará de 28 de agosto de 1536, talvez por influência de Afonso de Sousa, porque se sabe que este homem, apesar de nobre, não tinha posses. Daí admitir-se que, de algum modo, ele obtivera essas terras por influência de gente poderosa da Corte de João III. Todavia isso é uma suposição.

Contudo, Pero de Góis demonstrou ser um bom administrador. Fundou, em 1540, a Vila da Rainha, hoje chamada Itabapuana. Tratou a terra com zelo, e formou canaviais com êxito. Em seguida, deslocou-se a Lisboa, comprou ferramentas e implementos agrícolas, peças para a instalação de um engenho de moer cana. Não quis o destino que assim acontecesse porque, enquanto esteve ausente, as suas plantações foram todas danificadas e destruídas por seus inimigos índios.

Com muita força de vontade, trabalho, talento e ajuda, conseguiu novamente reorganizar a Capitania de São Tomé e reaver suas terras. Entretanto, um criminoso, de nome Henrique Leal, fez com que alguns índios goitacazes e escravos se revoltassem contra ele. Os índios e escravos mataram colonos, destruíram engenhos, queimaram plantações, ferindo o próprio capitão-donatário, que perdeu um de seus olhos, pondo-o novamente de rastos. Desestimulado e sem recursos financeiros para continuar à frente das suas terras, foi viver de agregado na Capitania do Espírito Santo. Regressou novamente a Portugal, mais pobre do que quando tinha chegado a São Vicente, em 1532. Contudo, em 1549, retornando ao Brasil, na esquadra de Tomé de Sousa, voltou como capitão-mor da costa brasileira. Esta capitania voltaria novamente a pertencer, por confisco, à Coroa portuguesa, em 1753.

Pero Lopes de Sousa

(Capitania de Santo Amaro e Capitania de Santana)

Irmão de Martim Afonso de Sousa, Pero Lopes recebeu duas capitanias: uma foi a de Santo Amaro, a menor entre todas, com apenas 10 léguas de costa marítima, que ia de São Vicente até a foz do Rio Gurupacé (ambos em São Paulo). Foi-lhe doada através de alvará lavrado em 01 de setembro de 1534. Como não pode tomar conta das suas terras, deixou-as para que seu procurador, Gonçalo Afonso, as explorasse. Todavia, o procurador pouco conseguiu tirar dessas terras, construindo apenas uma vila a que deu o nome de Santo Amaro (hoje Guarujá). Como não apresentasse progresso quase nenhum, quiçá por causa dos índios tamoios, que não deixavam cultivar as terras, a Coroa portuguesa adquiriu-as novamente por compra.

A outra foi a Capitania de Santana. Era muito maior, com 40 léguas de costa marítima, mas também não prosperou. Situava-se entre a Baía de Paranaguá/Cananeia (Divisa entre São Paulo e Paraná) e o Rio Mampituba (Laguna–Santa Catarina). As terras eram boas e férteis. Entretanto, como o seu donatário também não tivesse tempo para cultivá-las, reverteram-nas para a posse da Coroa, ficando esta conhecida como a capitania Del-Rei.

João de Barros e Aires Cunha

(Capitania de Rio Grande e Capitania do Maranhão – seção 1)

Donatário de grande prestígio, João de Barros foi homem culto e erudito. Considerado o primeiro grande historiador português, é pioneiro nos estudos de gramática do idioma luso. Andou muitos anos pelo Oriente, foi feitor da Casa da Índia e escreveu *'As Décadas'* (história dedicada aos feitos dos portugueses no Oriente). Recebeu em doação a Capitania de Rio Grande, com 100 léguas de terra com frente para o mar, entre Angra dos Negros (Fortaleza–CE) e a Baia da Traição (Paraíba). Depois, pela confiança merecida, recebeu mais 50 léguas, que compreendiam a Ponta dos Mangues Verdes (Ilha de Marajó – PA) e a foz do Rio Gurupi (divisa do Maranhão com o Pará). Esta era a primeira seção da Capitania do Maranhão. Com uma frota de 10 navios (gigantesca para aquela época), transportou 900 colonos, comandados por Aires da Cunha, com o qual dividiu a administração das duas capitanias. Aires Cunha foi outro capitão que não teve muita sorte com as terras do Brasil.

João de Barros, na passagem de sua frota por Pernambuco, foi recebido por Duarte Coelho. Este lhe emprestou um bergantim (navio a remos), para lhe facilitar a exploração da costa seguindo rumo ao Norte, e que se juntou à frota. Neste trajeto, o navio de Aires da Cunha desapareceu sem deixar vestígio, o que causou estranheza. Porém, a viagem seguiu com os outros navios ancorando, posteriormente, na Ilha de São Luis do Maranhão, e ali João de Barros fundou a povoação de Nazaré.

Depois de lutas com os índios locais, muitos dos seus homens pereceram. Os que escaparam com vida seguiram rumo às Antilhas, Porto Rico e São Domingos, onde os comandantes castelhanos os sequestraram e escravizaram durante longos anos. O capitão-donatário João de Barros conseguiu, a muito custo e dinheiro, resgatar os seus dois filhos. Após pagar caro o resgate, aos sequestradores, deu por perdida toda a sua fortuna nesta infeliz expedição ao Brasil.

Como João de Barros, outros capitães-donatários tiveram a mesma sorte, como por exemplo, Aires da Cunha, da Capitania do Maranhão; Fernão Álvares de Andrade, da segunda Capitania do Maranhão; António Cardoso da Barros, da Capitania do Ceará. Com estes, repetiu-se quase tudo que narramos anteriormente, os mesmos tristes episódios em que pereceram milhares de portugueses tragados pelo mar ou comidos pelos índios. Eis aí um retrato do sofrimento de grande parte da mocidade portuguesa daquela época contra quem Buarque de Holanda tanto vocifera. Não bastasse, proclama, aos quatro ventos, que estes buscavam *a riqueza que custa ousadia, não a riqueza que custa trabalho.* Alguns capitães-donatários nem chegaram a receber as suas terras por entenderem ser um péssimo investimento ou porque não tinham dinheiro suficiente para investir. Enfim, esta é uma pequena descrição das vidas dos sofridos capitães-donatários e das capitanias hereditárias.

Nesse sentido, gostaríamos de citar outro testemunho de Lisboa de Mendonça, nascido em Santarém, no Estado do Pará. O professor de história enfoca o problema em profundidade:[42]

> *Essa foi a situação que surgiu no Brasil, quando se estabeleceu o sistema de capitanias hereditárias, com a prática dos donatários de se transferirem com seus familiares para as suas terras, como foi feito pela maioria deles. O fato de as capitanias terem deixado de ser propriedades do Rei de Portugal, passando a pertencer e até a ser governadas por empresários locais, que eram os seus Capitães-Gerais, fez com que apenas os valores dos impostos continuasse a pertencer ao governo da Metrópole – que também aplicava no Brasil, com os serviços públicos realizados – enquanto os maiores recursos proporcionados pelas atividades econômicas, por pertencerem a empresários aqui radicados, evidentemente, aqui eram empregados. Empresários que aqui tinham chegado com suas fortunas, duramente conseguidas em dezenas de anos de atividades nas Índias.*

42. Mendonça, Carlos Lisboa de. Op. cit., p. 88 e 89.

Assim se explica o grande número de construções imponentes, como igrejas, conventos – que eram os estabelecimentos educacionais daquela época – fortalezas, residências, fontes públicas que surgiram. Assim também se explica o desenvolvimento artístico experimentado desde os primeiros tempos.

Deve assim o sistema das capitanias hereditárias ser considerado importante fator do aparecimento daquilo que seria a primeira grande burguesia nacional, evidentemente baseada no trabalho escravo da época, na produção de açúcar dos canaviais, na produção de minas, das fazendas de gado e de tantas outras atividades que aqui se desenvolveram. Elas cresceram e se multiplicaram com a distribuição de "sesmarias" a outros proprietários que foram desenvolvendo diferentes trabalhos, o que gerou também varias ordens mais modestas de empresários, sendo que, com o correr do tempo, a dança das fortunas muitas vezes levou esses a se sobreporem àqueles.

Se aqui não se tivessem estabelecido as capitanias, de pouco valeriam os trabalhos dos escravos, as penetrações dos bandeirantes, as atividades de mineração, pois na colônia ficaria somente parte limitada dos recursos produzidos, correspondente apenas aos interesses do empresariado local. Sem os ganhos dos trabalhadores, que sendo escravos nem salários tinham, a colônia conservaria recursos insignificantes, pois o grosso dos lucros conseguidos iria para os proprietários na Europa, provavelmente organizados em companhias, semelhantes àquelas poucas que mesmo assim surgiram para explorar certas atividades. Portugal auferiria esses lucros, além dos impostos devidos. Ou então, provavelmente, por falta de estímulo direto do proprietário interessado, talvez nem se tivesse desenvolvido aquela febril atividade de penetração e de exploração econômica que foi, desde os primeiros tempos, característica da colonização portuguesa no Brasil.

O sistema de desenvolvimento econômico no Brasil Colonial se fez através das capitanias hereditárias, com os capitães residindo em suas fazendas, trabalhando e tratando de suas lavouras. Já nas treze colônias inglesas da América do Norte, este mesmo desenvolvimento foi feito no início por companhias de exploração, com sede na Inglaterra. Porém, logo depois, nove dessas companhias passaram a ser propriedades da Coroa inglesa, ficando apenas duas, as da Pensilvânia e de Maryland, sendo dirigidas pelas famílias proprietárias que, todavia, residiam na Inglaterra. Apenas duas minúsculas colônias ficaram pertencendo a proprietários nelas radicados que foram as de Rhode Island e Connecticut. Estas, por serem pequenas demais, não tiveram importância no cenário econômico daquele país.

Enfatize-se ainda que esta situação perdurou até 4 de julho de 1776, data da independência dos Estados Unidos da América do Norte, cujo território, como já afirmamos, equivalia a apenas 10% da área do Brasil, nesse mesmo período.

X

Bandeiras e Bandeirantes

As BANDEIRAS, *ESSAS MURALHAS movediças de portugueses nascidos em Portugal e portugueses nascidos no Brasil* (mamelucos e índios), como chamou Gilberto Freyre os movimentos que empurraram as fronteiras do Brasil até ao sopé dos Andes, tiveram o prodígio de alargar sobremaneira o território nacional. Ignoraram o que determinava o Tratado de Tordesilhas e todos outros acordos anteriores estabelecidos com os espanhóis. Esses homens das bandeiras foram os grandes iniciadores das entradas pelos sertões brasileiros. Penetraram o vasto território impelidos mais pela aventura e gosto pelo desconhecido do que pelo desejo de enriquecer com as esfuziantes esmeraldas e as pedras preciosas, das quais os bugres diziam existir em profusão.

Vagueando pelos sertões, percorrendo a mataria virgem, navegando em canoas feitas de casca de árvores, pelos sinuosos rios de águas profundas, enfrentando as feras, onças, cobras e jacarés, eis aí a valia e a fibra desta corajosa gente: pessoas que fizeram parte da epopeia das expedições (ou bandeiras) dos bandeirantes, mártires e heróis que estavam com os olhos voltados para as entranhas ignoradas da vastidão das terras brasileiras. Sempre caminhando pelo seio do denso e impenetrável inferno verde, buscavam as espetaculares pedras preciosas ou o ouro que os índios diziam existir em profusão no interior da ignota *lagoa dourada*, que jamais apareceu, que jamais alguém viu.

Sem rumo e destino, os bandeirantes seguiram enfrentando o calor, as chuvas e tempestades tropicais, subindo e descendo morros, atravessando pântanos de águas pútridas infestadas de mosquitos da malária e da dengue, batendo de frente com as mais duras vicissitudes, com o sacrifício da própria vida. Contra tudo e todos, seguiram sempre em frente, sem temor, com os olhos fixos nas reluzentes e imaginárias pedrarias inexistentes do grande sertão brasileiro.

Aqueles homens barbaçudos, de vestes bizarras e rostos queimados do sol, rudes, mas crentes em Deus, com os olhos postos no infinito, uns vestindo casacos de couro cru, outros com roupas de estamenha, seguiam carregando pesadas bruacas com material bélico e mantimentos para sua subsistência e de autodefesa. Rumavam em frente, caminhando com destemor, afoitos e carregados de bravura, para lugares incertos, tendo em suas mentes apenas a grandeza e o alargamento do Brasil. Mais tarde, entregariam o ampliado País a seus descendentes, crentes que esses, como dever sagrado, se orgulhariam e defenderiam os ideais de seus ancestrais, os feitos memoráveis e históricos das conquistas da sagrada terra.

Os cavaleiros, com a intrépida galhardia da Idade Média, iam na dianteira abrindo caminhos, veredas e picadas, pelas barrancas dos sertões, para o grosso da bandeira avançar, com peões, padres, mamelucos, índios e escravos e todos que estavam engajados nesses empreendimentos. Assim seguiam avançado sertão adentro, com enorme aglomerado humano vagarosamente coleando no rastro da bandeira, formando espessa nuvem de poeira, num festivo e ensurdecedor vozerio até se perderem de vista. Tudo quanto avistavam à sua frente era virgem, neófito. A bandeira, movimentando-se ao sabor da aventura, num alarido alegre, como se fosse para um festim, serpenteava e seguia as pegadas dos seus comandantes. A flâmula tremulava nas mãos firmes e possantes do corajoso cavaleiro capitão-mor.

Começaram assim as Bandeiras. As bandeiras foram os primeiros movimentos de expansão do povo brasileiro, pelos quais o País alcançaria mais tarde a sua nacionalidade. Foi através do deslocamento dessa gente e de sua mobilidade que se originaram os primeiros sítios, as primeiras povoações, as primeiras vilas e depois as primeiras cidades interioranas brasileiras. Não fossem estes bravos homens e suas fantásticas Bandeiras, o Brasil talvez não fosse este gigante em termos territoriais, e seria mais uma dessas pequenas repúblicas sul-americanas, da fragmentada América espanhola.

A mobilidade ou a migração dos bandeirantes paulistas rumo ao interior brasileiro foi um ingrediente tão espetacular para o Brasil que quase chegou a suplantar todos os outros movimentos migratórios ocorridos no País ao longo de sua história. Entretanto, passados quase quinhentos anos, os demagogos e difamadores de hoje não se cansam de maldizer esses heróis nacionais, cujo pecado maior foi o de procurar alargar e estender as fronteiras do Brasil, as quais não precisam ser demarcadas hoje porque são as mesmas do período logo subsequente às bandeiras.

Frequentemente, surgem comentários – nos jornais, rádios e televisões – afirmando que os bandeirantes paulistas iam para o interior caçar índios, estuprar mulheres índias e seviciar os silvícolas de todas as maneiras. Porém, esses conceitos, segundo Manuel Rodrigues Ferreira, devem-se ao desconhecimento dos historiadores sobre as bandeiras e à total falta de critério na interpretação de documentos. Pois, ao aparecerem alguns documentos dizendo que os bandeirantes aprisionavam índios e os levavam para a Vila de Piratininga (hoje a cidade de São Paulo), partiu-se daí a considerar que este era o objetivo e o espírito dos seus membros, como nos informa o autor: [43]

> *Este conceito era reforçado pelo fato de nessa primeira fase do bandeirismo não ter sido achado ouro. E assim deram o nome de "Ciclo da Caça do Índio" ao primeiro período do bandeirismo (1532 a 1650), que se inicia com a Fundação da Vila de Piratininga. Depois de outras considerações, ele reitera: "Mais uma vez repetimos: isso é uma inverdade histórica."*

Muito diferente pensam e escrevem os historiadores norte-americanos sobre os seus pioneiros, que foram responsáveis pelo extermínio das tribos indígenas daquele país. O genocídio praticado pelo exército e pelos pioneiros colonizadores americanos, em pleno século XIX, é que deveria passar pelo crivo de um julgamento dos tribunais internacionais de direitos humanos do planeta. E, se houver necessidade de provas para condenar tais barbaridades e genocídios, é só assistir às exibições dos

43. Ferreira, Manuel Rodrigues. Op. cit., p. 148.

milhares de filmes sobre "A Conquista do Oeste", com seus generais confederados e unionistas aniquilando toda a população indígena dos Estados Unidos e tomando suas terras. Esses vergonhosos enlatados são exibidos sem o menor pudor, com seus atos criminosos praticados contra a humanidade. Essas histórias que temos assistido, das guerras entre o exército e os pioneiros americanos, de um lado, contra os índios norte-americanos e suas famílias, do outro, não são ficção, são realidade. São fatos ocorridos há pouco mais de um século, se tanto. No entanto, os historiadores, e até o próprio povo norte-americano, "compreendem, aceitam, justificam e até aprovam" os massacres contra seus indígenas, que foram os primeiros povoadores daquelas terras.

Se os bandeirantes fizessem algo parecido, digamos que cometessem a metade dos genocídios que os ingleses e depois os americanos cometeram contra o povo indígena da América do Norte, não seria possível avaliar a quais penas os demagogos e indigenistas brasileiros atuais condenariam os portugueses. Mesmo com os lusos se aliando, como de fato se aliaram, aos índios brasileiros, levam a pecha de escravistas, de bárbaros, de estupradores etc. Entretanto, sabemos – e os documentos históricos comprovam – que o próprio governo português protegia e proibia o aprisionamento e a escravidão dos índios, com legislação aprovada nesse sentido, logo no início da nossa colonização.

Muitos dos atuais historiadores, sociólogos e indigenistas brasileiros querem julgar os bandeirantes de 500 anos atrás como se os atos que eles praticaram, naquele tempo, tivessem igual valor moral e social aos de hoje. São pseudo-estudiosos insensíveis e avessos às coisas e causas praticadas pelos precursores da colonização brasileira. Na sua miopia, fica exacerbado um ponto de vista que não sabe distinguir, no seu tempo, o pensamento e as convicções dos homens da Idade Média e às convicções do homem do século XXI. Afinal, se aqueles cometeram erros, também tiveram acertos e grandeza em sua determinação, em suas lutas, que, mesmo que não queiramos, somos obrigados a reconhecer. É preciso que se diga: nada veio de graça e sem sacrifício para o Brasil. Para terminar este raciocínio, não podemos nos esquecer do que disse o escritor, sociólogo e político francês Alexis de Tocqueville, em sua obra *O Antigo Regime e a Revolução*.[44]

> *Não desprezemos nossos antepassados, não temos esse direito. Queira Deus que tornemos a encontrar nos seus preconceitos e erros um pouco da sua grandeza...*

Bandeirantes

Falamos sinteticamente das bandeiras e o que estas representaram para o Brasil. Todavia, precisamos falar dos homens que iniciaram esses movimentos, pilares principais do alargamento do País. É preciso dizer sobre a importância e a grandeza dessa gente que, penetrando nas profundezas dos sertões brasileiros, percorreram, com arrojo e bravura, o interior brasileiro, traçando e delimitando os contornos do gigantesco País que construíram com seu sacrifício e audácia. Dizem que a principal causa desses movimentos foi fruto de fantasiosa instigação dos indígenas. Estes

44. Tocqueville, Alexis de (Alexis Henri Charles Clérel, Visconde de Tocqueville). *O Antigo Regime e a Revolução.* Brasília: Editora da UnB, 1982.

afirmavam que, no sertão, onde nasciam os rios Paraguai, São Francisco e o Paraupava, havia uma grande lagoa, chamada pelos índios "*Lagoa Dourada*", com muito ouro e pedras preciosas. Esta teria sido a história inventada pelos índios que teria suscitado quase duzentos anos de investidas e pesquisas de campo, tanto pelos sertanistas nascidos em Portugal, como pelos seus descendentes já nascidos no Brasil. Pesquisas que os levaram a percorrer o sertão brasileiro de Norte a Sul, de Leste a Oeste, na busca da famosa lagoa e seu ouro e pedrarias em suas águas profundas. Há farta documentação sobre este assunto não apenas no Brasil, como também na América espanhola, onde os índios de lá também eram unânimes em afirmar a existência da tal *Lagoa Dourada* ou *Lagoa do El Dorado*.

Documentos

Os homens da Vila de São Paulo de Piratininga, especialmente os sertanistas, jamais tiveram preocupação em registrar os seus movimentos ou suas entradas e bandeiras. O pouco que se sabe sobre esta gente e seus movimentos aparece esparsamente em documentos pessoais dos sertanistas ou de algum evento especial, como os requerimentos feitos às Câmaras Municipais. Por exemplo, existem relatos nas Câmaras de pessoas que tinham ido ao sertão e lá morreram, ou então de pessoas que de lá voltaram. Mas estes documentos não dizem nada sobre os acontecimentos nem sobre o que os sertanistas faziam ou deixavam de fazer. Havia apenas dados pessoais, como passamos de agora em diante a descrever.

Quando o bandeirante sentia que ia morrer no sertão, pelos efeitos da malária ou por mordida de cobra venenosa, ou por outra doença grave, havia sempre um escrivão que fazia o seu inventário e, por vezes, também o seu testamento, quando eram arrolados todos os seus bens, e quais destinos estes deveriam ter. Eram esses os únicos documentos que apareciam nos registros das bandeiras. Quando a bandeira regressava a São Paulo, tanto os autos de inventário como os de testamento eram entregues às autoridades judiciárias, que tomavam as providências dentro das normas jurídicas legais para dar andamento aos processos. Portanto, o que se fala sobre as bandeiras e os bandeirantes são histórias de ouvir contar e não histórias documentadas. Apenas sabemos as datas das partidas e chegadas das bandeiras, quem eram os seus capitães, e nada além disso.

Sabe-se também, através das atas das câmaras, que a Vila de São Paulo, desde a sua fundação, vivia em constantes sobressaltos com as guerras que algumas tribos de índios lhes faziam. Daí os habitantes terem de fortificar seus povoados com enormes cercas, para não serem apanhados de surpresa e massacrados. Todavia, a partir de certo momento, os paulistas partiram da defesa para o ataque. É a esses movimentos de defesa que os historiados atuais, ou fazedores de história, batizaram essas entradas e bandeiras como movimentos da caça ao índio, mais propriamente de "Ciclo da Caça ao Índio", o que é uma inverdade, como nos diz Manoel Ferreira.

Os tupinambás, desde o Ciclo do Pau-de-Tinta, ficaram inimigos dos portugueses e a favor dos franceses, conforme relata Hans Staden em seu diário. Mas também diz que os tupiniquins eram aliados e compadres dos portugueses e que aqueles, ao lado de João Ramalho e Martin Afonso de Sousa, fundaram duas vilas na Capitania de São

Vicente. Ora, os trinta anos de lutas entre paulistas e indígenas, em que os primeiros estiveram sempre na defesa, levou os paulistas à conclusão de que a sua prosperidade e sobrevivência dependiam destas guerras contra os silvícolas. Por isso, partiram da defesa para o ataque. Existe nos anais da Câmara de São Paulo um requerimento que tem grande significado na defesa desta tese. Em 10 de abril de 1585, foi encaminhado um requerimento, dirigido pela povoação da Vila de São Paulo à Câmara de São Paulo, pedindo proteção contra os índios, ao capitão Jerônimo Leitão, em que os moradores declaravam o seguinte:

> *... agora não há morador que tão somente possa fazer roças para se sustentar, quanto mais fazer canaviais, os quais deixam todos perder à míngua de escravatura e a terra tanta diminuição que já se não acha mantimento a comprar, o que nunca houve ata agora e isto tudo por causa dos moradores não terem escravatura com que plantar e beneficiar suas fazendas como soiam fazer, pela qual razão requeremos ao Sr. Capitão, da parte de Deus e de sua majestade, que sua mercê com gente desta dita Capitania faça guerra campal aos índios nomeados carijós, os quais a tem a muitos anos merecida por terem mortos de quarenta anos a esta parte mais de cento cinqüenta brancos assim portugueses como espanhóis, até mataram Padres da Companhia de Jesus, que foram os doutrinar e ensinar a nossa fé católica.*[45]

Foi assim que começou a luta sem tréguas dos paulistas contra os índios da tribo dos carijós, que ficavam nas barrancas do Rio Paraguai, e

---

45. Declaração da população de São Paulo pedindo proteção ao capitão-mor Jerônimo Bastos. Arquivos da Câmara de São Paulo.

também contra a tribo dos tupiães, que estavam fixados no Rio Paraíba. Estas tribos vinham assaltar, matar e roubar as lavouras de milho, mandioca, galinhas, cabras e outros animais aos moradores da Vila de São Paulo. Sendo a luta, portanto, mais um revide do que caça ao índio, como ficou conhecido este movimento paulista.

Entrada de Jerônimo Leitão (1585)

Capitão-mor da Capitania de São Vicente, Jerônimo Leitão recebera o requerimento da população da Vila de São Paulo de Piratininga, já cansada de ser atacada e saqueada pelos carijós, como foi dito. Levado para ser discutido pelos vereadores, depois de três meses de ter sido lavrado em ata, o requerimento foi retificado e aprovado em toda a sua extensão, e dava todos os poderes ao capitão para ir fazer guerra contra os gentios carijós e tupiães e outros quaisquer que pudesse e quisesse apreender. A entrada de Jerônimo Leitão, acompanhado de Domingos Luis Grou, saiu de Santos pelo mar, em 17 de novembro de 1585, tomando o rumo do litoral sul, quando localizaram os índios carijós à altura do Iguaçu. A estes moveram guerra sangrenta como vingança e prenderam grande quantidade de bugres. Regressaram a São Paulo apenas em julho de 1586. Este primeiro movimento teve a duração de oito meses e foi relatado em ata mais como um revide às agressões dos carijós do que como conquista ou caça ao índio.

Bandeira de António de Macedo e Domingos Luis Grou (1587)

Os historiadores antigos, e confiáveis, dizem que Domingos Luis Grou foi o primeiro bandeirante paulista. Luis Grou era português de nascimento e viera para o Brasil ainda muito moço e se fixara em Santos.

Depois de algumas aventuras, subiu o planalto e veio morar em São Paulo de Piratininga. Posteriormente, casando-se com uma das filhas de João Ramalho, viveu largos anos em Carapicuíba, lugar onde a família de sua mulher morava. Entretanto, por influência do padre José de Anchieta, retornou a São Paulo. Como dissemos, Luis Grou acompanhou Jerônimo Leitão na guerra contra os carijós. Depois, em 1587, aliou-se a António Macedo, filho de João Ramalho. Auxiliado pelo cacique Marcuia (note-se que os bandeirantes eram aliados e amigos dos chefes indígenas), formou uma bandeira composta de 50 homens brancos, alguns mamelucos e muitos índios.

Seguindo o leito do Rio Anhembi, chegaram a Bogi (hoje Mogi das Cruzes), ali foram pegos de emboscada pelos tupiães, e quase todo o seu grupo foi exterminado. Eis os nomes de alguns dos sertanistas que encontraram a morte neste episódio: Domingos Luis Grou, o francês Guilherme Navarro, Manoel Francisco, Diogo Dias, Gaspar Dias, Francisco Correia, João de Sales, Gabriel de Pena, Pero Guedes e muitos outros menos conhecidos. Além destes, morreu grande quantidade de índios e escravos negros já convertidos à fé cristã. Há, no entanto, notícias de que António Macedo e mais um grupo reduzido de bandeirantes teriam escapado ao massacre, retornando à Vila de São Paulo em 1593. Porém, um fato é certo: um grande número de bandeirantes foi barbaramente trucidado nesta emboscada dos tupiães, numa das primeiras bandeiras dos heróis paulistas.

Bandeira de José Pereira de Sousa (1596-1600)

Após três anos da chegada da bandeira de Antonio Macedo, outro grupo de sertanistas apresentou-se em São Paulo para se dirigir ao sertão numa outra bandeira. O organizador deste movimento foi o capitão José Pereira de Sousa. Sobre esta bandeira não existem documentos. Há, todavia, registros em abundância de dívidas contraídas de alguns dos membros dessa bandeira relatando o que eles iam fazer ao interior. E também farta documentação sobre inventários, óbitos e outros acontecimentos entre os seus membros. Manoel Rodrigues Ferreira[46] explica, entre outros eventos, a prisão do capitão João Pereira dos Santos, autor e organizador desta bandeira, inclusive com mapas e os lugares por onde a bandeira andou perdida durante quatro anos. É uma história interessante para quem gosta de saber como foi a vida difícil dos bandeirantes e as vicissitudes dos antepassados portugueses em terras brasileiras. Porém, como o assunto é vastíssimo e foge ao sentido do nosso trabalho, deixamos de transcrever este episódio.

Bandeira de Afonso Sardinha (14-11-1598)

Na ata da reunião da Câmara de São Paulo, de 14 de novembro de 1598, consta que Afonso Sardinha, o moço, nascido nesta vila, deslocara-se ao sertão levando em sua companhia outros jovens, além de cem índios cristãos. Embora não haja nada que esclareça esta atitude, pensa-se hoje que esses jovens se propusessem a socorrer a bandeira de José Pereira de

46. Ferreira, Manoel Rodrigues. Op. cit., p. 187 a 192. Explicação sobre episódio de João Pereira dos Santos nas minas do Rio São Francisco.

Sousa e Domingos Rodrigues, que se achava perdida no sertão. A hipótese de Afonso Sardinha ter ido socorrer a bandeira de Domingos Rodrigues é hoje acolhida porque há indícios de alguma veracidade, já que o roteiro seguido nos dá certo reforço deste sentimento. Entretanto, isto são apenas hipóteses, pois não existe nada que mencione a sua partida para o sertão e que se relacione com o fato de aquela bandeira andar perdida, nem tão pouco existem explicações sobre a chegada deste movimento.

Bandeira de André de Leão (1600)

Numa das muitas visitas que o Governador-Geral do Brasil, Dom Francisco de Sousa, fez a São Paulo, em maio de 1599, travou fraterno contato com André de Leão. Era do conhecimento do governador-geral que os bandeirantes já haviam chegado às margens do Rio São Francisco e que ali, provavelmente, tinham encontrado algumas minas de prata. Em conversa com André de Leão, o governador indagou a este se não queria prestar um grande serviço à Coroa portuguesa. O fidalgo lusitano, incontinente, respondeu que ali estava para servir o reino e a Coroa, mas necessitava saber qual seria o serviço. O governador, depois de explicar, perguntou-lhe se não seria capaz de ir conferir se era verdade que havia minas de prata no Rio São Francisco. Acertadas as conversas, o fidalgo anuiu à ideia, dizendo que iria conferir os boatos das minas de prata e que se punha, desde já, à disposição dos interesses da Coroa. A sua bandeira provavelmente saiu de São Paulo, em 1600, e há notícias de que seu retorno se deu em 1601, conforme um documento assinado pelo governador-geral:

> *Sendo caso com o favor de Deus e da N. S. de Monserrate venha recado de serem achadas as minas da parte de André Leão que com mais companhia foi buscar.*[47]

Depreende-se que o bandeirante e seu grupo realmente saíram atrás das minas. Em seu grupo estava um flamengo chamado Glimmer, que narrou, em detalhes, as suas aventuras nos sertões brasileiros. Mais tarde, outro conterrâneo do flamengo, Jorge Maregrave, incluiria essas aventuras numa obra literária editada em 1648. Sabe-se que a bandeira de André de Leão ficou nove meses no sertão e que, com referência às minas de prata, nada foi achado. Quiçá por isso a bandeira tivesse regressado prematuramente.

Bandeira de Nicolau Barreto (1602-1604)

Nicolau Barreto, natural da Vila de São Paulo, portanto já descendente de portugueses, saiu com sua bandeira provavelmente de São Paulo, entre os meses de setembro e outubro de 1602. Não existe uma data exata sobre sua saída, o que existe são documentos de dívidas contraídas por um tal Braz Gonçalves, em que este diz que os empréstimos por ele contraídos deveriam ser resgatados tão logo chegasse a São Paulo, com o regresso da bandeira de Nicolau Barreto. Depois, este mesmo Braz Gonçalves, já no sertão, contrai novamente outra dívida, em cujo documento descreve o lugar onde se encontrava a bandeira, o que nos leva a presumir quando teria sido a data da saída da bandeira da Vila de

47. Arquivos da Câmara de São Paulo.

São Paulo. Há também outro documento, ou melhor, um testamento datado de 12 de março de 1603, de outro membro da bandeira, chamado Martim Rodrigues, que, já em pleno sertão, descreve o seguinte:

> *E disse ele testador que havia esta cédula por acabada e a mandou fazer por mim Manoel de Soveral, escrivão deste arraial do descobrimento das minas de ouro e mais metais, e requeria às justiças de sua Majestade lho mandassem assim em todo cumprir e guardar como nele contém, e que havia por negados todos e quaisquer outros testamentos e codicilos que antes deste tivesse feito, e que só este queria que valesse, por assim ser sua última vontade, em fé testemunho da verdade assim outorgar e mandar e assinou aqui e eu sobredito escrivão que com ele assino e como testemunhas aqui ambos assinam.*[48]

Assim se ficou sabendo, pelos documentos dos empréstimos de Braz Gonçalves, que a bandeira saiu entre os meses de setembro e novembro de 1602 e que, pelo testamento lavrado em 12 de março de 1603, os bandeirantes já se encontravam nas margens do Rio Paracatu, afluente do São Francisco. Porém, na Vila de São Paulo, em 23 de março de 1603, houve uma sessão da câmara, onde uma ata dessa sessão nos declara:

> *... nos dias se publicou e apregoou um mandato do capitão ouvidor de toda a capitania de São Vicente em que, mandava que ninguém fosse ao sertão, sobre grandes penas.*[49]

---

48. Narra o testamento de Martin Rodrigues. Arquivos da Câmara de São Paulo.
49. Comunicado em que o capitão-ouvidor faz vista grossa à bandeira de Nicolau Barreto por este ser seu irmão.

Porém, era do conhecimento público que o capitão-ouvidor era irmão de Nicolau Barreto e chamava-se Roque Barreto. Em razão desse parentesco, a ata era mais uma crítica velada que a Câmara fazia contra o capitão-ouvidor, dizendo o seguinte:

> *Não é permitido a ninguém ir ao sertão, mas o seu irmão Nicolau Barreto e mais 300 homens, gentio e escravos, tem mandato para ir ao sertão.*[50]

Assim, perante esta denúncia da Câmara, ficamos sabendo que a bandeira era composta de 300 homens brancos e de grande quantidade de índios. Nos documentos aparece também o inventário de Braz Gonçalves, que morreu em pleno sertão, tendo sido feito o inventário dos seus bens, em 31 de julho de 1603, no dia do seu falecimento. Porém, não há uma data exata da chegada da bandeira a São Paulo. Os inventários, tanto de Manoel Chaves como de Braz Gonçalves, ambos lavrados no sertão, foram entregues em juízo na Câmara para os devidos efeitos legais nos dias 5 e 9 de setembro de 1604, respectivamente. Daí se depreende que a bandeira deve ter chegado a São Paulo alguns dias antes e também se prova que Nicolau Barreto ficou no sertão mais de dois anos.

São várias as nossas preocupações em escrever sobre os movimentos das bandeiras e dos bandeirantes, pois, além de termos escutado maldizer destes movimentos, temos lido críticas e difamações contra esses heróis do sertão e do passado histórico brasileiro. Julgamos ser nosso dever

50. O capitão-ouvidor deixa seu irmão sair com a Bandeira mesmo sendo esta proibida.

defender, intransigentemente, este insigne e nobre povo e seus ancestrais, tendo em vista a forma como têm sido tratados ultimamente pela imprensa e por alguns críticos pouco simpáticos à história dos primeiros brasileiros.

Bandeira de Belchior Carneiro (1607-1609)

Belchior Carneiro, em 8 de março de 1607, fez um testamento dizendo o seguinte:

> *Em nome de Deus amém. Aos que esta cédula de testamento virem, como no ano do Nascimento de Nosso Senhor Jesus Cristo de mil seiscentos e sete anos, eu Belchior Carneiro, estando a caminho para fora, em todo o meu entendimento, ordeno esta cédula de testamento de maneira seguinte.*[51]

A seguir, vêm as disposições testamentárias que deixamos de transcrever por não interessar aos nossos propósitos. Belchior Carneiro era natural da Vila de São Paulo. A bandeira que comandou saiu provavelmente de São Paulo alguns dias após 8 de março de 1607, embrenhando-se no sertão brasileiro. Há um documento, de 1608, dizendo que o escrivão da bandeira relatara que João Moreira havia dado a Belchior Carneiro um facão para comprar uma peça de índio bilreiro em pleno sertão. Mas, pelo que se observa, antes de partir, o sertanista contraiu dívidas com Manuel João Branco, Jaques Félix e Afonso Sardinha. Ao

51. Testamento de Belchior Carneiro em 8/03/1607. Arquivos da Câmara de São Paulo.

passar os documentos dessas dívidas que não tinham data, declarou de próprio punho:

> *Declaro que todos estes homens não poderão pegar a minha fazenda senão na volta que Nosso Senhor me trouxer desta entrada que vou fazer por mandado de Diogo Quadros.*[52]

Diogo Quadros era, naquele momento, o Provedor e Administrador das Minas. Incumbira Belchior Carneiro de ir ao sertão a fim de descobrir as minas de prata que os índios diziam existir no sertão. A bandeira de Belchior Carneiro percorreu serras e montes, rios e fontes sem encontrar as tais minas. Entretanto, encontrou uma tribo de índios bilreiros e, conforme termo de óbito lavrado pelo escrivão da bandeira, na refrega com os índios desta tribo, Carneiro foi morto no dia 26 de julho de 1608. Mas a bandeira continuou e terminou sob o comando de António Raposo Tavares, só regressando a São Paulo em agosto de 1609. No dia do falecimento de Carneiro, Raposo Tavares mandou lavrar o inventário do cujo, que diz o seguinte:

> *Aos vinte e seis dias do mês de julho da era de mil seiscentos e oito anos, mandou o dito capitão (António Raposo Tavares) dar juramento dos Santos Evangelhos diante de mim, escrivão Manoel Ribeiro Boto e a João Moreira, para o bem e verdadeiramente avaliassem esta fazenda que ficou do dito capitão defunto (Belchior Carneiro) e eles prometeram fazer assim e se assinaram aqui com o capitão Antonio Raposo, eu Matias*

52. Declaração de Belchior Carneiro sobre o pagamento da dívida. Arq..Câmara de São Paulo.

Gomes escrivão do arraial que o escrevi – Antonio Raposo – João Moreira – Manoel Ribeiro Boto.[53]

Bandeira de Martin Rodrigues (1608-1613)

Martin Rodrigues Tenório de Aguilar era espanhol e já estivera em outras bandeiras, como a de Nicolau Barreto. Consta nos anais da Câmara de São Paulo que, no dia 19 de julho de 1608, quando a bandeira de Belchior Carneiro ainda se encontrava no sertão, houve uma reunião da qual Martin Rodrigues fez parte como vereador. Um mês depois, a Câmara reuniu-se outra vez, porém, sem a presença dele, quando todos acordaram que se lançasse um pregão, por ordem do Rei Filipe, que dizia que ninguém poderia sair da vila para o sertão, sob as penas da lei. Entretanto, Martin Rodrigues, contrariando aquela decisão da Câmara, em 26 de agosto de 1608, já estava com sua bandeira às margens do Rio Paraíba, pronta para partir para o interior.

Parece que esta bandeira não teve muito êxito e andou perdida pelo interior do Amazonas. A população de São Paulo foi comunicada da morte de seu capitão, depois de feito seu inventário nesta vila, em 18 de junho de 1612. Nos relatos sobre essa bandeira, existem muitos outros inventários que deixamos de mencionar por não interessar aos fins do nosso estudo. Mas, logo após a morte de seu capitão, a bandeira fragmentou-se em várias divisões, com o último grupo aparecendo em São Paulo apenas em novembro de 1613, comandado por Garcia Rodrigues.

53. Relato da morte de Belchior Carneiro escrito por Manuel Ribeiro Boto. Arquivos da Câmara de São Paulo.

Bandeira de António Raposo Tavares (1648)

Raposo Tavares, como é conhecido um dos maiores sertanistas do Brasil, nasceu na cidade de Beja, Portugal, entre os anos 1598 e 1600, não é certa a data do seu nascimento. Teria cerca de 20 anos quando veio para o Brasil, acompanhando seu pai, que representava então o Conde de Monsanto, que viera assumir o governo da Capitania de São Vicente.

Seu pai, Fernão Vieira Tavares, faleceu dois anos depois de chegar ao Brasil. Desgostoso, Raposo Tavares mudou-se para São Paulo, vindo a desposar, posteriormente, uma das filhas de Manuel Pires, poderoso chefe político desta vila naquela época (os Pires, de quem nos fala o escritor Paulo Setúbal, em seu romance histórico *"A Bandeira de Fernão Dias Pais"*). Alguns anos depois, em 1627, Raposo Tavares foi denunciado, como está nas atas da Câmara, como amotinador ou instigador do povo, por pretender organizar uma bandeira para ir ao sertão. Em janeiro de 1633, após concorrer ao cargo de juiz ordinário da vila, toma posse depois de ter sido eleito no ano anterior. Todavia, ocupou este cargo por pouco tempo porque foi nomeado ouvidor da Capitania de São Vicente, pelo então amigo de seu falecido pai, o Conde de Monsanto.

Sempre a serviço do Brasil, toma parte nas mais diversas decisões de interesse nacional. Assim ocorreu quando o procurador do Conselho da Vila de São Paulo requereu, à Câmara, que tomasse posse do aldeamento dos Jesuítas de Maruí (defendendo esta jurisdição em perigo de ser usurpada pelos jesuítas). A Câmara deferiu o requerimento, convocando, ao mesmo tempo, uma reunião dos homens capazes de assumirem a responsabilidade do mandato. Nesta reunião estava Raposo Tavares que, depois, expulsou os jesuítas e fez prisioneiros centenas de índios conluiados com aqueles. Raposo Tavares, desde muito cedo, vinha fustigando os jesuítas que, através das missões indígenas, tinham como objetivo maior anexar, na América do Sul, o território do Brasil ao de Castela. Por isso, o bandeirante criou inimizades com várias personalidades jesuítas, inclusive com o Padre Antonio Vieira, que não entendia por que o bandeirante paulista tanto combatia os padres da sua ordem.

Com várias outras ações contra aqueles que se propunham a usurpar grande parte do território brasileiro, consta que Raposo Tavares foi o grande responsável pela expulsão dos religiosos do Brasil. Através das reduções (subjugações) castelhanas de Itaim, Guairá e Tape, terras localizadas onde hoje estão os Estados do Paraná, Santa Catarina e Rio Grande do Sul, os religiosos queriam ali se fixar permanentemente. Não fossem homens como Raposo Tavares e outros do seu jaez, talvez o Brasil não tivesse o tamanho que tem hoje. Esses bandeirantes repudiaram a evangelização que os jesuítas, castelhanos à frente, estavam realizando nas treze reduções, com aproximadamente 50 mil índios, distribuídos em várias comunidades, como na cidade Real, na foz do Rio Piquiri, em Vila Rica, São Tomé, São Paulo, São José, Encarnação, São Pedro, Arcanjos, Santo António, São Xavier e São Miguel.

Percebendo as intenções de anexação dos religiosos castelhanos, Raposo Tavares organizou uma das maiores expedições militares daqueles tempos, contra as veleidades anexadoras de Castela, em que tomaram parte quatro companhias: uma comandada por ele próprio; outra, por Pedro Vaz de Barros, uma terceira, por Brás Esteves, e a quarta, por André de Fernandes. Após algumas escaramuças, Raposo Tavares ordenou um ataque maciço ao Guará, quando Santo Antônio foi arrasada e os índios encontrados todos presos. Este episódio, mesmo endossado pelo governo do qual o capitão era membro, custou-lhe a destituição das funções que ocupava na Câmara. Não se conformando com tal decisão, foi ao Rio de Janeiro, sede da Ouvidoria Geral, onde conseguiu a absolvição, além da sua recondução ao cargo de ouvidor da Capitania de São Vicente.

Além das ações contra os jesuítas castelhanos, participou também de outras lutas, como guardião do território nacional. Mal chegando do Sul, empenha-se na luta contra os holandeses no Nordeste brasileiro. Assim é que, mesmo com um reduzido exército de apenas 150 homens, vai a socorro de Dom Fernando de Mascarenhas e participa da grande epopeia de expulsão dos batavos que, durante 25 anos, permaneceram no Recife. Dizem seus biógrafos que Raposo Tavares não sabia descansar. Era daqueles cujo maior desejo era ver um Brasil grande, rico e poderoso. Por isso, retornando a São Paulo, pensa imediatamente em organizar uma bandeira com a intenção de redescobrir as minas de ouro e de metais preciosos no Rio Araguaia, onde André Fernandes, anos atrás, achara alguma quantidade desses preciosos metais.

Partindo de São Paulo em 1648, embrenha-se na mataria verde e tenta encontrar a famosa lavoura de ouro. Porém, recebe novamente a notícia que as reduções que ele havia expulsado tempos atrás se instalaram na região do Itaim. Imediatamente, parte com o empenho de sempre para este lugar a fim de expulsar os intrusos desta redução do Mato Grosso, que ficava entre o Rio Paraguai e a Serra do Anhembi. A região era hostil. Para fazer frente às intempéries e outras adversidades, dividiu a bandeira em dois grupos. Um, comandado por ele próprio, outro, pelo capitão Antonio Pereira, que atacou a redução de Mboimboi. Porém, a emboscada e a traição, o forte calor e outros fatores da natureza dizimaram grande parte da sua bandeira, sobrando um punhado de homens leais a seus princípios, famintos e doentes, que o seguiram pelo sertão inóspito.

Percorreu, de Norte a Sul, quase todo o território brasileiro, com mais de 12 mil quilômetros calcorreados em três anos. Já com sessenta anos de idade, cansado, encanecido e doente, todavia acreditando na grandeza do Brasil, o bandeirante, depois de breve pausa em Belém, regressa a São Paulo que tanto amou, e pela qual deu a sua vida. Sua trajetória contradiz as teses de Sérgio Buarque de Holanda, de Abílio de Almeida e de tantos outros sociólogos e estudiosos atuais que preconizam que os portugueses não gostavam da riqueza que custa trabalho. Raposo Tavares jamais voltou à sua terra natal, nem ao menos para lhe dar o último adeus, pondo por terra as versões tendenciosas desses ensaístas.

Quando dissemos que o objetivo primordial de Raposo Tavares era encontrar as minas de ouro do roteiro de André Fernandes, competenos esclarecer que, marchando sempre no sentido Norte, abrindo picadas pela selva densa, sem saber onde estava, o bandeirante entrou pela região do Amazonas, vindo a parar na cidade de Belém. Andou três anos e percorreu mais de 10 mil quilômetros, perdido no inferno verde, à procura das tais minas que jamais alguém achou. Passados três anos, em 1654, o Padre António Vieira, graças ao seu talento missionário, também veio à cidade de Belém. Em sua estada nesta cidade, escreveu uma carta ao Provincial da Companhia de Jesus, em que relata os fatos da grande jornada de Raposo Tavares, dizendo em certo trecho:

No ano de 1649 partiram os moradores de São Paulo ao sertão, em demanda de uma nação de índios chamados SERRANOS, distante daquela capitania muita légua pela terra adentro, com intento de, ou por força ou por vontade, os arrancarem das suas terras e os trazerem a São Paulo para se servirem deles como costumam. Constava de todo o arraial de dezenas de portugueses e mais de mil índios de armas, divididos em duas tropas. A primeira governada pelo Mestre de Campo António Raposo Tavares, que ia também por cabo de tudo, e a segunda o Capitão Antonio Pereira.

Continua o Padre Vieira:

Juntas assim as duas tropas chegaram enfim à terra dos seus desejados SERRANOS, os quais porém seis meses se detiveram neste lugar insistindo com novas diligencias e forças e de manha para reduzir a si os SERRANOS; e posto que neste tempo, em todo ano seguinte, que também gastaram em descobrir novos sertões e gentes, se lhes renderam alguns índios, assim Serranos como de outras nações, os quais três léguas das suas povoações os receberam com suas flechas e ciladas que lhes tinham armado, e metendo-se todos pelos bosques os deixaram frustrados das suas esperanças, após das quais haviam dois anos que caminhavam com promessas de os acompanharem e seguirem, até nisto se viu o Castigo de Deus. Todos enfim lhe faltaram com a palavra, e as deixaram no meio daquela imensidade de terras mais cuidadosos de salvar as poucas vidas que lhes restavam, que dos interesses e presas que vieram buscar, andando em demanda de novo e mais breve caminho.[54]

54. Relato do Padre Antônio Vieira sobre Raposo Tavares.

Não era verdade que a bandeira de Raposo Tavares se tivesse dirigido ao sertão com a intenção de aprisionar índios, conforme informa o Padre Vieira. O que talvez tivesse acontecido é que o jesuíta, no afã de defender a sua ordem, pretendesse incutir no espírito do povo, e dos administradores civis, algum tipo de guerra psicológica contra os bandeirantes, de quem sempre os jesuítas foram inimigos, já nos idos tempos de João Ramalho, quando seu clã de mamelucos os expulsaram de São Paulo. Infelizmente, essas distorções, de se enfatizar o "Ciclo da Caça ao Índio", têm sido a tônica, ao longo da história do Brasil. Até o Padre António Vieira escreveu uma inverdade que, analisada à luz da história, passa como verdadeira. O interesse do Raposo Tavares era redescobrir os lugares onde André Fernandes, anos atrás, tinha encontrado ouro. Esta era a intenção da saída da sua bandeira e não a de caçar índios, como indevidamente nos informa o padre.

Bandeira de Fernão Dias Pais Leme (1674)

Fernão Dias Pais Leme, nascido na Vila de São Paulo, em 1607, faz parte da terceira geração de paulistanos. Ficou conhecido como o caçador de esmeraldas (o que comprova nossa tese) pela sua tenaz perseguição a essas pedras preciosas nos sertões brasileiros. Tem razão Paulo Setúbal ao escrever sobre a legendária figura de Fernão Dias, em *"A Bandeira de Fernão Dias"*. Assim o autor o descreve:[55]

> *Quem era Fernão Dias? Esse bandeirante em tanta evidência? Este bandeirante largamente discutido em Piratininga? Fernão Dias Pais Leme*

---

55. Setúbal, Paulo. Op. cit., p. 29.

era paulista de raça, já o fora o pai, aquele carrancudo Pedro Dias "um paulista de grande estimação e respeito que muitas vezes ocupou cargos da República". A mãe, D. Maria Leite, fora também senhora relevante de Piratininga – Senhora de sangue limpo, filha de Pascoal Leite, fidalgo dos Açores, que havia se passado "às minas da capitania de São Vicente a serviço da coroa". "Os Leme, além do mais, entroncavam-se luzidamente naquele remoto tempo com Martin Leme, gentil-homem flamengo, de Bruges, que metera lanças em África ao lado de Dom Afonso".

Paulo Setúbal, o maior cronista do Capitão das Esmeraldas, sabia muito bem quem fora Fernão Dias Pais Leme. Seu livro é obra empolgante, honesta e fiel, e deveria ser obrigatoriamente lido e estudado nos currículos escolares do ensino básico de hoje, para que as crianças brasileiras soubessem quem foram os heróis nacionais. Conhecido como o Governador das Esmeraldas, Fernão Dias, depois de fazer parte da Bandeira de Raposo Tavares, na expulsão dos jesuítas castelhanos do Sul do País, fez outras incursões pelo Sul. Porém, a sua maior realização foi a sua incursão pelos sertões de Minas Gerais, onde encontrou o tão procurado e cobiçado ouro do Brasil.

Saindo de São Paulo em 1674, depois de grandes dificuldades, inclusive de víveres, pólvora, azougue e outras necessidades da época, acampou em Ibituruna, onde levantou um arraial e plantou feijão, mandioca, milho e outras plantas para suprir as necessidades de seus auxiliares bandeirantes. Depois de permanecer ali por algum tempo, levantou a bandeira, seguindo a rota indicada pelos índios para o lugar onde estes diziam haver esmeraldas. Foi abandonado por alguns dos seus mais fiéis amigos, que regressaram a São Paulo. A debandada de alguns desses seus companheiros em que ele mais confiava não desanimou o bandeirante. Prosseguiu e chegou às margens do Rio das Velhas e edificou novo arraial conhecido pelo nome de Sumidouro.

Neste lugar deu-se o episódio mais extraordinário da história desta bandeira. Quem a narra é Paulo Setúbal. A cena passa-se entre Fernão Dias e seu filho bastardo, José Dias, a quem o bandeirante amava e confiava.[56] Zé Dias, num desses dias de desânimo e com medo de morrer por causa da malária, pensou e urdiu um plano macabro, com o fito de matar o próprio pai. Usou para este energúmeno plano, os serviços de uma índia acostumada a fazer as beberagens da bandeira contra as picadas dos mosquitos transmissores das doenças da selva e do sertão brasileiro. Mas, desta vez, a índia deveria misturar à beberagem um veneno mortal, fabricado com ervas do mato.

Acontece que a índia, que servia a Fernão Dias desde longa data e odiava Zé Dias, vê neste plano a oportunidade de se vingar do filho bastardo do capitão das esmeraldas. Por isso, leva a trama para matar o bandeirante ao conhecimento de Borba Gato, genro de Fernão Dias. Borba Gato, mesmo não acreditando no que lhe disse a índia, pede-lhe para mostrar o instrumento do crime. Esta, de posse de todos os ingredientes, afirma que foi Zé Dias quem lhe deu ordens para misturar o veneno à paçoca que o capitão tomava todas as noites antes de se deitar. Borba Gato vai de encontro ao sogro e narra-lhe que pretendem envenená-lo. Fernão Dias encara o genro e diz que não acredita nessa conversa.

---

56. Escritor e romancista brasileiro, Paulo Setubal escreveu romances históricos como *A Bandeira de Fernão Dias, Os Irmãos Leme,* entre várias outras obras.

Mas Borba Gato afiança-lhe, jurando por todos os santos, que a trama está preparada e traz a bugra à presença do bandeirante, para confirmar que tudo aquilo é verdade. Entrementes, Borba Gato revela-lhe o pior: quem tramara tudo fora o seu próprio e dileto filho, Zé Dias.

O bandeirante exaspera-se e diz que isso é uma mentira inventada pela índia para pôr o pai contra o próprio filho. Zé Dias não seria capaz de fazer isso ao próprio pai. Como a acusação é muito grave, Borba Gato manda que a bugra faça o veneno e combina com Fernão Dias que, quando Zé Dias vier trazer a paçoca para o bandeirante beber, este vai forçar o filho a tomar a beberagem primeiro. Assim far-se-á a prova. Se Zé Dias tentar ingenuamente tomar a paçoca, ficará evidenciado que não parte do filho nenhuma intenção de envenenar o pai. Mas se recusar a tomar a paçoca, caracterizar-se-á, assim, a vontade do filho de querer envenenar o pai. Preparada a armadilha, quando Zé Dias veio com a cuia da paçoca para o pai tomar, o bandeirante, irreverente, mandou que o filho tomasse a paçoca. Zé Dias recua três passos e com os olhos esbugalhados exclama:

— Meu pai!

— Já disse, retrucou o velho! Beba! Beba a paçoca!

Mas Zé Dias recusa-se a tomar a paçoca, prova de que estava envenenada. Diante da recusa do filho, o pai enlaça-o com uma corda que já tinha preparado. Com a ajuda de alguns dos seus comandados, mandou, nessa mesma noite, que enforcassem o próprio filho predileto na presença de toda a bandeira. Estes eram os costumes e os homens daqueles tempos, os quais muitas vezes os historiadores de hoje não sabem e nem têm visão para compreendê-los. Passados estes fatos, a bandeira avançou. Recebeu o bandeirante ainda o auxílio de sua mulher que lhe mandou, de São Paulo para o sertão, mantimentos e alfaias para ele continuar a procurar as esmeraldas.

Fernão Dias contava nesta altura com 74 anos. Certa noite, em seu rancho, no fundo do catre mal cheiroso onde dormia, com seu filho Garcia Paes, em um lado da cabeceira, e seu genro Borba Gato, em outro, o ancião debatia-se com a morte, com alta febre. É a maldita malária, diziam ambos. Com os cabelos revoltos, encanecidos e ensopados de suor, ele delirava, ainda com alguns lampejos de lucidez, esbravejava e, em altos brados, interrogava: — As minhas esmeraldas? Onde estão as minhas esmeraldas? Trazei aqui as minhas esmeraldas!, – exclamava.

Garcia Paes corre a pegar, num outro compartimento da casa, umas pedras verdes que tinha guardado numa bruaca, entregando-lhas: — Estão aqui, pai, estão aqui! – Fernão Dias, com as mãos trêmulas, agarra aquelas pedras verdes, aperta-as contra o peito e, com o olhar já turvo, fixa-os no filho como a lhe pedir perdão, suspira fundo e cai nos braços dele com um sorriso nos lábios, balbuciando: — São minhas!... São minhas!... São minhas!... – Com a cabeça pendente, dá o ultimo suspiro e morre. O Caçador de Esmeraldas ou o Governador das Esmeraldas, como ficou conhecido, morreu pensando ter encontrado as famosas esmeraldas. Foi só ilusão porque as esmeraldas, as pedras preciosas e o ouro que os índios diziam existir na famosa "Lagoa Dourada" jamais existiram. Este foi um bandeirante que amou sua terra e se doou para que esta fosse gigante.

Pedro Teixeira

XI

Pedro Teixeira Conquista a Amazônia para o Brasil

A CONQUISTA DA AMAZÔNIA, QUASE desconhecida por completo pela maioria dos brasileiros, foi de grande relevância para o Brasil. Tal conquista dessa vasta região, quase metade de todo o território nacional, com suas riquezas florestais e minerais, deve-se ao incansável e pouco conhecido capitão Pedro Teixeira. Deste legendário herói pouco ou nada se conhece. Sabe-se, no entanto, que Pedro Teixeira nasceu em Cantanhede, Portugal, provavelmente em 1585. Casou-se com Ana da Cunha, senhora de famílias de origem das ilhas dos Açores. Embarcou para o Brasil, em 1607, como alferes do exército português. No Brasil, viveu e batalhou contra franceses, holandeses e ingleses até morrer.

Destacando-se, com elevada coragem, na expulsão dos franceses em São Luis do Maranhão, foi condecorado com a medalha de honra. Em 19 de novembro de 1614, defendeu com enorme sucesso o forte da Natividade, em Guaxigumba, atacado pelos franceses comandados por Daniel de La Touche. No ano seguinte, em 25 de novembro, toma parte numa expedição de 300 homens, sob o comando de Francisco Castelo

Branco, que, numa espetacular exploração, desbrava a região do Alto Pará. Funda, em janeiro de 1616, com outros companheiros de armas, aquela que seria mais tarde a cidade de Santa Maria de Belém, no Pará (hoje Belém, capital do mesmo Estado).

Em 7 de agosto de 1616, já como tenente, foi nomeado chefe de uma patrulha para punir um navio holandês que estacionara no Rio Amazonas. Dois dias depois, ataca-o e após dura luta vence os holandeses. Em seguida, retira os canhões do navio inimigo, carrega-os para o Forte do Presépio, e o afunda. Neste feroz combate, escapou à fúria da tropa portuguesa um rapaz holandês chamado Trombeta, que foi levado para Belém como refém das tropas portuguesas. Em virtude da sua coragem, Pedro Teixeira foi promovido ao posto de capitão por despacho régio de 28 de agosto de 1618, pela glória alcançada contra os corsários holandeses.

Neste momento, quase toda a costa do território nacional estava sendo invadida por holandeses, franceses e ingleses. Tornava-se, então, quase insustentável manter as costas incólumes à sanha dos corsários invasores, às perturbações sucessivas dos foras-da-lei e suas violentas investidas. Em decorrência desses tumultos, sucediam-se crimes, assassinatos, levantamentos e deposições, quase todos os dias, no território nacional. Em Belém, por exemplo, o capitão Álvaro Neto foi assassinado. Simultaneamente, Francisco Caldeira Castelo Branco foi deposto do seu cargo de capitão-mor desta cidade. A anarquia reinava por toda a região. Desta desordem se aproveitaram os índios tupinambás, eternos inimigos dos portugueses, para atacarem a cidade, entregue ao vandalismo e desguarnecida pelas forças militares e pelas autoridades administrativas daquela época. Sem defesa e sitiada pelos índios, o que punha as populações civis em pânico constante, o terror se espalhou por toda a cidade. A refrega continuava, com os brancos na defesa de seus lares e de suas plantações, e com os índios atacando-os por todos os lados.

Quando os índios tupinambás já davam como certa a vitória sobre a população civil de Belém, uma bala certeira atirada pelo capitão Gaspar Fragoso atingiu o coração do poderoso cacique Cabelo de Velha, prostrando-o morto aos pés dos seus auxiliares. Os tupinambás, que combatiam com bravura e intrepidez, ao verem seu chefe morto, começaram a desanimar e a situação do embate, que lhes era favorável, reverteu-se completamente, e culminou com sua histórica derrota.

Em 20 de setembro de 1618, dá-se mais outro levante dos militares e o capitão-mor Matias de Albuquerque é deposto. Foi eleita uma Junta Governativa, comandada pelos capitães Custódio Valente e Pedro Teixeira, coadjuvados pelo Frei António Marciano. Mas, logo a seguir, Custódio Valente e o Frei António Marciano renunciaram a seus cargos, ficando apenas Pedro Teixeira no desempenho de suas funções até 18 de junho de 1628. Zeloso no cumprimento da sua missão de bem governar esta capitania, Pedro Teixeira é chamado a intervir na defesa do seu território contra os intrusos corsários que pretendiam invadi-lo.

Nunca é demais reiterar que a lenda da Lagoa Dourada, dos portugueses, ou do El Dorado, dos espanhóis, era conhecida em toda a América do Sul. Estimulada por essa fantasia e de olho nas supostas riquezas, partiu do Peru uma expedição comandada pelo espanhol Pedro Ursua. Descendo o Rio Uaicale, região habitada pelos índios Machiparos, Ursua foi envolvido em desavenças com o seu imediato, Lopo Aguirre. Após manobra política e traiçoeira, Ursua foi assassinado pelos aliados de Aguirre, tendo este se autonomeado general da expedição. Aguirre, seguindo o curso do rio, veio finalmente ter à sua foz, no Oceano Atlântico.

Paralelamente, em nove de outubro de 1636, foi nomeado governador do Estado do Maranhão e Grão-Pará, o capitão–mor Jacome Raimundo de Noronha. Ambicioso e sedento de glória, Noronha, pretendendo a todo o custo passar à história como herói, ao tomar conhecimento da chegada de espanhóis a Belém, em 1637, logo arquitetou um plano pelo qual pudesse conquistar o Alto Amazonas. Um plano que modificasse completamente a história do Brasil. Seduziu-o a certeza de que o seu nome passaria à história se conseguisse tal proeza. Contudo, faltava em seus planos um homem que fosse capaz desta arrojada aventura para alargar as terras brasileiras viradas para o poente.

Tanto matutou que, entre os seus comandados, encontrou um homem com o perfil talhado para resolver a questão com sucesso. Esse personagem era o capitão Pedro Teixeira, que reunia muitas qualidades. Quando Jácome de Noronha contatou o valente capitão, perguntando-lhe se aceitava chefiar tão difícil missão, este disse-lhe que, sem dúvida, ali estava para servir a Coroa portuguesa. Mas sob as seguintes condições:

Primeira, apenas se a viagem fosse feita em sentido inverso à que os espanhóis haviam feito; segunda, que seu nome fosse elevado à patente de Capitão-Mor e General de Estado, com plenos poderes para realizar todas as missões de comando na difícil viagem; e terceira, ter como principal objetivo estender os domínios de Portugal até as terras da Perúvia e fundar, aquém dos Omáguas, em territórios situados entre o Rio Napo e o Juará, uma povoação que demarcasse os limites, no Amazonas, das terras da Coroa portuguesa.

Postas na mesa as exigências do capitão-mor, discutidas e analisadas as normas do plano, ajustados os termos e resolvidos os conflitos, procedeu-se, logo a seguir, à escolha de quem seriam os homens que comporiam a chefia da expedição e as datas da sua saída de Belém. Coube a Pedro Teixeira escolher seus auxiliares, determinar as funções de cada um e o lugar que cada um deveria ocupar dentro da missão. Foram nomeados como seus auxiliares, bem como atribuídas suas patentes dentro da hierarquia do movimento, os seguintes nomes:

1º – O coronel Bento Rodrigues de Oliveira, natural do Rio de Janeiro, que falava fluentemente a língua tupi e conhecia muito bem os costumes dos índios;

2º – O capitão Pedro da Costa Favela, natural da Província de Pernambuco, cuja formação e profissão, além de militar graduado, era a de cartógrafo;

3º – O capitão António de Azambuja, mestre de campo;

4º – O sargento-mor Filipe Cotrim de Matos, natural de Portugal;

5º – Os capitães de infantaria Pedro Baião de Abreu e Inácio de Gusmão;

6º – O capitão Bento da Costa, piloto-mor;

7º – O alferes Diogo Ferreira;

8º – O frade capuchinho Agostinho das Chagas, nomeado capelão da expedição.

Nomeada a cúpula que deveria dirigir a expedição, foi escolhido o dia 15 de junho de 1637 para a saída, de São Luis do Maranhão, da grande caravana. Esta deveria depois dirigir-se para Belém do Pará, e lá chegar no dia 25 de julho de 1637 e, de lá, sair no máximo até dia 30 do mesmo mês. Mas, ao chegarem a Belém, o Senado da Câmara desta cidade, receando que a partida das tropas para tão longa viagem pudesse pôr em perigo a ordem pública e a defesa da cidade, resolveu pedir ao capitão Aires de Sousa Chichorro que não acatasse as ordens do governador Noronha. Porém, Chichorro recusou-se a atender ao pedido das populações. No início de agosto, a expedição saiu com seu comandante-em-chefe com destino a Cometá, onde adquiriram canoas para navegar pelo Rio Amazonas em direção à sua nascente, atingindo Guarupá, em 28 de outubro de 1637. Nessa mesma data, a expedição avançou contra a corrente do Grande Rio, rumo à Cordilheira dos Andes. Contava com 70 embarcações, algumas de grande porte e outras menores, setenta soldados e seus comandantes, todos brancos, e mil e duzentos guerreiros e remadores índios, que se faziam acompanhar das suas mulheres e filhos. Acompanharam a expedição ainda o frei Domingos Breda e seis soldados espanhóis que, meses antes, desceram o Grande Rio e, agora, regressavam às suas origens, como se fossem guias da expedição. Ao todo, aquele movimento contaria com mais de duas mil pessoas.

Em 3 de dezembro desse ano, o Conquistador do Amazonas encontrou uma grande ilha à qual deu o nome de "Areuias". No mês de janeiro seguinte, descobriu a foz do Rio Negro, onde mais tarde ergueriam a cidade de Manaus.

Nesta região, descreve o capitão Pedro Teixeira que encontrou grande quantidade de índios Omáguas ou Cambebas, dizendo que são os maiores e mais cruéis carniceiros entre todos que existem nas margens daquele rio. Segundo informações colhidas pela expedição, os cambebas ou omáguas não comiam outra qualidade de carne que não fosse a humana. Porém, só comiam carne dos próprios índios, pois não atacavam os homens brancos por quem tinham grande respeito, chamando-lhes os "Filhos do Sol". Estes índios, ao estabelecerem contato com os brancos, fizeram trocas de milho, mandioca, pescado e caça por facas, anzóis, espelhos e outras coisas pelas quais se encantaram.

Mas, já em fevereiro de 1638, as tripulações das canoas davam demonstrações de cansaço e revolta devido à demora da viagem e à luta diária contra as águas do Amazonas, que causavam desânimo e doenças. As inúmeras deserções provocavam pessimismo na maioria do pessoal da expedição. A tudo isto Pedro Teixeira assistia com certa passividade, mas, usando de tática especial com os seus comandados, espalhou a notícia de que a viagem estava quase no seu final. A notícia surtiu o efeito desejado e, logo, a maior parte dos membros da expedição entusiasmou-se, criando coragem para prosseguir a viagem, mormente os remadores que eram as pessoas mais importantes para fazer a caravana seguir o seu destino.

Em 27 de fevereiro, mudando de tática, o capitão-mor manda, na frente da grande expedição, um pequeno grupo de soldados e índios em oito canoas, sob o comando do coronel Bento de Oliveira, enquanto ele seguia atrás com o grosso da expedição seguindo seu rastro. Em 3 de julho, os dois grupos encontraram-se na foz do Rio Napo, onde comemoram, com grande confraternização, o êxito alcançado. Retomando em seguida a marcha, juntos atingem a confluência deste rio com o Rio Aguarico (batizado depois com o nome de Rio do Ouro).[57] Enquanto

57. Encontraram o Rio de Aguarico, que batizaram como Rio do Ouro.

Bento de Oliveira, com sua tropa, segue na frente, Pedro Teixeira dá ordens ao capitão Pedro Favela para permanecer naquela confluência, com uma pequena guarnição, a fim de explorar a região, colher informações e preparar o terreno para o regresso de toda a expedição, depois de atingirem a sua finalidade, que era a cidade de Quito.

A marcha continua e, em 15 de agosto, alcançam o Rio Payaminho, afluente do Napo. Agora, já montanhas acima na cola de Bento de Oliveira, só depois de 50 dias chegaram a Baieza, distante algumas lagoas, antes de atingir a aldeia dos papuas. Ali encontram Bento de Oliveira, que os viera esperar com sua tropa, para que juntos entrassem triunfalmente em Quito, cidade do Equador, com a glória de descobrirem o misterioso e temido Rio Amazonas.

Ao entrarem na cidade, houve grande confraternização, uma multidão os esperava com ansiedade e regozijo. Depois, foi rezada uma missa solene em louvor ao feito da formidável caravana, que foi recebida, em 10 de novembro, pelo governador daquela cidade. Após descansar alguns dias, o capitão elabora um relatório da viagem e manda que Bento da Costa faça minucioso roteiro e o entregue ao governador de Quito. Posteriormente, manda uma deputação, comandada pelo coronel Bento de Oliveira, ao conde Chimchon, Vice-Rei do Peru, com o propósito de lhe apresentar uma cópia do relatório da viagem e de receber ordens daquele seu superior hierárquico.

Em 24 de janeiro de 1638, o capitão Pedro Teixeira apresentou um requerimento ao provincial da Nossa Senhora das Mercês da cidade de Quito, cujo objetivo era que este lhe fornecesse alguns religiosos da sua ordem para virem com ele, à cidade de Belém, fundar conventos, igrejas e escolas no Grão-Pará. O provincial, atendendo ao seu pedido, destacou quatro religiosos dessa congregação e os dispôs às ordens de Pedro Teixeira. Foram eles: Pedro de La Rue, João de Mercê, Afonso d'Arnejo e Diogo da Conceição. Destes quatro, apenas dois conseguiram chegar com vida a Belém. Os outros, em precárias condições de saúde, não aguentaram a viagem e morreram.

Iniciam-se, então, os preparativos para o regresso ao Brasil, que começou em 16 de fevereiro de 1639. Agora, os expedicionários tomam outro caminho de volta, mais curto e menos penoso, passando por Archidoma, na busca das margens do Rio Napo, onde o capitão Pedro Favela havia ficado preparando o terreno para o retorno à cidade de Belém. Em 15 de agosto, conseguem encontrar o companheiro nas margens do Rio do Ouro. Fazem novamente uma pausa para descansar do desgaste da viagem e constroem canoas para descer o Amazonas. É precisamente neste local que, a 16 de agosto de 1639, Pedro Teixeira executa o ato de maior alcance político desta viagem. No instante em que toma posse da margem esquerda do Rio do Ouro, manda o escrivão da caravana anotar, nos documentos da sua relação, o seguinte:

> *Que aquela margem do rio do Ouro era do rei Filipe da Espanha, mas as terras pertenciam à Coroa de Portugal.*

Para que ficasse ali consignado tal ato, naquele lugar onde mandara erigir a povoação à qual deu o nome de Franciscana, em homenagem à Ordem de São Francisco, ali deixava fincado um "PADRÃO", que era o sinal pelo qual se dividiam as terras pertencentes à Coroa portuguesa daquelas da Coroa espanhola.

Com essa determinação, o Tratado de Tordesilhas acabara de dar o último suspiro e o território do Brasil, por obra desta decisão, tinha-se alargado desde o sopé dos Andes até o Oceano Atlântico. Os termos em que foi erguido o Padrão também se revestiram de grande relevância histórica. O auto de posse assim determinava:

Ano do Nascimento de Nosso Senhor Jesus Cristo de 1639, aos dezesseis dias do mês de agosto defronte dos bocainas do rio do Ouro, estando Pedro Teixeira, capitão-mor por sua Majestade das entradas e descobrimentos de Quito e do Rio Amazonas, e vindo já na volta do dito descobrimento mandou vir perante si, capitães, alferes e soldados das suas companhias, e presente todos lhes comunicou e declarou que ele trazia ordem do Governador do Estado do Maranhão, conforme o Regimento que tinha dito o governador de sua Majestade, para no dito descobrimento escolher um sitio que melhor parecesse para nele fazer a povoação; e porquanto aquele em que presente estavam lhe parecia conveniente, assim por razão de ouro que havia notícia, como por serem bons ares e Campinas para todas as plantas, pastos de gados e criação lhe pedia seus pareceres, porquanto já tinha visto tudo o mais durante descobrimento do rio, dito que em todo o discurso do descobrimento não havia sido melhor e mais acomodado e suficiente para a dita povoação do que aquele em que estavam certas razões ditas e declaradas; o que visto pelo capitão-mor, em nome de El-Rei Filipe IV, Nosso Senhor, tomou posse pela Coroa de Portugal do dito sítio e mais terras, rios, navegações e comércios tomando terra nas mãos, e lançando-a ao ar dizendo em altas vozes: – Que tomando posse das ditas terras e sítios em nome de El Rei Filipe IV Nosso Senhor, pela Coroa de Portugal se havia quem da dita posse contradissesse, ou tivesse embargos que lhes pôr, que ali estava o escrivão da dita jornada do descobrimento, que lhos receberia; porquanto ali vinham religiosos da Companhia de Jesus por ordem da Real Audiência de Quito e porque a terra era remota e povoada por muitos índios, não por eles ou por outrem, quem lhe contradissesse a dita posse, pelo que eu Escrivão tomei terras na mão, e em nome de El-Rei Filipe IV Nosso Senhor e houve prometido e investido da dita posse pela Coroa de Portugal, do dito sítio e mais terras, rios e navegações e comércio, o dito capitão-mor pôs o nome de Franciscana, de que tudo eu escrivão fiz este auto de posse, em que assina o dito capitão-mor, testemunhas que presente foram o coronel Bento Rodrigues d'Oliveira, o sargento-mor Filipe Matos Cotrim, o capitão Pedro da Costa Favela, o capitão Pedro Baião de Abreu, o alferes Fernão Mendes Gago, o alferes Bartolomeu Dias Matos, o alferes Antonio Gomes de Oliveira, o ajudante Mauricio de Aliarte, o sargento Diogo Rodrigues, o almoxarife de sua majestade Manoel de Matos Oliveira, o sargento Domingos Gonçalves, e o capitão Domingos Pires da Costa; os quais todos sobreditos aqui assinarão com o dito capitão-mor Pedro Teixeira, e eu João Gomes de Andrada da dita jornada que o escreveu.[58]

Deduz-se de tudo isto que, quando Jácomo de Noronha incumbiu Pedro Teixeira desta missão, houve um acordo entre ambos quanto ao descobrimento e a posse das terras devolutas da Amazônia. Daí a lavratura minuciosa desta ata e dos termos nela empregados, com os caracteres jurídicos nela exarados muito bem calculados. Também se nota que os portugueses do Brasil não morriam de amores pelos espanhóis. Daí a

58. Termo de lavratura da Ata quando Pedro Teixeira tomou nota das terras que pertenciam à Coroa portuguesa.

sua grande preocupação em escrever tudo com tantos detalhes para que mais tarde pudessem os portugueses do Brasil reclamar essas terras, como de fato aconteceu. Lamentável que o povo brasileiro não conheça a história deste grande brasileiro. E os poucos que a conhecem se esquecem de reconhecer o valor do esforço sobre-humano deste homem no tocante ao alargamento e à grandeza do Brasil.

Com a edificação da povoação de Franciscana e a colocação do Padrão representativo da posse das terras pertencentes à Coroa portuguesa, a missão de Pedro Teixeira estava concluída. Restava-lhe apenas mandar publicar aqueles documentos adquiridos em Quito, juntá-los à ata lavrada em Franciscana que declarava a posse das terras, e registrá-los em Belém. E, dessa forma, formalizar a posse das terras do Alto Amazonas, e deixar tudo sacramentado, com o ato jurídico perfeitamente válido. Feito isto, materializou-se aquela que seria a maior conquista por um tão pequeno grupo de luso-brasileiros: a posse de uma imensidão de terras de uma só vez, para a grandeza do território nacional.

Passados 26 meses desde sua partida de Belém, aportava, nesta cidade, em 12 de dezembro de 1639, Pedro Teixeira e seus companheiros. Foi ovacionado pelas populações do Pará, com grandes festividades e muito carinho. Depois, seguiu para São Luís do Maranhão para prestar contas do seu trabalho ao governador Jácomo de Noronha, que o recebeu com honras e louvores. Em 28 de fevereiro de 1640, Pedro Teixeira assume o importante cargo de capitão-mor do Grão-Pará, cargo que ocupou até o seu último suspiro, em 1641, com apenas 55 anos. Talvez tivesse morrido de malária, de dengue ou de outras doenças infecciosas contraídas na sua Amazônia, pela qual lutou e se doou em vida. Terminamos aqui a história dos bandeirantes. Queremos dizer, todavia, que outros heróis se destacaram no desbravamento e na conquista do inóspito sertão brasileiro. Muitos desses heróis deram a sua vida para que o Brasil fosse grande. Deixamos de falar sobre a vida de vários desses heróis porque o relato se estenderia demasiado.

Os brasileiros que amam sua pátria, este gigante de 8,5 milhões de quilômetros quadrados, não devem ter vergonha de seus antepassados porque eles deixaram um território que, já em 1639, tinha o mesmo tamanho que tem hoje. Os ingleses, por sua vez, deixaram para os norte-americanos, em 4 de julho 1776, data da sua independência, as 13 colônias com a quais formaram um país do tamanho dos nossos Estados de Minas Gerais e de São Paulo, juntos. O Brasil era 10 vezes maior que as treze colônias Inglesas. Os norte-americanos conseguiram o país que têm hoje graças às anexações de algumas terras ao seu território. Algumas foram tomadas, outras usurpadas de seus vizinhos já no final do século XIX, quase no século XX, como aconteceu com o Estado do Novo México ou como o Estado da Califórnia, tomados aos mexicanos e aos espanhóis, simultaneamente, pela força das armas.

Como demonstramos, nesta época, esses grandes homens, como foram os heróis que conquistaram o Brasil, se equiparam ou ultrapassam, em valor e importância, aos conquistadores ingleses. Apenas não admitem isso alguns historiadores norte-americanos e também alguns brasileiros que não dão o devido valor aos feitos da colonização portuguesa das terras brasileiras. O Brasil, naquele momento, tinha acabado de conquistar todas suas terras e definido todas as suas fronteiras. Muito diferente dos Estados Unidos da América do Norte, em 1776, do qual mais adiante falaremos.

Capítulo III

XII – Casa-Grande e Senzala;

XIII – Cultura, Arquitetura e Arte no Brasil Colonial;

XIV – Índios, Negros, Escravos;

XV – Degredados nos Processos de Colonização Português e Inglês

XII

Casa-Grande e Senzala

NÃO PODEMOS FALAR EM casa-grande e senzala sem evocar Gilberto Freyre, o maior sociólogo brasileiro e o que melhor retratou essa instituição presente desde os primórdios da colonização do Brasil. Freyre, com profundidade e firmeza, logo na primeira página de "*Casa-Grande & Senzala*", diz o seguinte:

> *Formou-se na América tropical uma sociedade agrária na estrutura, escravocrata na técnica de exploração econômica, híbrida do índio – e mais tarde de negro – na composição. Sociedade que se desenvolveria defendida menos pela consciência de raça, quase nenhuma no português cosmopolita e plástico, do que pelo exclusivismo religioso desdobrado em sistema de profilaxia social e política. Menos pela ação oficial do que pelo braço e pela espada do particular. Mas tudo isso subordinado ao espírito político e de realismo econômico e jurídico que aqui, como em Portugal, foi desde o primeiro século elemento decisivo de formação nacional; sendo que entre nós através das grandes famílias proprietárias e autônomas: senhores de engenho com altar e capelão dentro de casa e índios de arco e*

flecha ou negros armados de arcabuzes às suas ordens; donos de terras e de escravos que dos senados de Câmara falaram sempre grosso aos representantes d'el-Rei e pela voz liberal dos filhos de padres ou doutores clamaram contra toda a espécie de abusos da Metrópole e da própria Madre Igreja. Bem diversos dos criollos ricos e dos bacharéis letrados da América Espanhola – por longo tempo inermes à sombra dominadora das catedrais e dos palácios dos vice-reis, ou constituídos em cabidos que em geral só faziam servir mangação aos reinóis todo-poderosos.[59]

Como se vê, na avaliação do sociólogo, a sociedade brasileira, logo ao nascer, era muito mais liberal e livre do que suas congêneres da América espanhola. Trata-se de uma avaliação que vai em direção oposta ao que enfatizam Buarque de Holanda, Viana Moog e outros ensaístas e sociólogos, que não se cansam de elogiar a colonização norte-americana em seus escritos, com patente menosprezo sobre a colonização portuguesa do Brasil.

Incluímos o autor de *Casa-Grande & Senzala* em nossos estudos porque entendemos que esta obra representa parte expressiva daquilo que pretendemos demonstrar ao longo deste trabalho. Além disso, não fosse esta uma das nossas preocupações, apenas o conteúdo e o valor social e cultural de *Casa-Grande & Senzala* mereceriam toda a referência necessária. Essa obra nos dá base para afirmar que os colonos portugueses nem sempre vinham para o Brasil com a intenção de enriquecer e voltar para Portugal. E nem eram, em sua grande maioria, degredados, consoante dizem os críticos cuja intenção é denegrir conceitos etnográficos dos

59. Freyre, Gilberto. Op. cit., p. 4.

homens e mulheres que vieram para o Brasil e aqui constituíram suas famílias, fincaram suas raízes, como ainda hoje em dia o fazem.

Não obstante o testemunho de Freyre enaltecendo o trabalho dos lusos na difícil colonização do Brasil, ainda assim existem sociólogos negando-lhe o valor de sua obra laboral e intelectual. Apenas porque tinham cores políticas, sociais e raciais diferentes, esses críticos acharam que deveriam divergir de Freyre, que se dedicou de corpo e alma ao assunto, e falou sobre o hercúleo trabalho de colonização dos portugueses. Foi o que aconteceu com prefaciador de *Casa-Grande & Senzala*, o confuso Darcy Ribeiro, que não mediu esforços para induzir o leitor a interpretar a obra do sociólogo pernambucano como se esta estivesse contaminada pela própria história do autor ou de seus avoengos donos de engenhos, como ele explicitamente diz. Assim Ribeiro pretende convencer o leitor menos avisado sobre o risco dessa contaminação no enfoque de Freyre sobre este problema que envolveu a sociedade brasileira daquele tempo. Entretanto, assim não entendemos nós.

Reiteramos que jamais alguém, no Brasil ou fora dele, escreveu, com tanta profundidade, sobre o problema racial brasileiro e a miscigenação, como fez Gilberto Freyre. O resto é intriga ou retórica incapaz de encontrar as cores matizadas das tintas com que Freyre pintou, talentosamente, os personagens portugueses envolvidos na história da colonização brasileira. Não raro oriundos de uma sociedade já naquele tempo refinada e de linhagem erudita – como padres, juízes, militares superiores e religiosos de diversas ordens etc. –, os lusos se integraram a ambientes hostis, rodeados de índios selvagens de arco e flecha ou de escravos negros da senzala, onde nasceram as primeiras relações de compadrio e de afeto, e que Freyre sabiamente descreveu.

Pode-se, por exemplo, afirmar que foi nesta convivência da senzala que, muitas vezes, os compadres das grandes fazendas se misturaram ou se amalgamaram pela via do casamento ou do amancebamento das filhas ou netas dos escravos com os filhos dos senhores do engenho, como nos diz o sociólogo:[60]

> *A singular predisposição do português para a colonização híbrida e escravocrata dos trópicos, explica-a em grande parte o seu passado étnico, ou antes, cultural, de povo indefinido entre a Europa e a África. Nem intransigentemente de uma nem de outra, mas das duas. A influência africana fervendo sob a européia e dando um acre requeime à vida sexual, à alimentação, à religião; o sangue mouro ou negro correndo por uma população brancarana quando não predominando em regiões ainda hoje de gente escura, o ar da África, um ar quente, oleoso, amolecendo nas instituições e nas formas de cultura nas durezas germânicas; corrompendo a rigidez moral e a doutrinária da igreja medieval; tirando os ossos ao Cristianismo, ao feudalismo, à arquitetura gótica, à disciplina canônica, ao direito visigótico, ao latim, ao próprio caráter do povo. A Europa reinando mas sem governar; governando antes a África.*

O trecho em tela é, em linhas gerais, o que o sociólogo extraiu de seus estudos sobre o povo que colonizou e consolidou as fronteiras de um dos maiores países do mundo. Como arguto observador, Freyre descreveu as três raças que constituíram o amálgama da raça brasileira, cuja influência e primeiras raízes tiveram origem na casa-grande e na senzala,

60. Freyre, Gilberto. Op. cit., p. 92-93.

berços de uma miscigenação de indivíduos de culturas e tipos tão diferentes uns dos outros. Nada lhe escapa de sua fina observação que, em doses homeopáticas, mistura personagens aos temperos tropicais, numa dialética inteligente sobre a formação do povo brasileiro. Ao descrever o tipo do português, quando fala do fidalgote Gonçalo Ramiro, di-lo com graça tão peculiar que nos parece estarmos visualizando cenas da criação de Eça de Queiroz, genial autor português da *Casa de Ramires*.

Falando sobre as preferências amorosas dos portugueses ou sobre seu gosto pelas comidas e suas crendices, e as várias maneiras de se assemelharem aos nativos, descreve-lhes os hábitos adquiridos com propriedade exemplar. A casa-grande e a senzala são consideradas por Freyre uma espécie de instituição em sua época e espaço, intumescida de costumes patriarcais da Idade Média europeia, palco de uma simbiose de costumes de índios e negros ainda em estado quase selvagem. A obra do sociólogo revela, com perspicácia, como se deu o caldeamento das três raças na formação brasileira.

Considerando que o início do desenvolvimento brasileiro se deu na propriedade agrícola e que foi na casa-grande e senzala – fonte geradora das grandes riquezas do País em formação – onde se desenvolveram paralelamente as relações familiares entre senhores e agregados escravos, Freyre afirma que terra e homem, a princípio, estavam em estado bruto, bravio ou selvagem. Mas, graças aos portugueses, o que era bruto, bravio e selvagem passou a ser domesticado, arável e cultivado para poder produzir as riquezas brasileiras de ontem, de hoje e de sempre.

As grandes dificuldades dos primeiros senhores rurais ocorreram nos três primeiros séculos coloniais: viviam à sombra da monocultura, precisavam esterilizar quase tudo e até a própria subsistência era difícil. Sempre endividados, às voltas com saúvas, enchentes e com as secas dificultando o cultivo de subsistência, os grandes fazendeiros viam-se privados muitas vezes de parcos víveres, tão necessários nessa altura ao grosso da população, assim como à sua própria sobrevivência, o que lhes dificultava sobremaneira a vida cotidiana, como descreve o autor.

A vida na Colônia, com seu Norte açucareiro, que muitos imaginam ser de opulência e ostentação, circunscrevia-se a algumas poucas famílias de Pernambuco e da Bahia. Diz Freyre que, no Pará, no século XVII, *as famílias de alguns homens nobres da cidade de Belém*,[61] em 1661, não podiam vir à cidade porque suas filhas donzelas não tinham o que vestir para irem à missa. Todavia, outras carências havia naqueles tempos tão difíceis para os fazendeiros. O padre António Vieira salienta que não havia em todo o Estado do Maranhão os usuais utensílios para fazer o comer ordinário. A própria Salvador, na Bahia, cidade dos vice-reis, habitada por alguns fidalgos ricaços portugueses ou por frades e padres, se notabilizou pela péssima qualidade de sua alimentação. Ali tudo faltava: leite fresco, aves, carne bovina, a de pior qualidade, e, quase tudo, em péssimo estado. Existia apenas fartura de doces: geleias e pastéis fabricados pelas freiras nos conventos ou nas escolas paroquiais.

A monocultura foi, desde o princípio da colonização do Brasil, a primeira fonte de trabalho do País, e a casa-grande (e a senzala) o primeiro abrigo do colonizador português. Foi sob esses tetos que se misturaram

---

61. Freyre, Gilberto. Op. cit., observação que Freyre faz sobre a vida difícil que os fazendeiros levavam no Pará.

índios e portugueses formando a raça dos mamelucos. Já o elemento negro veio mais tarde e só se vinculou às outras duas raças bem depois de os mamelucos se terem formado. Agrupados na mesma instituição, os negros se misturaram aos brancos formando os mulatos: apenas aí é que os índios consentiram em se miscigenar com os negros, formando, então, os cafuzos. Este fenômeno deu-se em condições desfavoráveis porque aos negros se lhes impunham algumas barreiras, principalmente mantendo-os separados em razão da sua condição de escravos.

O entrelaçamento entre o negro e o índio demorou alguns anos a se realizar, mormente por não se tratar de uma condição natural, e sim de uma aceitação dos elementos envolvidos, o que pode ser entendido com facilidade. Todavia, acabados os preconceitos, as restrições deixaram de existir pelas outras duas raças, e, aos poucos, os negros se integraram, formando o povo brasileiro miscigenado, que hoje perdura e predomina em todo o País.

Passados alguns anos, outro fenômeno natural começou a aparecer: o entrelaçamento dos primeiros descendentes dos brancos com as negras escravas da senzala resultou na completa integração da sociedade colonial, integração entre a casa-grande e a senzala. Estas, por sua vez, foram o principal centro de convivência e interação das populações rurais, originando uma raça diferente pela mistura direta de brancos, índios e negros. Os mamelucos, com facilidade, se misturaram aos mulatos, formando os cafuzos que se amoldaram e foram aceitos, com algumas reservas, pela sociedade daquela época. Com a convivência e o entrelaçamento das raças, a negra escrava, mais tarde mãe de leite do senhorzinho ou da sinhá da casa-grande, frequentemente se juntava aos filhos do "sinhozinho", para brincar, formando assim, a família da casa-grande do senhor do engenho. Nessas condições, tanto os filhos do senhor do engenho como os filhos ou filhas da ama-de-leite se serviam da mesma fonte alimentar e formava-se a amizade entre senhores e escravos, quase indestrutível na época. Esta condição afetiva gerava, não raro, situações vexatórias para as famílias. Não foram raras as vezes em que o senhorzinho se servia da filha da mãe de leite para ter as primeiras experiências sexuais. Natural, portanto, haver entre os envolvidos um vínculo de amizade, gerando os mais diversos tipos de compadrio, como diz Freyre.

A miscigenação não ocorreu ao acaso e nem de forma impensada. Foi planejada e muito bem estudada. Já antes o dissemos e reiteramos agora: na Índia, o vice-rei Afonso de Albuquerque, bem antes da colonização do Brasil, incentivou o casamento entre portugueses e mulheres indianas. No Brasil, ocorreu o mesmo fenômeno. Isso ficou muito claro quando Dom João III mandou para este País Martin Afonso de Sousa, na primeira expedição, com quatrocentos colonos solteiros, o que demonstra quais eram as intenções do rei de Portugal. Por que solteiros e não casados? Há uma clara evidência de querer o monarca português que os seus súditos se casassem com mulheres brasileiras. Naquele tempo, Portugal era pouco habitado e o império necessitava de gente para povoar a sua grande extensão. Por essa razão, os mandatários do reino incentivavam os portugueses a se casarem com as mulheres naturais das colônias. Alguém até pode indagar: – Será que não havia falta de mulheres em Portugal? Não havia falta de mulheres, apenas era preciso povoar as terras descobertas com sangue português.

Sobre a população miscigenada do Brasil, herança dos portugueses, o País deve ser considerado um excelente fenômeno de observação sobre como essas três raças conviveram e convivem, em harmonia, conservando as características originais de cada uma delas, como resultado de um tríplice cruzamento. Afinal, a convivência entre seres diferentes não prejudicou em nada o desenvolvimento do País, quer intelectual, quer moral, quer cívico, não importando se se trata de branco, negro ou índio. Bem diferente do que ocorreu e geralmente acontece nos Estados Unidos da América do Norte ou mesmo na América espanhola, tão laureados, neste sentido, pelos intelectuais da atualidade.

Em ambas as regiões citadas, os negros e índios são ostensivamente segregados e discriminados e sua convivência com os brancos quase não existia até muito recentemente. Só a partir da gestão do presidente John F. Kennedy, nos anos 1960, é que negros e índios passaram a ter algumas regalias e direitos de cidadania nos Estados Unidos. Ainda assim, jamais os mesmos direitos e regalias que negros e índios do Brasil já haviam conquistado bem anteriormente. Portanto, com um quadro agudo de segregação racial ainda vigente há apenas cinquenta anos, a colonização inglesa (ou espanhola) não se mostra superior à portuguesa nos aspectos cívico, moral e intelectual. Nas colônias portuguesas, há muitos anos, talvez séculos, não existe esse tipo de racismo e violência colonial, como existiu até bem pouco tempo atrás nos Estados Unidos. Podemos concluir, portanto, que a colonização do Brasil realizada pelos portugueses – e a instituição Casa-Grande e Senzala – se deu com mais humanismo e civilidade do que em qualquer parte do continente americano, seja comparando-a com a dos espanhóis, seja comparando-a com a dos ingleses nas treze colônias.

Igreja de São Bento – São Paulo Antiga

XIII

Cultura, Arquitetura e Arte no Brasil Colonial

A CULTURA NO BRASIL COLONIAL é outro aspecto que merece ser bem estudado e comparado com o que se passou nos Estados Unidos, na mesma época. O Brasil, já no século seguinte ao seu descobrimento, era um País de cultura avançada em relação à sua idade e em nada se assemelhava às treze colônias inglesas da América do Norte, conforme os estudos já mencionados do professor norte-americano R. R. Palmer.

Este autor afirma que em seu país, antes de sua Independência, em 1776, não havia uma classe intelectual evoluída e culta, mas apenas algumas escolas secundárias. Enquanto isso, no Brasil, já em meados do século XVII (e não no fim do século XVIII, como afirma Palmer), se formavam intelectuais da estatura de um Padre António Vieira ou de um Alexandre de Gusmão (o velho). Apesar de serem ambos portugueses de nascimento, tiveram no Brasil a sua formação e seu berço cultural e intelectual, ao se formarem nos "Colégios de Estudos Gerais", que se igualavam às universidades daquela época, em Portugal.

O ensino no Brasil se iniciou com as primeiras escolas régias orientadas pelo governo português. Porém, todo o ensino básico desse sistema de ensino sempre funcionou sob a égide e responsabilidade dos clérigos jesuítas. Aliás, estes, desde longa data, foram preparados intelectualmente para o exercício ou para a finalidade de ensinar e ministrar quaisquer tipos de cursos, conforme orientação dos seus superiores. Esta prática funcionava tanto nos colégios como nos conventos, mosteiros ou mesmo nas escolas paroquiais. Havia uma sintonia entre o Poder Público (Estado) e a Igreja Católica, no sentido de educar o povo, como determinava o rei de Portugal. Eis o motivo de essas escolas receberem subsídios do governo e também alguns donativos recolhidos dos fiéis frequentadores das igrejas, bem como dos administradores públicos. Isso se dava, por exemplo, pelo recolhimento da côngrua (espécie de financiamento), cujos resultados eram destinados a financiar a grande estrutura da educação na Colônia.

Todos estes recursos destinados às escolas régias e aos colégios dos conventos e das igrejas paroquiais eram para pagar os professores e a péssima administração desses grandes complexos estudantis. Boa parte desses recursos destinava-se às construções dos imponentes edifícios, onde se albergavam os alunos sem recursos financeiros, e que recebiam também alimentação gratuita durante todo o ano letivo. Chama a atenção o fato de grande parte do povo brasileiro desconhecer hoje como eram erigidos esses colégios e, especialmente, onde os clérigos conseguiam angariar recursos para edificar estas obras de envergadura e alto valor financeiro. Assim eram esses estabelecimentos de ensino dos tempos antigos, os quais, logo a seguir, indicaremos os locais onde funcionavam e, simultaneamente, as suas referências. Os corpos docentes desses colégios eram constituídos geralmente de padres de formação intelectual superior, que ensinavam a seus pupilos o primário, passando depois pelo secundário e terminando no superior, conforme as aptidões dos jovens alunos.

As matérias lecionadas eram as mesmas ensinadas no Reino de Portugal. Iniciava-se com o aprendizado das primeiras letras. À medida que o aluno se ia alfabetizando, passava a um estágio superior, quando lhe eram ministrados depois o Latim, a Física, a Filosofia, a Retórica e outras matérias do conhecimento geral e científico da época. Já o aprendizado profissional também começava na mesma escala de ensino até atingir o científico. Isto é, iniciava no primário, seguia os passos do outro nível, até atingir o ensino superior. Foi através dessas escolas que muitos engenheiros-construtores dos imponentes edifícios dos Colégios de Estudos Gerais, dos mosteiros e das grandes igrejas absorveram conhecimentos avançados para erigir esses monumentos. São edifícios que estão aí até hoje para se tirar conclusões sobre a alta capacidade e o profissionalismo dos seus construtores. Já havia no Brasil dos séculos XVI e XVII bons e firmes conhecimentos de engenharia para que se pudesse projetar, comandar e construir obras como o Mosteiro de Santo Antônio, no Rio de Janeiro; da igreja do Carmo, em Salvador; ou do Seminário de São Luis do Maranhão. Seria impossível se construir dezenas desses monumentos sem que houvesse conhecimentos ou cursos profissionais disponíveis e capazes de habilitar pessoas a realizar essas obras de arte. São edificações que estão de pé e em bom estado de conservação, em todo o território brasileiro, e que merecem aplausos e respeito, não apenas pela grandeza, mas também pelo engenho e arte ali aplicados. Se o ensino superior era de ótima qualidade, o secundário, guardadas as devidas

Igreja com colégios agregados

proporções, não lhe ficava atrás, muito diferente do que nos fala Sérgio Buarque de Holanda.

Porém, se os Colégios de Estudos Gerais tinham a mesma importância das faculdades daquele tempo, por que não lhes davam o nome de faculdade? A resposta é que os colégios daquela época tinham uma função equivalente à da faculdade (não como os diferenciamos hoje). Há inúmeros documentos provando esta similitude, não apenas em Portugal, mas também em alguns países da Europa, como a França. Para mostrar essa semelhança, evocamos o célebre André de Gouveia, Reitor (Principal) do Colégio de Guiana, em Bordéus – veja, reitor de colégio equivalente a uma faculdade. André já havia exercido a mesma função como Principal no Colégio de Santa Bárbara, de Paris, substituindo o seu talentoso tio, Diogo de Gouveia, por volta do ano de 1533.[62] No sentido cultural, mais uma vez chamamos a atenção para o que nos diz Buarque de Holanda contra Portugal e os portugueses:

> ... *Igualmente surpreendente é o contraste entre as América Espanholas e Portuguesa no que respeita à introdução de outro importante instrumento de cultura: a imprensa. Sabe-se que já em 1535 se imprimiam livros na cidade do México e que quatro anos mais tarde se instalava ali a oficina do lombardo Giovani Paoli ou Juan Pablos, agente do impressor João Gutemerger de Sevilha.*[63]

62. Freyre, Gilberto. Op. cit., parágrafo sobre André de Gouveia e seu tio Diogo de Gouveia.

63. Holanda, Sérgio Buarque de. Op. cit., p. 35.

O parágrafo acima induz o leitor a ter como certo este axioma. Entretanto, o autor jamais diz a fonte de onde colheu tais informações. De qualquer forma, foi um erro a Coroa portuguesa não ter permitido a instalação da imprensa no Brasil, pelo menos a partir do século XVII. Contudo, isso não comprometeu o desenvolvimento cultural da Colônia nem suas manifestações artísticas. Como veremos mais adiante, negros e índios tinham, no Brasil, muito mais liberdade para manifestar seus costumes, festas, danças e cantos – enfim suas práticas culturais – do que seus iguais em outras colônias – espanholas ou inglesas – que já contavam com uma imprensa incipiente neste período. Sem falar de que se tratava, neste último caso, de uma imprensa bem restrita e controlada pelas Metrópoles.

Não será necessário grande esforço para notarmos na tese do ensaísta uma má vontade em falar sobre as realizações dos portugueses no Brasil. No caso da cultura, Buarque não compara o Brasil com os Estados Unidos, mas com a América espanhola porque, segundo ele, os espanhóis deram melhor cultura aos países latino-americanos do que os portugueses deram ao Brasil. Contudo, se compararmos, na generalidade, as figuras intelectuais saídas dos Colégios Gerais brasileiros com as figuras saídas das universidades das províncias da América espanhola – México, Paraguai, Nicarágua, Equador, Argentina, Uruguai, Bolívia, Peru, Colômbia, Venezuela, Honduras, Chile etc. –, o fio da balança penderá para o lado do Brasil.

Além de Vieira, outros grandes intelectuais, como o padre Alexandre de Gusmão, como já frisamos, suplantam de longe os espanhóis radicados em suas colônias. Padre Gusmão escreveu vasta obra, como a *Escola de*

Belém (nome do seminário que fundou em Cachoeiras na Bahia – 1678); *Menino Cristão* (Lisboa, 1695); *Eleição Entre o Bem e o Mal Eterno* (Lisboa, 1720), entre outras.[64] O outro Alexandre de Gusmão (o moço) foi político, diplomata, cavaleiro da Ordem de Cristo e doutor em Direito pela Universidade de Paris, incorporado depois a Coimbra. Fidalgo da Casa Real de D. João V, membro da Real Academia de História Portuguesa, obteve outros títulos pela sua capacidade intelectual e pelos relevantes serviços prestados à Coroa portuguesa. Nasceu em Santos (São Paulo), em 1695, onde fez os primeiros estudos até os 16 anos, indo depois aperfeiçoar-se em Portugal, França e em outros países por onde andou em missões diplomáticas a serviço do Reino de Portugal.

Destaque-se a sua ação na diplomacia internacional, na difícil mas gloriosa defesa do território brasileiro. Quando das discussões sobre o Tratado de Madrid, Gusmão defendeu a posse da Amazônia para o Brasil, com base no princípio do *Uti-Posseidendis,* que dizia, na interpretação da jurisprudência do Direito Internacional da época, que tem o direito à terra aquele que primeiro a ocupou. O jurista brasileiro obteve retumbante vitória sobre os espanhóis nesta questão da posse da Amazônia, conquistada anos antes por Pedro Teixeira. Foi um dos homens mais notáveis da sua época na Corte de Dom João V. É digno de nota que nenhum dos intelectuais formados pelas universidades da América espanhola, das quais o autor de *Raízes do Brasil* tanto fala, tivesse capacidade para derrotar o brasileiro Alexandre Gusmão (o moço), nesta questão que envolvia os interesses da Espanha na América.

64. *Grande Enciclopédia Portuguesa e Brasileira*. Livro 12, p. 572.

Por sua vez, o padre Bartolomeu de Gusmão, irmão de Alexandre (o moço), foi outro homem de cultura e inteligência inigualáveis. Nasceu em dezembro de 1685, também em Santos, e ainda em tenra idade revelou grandes dotes de inventor. Senhor de memória privilegiada, a todos espantava com seus conhecimentos eclesiásticos e sua erudição. Em 1705, construiu uma máquina de elevação de água, para abastecimento do seminário onde lecionava, na Bahia. Foi o inventor também do Balão de Elevação, pelo método da teoria de Arquimedes. Tratava-se de uma máquina voadora que possibilitou, pela primeira vez, que o homem se elevasse do solo, em 24 de junho de 1709. O seu invento despertou ciúmes e polêmicas na Corte de Dom João V, em Lisboa. Mas Dom João V, seu amigo e protetor, concedeu-lhe privilégios no reino, determinando a seus vassalos e súditos a propagação do nome do brasileiro. Foi reconhecido em todas as cortes da Europa e em todos os quadrantes do mundo culto daquela época.

Apenas nos limitamos a alguns nomes de grandes intelectuais brasileiros do século XVII, jamais mencionamos algum do século XVIII, como fez Palmer em seu depoimento. Logo, a comparação entre uma e outra cultura tende a ficar prejudicada, contra o Brasil. Estes já referidos são suficientes para considerar o Brasil erudito, culto e intelectualizado tanto ou mais do que o resto das Américas, tanto a espanhola como a inglesa, francesa ou holandesa. Como sabemos, no século XVIII, o Brasil produziu novo grupo talentoso de homens de letras.

Para que não pairem dúvidas, citamos os nomes de alguns vultos da intelectualidade brasileira do século XVIII: Pero Magalhães Gandavo, Frei Vicente do Divino Salvador, Basílio da Gama, Santa Rita Durão,

Sebastião da Rocha Pita, Pedro Taques de Almeida Pais Leme, Cláudio Manoel de Macedo, Gregório de Matos, Eugênio de Matos Silva Alvarenga, Manoel Botelho, Alvarenga Peixoto etc. Todos esses começaram e completaram seus estudos nos colégios dos jesuítas, sem a necessidade de frequentarem as universidades badaladas por vários ensaístas e sociólogos da modernidade brasileira.

Queremos ainda referir outro ponto que nos parece importante realçar, sobretudo para que tenhamos uma visão linear entre as treze colônias inglesas e o Brasil português daquela época. Como vimos a demonstrar ao longo deste trabalho, até a sua Independência, o Brasil estava mais adiantado, sob todos os pontos de vista, do que seus congêneres dos tempos coloniais. Diz Palmer que nas treze colônias não havia uma igreja magnífica e privilegiada. Enquanto isso, no Brasil, já no século XVII, os jesuítas, os franciscanos, os beneditinos, as freiras carmelitas e outras ordens religiosas católicas desenvolveram um trabalho árduo na difusão do ensino das letras e das artes entre nossos índios e escravos. Ergueram conventos, igrejas e mosteiros.

Muitas dessas obras destinadas à catequização acolheram índios incultos no seio da religião, como era determinação e desejo dos soberanos de Portugal. O esforço despendido neste sentido foi profícuo, segundo alguns estudiosos, muito embora contestados por outros. Quanto a isso, queremos tão somente referir sobre a obra catequizadora como de alto valor cultural, cívico e moral. Além disso, as construções das igrejas, conventos, mosteiros e outros monumentos e edifícios levantados por essas ordens, são também valiosas por sua riqueza arquitetônica e beleza da arte nelas empregada. Ainda hoje essas obras são invejadas e elogiadas em nível nacional e internacional, distinguidas não raro como patrimônio da humanidade. Não se pode deixar de reconhecer a importância extraordinária e representativa desta obra das ordens religiosas, para o mundo culto e civilizado daquela época, de hoje e de amanhã.

Por isso, daremos a seguir os nomes e as localidades onde se encontram várias destas obras, grande parte já tombada e hoje pertencente ao patrimônio da humanidade.

Monumentos

No começo da colonização, não havia planos de construção de colégios, seminários, fortalezas e fortes no território brasileiro. Porém, com o descobrimento do pau-brasil e o desenvolvimento da lavoura, dos engenhos de açúcar, da pecuária e de outras atividades econômicas, logo surgiram as primeiras dificuldades, começando pela necessidade de proteger a casa-grande e a senzala, depois as vilas, as primeiras cidades e, por conseguinte todo o território nacional, com a construção de fortes e fortalezas.

Já Tomé de Sousa, quando nomeado primeiro Governador-Geral, em 1549, trazia como missão construir, em São Salvador, na Bahia, uma fortaleza para sua proteção. Como recomendação principal do rei de Portugal, trouxe plantas e desenhos de como deveria proceder para cercá-la com um forte. Dentro desse forte, deveria construir igrejas, um palácio para o Governo Central, algumas casas de habitação para juízes, militares e artesãos, enfim, toda uma infra-estrutura, como determinava o regimento interno escrito pelo próprio Rei Dom João III.

Fortaleza dos Três Reis Magos de Natal construído em 1598.

Fortes e Fortalezas

O Brasil desta época ressentia-se de segurança em toda a sua imensa costa marítima. Daí a razão de os portugueses terem necessidade de fortificar os pontos mais vulneráveis da orla marítima, temendo as constantes invasões dos piratas, que infestavam e investiam contra o patrimônio nacional. Foi a partir daí que se iniciou a construção da Fortaleza de São João, em 1565, por Estácio de Sá, no morro do Cara de Cão, no Rio de Janeiro. Até hoje, a fortaleza está ativa, servindo de sede da Escola de Educação Física do Exército e da Escola Superior de Guerra do Brasil.

Já a Fortaleza de São João de Bertioga (1547-1553), mandada construir por Tomé de Sousa, em Bertioga, no litoral do Estado de São Paulo, é considerada a primeira fortaleza do País. Ainda hoje está bem conservada. Assim como várias outras edificações:

Forte do Presépio de Belém (1616), em Belém do Pará;
Fortaleza de Santo António de Gurupá (1623), no Pará;
Forte dos Três Reis Magos (1598), Natal, Rio Grande do Norte;
Forte do Cabedelo (1586), Cabedelo, Paraíba;
Forte do Brum (1629), Recife, Pernambuco. Ocupado pelos holandeses e reconquistado pelos portugueses;
Fortaleza de Santo António da Barra (1591), Salvador, Bahia, hoje Farol da Barra;
Forte de Santa Maria da Barra (1622-1635), Salvador, Bahia;
Forte de São Diogo (1626-1635), Vitória, Espírito Santo;
Forte de São Marcelo ou Forte do Mar (1602), Fortaleza, Ceará;
Forte de São Pedro (1627), Salvador, Bahia;
Fortaleza Nossa Senhora do Monte Serrat (1586), Salvador, Bahia;

Forte de Jequitaia ou de São Joaquim (1602), Salvador, Bahia;
Forte de São Tiago ou da Lagartixa (1604), Salvador, Bahia;
Forte de São Mateus (1615), Cabo Frio, Rio de Janeiro.

Além destes, quase todos construídos nos séculos XVI e XVII, muitos outros fortes foram erigidos no século XVIII (e alguns ainda no século XIX). Entre estes, o mais importante é o Forte do Príncipe da Beira, construído em 1776, à margem direita do Rio Guaporé, no território de Rondônia. Sua localização e construção perfeitas elevam a estratégia e a engenharia militar portuguesas do Período Colonial, e sobre as quais ninguém se lembra de falar nas escolas brasileiras atuais de primeiro e segundo grau.

Colégios

Existe uma ideia distorcida quando se diz que os Estados Unidos sempre foram mais adiantados do que o Brasil. Isso não corresponde à verdade. As informações e pesquisas por nós feitas ao longo destes cinco anos apontam para grande diferença entre ambas as nações e a favor do Brasil que, enquanto Colônia, suplantava aquela nação em todos os sentidos. Para reforçar nossa tese, nos valemos do professor, historiador e escritor paulista Tito Lívio Ferreira, que em sua obra, *Portugal no Brasil e no Mundo,* nos informa o seguinte:[65]

65. Ferreira, Tito Lívio. *Portugal no Brasil e no Mundo.* São Paulo: Editora Nobel, p. 7 e 8, 1984.

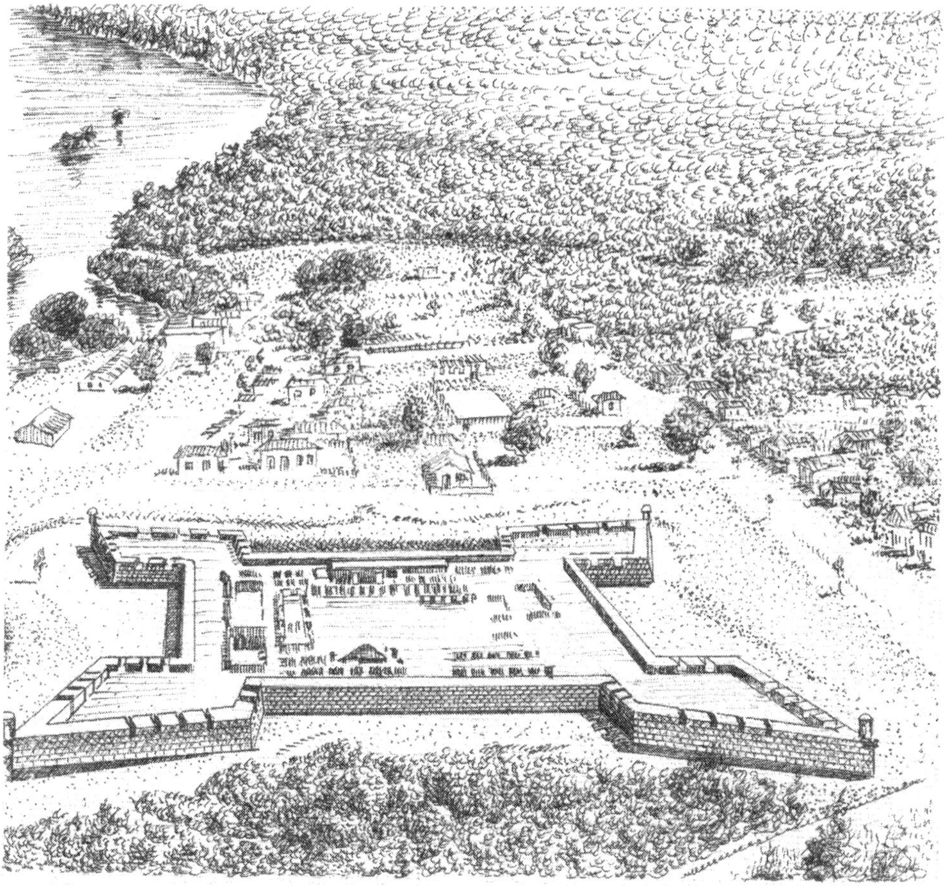

Forte do Príncipe da Beira.

Em 1759, após duzentos e dez anos de educação no patrimônio da Ordem de Cristo, hoje Brasil, funcionavam vinte Reais Colégios Luso-Brasileiros e um Real Colégio Feminino na Bahia e 15 Seminários assim localizados:[66]

1) Real Colégio da Bahia – Salvador;
2) Real Colégio de Olinda – Pernambuco;
3) Real Colégio do Rio de Janeiro – Rio de Janeiro;
4) Colégio de Santo Alexandre – Belém do Pará;
5) Colégio de São Luis do Maranhão;
6) Colégio de Alcântara – Maranhão;
7) Colégio da Vigia – Pará;
8) Colégio de Fortaleza – Ceará;
9) Colégio do Piauí;
10) Colégio da Paraíba – Capital;
11) Colégio do Recife – Pernambuco;
12) Colégio de Ilhéus – Bahia;
13) Colégio Porto Seguro – Bahia;
14) Colégio do Espírito Santo – Vitória;
15) Colégio de São Vicente – São Paulo;
16) Colégio de São Paulo – São Paulo;
17) Colégio de Santos – São Paulo;
18) Colégio de Paranaguá – Paraná;
19) Colégio do Desterro – Florianópolis (SC),
20) Colégio da Colônia Militar do Sacramento – Defronte a Buenos Aires (AR);
21) Colégio Feminino de Salvador – Bahia;

66. Ferreira, Tito Lívio. *História da Educação Luso-brasileira.* São Paulo: Saraiva, 1966.

Seminários

1) Seminário Nossa Senhora das Missões – Belém do Pará;
2) Seminário de São Luis do Maranhão;
3) Seminário de Aquirás – Ceará;
4) Seminário da Paraíba;
5) Seminário de Olinda – Pernambuco;
6) Seminário da Cachoeira – Bahia;
7) Seminário de Jequitaia – Bahia;
8) Seminário da Conceição – Bahia;
9) Seminário de São Paulo – São Paulo;
10) Seminário de Mariana – Minas Gerais;
11) Seminário da Paraíba – Maranhão;
12) Seminário de Itapicurú – Maranhão;
13) Recolhimento Feminino do Maranhão;
14) Recolhimento Feminino Sagrado Coração de Jesus de Igaraçú – Pernambuco.

Segundo Lívio Ferreira, *todos estes estabelecimentos de ensino eram mantidos por Portugal.* A bem dizer, o Brasil, também neste sentido, muito antes de 1776, apresentava maior esplendor e estava, virtualmente, bem à frente das treze colônias inglesas. Além destes estabelecimentos de ensino no Brasil Colônia, foram erigidos centenas de conventos, mosteiros e igrejas e outras construções de grande valor histórico e artístico, de Norte a Sul e de Leste a Oeste do Brasil.

Nessa mesma linha, com investimento maciço desenvolveu-se um trabalho profícuo na área da saúde ainda durante o Período Colonial: tanto nos hospitais das Santas Casas de Misericórdia como nos hospitais das Beneficências Portuguesas, onde se trata a saúde dos doentes desde datas remotíssimas. É muito comum encontrar-se esses estabelecimentos de saúde, não raro de rica arquitetura, espalhados pelo imenso território brasileiro, em perfeito estado de conservação e de exemplar funcionamento, pela sua organização secular e com relevantes serviços prestados às comunidades.

Em muitas das principais cidades brasileiras, as obras arquitetônicas daquela época não foram destruídas. Em outras, como São Paulo, os políticos e administradores modernos têm destruído quase todo o patrimônio histórico e cultural antigo da cidade para dar azo ao seu egocentrismo. É comum observar-se os políticos atuais derrubarem belos monumentos históricos, com o pretexto de alargar as ruas e as avenidas para dar fluidez ao trânsito dos automóveis. Porém, escondem intenções fortuitas de colocarem naqueles lugares privilegiados o seu nome em letras garrafais ou então de algum seu familiar próximo, como se tem constatado em certos logradouros públicos das cidades brasileiras.

Por outro lado, algumas cidades têm preservado o seu patrimônio cultural antigo, mantendo esses monumentos, tombando-os e conservando seu alto valor artístico e histórico. Trata-se de um reconhecimento dessas obras-primas da arte colonial ou do barroco português brasileiro, cuja beleza é invejada pelos estrangeiros que visitam assiduamente o Brasil a fim de apreciá-las e reverenciá-las. Já os Estados Unidos têm dificuldades em apresentar um só monumento do seu tempo colonial ou de sua história antiga, da qual sua população amante das artes possa se orgulhar. No Brasil, ao contrário, há 17 bens brasileiros reconhecidos pela UNESCO, da Organização das Nações Unidas, como patrimônios da humanidade, incluindo o tombamento de cidades inteiras, como Ouro Preto, Diamantina e Congonhas do Campo (no Estado de Minas Gerais); Olinda (em Pernambuco); Salvador (na Bahia); São Miguel das Missões (no Rio Grande do Sul); centros históricos das cidades de São Luís (no Maranhão) e de Goiás (Goiás); e Fernando de Noronha (Pernambuco). Além disso, foram tombadas como patrimônios mundiais reservas, florestas e áreas costeiras.

Isto revela que os antigos povoadores do Brasil deixaram sua cultura, seu saber e sua arte. Muito diferente dos povoadores ingleses que nada deixaram no território norte-americano, em termos artísticos, de que se possam orgulhar. E no caso dos patrimônios naturais, nos Estados Unidos não sobrou sequer uma floresta intacta. Dessa forma, se pode observar quanto o Brasil colonial era mais adiantado e próspero do que a colônia inglesa dos sonhos dourados de certos intelectuais brasileiros. No que se refere às populações das cidades norte-americanas, o decano do corpo docente de Princeton assim alude em seu texto: *Não havia grandes cidades nem uma rede significativa de estradas.* Enquanto isso, a cidade do Rio de Janeiro, em 1749, se equiparava a de São Salvador, na Bahia, com 24.300 habitantes. Já no final do século, ambas atingiram aproximadamente os 100.000 habitantes cada, o que para aquela época era uma população respeitável, de grande cidade.

Observe-se ainda o seguinte: enquanto os Estados Unidos, nos anos da sua Independência, tinham uma população de 1.250.000 habitantes brancos e 230.000 negros – isto é 1,48 milhão mil habitantes –, o Brasil tinha, nessa época, 4 milhões de habitantes, portanto quase três vezes mais do que aquele país, conforme nos informa o Carlos Lisboa de Mendonça.[67]

67. Mendonça, Carlos Lisboa. Op. cit., p. 58.

Artes no Brasil Colônia

As artes no Brasil se desenvolveram desde o alvorecer de sua colonização. Seus colonizadores, auxiliados pelos religiosos, procuraram desenvolver o País e ensinar o gosto pelo belo, pela harmonia de formas e cores, pelos vários aspectos da vida artística e pelas manifestações culturais. Assim surgiram, logo no início do primeiro século de colonização, as primeiras manifestações culturais. Convém admitir, no entanto, que isso ocorreu devido à pujança e prosperidade econômica advindas da riqueza proporcionada pelas primeiras usinas de açúcar, que geraram recursos para a edificação das construções. Os bens culturais evoluíram consoante a prosperidade e bem-estar das sociedades e o seu desejo de elevação espiritual, que projetaram seus primeiros intelectuais e artistas ou a engenhosidade de seus habitantes.

Destarte, conforme foram surgindo as grandes riquezas nacionais, surgiram, simultaneamente, os movimentos artísticos e intelectuais do povo brasileiro, culminando com uma multiplicidade de artesãos por todo o território nacional. Vale lembrar que a prosperidade pecuniária, em muitas ocasiões, é elemento essencial ao desenvolvimento das artes. Com o surgimento da lavoura da cana-de-açúcar, mais a criação das grandes fazendas e de seus engenhos e o surgimento da casa-grande e senzala, e das diversas vilas pelo País, começaram a ser edificadas as grandes obras. As ricas construções demandaram, paralelamente, a "importação" de alguns artistas de Portugal, da França, da Espanha, da Holanda, enfim, dos mais diversos recantos da Europa. Tais artistas vieram para o Brasil e se radicaram no País porque encontraram ambiente propício para desenvolver seus talentos artísticos e construir suas vidas em um mundo novo e repleto de oportunidades.

As artes no Brasil apareceram, no primeiro século, impulsionadas pelas grandes construções, pela indústria e outras atividades que atraíram os artistas estrangeiros. Já nos séculos seguintes, estes deram lugar aos iniciantes artistas brasileiros, que desenvolveram as artes em todos os segmentos da cultura nacional. Isto só foi possível graças às primeiras escolas, nos primórdios da colonização, onde os jesuítas ensinavam às crianças (meninos e meninas) todas as artes e ofícios, cujos resultados mais tarde surpreenderiam até os mais céticos. Foram os padres os grandes artífices encarregados de ensinar a ler, a escrever e a fazer contas, os mesmos que ensinavam a cantar e a tocar instrumentos de sopro, de corda e de percussão. O aprendizado e o aproveitamento dos alunos, revelando seu talento, surpreenderam os próprios portugueses que normalmente frequentavam as missas dominicais, onde os ouviam, tanto no canto, como no uso dos instrumentos musicais.

Esta prática de encaminhar as crianças para o canto, para tocar instrumentos como a flauta, o cravo e a viola, sem prejuízo do aprendizado de ler e contar, propiciava-lhes certos conhecimentos que mais tarde serviriam para ajudar os padres nas missas cantadas, muito em voga nesses tempos. Eram missas bem orquestradas, com excepcionais corais compostos de crianças que, com o passar dos anos, tornar-se-iam grandes talentos profissionais da música e do canto do Brasil. O gosto pelas artes e pela música, ou por outras habilidades conexas, fez com que no Brasil aparecessem grandes talentos artísticos.

À medida que foram surgindo as aldeias e as vilas nos sertões brasileiros, instalaram-se, simultaneamente, as igrejas e os conventos e, em anexo a estas casas de oração, um colégio ou uma escola para ensinar as crianças. Foi neste ambiente de ensino, no mesmo colégio ou escola, que as crianças aprendiam a arte de cantar ou de tocar. Foi trilhando este caminho que o Brasil, já no segundo século depois de seu descobrimento, apresentava elevado grau de educação e cultura, superior ao nível de desenvolvimento cultural e educacional das 13 colônias da América do Norte.

Para podermos explicar, neste pequeno capítulo, o desenvolvimento das artes no Brasil colonial, é necessário voltarmos às grandes construções daquele tempo e observar tanto o seu aspecto estético e funcional como a capacidade de execução de seus artistas e o talento artístico nelas ressaltado. Existem cidades inteiras onde a abundância de obras de arte foi tão evidente e marcante, que só seria possível a execução de tais projetos se, já naquele tempo, houvesse um elenco de construtores e artistas de alto nível artístico e cultural.

Protesta-se amiúde que no Brasil colonial não havia universidades. Como já afirmamos os colégios gerais equivaliam a faculdades. Ainda assim, nada obstou a realização de milagres no que tange à arquitetura nacional, impressos nos monumentos religiosos barrocos (igrejas, conventos e mosteiros) existentes no País e que não são poucos. São construções de alto valor artístico, que não ficam a dever nada aos melhores exemplares da Europa do mesmo estilo. Foram projetadas, construídas e esculpidas por profissionais formados nos Colégios de Estudos Gerais. Portanto, profissionais tão capacitados quanto os europeus da mesma época. É bem verdade que talvez nenhum tivesse diploma de engenheiro, arquiteto ou escultor, mas certamente tinham os mesmos conhecimentos, quiçá superiores, dos profissionais e artistas formados nas melhores universidades da Europa.

As manifestações musicais foram talvez o que de melhor os brasileiros assimilaram. Daí talvez porque, entre todas as manifestações artísticas, foi a que mais cedo atingiu seu mais alto nível. Hoje, como se sabe, a música brasileira é admirada e aclamada no mundo inteiro. É de referir que a música brasileira evoluiu ao longo de alguns séculos de aprendizado constante, potencializada pela intuição e inclinação artística do seu povo, mantendo distanciamento de muitos países seculares ou quiçá milenares.

A poesia e o teatro brasileiros nasceram simultaneamente com a música. Bem cedo, apareceram os primeiros poetas brasileiros nas composições nacionais. Os clérigos eram os grandes incentivadores nas artes de cantar e de representar. O padre Manoel da Nóbrega, coadjuvado pelo noviço José de Anchieta e por outros clérigos, esforçaram-se assiduamente na instrução dos índios, nos cânticos religiosos, ensaiando dias inteiros e parte das noites, com o fito de apresentá-los nas festas do Divino, de São João, de Santa Rosa, de São Gonçalo, entre outras, e nos corais das igrejas católicas da época.

Também não foram esquecidos os movimentos culturais. Tanto que, para os adultos, havia, em várias cidades, os teatros chamados casas da ópera. Estas se instalavam geralmente nos centros das praças, onde se montavam os coretos para apresentações de músicos, e, simultaneamente, de recitais e peças de teatro. Nas festas profanas, se apresentavam os saltimbancos, como acontecia em Portugal, ou os jograis, que além de darem espetáculos nas cidades, também percorriam as fazendas, com sua arte de dizer ou de declamar.

A essa tradição europeia secular trazida pelos portugueses some-se toda a herança artística dos índios e negros e teremos uma das culturas mais ricas do planeta. As artes brasileiras, assim como todos os setores do País, são fruto desse amálgama de influências desses povos que estão na base da formação do Brasil. Os portugueses radicados na colônia também, com o passar dos anos, assimilaram e reconheceram o valor artístico do artesanato indígena, de seus rituais, assim como o talento do negro, com suas danças e cantos trazidos da África. O Brasil progrediu cultivando artistas locais e oriundos de todas as partes do mundo.

Se há uma característica que define a rica cultura brasileira – com suas danças, seus cantos, sua poesia, sua música, seu teatro –, é essa mistura de influências oriundas das três raças que começaram a formar o Brasil, depois acrescidas de outras, já a partir da virada do século XIX. Convivemos hoje com toda a rica iconografia dos afrodescendentes, dos índios e dos europeus, num sincretismo social e cultural únicos no planeta. Se hoje ainda há uma expressiva distância socioeconômica entre os três grupos, da qual trataremos mais adiante, há, no campo cultural, um expressivo embricamento e compartilhamento, quase generalizado, de valores estéticos e artísticos. Essa rica diversidade, hoje admirada pelo mundo, foi estimulada e facilitada pelo singular processo de colonização dos portugueses. Nada semelhante ocorreu com os movimentos de ocupação colonial dos ingleses, espanhóis ou holandeses.

XIV

Índios, Negros, Escravos

Índios brasileiros

No início deste trabalho, falamos dos primeiros povos indígenas habitantes das terras brasileiras, os quais os portugueses encontraram e apelidaram de índios, talvez pensado em reproduzir o que Colombo fez quando chegou à América Central, imaginando ter chegado à Índia. Como há uma grande polêmica em torno da questão de saber quantos eram os primeiros habitantes desta terra, tivemos o cuidado de aprofundar as pesquisas para averiguarmos qual seria o número mais aproximado do gentio selvagem que, no momento do *achamento* das terras de Santa Cruz, povoavam os extensos territórios que mais tarde formariam o Brasil. Antes porém, vamos a algumas informações sobre as populações autóctones das Américas, centenas de anos antes do descobrimento do Brasil, obtidas através de Júlio César Melatti.[68] Abaixo as reproduzimos:

68. Melatti, Júlio César. *Índios do Brasil.* p. 9 e 10, São Paulo: Hucitec.

a) *O homem não surgiu na América, veio de fora, sendo mais recente no Novo do que no Velho Mundo.*
b) *A migração mais importante para o povoamento da América, mas não provavelmente a única, foi a de elementos asiáticos que vieram em levas sucessivas do Estreito de Bering;*
c) *Os primeiros contingentes humanos chegaram à América na última idade glacial, denominada Wisconsin, num período que se poda situar a quarenta mil anos atrás.*
d) *Os primeiros migrantes estavam no nível cultural de caçadores, não dispondo, então, de conhecimentos e técnicas de agricultura, já que, quando o homem chegou à América, o Velho Mundo não tinha passado do paleolítico Superior.*
e) *Os últimos grupos migratórios foram o dos esquimós, que se radicaram na região mais setentrional do continente americano.*

As referências acima dizem respeito às Américas e são díspares quanto ao povoamento do território brasileiro. Como a origem dos primeiros habitantes das Américas não está no foco deste trabalho, vamos passar ao dimensionamento da quantidade de índios que povoavam o Brasil quando da chegada de Pedro Álvares Cabral, em 1500. No dizer de Darcy Ribeiro (aliás, muito contestado), habitavam no território que seria o Brasil de hoje, cerca de 6,5 milhões de aborígines das mais diversas origens e nações. Já Jorge Caldeira afirma que eram 8,5 milhões. Porém, os números acima nos parecem exagerados, mesmo porque outros antropólogos e historiadores discordam tanto de um como de outro, indicando que talvez o mais coerente seja uma quantidade em torno de 1,5 milhão, se tanto. Júlio César Melatti, por sua vez, em seu trabalho acima citado, silencia sobre esta questão. Já Manoel Rodrigues Ferreira[69] depois de fazer vários cálculos, chegou à conclusão de que os índios do Brasil não ultrapassariam a casa de 1 milhão de almas, naquele tempo. Depois de tantas controvérsias, é-nos bastante difícil dizer quantos seriam de fato os primeiros habitantes destas terras.

Em todo caso, o que se observou logo nos primeiros anos de convívio entre portugueses e índios brasileiros foi um forte laço de união e amizade. Não foi à toa que Martim Afonso de Sousa, na sua expedição, trouxe apenas rapazes solteiros para se casarem com as índias brasileiras, e assim formarem o compadrio entre as duas raças, o que não aconteceu nas outras Américas. Isso só foi possível e aconteceu apenas no Brasil. Tão logo começaram a ser construídas as primeiras vilas e plantadas as primeiras roças e canaviais, se estabeleceu a convivência entre os dois povos. Mesmo havendo nalgumas regiões desavenças entre índios e portugueses, na maioria das vezes se aliaram e se empenharam em lutas contra as nações vindas de fora que, de alguma forma, se quiseram estabelecer no litoral brasileiro. Aliaram-se contra os franceses, contra os holandeses, contra ingleses, enfim, aliaram-se contra todos os corpos estranhos à insipiente e frágil união de duas raças, todavia já, nesta altura, com raízes de nacionalidade e de compadrio de familiares.

De fato, o compadrio entre os lusitanos e os índios deu-se desde o primeiro contato entre ambos. Daí as grandes lutas na defesa daquilo que ambas as raças entendiam como proteção do território nacional ou da pátria comum. As críticas hoje imputadas aos lusitanos e a seus

69. Ferreira, Manoel Rodrigues. Op. cit., p. 24.

compadres índios daqueles tempos são fruto mais da falta de conhecimento histórico ou da má-fé do que de discernimento sobre a formação de uma nação. Tais críticas saem da pena de elementos sem formação ética e que falam e escrevem mais por impulso ou por ouvir falar do que propriamente por razões de conhecimento científico.

Em *Casa-Grande & Senzala*, Freyre explica quase tudo sobre os índios brasileiros e sua relação com os portugueses. Não obstante o ensaísta brasileiro emitir o seu ponto de vista, vimos quase todos os dias o seu conceito de brasilidade ser contestado por antropólogos brasileiros. Tais contestações nada acrescentaram sobre a formação histórica e étnica da nação brasileira.

Negros, escravos

De todas as instituições conhecidas, uma das mais antigas é a escravidão. Dizer-se que este ou aquele povo, esta ou aquela tribo ou nação foi a primeira a praticar a escravidão de prisioneiros de guerra, ou de povos conquistados, é afirmação inverossímil. Alguns estudiosos modernos propalam que a escravidão africana foi talvez a que mais se comparou à dos Judeus, no Egito, ou àquela imposta pelos imperadores de Roma. Na Grécia antiga, no século V a.C., auge da democracia ateniense, havia 40 mil homens livres, 20 mil metecos – estrangeiros naturalizados – e 350 mil escravos (quase todos brancos), segundo o sociólogo italiano Domenico De Masi.[70] Sem jamais querer subestimar

70. Entrevista com Domenico De Masi. Entrevistas Brasil *http://entrevistasbrasil.blogspot.com/2008/10/uma-nova-sociologia-do-trabalho.html.*

a violência de todo processo de escravidão, particularmente aos olhos de hoje e longe do contexto histórico onde foi utilizado, há vários estudos indicando que a severidade aplicada aos escravos negros na colonização das Américas foi muito menos dura e cruel do que o modelo de degradação humana aplicado nas mais diversas partes do mundo antigo.

Até recentemente, a escravidão de um povo por outro foi praticada (sem falarmos de outros métodos de escravização dissimulada utilizados já em pleno século XXI). Modernos sistemas de escravidão e de colonização (horríveis e desumanos) foram desenvolvidos no milênio passado, a partir dos séculos XIII e XIV. Nesta época, traficantes italianos "compravam" circassianos, tártaros e georgianos, em bases comerciais do Mar Negro, para depois transportá-los para os mercados do Egito, da Itália e da Espanha, visando auferir lucros astronômicos com sua venda, já como escravos. Em 1300, empreendedores italianos já empregavam escravos negros nos canaviais de Chipre, tal qual se fez três ou quatro séculos depois, nas Américas.

Sempre tendo claro o contexto histórico em que se deu a escravidão, um crime aos olhos de hoje, mas não da época, e comparando-a com outros processos semelhantes, o escravismo no Brasil foi menos cruel do que os que ocorreram nos lugares acima citados. No Brasil, houve uma aproximação, uma intimidade mesmo entre os escravos negros e as famílias de seus senhores jamais observada em outros lugares. Para Gilberto Freyre, por exemplo, não há como comparar o processo de escravidão do Brasil ao dos Estados Unidos, pela maior rigidez e violência deste último. Diz Freyre:[71]

71. FREYRE, Gilberto. Op. cit., p. 406.

> *Mas aceita, de modo geral, como deletéria a influência da escravidão doméstica sobre a moral e o caráter do brasileiro da casa-grande, devemos entender as circunstancias especialíssimas que entre nós modificaram ou atenuaram os males do sistema. Desde logo salientamos a doçura das relações de senhores com escravos domésticos, talvez maior no Brasil do que em qualquer outra parte da América.*

Nada justifica a escravidão. Qualquer um de nós, em nossa época, é certamente contrário ao flagelo do exercício da servidão. Porém, estamos falando em eras e em datas remotas e distantes, onde a vida humana pouco ou nada valia e a noção do humanismo era totalmente desconhecida. Os direitos fundamentais do homem eram ignorados, e nesta época se admitia atos cruéis e bárbaros, totalmente contrários aos nossos princípios de hoje.

Tais atos cruéis também eram praticados na África. Os escravos que vinham para o Brasil, e em geral para as Américas, já eram escravos no seu país de origem. Mais que isso: quem vendia os escravos angolanos aos portugueses eram os seus próprios compatriotas angolanos que já os escravizavam na sua terra natal. Isso não atenua a participação dos portugueses no processo, mas explica um contexto histórico em que essa prática era generalizada. E isso ocorria também em Moçambique, na Guiné, e em outros países de onde eram oriundos os escravos. Não eram os portugueses, os espanhóis, os ingleses ou franceses que os iam apreender no mato ou na selva de suas pátrias. Quem os ia buscar eram as tribos rivais que os aprisionavam, escravizavam e depois os vendiam a quem lhes pagasse melhor preço.

Os primeiros escravos africanos trazidos para as Américas chegaram em 1502. Foram transferidos daquele continente para o Novo Mundo pelos espanhóis à medida que os colonizadores castelhanos foram substituindo os escravos mouros do Norte de África pelos negros da África Central e do Sul, pela simples razão de serem mais baratos e mais capazes, especialmente no cultivo da cana-de-açúcar. As outras nações da Europa, com o mesmo problema de falta de braços para o trabalho na agricultura, passaram a adotar o mesmo modelo dos espanhóis, para poderem concorrer com estes nos preços dos produtos que cultivavam.

Rapidamente, esta prática de comprar escravos na África se espalhou pelos países europeus. Com suas próprias economias carentes de mão-de-obra barata, esses países enveredaram pelo mesmo caminho, começando a abastecer-se de escravos africanos. Assim, portugueses, ingleses e holandeses não titubearam e ingressaram no mercado escravista dos espanhóis.

A partir do século XVI, e durante os mais de três séculos seguintes, o tráfico de escravos do Atlântico desencadeou grande diversidade de capitais, formando-se uma enorme rede de empresas internacionais concorrentes entre si. Companhias atuando pelos ingleses, franceses, holandeses, dinamarqueses, suecos e até brandenburgueses estabeleceram fortíssimos mercados ao longo de toda a costa oeste africana. Posteriormente, formou-se grande concorrência entre as potências marítimas da época, empenhadas num esforço comum de continuidade dos negócios com escravos. Tal esforço resultou talvez na maior atividade econômica e a que mais capital rendeu às grandes nações daquele tempo. Daí em diante, durante mais de três séculos, transportaram-se, nesse trajeto África-

América, entre 10 a 12 milhões desses trabalhadores, o que resultou em importante rivalidade internacional, em luta pelo domínio dessa atividade desumana e sórdida.

Como diz David Brion Davis, professor de história na Cornell University:[72]

> *A verdade desagradável é que a colonização do Novo Mundo, dificilmente teria sido bem-sucedida sem os escravos negros, visto que não havia uma fonte alternativa de mão-de-obra para satisfazer às necessidades do cultivo da cana, do arroz, do fumo e do algodão, e visto que até as colônias mais diversificadas se encontravam numa longa dependência econômica dos mercados e lucros das regiões produtoras de gêneros de primeira necessidade.*

A escravidão dos negros no Brasil apenas se iniciou depois de os primeiros capitães-donatários se estabeleceram com suas feitorias, lavouras e engenhos de cana-de-açúcar, a partir de meados do século XVI. Porém, os escravos que vinham para o Brasil – comprados nas costas da Guiné, de Angola e de Moçambique –, chegaram em condições um pouco diferentes daqueles que se destinavam às outras Américas porque, antes de serem comprados, tinham de receber os sacramentos do batismo da Igreja Católica, o que não deixava de ser uma vantagem. No Brasil, já naquele tempo um País de costumes profundamente católicos, a condição religiosa do escravo era muito importante. Paradoxalmente, o fato de já virem batizados e de receberem os demais sacramentos dava aos escravos

---

72. Davis, David Brion. *Ensaios Comparativos sobre a História Americana.* p. 134.

um *status* de proximidade em relação a seus senhores e de superioridade em relação a seus iguais.

Esta é mais uma diferença da colonização brasileira em relação às treze colônias americanas, onde os escravos eram tratados como animais por seus senhores. Daí a exigência das autoridades brasileiras de apenas permitirem a entrada de escravos sacramentados com o batismo. Ser cristão tornava-se uma condição atrativa para todo escravo, pois perante os seus iguais lhes dava uma diferenciação surpreendente. No caso de haver uma pequena questão entre dois escravos, um sacramentado e o outro não, o que se tinha batizado poderia dirigir ofensas a seu antagonista, como chamá-lo de pagão ou mouro, o que, na época, não era dignificante para um escravo no Ocidente.

Henri Koster (viajante inglês que visitou o Brasil, em 1809), em seu livro *Travels in Brazil*, diz:

> Os escravos no Brasil gozam de maiores vantagens que seus irmãos nas colônias britânicas. Os numerosos dias santos para os quais a religião Católica exige observância dão aos escravos muitos dias de repouso ou tempo para trabalhar em seu proveito próprio. Em trinta e cinco desses dias e mais nos domingos é-lhes permitido empregar seu tempo como lhes agradar.
>
> ... "Pagão" ou "mouro", o negro sem batismo vê-se com pesar considerado um ser inferior e embora ignorando o valor que os brancos dão àquela cerimônia, sabe que deve lavar a mancha que lhe exprobram e mostra-se impaciente por tornar-se igual aos outros. Os africanos, chegados há muito tempo, estando já imbuídos de sentimentos cató-

licos, parecem esquecer que outrora estiveram nas mesmas condições que os recém-chegados. Não se pergunta aos escravos se querem ou não ser batizados; a entrada na Igreja Católica é considerada como questão de direito. Realmente eles são tidos menos por homens que por animais ferozes até gozarem do privilégio de ir à missa e receber os sacramentos.[73]

Enquanto os norte-americanos proibiam o entrelaçamento entre as raças, no Brasil, muitas vezes os senhores reconheciam como seus os filhos das índias ou de suas escravas negras. Não foi apenas através do batismo que o escravo negro contemporizou com seus senhores: estes davam àqueles a oportunidade de conviverem à sombra dos mesmos costumes e ritos da doutrina cristã, com alguma dose de misticismo africano. Não foi à toa que, no Brasil, se criaram novos santos negros, como a Nossa Senhora de Aparecida, o São Benedito ou a Nossa Senhora do Rosário, que se tornaram referências místicas reconhecidas em todo o País, tanto por brancos como negros ou amarelos.

Por isso, muitos norte-americanos evocam com frequência, como denúncia e protesto, as leis severas aplicadas na Virgínia e nas outras doze colônias inglesas com relação à segregação racial. Já no Brasil, não raro os escravos eram parentes, senão compadres próximos de seus senhores. Acrescente-se, ao que foi dito acima sobre certa liberdade dos escravos negros do Brasil, o que diz Freyre: [74]

73. Koster, Henri. *Travels in Brazil.* Londres: Longman, 1816. (Traduzido por Luis da Câmara Cascudo: *Viagens ao Nordeste do Brasil).* São Paulo: Cia. Editora Nacional, 1942.
74. Freyre, Gilberto. Op. cit., p. 410.

A liberdade do escravo de conservar e até de ostentar em festas públicas – a princípio na véspera de Reis, depois na noite de Natal, na de Ano-Bom, nos três dias de carnaval – formas e acessórios da sua mítica, de sua cultura fetichista e totêmica, dá bem a idéia do processo de aproximação das duas culturas no Brasil. Liberdade que não deixou nunca de corresponder à forte pressão moral e doutrinária da Igreja sobre os escravos. Koster observou em Pernambuco "a religião que ensinam (os senhores) aos escravos do Brasil tem operado neles salutar efeito porque conseguiu diminuir a cega confiança que depositavam nos sortilégios de seus compatriotas. Exercem a sua credulidade de modo mais inocente. Os terríveis resultados dos Obeabs nas Antilhas não se verificaram no Brasil entre os mandigueiros."

Com as declarações do sociólogo brasileiro, cujo trabalho é laureado no mundo inteiro, encerramos este capítulo, visto que ele melhor retrata como se processou a escravatura no Brasil, se comparada à dos Estados Unidos. Antes de concluirmos, contudo, fazemos coro à denúncia de que fazendeiros brasileiros (e do mundo inteiro) ainda utilizam o trabalho escravo, em pleno século XXI. Kevin Bales, sociólogo norte-americano, em entrevista publicada pelo jornal "Folha de São Paulo", estimava em 27 milhões o número de escravos existentes no mundo, em 2004, cerca de 200 mil deles no Brasil.[75] Diz a matéria:

75. *Folha de S. Paulo* de 2/02/2004. "Escravos no Brasil somam 200 mil, diz sociólogo"; Kevin Bales. Disposable People: New Slavery in the Global Economy (Pessoas Descartáveis: a Nova Escravidão na Economia Global), 2000, EUA.

Quase 116 anos após sua abolição formal no Brasil, a escravidão contemporânea segue enraizada e pode atingir até 200 mil pessoas no país. A estimativa é do sociólogo norte-americano Kevin Bales, 51, considerado o maior especialista em escravidão contemporânea, que por oito anos pesquisou o tema em países dos cinco continentes.

Mediante tais informações, os sociólogos, antropólogos e indigenistas brasileiros deveriam ir atrás da escravidão de hoje e pedir a condenação desses fazendeiros brasileiros, potentados que atuam à sombra do Estado. E não ficar condenando os primeiros povoadores brasileiros que praticaram a escravidão, cuja prática era, infelizmente, legitimada em seu contexto histórico.

Depois de a escravidão ser abolida no Brasil, há mais de 100 anos, ainda não conseguiram eliminá-la. Por que investem contra os colonizadores brasileiros de há mais de três séculos, se não são capazes de acabar com a escravidão de hoje? Culpa da colonização portuguesa? Depois de 200 anos de Independência do País, ainda têm a coragem de afirmar tal leviandade? Como disse o escritor português José Saramago, ainda que os portugueses fossem culpados pelas mazelas brasileiras, o País teve quase duzentos anos para consertá-las. Com isso queremos dizer que as raízes de todas as mazelas brasileiras, como o processo de escravidão, não estão no Período Colonial, como afirmam historiadores e sociólogos. Muitas dessas mazelas estão na dinâmica da história política e social do Brasil, particularmente, no período pós-Independência.

XV

Degredados nos processos de colonização português e inglês

A VINDA DOS PRIMEIROS COLONOS portugueses trazidos por Martim Afonso de Sousa, em 1532, tinha como objetivo organizar a economia da sociedade brasileira. Afirmam alguns historiadores que, antes da chegada de Afonso de Souza, já aqui se encontravam quatro lusitanos. Não há documentos, mas segundo informações desses historiadores, dois eram náufragos e os outros dois eram degredados. Vários historiadores brasileiros têm afirmado, veemente e levianamente, que a colonização do Brasil foi realizada, em grande parte, por degredados. Há lamentável exagero e maquiavelismo na difusão destes e de outros boatos do mesmo teor, a fim de denegrir o esforço dos primeiros povoadores lusitanos.

Primeiro, não vieram tantos degredados como preconizam. Segundo, ainda que tivessem vindo degredados em profusão, como alardeiam, é preciso esclarecer que, na época do descobrimento do Brasil, os motivos de muitas pessoas serem apenadas com o degredo eram, em sua essência, insignificantes. Eram atos de somenos importância que, se fossem praticados hoje, sequer mereceriam ser citados e não estariam sujeitos a nenhuma admoestação por parte das autoridades dos tribunais, quanto mais apenados com o degredo.

Há uma falsa polêmica estabelecida em torno do fenômeno da colonização brasileira que teria sido feita por degredados. Criticada em larga escala, essa suposta colonização por desterrados deve ser analisada à luz da razão, pois se trata de uma inverdade. Jamais teria sido possível que um movimento dessa envergadura tivesse a projeção que teve se fosse levado a cabo, em grande parte, por elementos fora da lei. Intui-se que malfeitores vieram para o Brasil. Mas se viessem apenas esses elementos a fim de colonizar o País, teríamos forçosamente de reconhecer que essa gente, além de não ter condições físicas, não teria capacidade nem discernimento para provocar, em tão curto lapso de tempo, um grande surto de desenvolvimento como o que se desencadeou naquela época. Neste sentido, basta lembrar que Luiz Vaz de Camões, o maior poeta da língua portuguesa, foi degredado por ter desembainhado sua espada contra um serviçal da Corte de Dom João III. O serviçal provocara-o e Camões se debateu em duelo com o valido da Corte e cometeu o crime, que na época era apenado com o degredo. É digno de observação e de estudo os crimes apenados com o degredo, naquela época:

> *Eis o elenco de alguns crimes apenados com o degredo*[76] *dos quais tanto falam alguns historiadores, no sentido depreciativo.*

76. Santos, José Verdasca dos. *Raízes da Nação Brasileira,* p. 141.

Crimes e Penas

Adivinhos e feiticeiros: *açoites públicos, multa e degredo;*

Tirar freira do mosteiro: *cem cruzados de multa para o mosteiro e degredo;*

Adultério: *se a mulher for perdoada pelo marido, degredo;*

Adultério: *com permissão do marido, ambos açoitados com cornos e degredados;*

Barregã (amásia) de clérigo*: na reincidência, degredo;*

Resistência *(com armas de fogo aos oficiais de justiça, mesmo sem ferimentos): degredo;*

Uso de peso falso *(valia inferior a um marco de prata): degredo;*

Venda de um objeto duas vezes *(estelionato): degredo;*

Cortar árvore de fruto: *se o dano fosse de valia de 4 mil réis,açoite e degredo;*

Sacar Espada *(ou punhal em procissão, mesmo que não a use): degredo – foi o caso de Camões.*

Além desses dez ilícitos cujos praticantes eram apenados com o degredo, havia outros crimes semelhantes com penas similares ou até mais rigorosas que o degredo. Para se fazer um juízo dessas penas da época da Santa Inquisição, basta lembrar que isto não acontecia apenas em Portugal. Esses castigos eram praticados em França, na Espanha, na Inglaterra, na Alemanha e noutros países da Europa. Até algumas faltas simples eram apenadas com a morte, como foi o caso do jovem La Barre, em 1767. Este jovem foi acusado de mutilar uns crucifixos e, depois de confessar (sob dura tortura) este ato chamado de heresia, foi decapitado e queimado, juntamente com o dicionário escrito por Voltaire, numa fogueira em Paris. Este crime estava entre aqueles punidos durante a Santa Inquisição, os tempos da reforma da Igreja Católica, quando Lutero teve de fugir e Voltaire, por ter escrito o Tratado da Tolerância, em 1776, também teve de se exilar na Suíça, para não ser queimado numa fogueira.

Embora tais episódios nada tenham a ver com o assunto em pauta, não deixam de ser uma referência para quem quiser observar as leis e as penas das ordenações "Afonsinas", "Manuelinas" ou "Filipinas" e as da Santa Inquisição, que vigoravam durante a época do povoamento e da colonização do Brasil. Por tal desconhecimento, é muito comum se ouvir dizer que o Brasil foi colonizado por degredados. Uma invencionice de alguns historiadores mal informados. Primeiro, porque não existem documentos que provem isso. Segundo, porque todas as referências que temos sobre as pessoas que vieram para o Brasil Colônia apontam maciçamente para colonos e não degredados. Quem fala em degredados são aqueles que querem distorcer o processo de povoamento do Brasil e jogá-lo na lama. Alguns degredados que para vieram para o País jamais foram ou formaram uma maioria. Em razão disso, não nos é dado o direito de dizer que os colonos que aportaram em terras brasileiras não eram, em sua maioria, pessoas honestas e que vieram para trabalhar e ajudar o País a crescer e a produzir riquezas.

O mesmo não podemos dizer da colonização dos Estados Unidos da América do Norte ou da Austrália, que foram colonizados pelos ingleses, e que muitos evocam como baluartes inigualáveis da colonização mundial. Os primeiros colonizadores norte-americanos em nada se assemelham a modelos exemplares de humanidade. Se não vejamos:

...Os antecedentes da história dos Estados Unidos encontram-se na colonização da América do Norte por espanhóis, ingleses e franceses. A

região oferecia grandes vantagens à colonização inglesa, entre as quais a pequena distancia a que estava a Inglaterra, a analogia do clima, a estrutura do continente, a escassa povoação indígena etc. Gilbert e Raleigh, dois chefes "PIRATAS" que haviam acumulado riqueza, atacando os navios espanhóis, iniciaram a colonização (1578-1584). Em 1632, instituiu a Coroa um verdadeiro Vice-reinado em favor de Lorde Baltimore.[77]

Assim, esses primeiros colonizadores, tanto Gilbert como Raleigh, eram piratas. Provavelmente, os seus companheiros colonizadores também deveriam sê-lo. Por analogia, somos obrigados a admitir que a colonização das treze colônias inglesas da América do Norte é que foi feita por gente fora da lei, corsários e piratas, tal qual revela a história dos seus dois primeiros líderes, estampada na enciclopédia da qual a transcrevemos. Uma retrospectiva de sua história leva-nos à conclusão de que aqueles que iniciaram a colonização norte-americana arregimentaram gente da sua índole. Bem diferente do que dizem os americanos afirmando que foram as seitas religiosas dos *Quakers* os seus primeiros povoadores. Aliás, os historiadores norte-americanos se omitem ao revelar o seu verdadeiro passado ao mundo civilizado. Já os estudiosos brasileiros, ao contrário, além de falar mal do processo de colonização do Brasil, mentem e muitas vezes inventam a história sem o menor pudor, narrando fatos inexistentes e a seu talante.

---

77. *A Grande Enciclopédia Portuguesa e Brasileira*, livro 10, p. 372, dá-nos conta de que os Estados Unidos e a Austrália foram colonizados por piratas e celerados.

Apenas após a sua Independência, em 4 de julho de 1776, os Estados Unidos alargaram seu território e formaram a grande nação, tal qual a conhecemos hoje. Isto é muito importante que seja dito porque é muito comum ouvirmos que os Estados Unidos são uma grande e desenvolvida nação porque foram descobertos e colonizados pelos ingleses. Pura fantasia. Uma inverdade consolidada pela omissão sobre seu passado pelas grandes enciclopédias e mídias mundiais. Por exemplo, a Delta Larousse silencia sobre o passado histórico da nação norte-americana. Por que este silêncio? Por que esse mistério em não revelar o seu passado histórico, se foi tão relevante? Alguma razão deve existir para a nação mais poderosa do mundo, aquela que mais desenvolve a maior rede de informações e a mídia mais avassaladora que conhecemos, nada dizer ou revelar sobre o seu passado colonial. Logo eles, campeões em propaganda e marketing, por que não o diriam e o apregoariam aos quatro ventos?

Talvez porque foram os ingleses que usaram maciçamente degredados, bandidos e condenados em suas colônias. A colonização da Austrália é um exemplo claro dessa prática. O verbete sobre esse país, na Enciclopédia Delta Larousse, diz o seguinte:[78]

> *"Descoberta de acordo com a evidência cartográfica, navegantes portugueses teriam avistado as costas australianas desde o início do século XVI. Foi porém um holandês que, no fim mesmo século, estabeleceu a existência de um vasto continente austral. No início do século XVII, o espanhol Luiz Vaex de Torres demonstrou a insularidade dessa terra e descobriu as Novas Hébridas. Entre 1642 e 1643, o holandês Abel Tasman*

78. *Enciclopédia Delta Larousse,* "Descobrimento e povoação da Austrália", p. 6.076.

aportou ao Sul da Austrália, na ilha à qual o seu nome ficou ligado (Tasmânia), depois na Nova Zelândia e nas ilhas Fuji. O continente recebeu na época o nome de Nova Holanda."... "Em 1770, Cook tomou posse de Bootary Bay em nome do rei da Inglaterra, na ponta sudeste da Austrália, e em seguida fez um reconhecimento da costa oriental. Em 1768, a Inglaterra instalou na Nova Gales do Sul uma 'COLÔNIA PENITENCIÁRIA' (sic), ocupou a Tasmânia e a instituiu em colônia em 1825."

Se na colônia australiana havia penitenciárias é óbvio inferir-se que havia presidiários para lá serem encarcerados. E essa é uma história de conhecimento público, de fácil verificação. Quando ocorreram as Olimpíadas na cidade de Sidney, a televisão exibiu repetidamente matérias sobre a colonização australiana e as características de seus primeiros colonos. Segundo uma dessas matérias, em 1830, teria ido uma leva de dois mil condenados para aquela colônia presidiária. Depois, em 1835, mais uma leva cinco mil desses colonos condenados pela justiça da Inglaterra foram desembarcados naquelas terras. Diante destas informações de fácil acesso, é evidente que a sua colonização foi feita com gente desqualificada. Muito diferente do que dizem os ingleses de que teriam povoado suas colônias com os religiosos *Quakers.*

Capítulo IV

XVI – Formação das Primeiras Aristocracias Brasileiras;

XVII – O Ciclo do Ouro, o Ciclo do Café;

XVIII – Napoleão, os Ingleses, os Espanhóis e a Coroa Portuguesa na virada para o Século XIX;

XIX – A Mudança da Corte de Lisboa para o Rio de Janeiro e a Regência de Dom João VI;

XX – Dom João VI Regressa a Portugal;

XXI – O Desenvolvimento Colonial no Brasil e nos Estados Unidos da América do Norte.

XVI

Formação das Primeiras Aristocracias Brasileiras

Ao se instalarem em suas terras no Brasil, entre as décadas de 30 a 60 do século XVI, os capitães-donatários – quase todos descendentes da aristocracia portuguesa – não contavam com pessoas em quantidade suficiente, e com qualificação, para iniciar o projeto de construção de uma sociedade igual àquela que deixaram em sua terra natal. Os ameríndios ainda estavam em estágio primitivo e a presença europeia era escassíssima, quase não existia. Tal projeto começou a tomar corpo apenas quando se formaram os primeiros núcleos populacionais – agrupamentos de colonos nas grandes fazendas de cana –, que depois formariam as primeiras vilas e cidades.

Os próprios capitães, envolvidos com suas fazendas, mal tinham tempo para se dedicar a seus afazeres. Muito menos tinham tempo para estabelecer uma convivência com seus assemelhados vizinhos e formar uma sociedade de pessoas cultas e politicamente capazes. Não apenas porque as distâncias eram grandes, mas também porque os meios de transportes eram precários. Assim, interagindo sempre por conveniência, os primeiros povoadores do Brasil levaram algum tempo para se interrelacionar e se aglutinar em sociedades ideais econômicas e culturais. Tais sociedades serviriam para a prática de exercícios de troca cultural e de experiências, para a harmonização dos grupos constituídos em torno dos donatários e para que fossem formadas as primeiras aristocracias locais.

Entretanto, as condições geofísicas brasileiras e o reduzido número de europeus não permitiram, neste curto lapso de tempo inicial, que se formasse uma aristocracia local e, muito menos, nacional. Foi a introdução da casa-grande e senzala, como instituição familiar, que proporcionou o lançamento da semente de um mundo requintado e sofisticado, o mundo da primeira elite aristocrata brasileira. Porém, essa gente imponente e aristocrata só começou a aparecer algumas gerações depois que os primeiros colonos vieram para o Brasil.

Já no final do século XVI, com o sucesso e o insucesso dos empreendimentos agrários, a dança das fortunas, muitas vezes mudando de uma mão para outra, teve papel importante na formação da classe de novos ricos da Colônia. Mas, aos poucos, foi se formando um novo tipo de sociedade econômica e cultural que, pelo seu recato e saber, se destacou e se distanciou de seus assemelhados. Formou-se outra casta que, com a prática de alguns costumes esnobes e refinados, deu origem a uma classe de personalidades aristocratas, na maioria das vezes arrogantes e atrevidas.

Essa nova gente, com seus filhos, netos, parentes próximos e seus patriarcas – a quem lhes foram doadas as terras pelo sistema das sesmarias –, foi ganhando o status de nova aristocracia. Tal sociedade era formada pela classe dos bacharéis, dos padres, dos juízes, dos militares, dos farmacêuticos e, principalmente, a dos donos de terra. Destacando-se imediatamente dos demais elementos do tecido social em que estavam inseridos, essas classes formaram as primeiras aristocracias locais, já durante o século XVII. Depois surgiram as regionais, durante o século VXIII, para, por fim, se identificarem enquanto elite nacional, a partir da segunda década do século XIX. Essas divisões de tempo, grosso modo, são apenas para efeito de compreensão, já que algumas vezes, esse processo de formação das aristocracias brasileiras se deu simultaneamente nos três níveis.

A elite colonial foi se constituindo em torno daqueles que adquiriram bens de raiz ou fundaram as grandes propriedades rurais, onde surgira a casa-grande e senzala. Este processo seguiu uma lógica, uma sequência de atos e fatos que levaram algumas dezenas de anos para se concatenar e finalmente alcançar o êxito. Tal sucesso às vezes ocorria precocemente, após um surto de progresso regional surpreendente, que se desdobrava na criação de uma sociedade com tendências inovadoras e requintadas e que formava a aristocracia local. Nesse aspecto, destacaram-se as elites locais das capitanias de Pernambuco, Bahia e de São Paulo, no século XVII. Depois, a elite mineira, impulsionada pelo Ciclo do Ouro, no século XVIII, seguida pela elite do Rio de Janeiro, já capital do Vice-Reinado, em 1763. A partir do século XIX, surgiria a elite nacional brasileira que iria comandar o Ciclo do Café.

Antes, porém, no século XVII, esses descendentes dos novos senhores ricos e afortunados, impelidos pela posição social dos seus pais ou tutores, partiam para a Europa a fim de se ilustrar nas universidades ou em viagens de recreio. No velho continente, adquiriam maneiras refinadas de civilização em termos de etiqueta, de luxo ou ostentação. Maneiras muito diferentes daquelas que a pátria lhes oferecia, no atrasado e incipiente novo mundo dos seiscentos.

A maioria desta aristocracia seguia para Lisboa. Outros iam para Paris, Roma e outras localidades da velha Europa, onde depois estudariam ciências jurídicas, ciências físicas (medicina), engenharia, astrologia. Outros seguiriam a carreira eclesiástica, assim como a carreira militar, muito embora houvesse, no Brasil, cursos tão bons ou melhores do que os que havia no estrangeiro. Porém, era mais esnobe e elegante, para a cultura do filho do senhor da casa-grande, frequentar os grandes centros intelectuais da Europa do que cursar os Colégios Gerais do Brasil, nas modestas cidades brasileiras dos princípios do século XVII.

A partir do primeiro século do povoamento, até meados dos 1600, surgia essa casta de indivíduos de primeiro plano, intelectualizados e dominadores da vida pública e política e das oligarquias das vilas locais. Eram organizadores e líderes da vida social destes núcleos populacionais emergentes, laboriosos e ricos. Estas povoações contavam, como órgãos dirigentes principais, com as Câmaras da República, a Igreja Matriz, a Cadeia, e o Pelourinho, símbolo da autonomia e da autoridade municipal. Erguendo-se, quase sempre, na praça principal da vila ou da cidade, as Câmaras eram eleitas pelos cidadãos (ou homens bons, como eram conhecidos), aqueles moradores locais de mais posses ou capazes. Havia um Legislativo e um Executivo. Do Legislativo, compreendiam-se os juízes ordinários, vereadores, almotacés (inspetor de pesos e medidas) e outros oficiais.

O número de oficiais de uma Câmara da República era determinado pelo número de habitantes da vila ou da cidade. Entretanto, o número de vereadores nunca poderia ser menor do que três e nem maior do que sete. Juízes ordinários poderiam ser um ou dois, no máximo. Procuradores, somente um. Quando este conselho se reunia para tratar dos assuntos pertinentes ao bem-estar social da República, dizia-se que se reuniam em Câmara.

Já o Executivo era exercido pelos procuradores, cuja missão era cuidar das obras públicas. Os almotacés fiscalizavam os pesos e medidas, determinavam os preços das mercadorias, fiscalizavam os logradouros públicos e ajudavam os alcaides, que desempenhavam o papel semelhante ao dos atuais chefes de polícia. Havia também os quadrilheiros, uma espécie de polícia civil para proteger os cidadãos de bem dos malfeitores. Assim se organizavam as vilas e as cidades, onde as comunidades tinham o seu comércio, a sua indústria, as artes e ofícios. Aos poucos se iam formando as sociedades urbanas, tanto pelo litoral como pelo o interior, que ocupariam todo o território nacional.

Esse grande esforço de erguer e organizar as vilas e cidades, aliado à vontade de percorrer o sertão brasileiro, na busca de suas riquezas naturais, levou os colonos portugueses a adentraram pelos perigosos e inóspitos rincões dos trópicos, com o fito de conquistarem a terra. De meados dos seiscentos a meados dos setecentos, abriram picadas, trilhas, estradas pelo interior. Sob condições subumanas, esta indômita gente escolhia o lugar para construir a sua primeira e simples habitação. Nela formavam seu lar, no seu entorno plantavam as primeiras sementes, carregadas nos lombos dos burros, criavam os seus animais e viam nascer e crescer a sua prole em ermos distantes e incultos que, mais tarde, formariam um arraial, uma povoação. A princípio, esses desbravadores lutavam, ombro a ombro com sua companheira, contra as intempéries, os animais selvagens e a hostilidade dos índios bravios que não lhes davam tréguas. Mas aos poucos se lhe iam ajuntando outros colonos e ali construíam a primeira igreja ao santo padroeiro do lugar. Fincavam suas raízes e formavam um núcleo que mais tarde seria a vila e, posteriormente, a cidade onde o seu clã cresceria, sem parar, pela força da sua fé cristã.

A casa-grande e senzala tinham um primeiro patriarca que, apesar de rude, e por vezes analfabeto, sabia muito bem o que queria e para aonde ia. Mais tarde, seus filhos tornar-se-iam os Senhorzinhos, as filhas seriam as Sinhazinhas do lugar porque, quando o pai morria, herdavam-lhe a fortuna sólida, conseguida a duras penas, durante anos de luta e esforço. A família, e não o indivíduo em si, era o ponto de equilíbrio do colonizador português. Nem o Estado nem as companhias de comércio e navegação suplantaram o papel da família como o grande fator de colonização e integração na América portuguesa. Diferente do que aconteceu nas Américas inglesa e holandesa, onde quem mandava e determinava eram as companhias das Índias Ocidentais. Tais companhias revertiam os lucros dos empreendimentos e, frequentemente, enchiam os cofres das sociedades formadas para financiar tais empresas. Acabavam distribuindo os lucros para seus grandes acionistas que, afinal, eram os reis e seus apaniguados.

No Brasil, nos Senados e nas Câmaras estavam inseridos os chefes políticos locais, que passaram a fazer parte de uma elite colonial organizada, enfeixando em suas mãos um poder de decisão absorvente, por influência dos altos cargos ocupados. Dessa forma, elevavam-se acima dos cidadãos comuns, se autopromovendo em razão do cargo ocupado, não raro atingindo status imperial de grandes senhores aristocratas.

Este aspecto da aristocracia local e colonial imitava de certa forma o que se passava na Europa feudal. Não obstante, seus indivíduos tinham uma aparência diferente, sem aqueles penachos e elmos engalanados e petulantes, à moda europeia. Porém, ostentavam seus luxuosos gibões enfeitados com botões de ouro puro, demonstrando a opulência e a riqueza da terra onde viviam. Tentavam seguir muito de perto os preceitos feudais europeus, os costumes e ritos aburguesados em seus palacetes e solarengos, consoante se iam desenvolvendo e refinando as comunidades, e iam se acumulando as riquezas extraídas da boa terra inexplorada e virgem do interior do brasileiro.

A aristocracia do Ouro, os intelectuais da Inconfidência Mineira

Durante o século XVIII, os anos 1700, as oligarquias brasileiras foram se regionalizando. Com início do Ciclo do Ouro, do qual falaremos detalhadamente no título seguinte, um novo período de fausto se inicia no Brasil colonial. O ouro, embora controlado pela Coroa, deixava um rastro de riquezas no País, particularmente em Vila Rica (hoje Ouro Preto), mais tarde sede da Capitania de Minas Gerais. O Brasil intensificava, então, a importação de mais artigos europeus para abastecer as casas dos latifundiários da cana, do gado e do ouro – mobílias, vestidos, ternos, casacos, tecidos, porcelanas, talheres e uma infinidade de mercadorias.

Os filhos da oligarquia setecentista passaram a ir com mais frequência para a Europa e a tomar contato com as agitações políticas do velho continente e com as novas ideias do Iluminismo, que se propunha a tirar a Europa das trevas, e eram propugnadas por pensadores como Voltaire, Jean-Jacques Rousseau, Adam Smith, Montesquieu, entre outros. Desse intercâmbio, nasceria uma geração de intelectuais oligárquicos que provocaria, influenciada pelos ideais iluministas, a Inconfidência Mineira, em 1789. Esse movimento, contra a derrama de impostos sobre a coleta de ouro, acabaria por reivindicar a Independência do Brasil em relação a Portugal. Desse grupo fazia parte o poeta e ouvidor de Vila Rica, Tomás António Gonzaga. O poeta foi noivo de Maria Dorotéa Joaquina de Seixas, jovem pertencente a uma das principais famílias da emergente oligarquia sediada na antiga capital mineira, e a quem dedicava poesias que mais tarde comporiam o livro "Marília de Dirceu".

Do grupo dos inconfidentes ainda participaram, entre outros, os poetas Cláudio Manuel da Costa (advogado de prestígio, fazendeiro abastado, mecenas do escultor Aleijadinho e considerado líder dos inconfidentes) e Alvarenga Peixoto (Juiz de Fora e ouvidor), e o alferes Joaquim José da Silva Xavier, chamado "Tiradentes". A conspiração foi desmantelada pelo governo e Tiradentes foi condenado e enforcado e virou símbolo do movimento.

O esgotamento da produção das minas, a partir de 1760, atingiu expressivamente a classe mais abastada das Minas Gerais (proprietários rurais, intelectuais, clérigos e militares). Parte dessa classe já havia se sentido muito prejudicada pela "Derrama" ou cobrança de impostos da Coroa, instituída em 1751, e decidira tomar parte na conspiração. Assim como subiu, essa oligarquia regional iria se tornar obscura até meados do século XIX.

Já final dos anos 1700 e início dos 1800, foi para o Rio de Janeiro, que se tornara capital do Vice-Reino, em 1763, que se deslocou um novo surto de desenvolvimento. Era no farfalhar das saias de sedas importadas pelas sinhás-donas que seus luxos extravagantes mais se assemelhavam aos das damas elegantes e de espartilhos apertados da Europa feudal. Nisto, em nada a aristocracia brasileira do início do século XIX ficava a dever ao exagero das grandes e elegantes damas europeias. Ao contrário. Conta-se que as senhoras da alta sociedade aristocrática colonial brasileira iam a Paris a fim de comprar belas e caríssimas roupas da última moda, do mais fino tecido de cada época, nos mais famosos costureiros dos elegantes ateliers da romântica cidade Luz.

Neste mesmo século XIX, vários homens ricos brasileiros eram servidos em suas luxuosas mansões, mormente no Rio de Janeiro, São Salvador e São Paulo, por sofisticados e elegantes mordomos, governantas e empregadas domésticas estrangeiras. Isto é, serviçais escolhidos a dedo – pelo seu *donaire* e requinte, de finos modos e etiquetas de tratamento – por alguns cultos e aristocratas brasileiros. Aliás, para essas profissões eram importados alemães, portugueses, franceses, italianos e até ingleses, pois os serviços prestados pelos nativos não eram convenientes à elegância da aristocracia brasileira do século XIX. As fortunas dos aristocratas brasileiros eram tão sólidas, e o fausto do seu luxo tão ruidoso que os filhos ou netos das famílias endinheiradas deslocavam-se cada vez com mais facilidade ao velho mundo, como quem ia do Rio de Janeiro a São Paulo, pela ânsia de adquirirem cultura mais sólida e refinada que no Brasil. Dirigiam-se à Europa sob a condição de adquirir instrução superior, para se bacharelar ou graduar nas faculdades europeias. Resultava desse fausto um sadismo tal que era de ficar pasmo.

Dessa opulência, surgia a burguesia intelectualizada que, após seu regresso à pátria, formaria a alta aristocracia nacional. A propósito destes gentis-homens, invoco mais uma vez Eça de Queiroz, contemporâneo do erudito paulista Eduardo Prado.[79] Eça conviveu largos anos com Prado, na cidade Luz, e escreveu sobre o caráter, a elegância e a cultura do paulista. O literato português lhe teceu elogios e dedicou o romance "*A Cidade e as Serras*" ao amigo Prado, como ele o tratava na intimidade. Diz Eça, em suas *Notas Contemporâneas:* [80]

> *O Fado irônico dispôs que ele habitasse cidades, se enfronhasse em livros, se votasse a teorias econômicas, pelejasse por instituições políticas: mas ele paga ao Fado irônico com redobrada ironia, cumprindo muito intermitentemente, muito negligentemente, esta missão imposta – e reservando toda a solicitude e continuidade de aplicação para as coisas amadas da Natureza e da Terra. É possível que Eduardo Prado esqueça, ou mesmo abandone, com risonho e leve gesto, o Jornal que fundou, o Comício que convocou: — Mas, à planta que ele plantar, não faltará nem adubo, nem sacha, nem rega, nem ternos cuidados!*

Eduardo Prado talvez tenha sido o maior aristocrata e um dos grandes intelectuais brasileiros da segunda metade do século XIX. Citamo-lo apenas para representar uma classe de intelectuais que surgiu dentro

---

79. Membro fundador da Academia Brasileira de Letras, Eduardo Paulo da Silva Prado (1860-1901), paulista formado em Direito, era jornalista e monarquista convicto. Combateu a Proclamação da República, que ele chamou de Ditadura Militar do Brasil. Escreveu *Viagens, Fastos da Ditadura Militar no Brasil* e a *Ilusão Americana*, entre outros.

80. Queiroz, Eça de. *Notas Contemporâneas,* p. 491, Porto: Lello & Irmão Ed., 1951.

dessa aristocracia. Enfim, estas elites intelectuais e parte da grande burguesia brasileira se articularam e resultaram no surgimento de outra sociedade. Até certo tempo, era grande o desnível cultural e intelectual entre o europeu e o brasileiro. Porém, esse grupo de indivíduos brasileiros, com o seu constante contato com os intelectuais europeus, minimizou as diferenças, chegando a ponto de se equiparar àquelas. Mas havia internamente, entre as classes sociais brasileiras, discriminações e preconceitos. Ainda vigorava a escravidão. No entanto, o grupo dos mestiços – nascidos do cruzamento dos descendentes dos brancos portugueses com os índios ou com os negros – conviveu sem grandes conflitos raciais. Novamente, diferente do que aconteceu tanto da América espanhola, como na América do Norte inglesa, onde os conflitos e a segregação foram profundos.

A intelectualidade brasileira do século XIX contou com grandes nomes, como Castro Alves, José de Alencar, Aluísio de Azevedo, Augustos dos Anjos, entre vários. O destaque ficou para os mestiços, como os poetas e escritores António Gonçalves Dias, Machado de Assis (considerado hoje o maior escritor brasileiro), entre outros.

Esses intelectuais jamais tiveram vergonha de conceber o Brasil como País miscigenado. Talvez resida nisso a parte mais brilhante do Brasil, o desejo de ver unidas as raças que, ao longo dos anos, compuseram a nação brasileira e conviveram sem desavenças, sem os traumas das outras nações americanas. A acomodação das raças na formação da nacionalidade brasileira contou muito com a filiação católica de várias ordens religiosas chegadas ao território nacional, evitando muitas vezes os exageros da confrontação bélica de parte a parte. Se, no principio, este sentimento era o que reinava entre uns e outros, mais tarde os poetas e os escritores, com seus ensinamentos orientadores, conseguiram unificar e acomodar grande parte daqueles que ainda pensavam em revanchismo. Principalmente por causa deste principio de entendimento humano – e de miscigenação entre brancos, índios e negros – é que não há *apartheid* no Brasil, como nas Américas espanhola e inglesa.

Não é que não haja preconceito no Brasil. Há mesmo um distanciamento econômico-social profundo entre as classes mais pobres e as elites. Mas essa é uma questão que é mais fruto da estrutura de um Estado concentrador de renda e que não distingue brancos, negros e índios. Ou seja, a base social brasileira, os mais pobres e alijados dos bens do Estado, é composta por todas as etnias. Tivesse o Brasil adotado o modelo de educação dos Estados Unidos colonial, por exemplo, teríamos agravado as diferenças étnicas, com o confronto das raças de tempos em tempos reassumindo proporções desumanas, como temos assistido neste último País.

XVII

O Ciclo do Ouro e o Ciclo do Café

Ciclo do Ouro

Haviam se passado quase 150 anos depois do início do Ciclo da Cana-de-açúcar, única grande riqueza do solo brasileiro até então, quando a bandeira de Fernão Dias Pais partiu, em 1674, – na busca das sonhadas esmeraldas – para explorar a região mineira banhada pelo Rio São Francisco, Rio Pardo e Rio Jequitinhonha (nas regiões centro-sul, central e centro-norte do atual Estado de Minas Gerais). Depois de quatro anos, Fernão encontrou umas pedras verdes na Serra de Sabarabuçu (Hoje Serra da Piedade, próxima à cidade de Sabará – parte da atual região metropolitana de Belo Horizonte, a capital do Estado). Fernão supunha que as pedras fossem as esmeraldas que durante toda a sua vida procurara, mas eram turmalinas, pedras sem valor algum. O bandeirante morreu de maleita, em 1681, nas proximidades do Rio das Velhas, cuja nascente fica hoje em Ouro Preto (antiga Vila Rica) e sua foz no Rio São Francisco. O filho mais velho do sertanista, Garcia Rodrigues Pais, levou os restos mortais do pai para São Paulo, onde lhe deu enterro digno do seu valor histórico, na velha Igreja de São Bento, em São Paulo.

A partir da expedição de Fernão Dias, outros sertanistas fizeram inúmeras entradas e bandeiras, tanto para encontrar as pedras preciosas como para combater os focos de resistência que ameaçavam a integração nacional e os núcleos coloniais daquela época. O maior destaque dessas expedições de combate ficou com o bandeirante Domingos Jorge Velho, que perseguiu os grupos que se opunham à colonização portuguesa, a fim de fundarem uma nova pátria independente de Portugal. A sua campanha contra o Quilombo dos Palmares, em Alagoas (1694-1695), que estava há sessenta anos oferecendo resistência ao governo federal, resistindo a numerosos ataques das forças nacionais e até dos particulares, teve seu desfecho em 1695. Depois de mais de um ano de violentos combates, Jorge Velho conseguiu vencer a resistência oferecida pelos quilombolas liderados por Zumbi dos Palmares, e destruiu o quilombo.

Mas boa parte das bandeiras estava atrás das pedras preciosas. As primeiras jazidas de ouro foram descobertas ainda no século XVII, provavelmente em 1693, por Antonio Rodrigues de Arzão. Este bandeirante paulista descobriu alguns filões auríferos na Serra da Piedade, (onde está hoje a cidade de Caeté), no então sertão de Minas Gerais. Mas, simultaneamente, Tomé Pontes Del Rei descobria ouro nas cercanias de onde fica atualmente a cidade de São João del-Rei, e Manoel de Borba, o Gato, genro de Fernão Dias, achou as minas de Sabará. A este também é atribuída as primeiras descobertas dos cascalhos de ouro. Foi apenas em 19 de junho de 1695 que o então governador do Rio de Janeiro, Sebastião de Castro Caldas, anunciou oficialmente ao rei de Portugal,

D. Pedro II, a descoberta de esmeraldas nos aluviões do Rio das Velhas.

A descoberta do ouro atraiu para essa região muita gente de todos os rincões do Brasil e até do estrangeiro: paulistas – bandeirantes, mamelucos, índios e negros –, baianos e nordestinos – que conheciam o acesso pelo Rio São Francisco, e muitos estrangeiros, particularmente do Reino de Portugal. Segundo Boris Fausto, em sua *História do Brasil*, se estabeleceu a primeira corrente imigratória do País:[81]

> *Na Metrópole, a corrida do ouro provocou a primeira grande corrente imigratória para o Brasil. Durante os primeiros sessenta anos do século XVIII, chegaram de Portugal e das Ilhas do Atlântico cerca de 600 mil pessoas, média anual de 8 a 10 mil, gente da mais variada condição, desde pequenos proprietários, padres, comerciantes e até prostitutas e aventureiros.*

A partir de 1700, o povoamento atingiu densidade demográfica elevada e provocou o surgimento de grande número de arraiais, freguesias e vilarejos bem afastados do litoral brasileiro. Estas regiões, que até então eram completamente desabitadas, passaram a receber gente principalmente pelo chamado *Caminho Geral do Sertão* ou *Caminho dos Paulistas* (aberto pelos bandeirantes e que ia de Jundiaí, passava por São Paulo, pela Serra da Mantiqueira até Minas); e pelo *Caminho Novo*, que ligava o Rio de Janeiro e Paraty ao sertão mineiro (aberto por Garcia Rodrigues Pais, filho de Fernão Pais, a pedido da Coroa). Essas e outras estradas

---

81. Fausto, Boris. *História do Brasil.* São Paulo: Edusp, p. 98, 1994.

mais tarde receberiam o nome de Estradas Reais, e teriam papel importante na colonização do interior do País.

Nessa época, essas terras estavam espalhadas pelas capitanias reunidas do Rio de Janeiro, São Paulo e Minas Gerais. Contudo, os paulistas, que haviam descoberto as minas e aberto o caminho até elas, por intermédio da Câmara de São Paulo, reivindicaram, junto ao rei de Portugal, o direito exclusivo de exploração para a Vila de São Paulo. Contudo, os portugueses e os baianos já radicados na região não aceitaram tal reivindicação. O conflito gerou a Guerra dos Emboabas, com portugueses e baianos (apelidados emboabas), de um lado, e, de outro, os paulistas (chamados vicentinos – da ex-Capitania de São Vicente), sendo que estes não obtiveram sucesso. O resultado é que a Coroa criou, em 1709, a Capitania de São Paulo e das Minas de Ouro. Os arraiais foram a semente de cidades que teriam importante papel no Ciclo do Ouro. Em 1711, o governador de São Paulo e Minas elevou três arraiais à categoria de vila: Ribeirão do Carmo (atual Mariana), Vila Rica (Ouro Preto) e Sabará. Vieram depois São João del-Rei, Caeté, Pitangui, entre outras.

Em 1720, a Coroa cindiria a Capitania de São Paulo e Minas de Ouro em duas, formando separadamente a Capitania de São Paulo e a Capitania de Minas Gerais, sendo que esta incorporou os territórios das minas, incluindo a parte que pertencia à Capitania do Espírito Santo. Com a consolidação da extração de ouro e das vilas nas regiões mineradoras, Minas Gerais passou a ser a capitania mais rica e próspera do Brasil. O apogeu do ciclo do ouro se deu entre 1730 e 1750. A efervescência de suas vilas resultou numa intensa mestiçagem e na criação de uma sociedade diferenciada, formada não apenas por mineradores, mas por fazendeiros, negociantes, advogados, padres, militares, artesãos, burocratas etc. A vida social se concentrou nas cidades, para moradia, negócios e festas. Este foi um ambiente propício para mudanças culturais, no campo das artes, das letras, da música:

> *A proibição do ingresso das ordens religiosas em Minas incentivou o surgimento de associações religiosas leigas – as Irmandades e Ordens Terceiras. Elas patrocinaram a construção das igrejas barrocas mineiras, onde se destacou a figura do mulato Antônio Francisco Lisboa – o Aleijadinho –, filho ilegítimo de um construtor português e de uma escrava.*[82]

Hoje, as cidades mineiras do ciclo do ouro se constituem em um dos mais importantes acervos arquitetônicos do Brasil colonial, destacando-se Ouro Preto, Mariana, Diamantina, Congonhas, Tiradentes, Sabará e São João del-Rei. Todas de grande valor artístico, algumas tombadas pela UNESCO, como patrimônio da humanidade. São visitadas anualmente por milhares de pessoas, incluindo estrangeiros, que para lá se deslocam a fim de admirar o estilo barroco português-brasileiro. Se Aleijadinho fosse norte-americano não lhe faltariam palmas, louvores nem reconhecimento mundial. Este, entre outros, é um talento que não se compara aos minguados artistas coloniais dos Estados Unidos.

A partir de 1760, começou o declínio do Ciclo do Ouro, com a extração do metal se tornando pouco atraente. Graças à pecuária, ao engenho de açúcar e ao cultivo de alguns cereais, que se desenvolveram paralelamente à atividade mineradora, Minas não regrediu profunda-

---

82. Fausto, Boris. Op. cit., p. 102.

mente. O final do século XVIII já anunciava novas e profundas mudanças no cenário do Brasil colonial.

Ciclo do Café

O cafeeiro, oriundo da Etiópia, teria provavelmente chegado ao Brasil no século XVIII, via Guiana Francesa, em 1727, à cidade de Santa Maria de Belém do Pará, trazido pelas mãos do sargento-mor Francisco de Melo Palheta. A sua cultura em terras brasileiras iniciou-se nas terras da antiga província de São Luis do Maranhão e em outras áreas do Nordeste do Brasil.

No final do século XVIII, o desembargador João Alberto Castelo Branco, viajando para o Rio de Janeiro, trouxe algumas mudas da famosa rubiácea para seus amigos frades capuchinhos. Estes iniciaram o seu cultivo numa horta da Rua dos Barbonos, cujo êxito foi total. Aliás, o sucesso foi de tal maneira que dali muitas mudas foram distribuídas por algumas cidades do Vale do Paraíba (entre Rio de Janeiro e São Paulo), como Vassouras e Resende. Logo, o seu cultivo se alastrou por quase todos os municípios das províncias do Rio de Janeiro e de São Paulo. Dois fatores importantes concorreram para a disseminação e o desenvolvimento do ciclo do café:

1º – No final do século XVIII, com a decadência da atividade da mineração do ouro, em Minas Gerais, muitos trabalhadores perderam seus empregos. Perambulando pelas cidades em busca de trabalho, esses trabalhadores iniciaram-se na única atividade que, naquele momento de crise nacional, estava admitindo gente para trabalhar;

Fazenda de café

2º – A transferência da Corte de Dom João VI, de Lisboa para o Rio de Janeiro, com mais de 15 mil pessoas, no início de 1808, inchou tanto aquela cidade, que deixou o soberano preocupado sobre como deveria empregar tanta gente de uma hora para a outra. Valendo-se do seu espírito empreendedor, percebeu o monarca que, doando-se as terras devolutas do Estado a seus súditos, não só lhes arrumava o que fazer, como também desenvolveria a agricultura cafeeira nacional. Esta era, naqueles tempos de crise mundial, a única tábua de salvação da economia brasileira e a coqueluche dos fazendeiros nacionais. A partir dessa iniciativa, os cafezais se multiplicaram. Outras cidades do Vale do Paraíba aderiram ao cultivo do café, como Areais, Bananal, Queluz, Taubaté, São José dos Campos, atingindo Jacareí, na província de São Paulo. O café, ultrapassando a Serra do Mar, chegou à província de Minas Gerais, e absorveu assim uma parcela daquela mão-de-obra que saíra das minas auríferas do final daquele século.

De 1830 a 1860, as grandes plantações de café invadiram quase toda a província paulista, culminando com enriquecimento do meio rural e colocando o Brasil como o maior produtor de café do mundo. Dir-se-ia que se repetiu o mesmo fenômeno de um século atrás, quando se iniciou o ciclo do ouro. A província recebeu grande quantidade de colonos europeus vindos de quase todos os países do velho continente, os quais substituíram os escravos que aviam adquirido a liberdade, em 1888, pela então Lei Áurea.

Tal como acontecera com o açúcar três séculos atrás, o café passou a ser a grande fonte de recursos nacionais. O Brasil exportava café da melhor qualidade para o mundo inteiro: para todos os países da Europa, para os Estados Unidos, Canadá etc. O Brasil exportava, sozinho, mais café do que todos os outros países do mundo somados. Era o maior produtor mundial da famosa *coffea arábica.* O café foi a base da economia brasileira e a impulsionou desde meados do século XIX até a década de 1930. E ainda hoje gera receitas significativas para o País.

No século XX, a cultura do café tornou-se a maior fonte de recursos do Brasil, alcançando a área plantada de 3,67 milhões de hectares quadrados. A sua produção, que vinha sendo ampla e exaustivamente estudada, contribuiu, como um dos elementos básicos para a formação de outras riquezas do Brasil contemporâneo. O progresso e a riqueza obtidos com o café financiaram o início da industrialização e a diversificação da produção econômica do Brasil. Principalmente no Estado de São Paulo, onde a indústria de transformação avançou substancialmente, possibilitando a construção de uma infra-estrutura vigorosa. O Estado é considerado ainda hoje a locomotiva do desenvolvimento brasileiro, graças, em grande parte, à produção de café.

XVIII

Napoleão, os ingleses, os espanhóis e a Coroa Portuguesa na virada para o século XIX

Após a certeza da incurabilidade da loucura da rainha de Portugal, de D. Maria I, verificada em fevereiro de 1792, vê-se o reino na difícil situação de como solucionar o problema da governabilidade da Coroa portuguesa. A lógica mandava que o herdeiro do trono, Dom João, assumisse a Regência para governar a nação. A iniciativa para que o Príncipe-Regente aceitasse as funções de governar a Coroa partiu dos ministros de Estado, e não dele próprio. Solicitaram-lhe, veementemente, para que assumisse incondicionalmente. Dom João, dentro da sua simplicidade, anuiu, mas negou-se, peremptoriamente, a receber qualquer titulo até julho de 1799. Todos os atos governamentais praticados e publicados até aquela data teriam de ser publicados em nome de sua mãe, Dona Maria I. Apenas depois do dia em que ficou constatado que a rainha não tinha as mínimas condições mentais de dirigir o reino é que ele o assumiu, com o título de Príncipe-Regente.

Era do conhecimento do reino as aptidões de Dom João para governar. Ele jamais fora educado para ser rei. Esta incumbência estava destinada ao seu irmão mais velho, que falecera antes da sua mãe. Apesar de Dom João não ter sido preparado para tal missão, ao ser investido nesta difícil função, desempenhou-a com dignidade e rara sagacidade, com ponderação e inteligência. E não como alguns dos seus biógrafos insinuam.

A Europa de então passava por convulsões sociais, políticas e revolucionárias. Isto porque, logo após a Revolução Francesa, em 1789, a cidade de Paris foi varrida pela barbárie. Viviam-se momentos de muita polêmica e o nervosismo se instalara nas monarquias europeias, onde estavam concentrados os maiores centros intelectuais, comerciais e industriais do mundo. A França era um foco de incertezas, sobressaltos e truculências, especialmente pela bárbara execução, na guilhotina, de Luis XVI e sua mulher, Maria Antonieta, em 1793. Quiçá o ato mais violento que a França até então assistira durante toda a sua história. Talvez esta tenha sido uma das razões pelas quais Dona Maria I, que já era nervosa, perdeu de vez as suas faculdades mentais, tornando-se louca e, portanto, incapaz de governar o império português.

Os tumultos de Paris levaram os reis das principais monarquias do Leste da Europa – Portugal, Inglaterra e a Espanha – a formar, em princípio, uma forte aliança contra a República Francesa. Todavia, depois de marchas e contramarchas, assinou-se um tratado, em 15 de julho de 1793, chamado de *Convenção Luso-espanhola de Mútuo Auxílio contra a França*. Em 26 de setembro, assinou-se outro tratado semelhante com a Grã-Bretanha. Em seguida, durante alguns meses, as esquadras portuguesas juntaram-se às inglesas, visando adestrar-se melhor, com o fim de levar a cabo uma campanha armada contra os franceses, sob o comando do

Marquês das Minas. No entanto, este militar português adoeceu e quem passou a comandar estas forças foi o Marechal de Campo João Forbes Stellater, escocês que estava a serviço da Coroa portuguesa desde 1762.

Iniciou-se então a *Guerra do Rossilhão*. Os espanhóis, comandados pelo general Ricardos, encontrando-se em situação difícil, valeram-se da chegada das tropas portuguesas à frente das lutas, e reverteram o quadro, obrigando as tropas francesas a bater em retirada. Os exércitos luso-espanhóis, em gloriosas jornadas, tomaram aos franceses Porto Vendres, Saint-Elme e Collioure. Depois de mais algumas derrotas em suas várias frentes de luta com outros países do Oeste europeu, as forças francesas resolveram pedir uma trégua às forças ibéricas, acabando as hostilidades em 22 de julho de 1795. Entretanto, os espanhóis assinaram, deslealmente, em separado, na cidade de Basileia, um acordo com os franceses sem consultar as autoridades portuguesas. Diante desta nova situação, os exércitos portugueses viram-se em grave situação: encontravam-se estacionados num país estrangeiro, sem recursos, sem víveres e abandonados. A situação era de calamidade e penúria e, pior, sentiam-se traídos pelos seus aliados espanhóis.

Diante desta situação, só lhes restava um recurso: negociar uma solução política com a França, já que não podiam sozinhos enfrentar adversários tão numerosos e poderosos. Dom João foi quem orientou as negociações. Todavia, o acordo logo se tornou inviável, pois quem comandava a política espanhola era Manuel de Godoy, homem ambicioso, manhoso e corrupto que, nos bastidores da política, tudo fazia para reduzir os portugueses à sua subserviência. Para tal, Godoy lançou, em 27 de junho de 1796, as bases de um tratado franco-espanhol, assinado em agosto.

Carlos IV governava a Espanha, mas quem comandava a política espanhola era Godoy, que tinha voltado as costas aos portugueses para se unir traiçoeiramente aos franceses. Portugal, respeitando a sua antiga aliança com a Inglaterra, datada de 1385, e em obediência a este tratado, continuou ao lado dos britânicos. A França e a Espanha, como revide, resolveram declarar guerra a Portugal, em razão desta secular aliança anglo-lusa.

Em Janeiro de 1801, a Espanha deu um ultimato ao Príncipe-Regente de Portugal, com duas hipóteses: ou Portugal se comprometia a abandonar a aliança que tinha com a Inglaterra e a fechar os portos aos navios britânicos ou os espanhóis declarariam guerra aos portugueses. Mas este ultimato deixava ver nas entrelinhas que a intenção dos espanhóis era mais uma provocação para iniciar hostilidades contra os portugueses do que a busca de uma solução para o problema. Assim, não restava alternativa aos portugueses senão a de se aventurarem numa nova ação bélica com seu vizinho mais próximo. Desta forma, estavam criadas as condições para se iniciaram novas escaramuças entre os dois reinos ibéricos. Como esperado, os espanhóis se lançaram ao ataque e invadiram Portugal.

Primeiro, atacaram Olivença, desde sempre cobiçada, que caiu nas mãos dos invasores. Em seguida, vieram Juromenha, Elvas, Campo Maior etc. Estava claro que tanto Portugal como Espanha eram apenas dois joguetes no teatro das operações bélicas entre a França e a Inglaterra. Percebendo esta situação, tanto os portugueses como os espanhóis não se empenhavam de corpo e alma nas ações beligerantes como deveriam. Assim, por via negociada, chegou-se mais uma vez à paz, desejada por ambos. Porém, mais uma vez desamparado pela sua aliada a Inglaterra, Portugal cede e dobra-se às humilhações de Godoy, que insere nesse mesmo tratado de paz uma cláusula que permite reter Olivença como anexo da Espanha, apesar dos veementes protestos dos portugueses. Anexação que perdura até hoje e deixa os lusos inconformados já que Olivença é uma cidade que, por direito internacional, é portuguesa.

Na França, o período chamado Diretório (golpe de Estado armado pela alta burguesia financeira – 1793 a 1799) é interrompido pelo golpe de 18 de Brumário, em novembro de 1799, que dá início ao Consulado, governo instituído por Napoleão Bonaparte, o Corso. Em seguida, a ditadura e o império de Napoleão se impõem aos franceses que, convencidos pelos êxitos bélicos do Corso, tanto na Itália como no Egito, se dobraram à vontade imperativa do grande general francês. Nesta situação, o que poderia fazer o Regente Dom João entre as forças destruidoras de Napoleão? E o que poderia esperar de sua poderosa aliada Inglaterra? Nada, ou quase nada. Aos poucos se vai descortinando o cenário de perigo que corriam os Estados mais fracos, o de serem engolidos ou incorporados pelas potências mais fortes, e em conflito, da Europa.

Destarte, quase toda a Europa continental se curvava ao domínio de Napoleão. A Inglaterra era, naquele momento, a senhora dos mares (tomara o lugar que fora de Portugal de 1415 até 1580), e tornara-se o único baluarte para resistir à fúria avassaladora napoleônica. O Corso, observando que lhe é difícil conquistar os ingleses pela força das armas nos oceanos, impõe aos países que estavam fora do conflito, um bloqueio continental para impedir o acesso dos britânicos à Europa. Todos os países europeus deveriam aderir ao bloqueio, incluindo Portugal.

Nesta altura, os exércitos de Napoleão já tinham ocupado na hoje Itália, as duas Sicílias, cujo rei também perdeu Nápoles. Os príncipes da Toscana e de Parma andavam errantes e escondidos pelos seus reinos; o rei de Piemonte fora confinado na insignificante Corte de Calegari; o Doge de Veneza e o Conselho dos Dez haviam sido destituídos e foram parar no exílio; a Escandinávia prestou-se a solicitar a Napoleão um rei; a Santa Sé, a Áustria, a Rússia, trêmulas, vacilaram quase servis ante o vencedor de Austrelitz; as tropas do Corso ocuparam a capital da Prússia e seu soberano fugiu; o Stathouder da Holanda exilou-se em Londres. Todos, um por um, fugiram à fúria dos exércitos até ali invencíveis de Napoleão.

E Portugal?, perguntaria alguém, levando em conta que, para resolver a situação, havia apenas o Príncipe-Regente Dom João, cuja credibilidade era duvidosa. O que fazer diante de tão avassalador inimigo? Dom João, enquanto pôde negociar, negociou. Conversou inclusive com os espanhóis que, deslealmente, estavam a serviço de Napoleão. Mas, como Portugal havia se negado a acatar o bloqueio continental contra a Inglaterra, o Corso decidira invadir as terras lusitanas. Para isso, precisava atravessar a Espanha para alcançar o território luso. Em 27 de outubro de 1807, espanhóis e franceses firmaram, secretamente, o Tratado de Fontainebleau, pelo qual se permitia a passagem de tropas francesas pelo território espanhol e se estabelecia a divisão de Portugal e suas dependências por ambos os signatários.

Ficou acordado que as províncias portuguesas do Douro e do Minho, juntas, tendo como capital o Porto, passariam a ser chamadas de Lusitânia Setentrional, sob a posse do rei da Etrúria; o Alentejo e o

Algarve, sob designação de "Principado dos Algarves", seriam doados a Manuel de Godoy para governá-lo. Enquanto outras províncias, como as Beiras, a Estremadura e Trás-os-Montes, ser-lhe-iam marcados os destinos, após ser firmada a futura paz na Europa. Porém, tanto o Reino da "Lusitânia Setentrional' como o "Principado dos Algarves" ficariam sob o protetorado do monarca espanhol. Com respeito às outras províncias, mesmo que estas fossem entregues a algum dos descendentes da Casa de Bragança, ficariam da mesma forma sobre a tutela do rei espanhol. Assim, o reino tradicional de Portugal seria dividido entre espanhóis e franceses, simultaneamente, apagando o velho Portugal do mapa do mundo.

Ocorre que, 10 dias antes de ser assinado este tratado, o general francês Junot já havia recebido ordens para avançar e entrar em Espanha com seu exército, que estava acantonado em Baiona. A missão era tomar de assalto o antigo reino português. Muitas lutas entre espanhóis e portugueses tinham ocorrido ao longo dos séculos. Diga-se, quase sempre com vantagem para os lusitanos. Porém, desta vez, ao lado dos espanhóis estavam os poderosos exércitos de Napoleão, que tinham conquistado toda a Europa e ameaçavam agora a antiga Lusitânia. Os portugueses, mesmo desamparados pela sua aliada a Inglaterra, não se entregaram e propunham-se a resistir heroicamente à invasão franco-espanhola. Abre-se aqui uma das páginas mais trágicas da história de Portugal.

A invasão napoleônica disseminou o vandalismo, a crueldade e os crimes contra as populações trabalhadoras portuguesas, com a destruição de campos, de fazendas agrícolas e de residências. Estas foram reduzidas a destroços e ruínas, seguidos de assaltos e saques dos quais foram vitimas os portugueses durante os anos da ocupação francesa. O desespero e a desconfiança tomaram conta do país. Tal conjunto de desastres e desordens em sequência resultou na maior e mais cruel das misérias jamais presenciadas e sofridas pelas populações portuguesas. Há estimativas de que a população portuguesa diminuiu em mais de um milhão de pessoas, entre 1807 e 1814.

Até o final de 1807, Dom João negociara e cedera. Quando não deu mais para negociar nem ceder, num gesto de grande Estadista, decidiu pela transferência da corte portuguesa para o Brasil, oficializada em 8 de novembro de 1807, quando já havia notícias da presença de tropas franceses em território português. Em 29 de novembro desse ano, Dom João partiu de Lisboa para o seu reino do Brasil, onde se instalaria com a sua Corte, no Rio de Janeiro, em defesa da Coroa portuguesa.

Depois da retirada de Dom João de Lisboa, tanto Napoleão como os espanhóis, sentiram o peso da audácia do Príncipe-Regente: mesmo com um exército reduzido, já em sua Colônia americana, dos franceses tomou-lhes a Guiana Francesa, ao norte do Brasil, e aos espanhóis tomou-lhes a Província Cisplatina (hoje Uruguai).

Dom João VI, sua personalidade e seu valor político

Com frequência vulgar, difamam Dom João VI. Historiadores honestos não o tratam do modo que habitualmente estamos acostumados a ouvir de certos sociólogos e antropólogos medíocres do Brasil. Ao rotular de *fuga* a inteligente manobra de Dom João, alguns destes estudiosos se referem ao Príncipe-Regente do Reino de Portugal e do Brasil de modo ultrajante, desprezível e galhofeiro. Assim não pensavam historiadores como Pedro Calmon e Oliveira Lima. A respeito desse episódio, Pedro Calmon disse o seguinte:

> *O golpe foi magistral. Nenhum dos parceiros que jogaram com Napoleão os destinos do mundo vibrara tão inesperada cartada. Pela segunda vez depois de Trafalgar, o oceano venceu o Imperador.*[83]

Calmon faz um juízo positivo sobre a mudança da Corte de Portugal, por Dom João, para o Brasil. No curso da história mundial, foi uma medida política eficaz e inteligente, ao contrário do que pensam, passados duzentos anos, uns infelizes sociólogos e empresários do cinema, cujo intento é denegrir a história do Brasil e de Portugal. Sobre a figura de Dom João, colhemos de Oliveira Lima salutar esboço sobre como era a personalidade do Regente:

> *"O que fez, o que conseguiu, e não foi pouco, fê-lo e consegui-o no entanto pelo exercício continuado de dois predicados em que cada um deles denota superioridade: um de caráter e bondade, e outro da inteligência e senso político e de governo". Mais adiante, diz Oliveira Lima: "Dom João VI, as imperfeições de todo o ser humano não chegaram para que desmerecessem suas sólidas qualidades. Se era tímido, pusilânime mesmo, como tal egoísta ressentido, ciumento de atenções, amigo de monopolizar as divergências e inimigo de perdoar os agravos menores, também era clemente misericordioso nas grandes ocasiões quando se fazia*

83. AMEAL, João. Op. cit., p. 532.

apelo direto ao seu coração – Arguto em qualquer emergência, raramente ou nunca perdendo o equilíbrio moral, tão generoso para com seus flâmulos e válidos quanto econômico consigo, estudioso aferrado aos negócios políticos e governante invariavelmente bem intencionado. Eram aqueles em suma pequenos defeitos a contrapor a um belo conjunto de qualidades."[84]

Latino Coelho, para quem Dom João não lhe era muito simpático, compreendia-o claramente ao ocupar-se do período de sua Regência:

> *Nos documentos ministeriais daquele tempo, nas consultas dos tribunais e até em requerimentos que versavam sobre assuntos puramente pessoais, encontra-se a resolução escrita pele própria letra do Príncipe Dom João e firmada com a sua própria rubrica.*[85]

Alguns dos seus detratores sempre pareceram ansiosos por apresentar o rei em situações burlescas, contrariando aqueles que com ele conviveram e que nem por sombras admitem estas alusões. Muito embora haja quem se divirta em apresentar uma figura de rei mesquinho, avarento e econômico em demasia, não se pode deixar de dizer que, de fato, o rei era um homem extremamente modesto. Levava uma vida severa e austera quanto a gastos supérfluos consigo mesmo. Paradoxalmente, quando era necessário gastar, ei-lo a gastar aquilo que entendia serem as suas posses, como já o fizeram outros soberanos da Coroa portuguesa.

---

84. Ameal, João. Op. cit., p. 545.
85. Idem, p. 545 e 546.

Por exemplo, as festas da sua coroação como sucessor da Dona Maria I, sua mãe, foram realizadas com fausto e prodigalidade. Ou, então, quando da vinda ao Brasil de uma embaixada de Viena com a missão de trazer Dona Leopoldina, noiva de seu filho, Dom Pedro I. Nessa ocasião, foi Dom João que recomendou a seu embaixador na capital da Áustria para que este deslumbrasse a Europa e que tudo fizesse para demonstrar, à aristocracia do reino da Áustria, o fausto, a prodigalidade e a riqueza do Reino do Brasil e de Portugal. Para que este evento ganhasse brilho e charme, entre os muitos fidalgos da sua Corte, escolheu o Marquês de Marialva, pela sua ostentação e gosto refinado, para que não poupasse nada e surpreendesse Viena e deixasse a arquiduquesa austríaca extasiada.

Pedro Calmon, estudando profundamente o perfil de Dom João VI, compara-o a Pedro, o Grande, da Rússia, pela sua obstinada intenção de desenvolver o Brasil, criando condições favoráveis para a nação emergente se projetar no cenário internacional, entre as ricas nações do mundo. Também o remete à semelhança de um Dom João II, e até mesmo a seu avô, Dom José I, pela energia com que se opõe às grandes ambições da aristocracia e do clero português, durante o seu reinado, muito embora fosse católico fervoroso.

Por essas qualidades e intenções que nutriam o espírito, o caráter e a obra do Príncipe-Regente, primeiro em Portugal e depois no Brasil, não entendemos o porquê de haver tantos obstinados difamadores de Dom João VI. As injustiças e a gente mal intencionada os há sempre em todos os lugares. Entretanto, é de notar que tanto brasileiros como portugueses parecem inclinar-se a promover uma espécie de conjura velada contra este príncipe e rei que, por coincidência ou gratidão, o povo o cognominou *o Clemente*. Se o povo o apelidou de Clemente e os críticos não lhe poupam, em nenhum momento, severas censuras, alguém está errado. O povo deveria estar certo no momento em que se colocou a seu lado e o cognominou de Clemente. Errados estão os contumazes difamadores que pouco ou nada entendem de história ou de economia política.

XIX

Transferência da Corte de Lisboa para o Rio de Janeiro e a Regência de D. João VI

HÁ QUEM ATRIBUA AOS INGLESES a transferência da família real portuguesa e da Corte do Príncipe-Regente Dom João para o Brasil. Pura fantasia. Muito antes de Dom João ter desferido o genial golpe político contra Napoleão (como afirmou Pedro Calmon), outros reis portugueses ou príncipes ilustres já haviam admitido retirar-se para o Brasil, com a finalidade de, a partir deste país, combater as forças alienígenas com pretensões de se instalar em Portugal. Foi, por exemplo, o caso de Dom António Prior do Crato, quando enfrentou Filipe II de Espanha, em 1580. Crato se lançou como candidato à Coroa portuguesa, em oposição ao rei espanhol, por entender que, naquele momento, era ele o mais legítimo pretendente ao trono de Portugal, e pelo que determinavam muito antes as Cortes de Lamêgo. Neste sentido, escreve Lívio Ferreira, em sua obra citada:

Após se ter instalado há 451 anos em cumprimento a ordens de Dom João III, rei de Portugal, as duas primeiras Repúblicas de Vereadores Luso-Brasileiras, na província de Santa Cruz, (patrimônio da ordem de cristo), isto é a Câmara Municipal de São Vicente, no litoral paulista em 1532, e a Câmara Municipal de São Paulo de Piratininga, hoje São Paulo, no planalto Piratininga em 10 de outubro de 1532, Martin Afonso de Sousa regressa a Lisboa e aconselha o rei Grã-Mestre da ordem de Cristo, nomeado pelo Papa, a mudar a Monarquia Lusitana para a Província de Santa Cruz, o patrimônio brasileiro da Ordem de Cristo. Martim Afonso assevera ao monarca: 'lá Vossa Alteza poderá criar o grande Império de Portugal'. Esquecia-se ele que tudo estava por fazer e precisava ser feito pelos portugueses. E para isso os portugueses não hesitaram.[86]

A seguir, no mesmo sentido, Luís da Cunha, então ministro dos negócios estrangeiros de Dom José I, rei de Portugal, em representação dirigida ao seu soberano, diz textualmente:

Que é Portugal? Uma orelha de terra, de que um terço está por cultivar, posto que capaz de cultura, outro pertencente à igreja, e o terceiro não produz grão bastante para sustentar os habitantes. As outras potências protegeriam Portugal contra a Espanha, e esta mesma abster-se-ia de apoderar-se dele, com receio de perder em troca as PROVÍNCIAS DO PRATA E DO PARAGUAI.

Além disso, diz Lívio Ferreira,

a idéia de Luís da Cunha, exposta acima, estava nos planos de Sebastião José de Carvalho e Melo, o Marquês de Pombal, primeiro-ministro de Dom José, quando manda engenheiros portugueses à região amazônica

86. Ferreira, Tito Lívio. Op. cit., p. 86.

para estudar projeto de ligação dos Rios Alegre e Aguapeí a fim de unir a Bacia do Amazonas à Bacia do Rio Paraguai. Esta comissão de engenheiros portugueses fez o levantamento geográfico do istmo entre as cabeceiras de ambos os rios e apresentou o seguinte documento:

"A Configuração do istmo que formam os Rios Alegre e Aguapeí, talvez o mais memorável do seu gênero de todo o universo, visto que, dois maiores que nele se conhecem – que são o das Amazonas e Paraguai ou da Prata –, como se abraçam e quase se tocam neste lugar famoso das suas remotíssimas fontes (nascentes), sem embargo de que logo se apartam com tão prolongado percurso como se sabe, quase diametralmente oposto: o primeiro deles para o Norte, o segundo para o Sul fazendo as suas respectivas bocas no oceano (Atlântico), perto de 1.000 léguas de distância uma da outra. Acha-se o dito istmo, na latitude da ilha do Ferro, 310 graus e 90' e na latitude Meridional de 15 graus e 49'." [87]

Depois desta exposição, acrescenta Lívio Ferreira:

A esse respeito escreve Alfredo d'Escragnoille Tanay: "O genial Sebastião José de Carvalho, Marquês de Pombal, na grandiosidade dos seus pensamentos – com que buscava dar ao pequeno Portugal, amplitude de extenso respeitável reino fazendo por meio de ordem e de energia de administração –, surgiram glórias passadas e perdidas, e olhou com particular desvelo para o Brasil, e nele viu congregados todos os fatores preciosos, a bem dos seus mais vastos e patrióticos intuitos".

---

87. *A Engenharia Militar do Brasil e no Ultramar Português Antigo e Moderno.* Exposição Lisboa 1960. Ortografia atualizada pelo autor. Dele são as palavras entre parênteses.

Além dessas, outras referências no mesmo diapasão são feitas ao Marquês de Pombal pelo lúcido Lívio Ferreira. Mas o que se deve ter em mente é que a ideia de mudar o reino de Portugal para o Brasil já fora preconizada por Martim Afonso de Sousa, em 1532. Isso ocorreu em sua breve estadia no País quando fundou a Vila de São Vicente, a primeira no Brasil. Perante os relatos que se nos apresentam, intui-se que não foram os Ingleses os articuladores ou aliciadores do propósito de fazer com que o Príncipe-Regente transferisse a Corte de Lisboa para o Rio de Janeiro. Foi, sim, a visão de estrategista do arguto estadista filho de Dona Maria I.

Se alguma hipótese há a considerar neste episódio sobre os ingleses, esta é o fato de estes terem escoltado, com quatro navios de guerra, a longa travessia do Atlântico da numerosa esquadra portuguesa. Nesta vinha toda a Corte de Dom João e toda a sua fortuna particular e de seus súditos. Porém, mais uma vez, a brilhante ideia de transferir a Coroa Real para o Brasil, foi toda ela urdida por alguns ministros, pela Corte e pelo próprio Dom João, que pode ser considerado o autor intelectual desta articulada e bem calculada medida. Houve uma preparação refletida e uma programação inteligente e amadurecida, que não escapou ao fino e penetrante crivo do Clemente. Dedicou-se de corpo e alma a esta inteligente tarefa, depois de Bonaparte deflagrar o bloqueio continental contra a Inglaterra, pensando que faria com Dom João e toda a Corte portuguesa o mesmo que fez com todas outras Cortes da Europa: cooptar ou coagir Portugal para combater os seus maiores inimigos, os ingleses. Não conseguiu.

O embarque dos componentes da Corte do Príncipe fez-se em ordem, sem afobações e sem sobressaltos. Tanto é que, antes de embarcar para o Brasil, Dom João havia dado, com toda a tranquilidade, a mão a beijar ao seu povo, no cais de Belém, como era o costume, no dia 28 de novembro de 1807. Há quem diga que o Regente não se retirou do país pela presença das tropas de Junot, e sim pela traição de que foi vitima: ou seja, a manobra espúria articulada por alguns dos seus vassalos comandados pela maçonaria, sempre prontos a entregar a Pátria à sanha usurpadora de Godoy e de Napoleão Bonaparte.

Quem informa, com precisão, como se processou este traslado é Lisboa de Mendonça:[88]

> *Eram cerca de 15.000 pessoas, com todas as riquezas que podiam transportar. Obras de Arte que serviram de embrião aos nossos museus, milhares de livros preciosos que serviram de base para a nossa hoje importantíssima Biblioteca Nacional, e tantas outras preciosidades que com as cortes foram transportadas. A esquadra portuguesa era composta por oito Naus, quatro Fragatas, doze Brigues, além de navios mercantes. Vinha acompanhada por uma divisão inglesa comandada pelo Almirante Sir Sidney Smith. Ao todo mais de 50 navios.*

Como informamos, os navios ingleses eram apenas quatro, de guerra, que se encontravam atracados no porto de Lisboa naquela altura do embarque. Talvez por isso o boato de que a ideia da Família Real ter sido trasladada para o Rio de Janeiro se deva aos ingleses. Isso é absolutamente inverossímil. Acompanharam o Príncipe-Regente as altas figuras do reino, além de sua mulher, Dona Carlota Joaquina, os seus filhos, e a sua mãe,

88. Mendonça, Lisboa. Op. cit., p. 336.

a rainha Dona Maria I. Também viajaram para o novo reino todos os ministros – incluindo os do Supremo Tribunal de Justiça, juízes, altos funcionários do governo, membros integrantes da administração pública e grande parte da nobreza e do alto clero português. Igualmente, vieram Intelectuais, artistas, músicos, poetas e escritores e quase todos os arquivos da administração.

O Regente trouxe suas jóias e móveis particulares, em especial aqueles mais raros e valiosos, com entalhes em ouro, obras de arte vindas da Índia, da China e do Japão. Sem falar dos valores guardados nos cofres públicos do Reino em barras de ouro. Além de toda a sua fortuna pessoal, contando com cerca de 180.000$00 (cento e oitenta mil cruzados em moedas de ouro), e outras riquezas que escaparam ao crivo do ministro das finanças do Reino. Parte significativa dessas riquezas, Dom João destinou à fundação do Banco do Brasil. Outra parte foi para a construção de palácios, como a Quinta da Boa Vista, no Rio de Janeiro, ou ainda de edifícios de elevadíssimo valor, para a instalação dos vários ministérios, tribunais, os quais ainda hoje encontramos no Rio de Janeiro e noutras cidades brasileiras.

A transferência do governo de Lisboa para o Rio de Janeiro só veio beneficiar o Brasil. Contudo, porque o governo confiscou (mas pagou) algumas casas de brasileiros para instalar, de imediato, certas repartições do governo, necessárias à boa administração pública, veio logo uma chuva de críticas. Tais críticas ainda hoje são veiculadas nos livros de História do Brasil e ensinadas, com certa dose de veneno, nas escolas às crianças. Assim o faz Jorge Caldeira:

A instalação da Corte foi resolvida à moda absolutista: funcionários percorriam as ruas pintando nas melhores casas, as letras P e R – "Príncipe Regente" – interpretada pelo povo como "Ponha-se na Rua".[89]

Não sabemos se isto é verdade. Talvez se trate do mesmo caso do historiador que escreveu a história equivocada de Guarulhos. Continuando, na trajetória de Dom João, quando passou por Salvador, na Bahia, demorando-se ali apenas oito dias, instalou o governo nesta cidade. Neste curto lapso de tempo, o Príncipe Regente tomou a primeira e mais importante medida de caráter econômico político e administrativo para o Brasil. No dia 28 de janeiro de 1808, determinava Dom João a José da Silva Lisboa que redigisse uma carta régia a favor da abertura de todos os portos do Brasil às nações amigas do Reino Unido de Portugal, Brasil e dos Algarves. Eis o conteúdo do texto da carta régia de abertura dos portos:

Conde da Ponte, do meu Conselho, Governador, e Capitão General da Capitania da Bahia, Amigo: Eu Príncipe Regente vos Envio muito saudar, como aquele que muito Amo. Atendendo a representação, que fizeste subir à minha Real Fazenda em razão de críticas, e públicas circunstancias da Europa, e querendo dar sobre este importante objeto alguma providencia pronta e capaz de melhorar o programa de tais danos: Sou servido Ordenar inteira, e provisoriamente, enquanto não consolido um sistema geral, que efetivamente regule semelhantes matérias, o seguinte:

89. Caldeira, Jorge. Op. cit., p. 123.

PRIMO: que sejam admissíveis nas Alfândegas do Brasil todos e quaisquer Gêneros, Fazendas, e Mercadorias transportadas em meus navios ou em navios estrangeiros das potencias, que se conservam em paz e harmonia com Minha Real Coroa, ou em navios de meus vassalos...

SEGUNDO: que não só os meus vassalos, mas também os sobreditos estrangeiros possam exportar para os portos, que bem lhes parecer o benefício do Comércio, e Agricultura, que tanto Desejo promover, todos e quaisquer gêneros, e produções coloniais, à exceção do pau-brasil, ou outros notoriamente estancados, ficando entretanto como em suspenso, e sem vigor as Leis, Cartas Régias, ou Outras Ordens, que até aqui proibiam neste Estado do Brasil, o recíproco Comércio e Navegação entre os meus Vassalos e Estrangeiros...

Escrita na Bahia, aos vinte e oito de Janeiro de mil oitocentos e oito – Príncipe Regente – Conde da Ponte. Bahia 28 de janeiro de 1808.[90]

Enquanto eram tomadas essas providências governamentais no Brasil, simultaneamente, ocorriam rebeliões, de Norte a Sul de Portugal, contra os franceses e espanhóis invasores. E, enquanto a Corte de Dom João VI se instalava no Rio de Janeiro, Portugal era devassado e destruído pelos exércitos destes dois países. Porém, bem ao contrário de Portugal, o Brasil iniciava um surto de desenvolvimento, pela força dos portugueses que se desdobravam em múltiplos esforços em sua nova pátria brasileira.

Os profetas foram pródigos em asseverar que, cedo ou tarde, algum rei de Portugal viria sentar-se no trono do Brasil e dele comandar todo o

90. *Revista de História*, jan.-mar. de 1939, nº 37, p. 179.

grande Império ultramarino português daquela época. As profecias tardaram, mas não falharam. Passados justamente 300 anos do descobrimento, viria Dom João VI comandar, do Brasil, todo o vasto império português da África, da Índia, dos arquipélagos da Madeira, dos Açores e de Cabo Verde etc. Não obstante o Príncipe-Regente ter diversos lugares em seu império ultramarino para se alojar com sua corte, preferiu o Brasil. Talvez os historiadores atribuam este fato ao clima, à segurança ou ao melhor desenvolvimento do Brasil do que ao de Angola, de Guiné Bissau ou de Moçambique etc. Nada disso seria relevante para o Regente. A visão dele era dirigida a outra situação muito diferente, que mais adiante esclareceremos.

Todos os países da Europa tinham aderido ao bloqueio continental imposto por Napoleão. O Príncipe-Regente, com 15 mil pessoas deslocadas de repente de um lugar para outro, tinha de abastecer essa gente de víveres, roupas, calçados e outras necessidades das quais o Brasil, naquele momento, não dispunha. O que fazer então? Mandava o bom senso importar esses artigos necessários à economia. Mas importar de onde e de quem? Todos os países estavam impedidos de fornecer seus produtos aos inimigos da França de Napoleão. Só se os importasse da Inglaterra, que era o único país a quem a França não podia proibir e nem impor nada. Foi o que aconteceu.

Dizem os desinformados, em tom de crítica, que o primeiro empréstimo contraído pelo Brasil ao estrangeiro foi feito por Dom João ainda quando Príncipe-Regente. Não poderia ser de outra maneira. Se considerarmos os acontecimentos da época, como poderia o Regente enfrentar as despesas do novo reino, de um momento para outro, com tudo por fazer, sem recorrer à ajuda estrangeira? Qual seria a saída que o país tinha para enfrentar as primeiras dificuldades financeiras, sem recorrer ao expediente de empréstimos? Em especial, quando se tinha em mente imprimir um projeto de forte impulso desenvolvimentista ao novo Estado, como não contrair dívidas? Não haveria outra solução senão a de contrair alguns empréstimos com os Estados amigos. E, naquele momento, a única alternativa que se apresentava era a Inglaterra. Os outros países estavam envolvidos e dominados pelos franceses, consequentemente inimigos da Coroa portuguesa e simultaneamente da brasileira.

Recorrer aos Estados Unidos não era possível porque esse país, naquela época, não representava nada no contexto mundial das nações. Absolutamente nada. Portanto, o governo de Dom João, de forma alguma, poderia contar com a nação americana. Mas o fato é que o Brasil usufruiu de enormes vantagens com a transferência da Corte para o território brasileiro, mormente com a abertura dos portos às nações amigas, pelo decreto de Dom João. Daí ter o Regente a necessidade de adaptar e construir novos portos no País porque os que estavam em uso eram medíocres e mal apetrechados para embarcar e desembarcar as enormes quantidades de produtos importados e exportados.

Impunha-se, desde logo, uma nova realidade ao País a fim de fazer frente à demanda repentina do aumento da população de um instante para outro. A seguir vislumbra-se a necessidade de muitas obras de infra-estrutura, nas quais o Príncipe Regente empenhou sua força e capacidade. Surgem os primeiros empréstimos que a Coroa teve de suportar para poder fazer frente às exigências do País, que se expandia em todos os sentidos. Valores exorbitantes eram contraídos para fazer face às violentas despesas. Todavia, tais recursos proporcionaram grande surto de desenvolvimento.

Mas Dom João, apesar das críticas gratuitas que lhe fizeram seus desafetos, já em 10 de abril de 1808, assinava outro alvará permitindo e incentivando a instalação de várias indústrias no Brasil. Portanto, um mês depois de assinar o primeiro decreto, adotava nova medida com a intenção única de favorecer as terras brasileiras, às quais tanto se dedicou. Abaixo o texto do segundo decreto ou alvará, como lhe chamavam naquele tempo:

> *Eu o Príncipe Regente faço saber aos que o presente alvará virem que desejando promover e adiantar a riqueza nacional, e sendo um dos mananciais dela as manufaturas e a indústria que multiplicam, e melhoram, e dão mais valor aos gêneros, e produtos da Agricultura, e das artes, e aumentam a população dando que fazer a muitos braços e fornecendo meio de subsistência a muitos dos meus vassalos, que por falta deles se entregaram aos vícios da ociosidade e convindo remover todos os obstáculos, que podem induzir e frustrar tão vantajosos proveitos. Sou servido abolir revogar toda e qualquer proibição que haja a este respeito no Estado do Brasil e nos meus domínios Ultramarinos e Ordenar que daqui em diante seja lícito a qualquer dos meus Vassalos, qualquer que seja o País em que habitem, estabelecer todo o gênero de manufaturas, sem excetuar alguma para o que ei por bem derrogar o Alvará de cinco de janeiro de mil seiscentos e oitenta e cinco, e qualquer Lei ou Ordem que ao contrário decidam.*[91]

---

91. Castro, Therezinha de. *História Documental do Brasil.* Rio de Janeiro: Record, pp. 96 e 97, 1968.

É flagrante que a ideia de independência do Brasil começava aqui e não em 7 de setembro de 1822, como querem os mais tradicionalistas. O conjunto de leis, alvarás, ordens de serviço e portarias instituídas pelo Príncipe-Regente são prova irrefutável de que a emancipação do Brasil estaria para breves dias. Não obstante não serem bem claros os intentos e o resultado do conjunto dessas leis, o que estas deixavam sutilmente antever era uma bem vincada ideia de independência ou de um novo Estado do Brasil, prestes a nascer.

Os documentos não dizem sobre as intenções do soberano ao assinar tais decretos e ordens. Mas, no seu pensamento e no de muitos brasileiros, vislumbram-se essas intenções de independência, mormente daqueles que já haviam participado de movimentos de libertação nacional. Portanto, esta reflexão leva-nos a outra: Por que Dom João não tencionava voltar a Portugal? Que motivos teria para se opor irreverentemente a seu comparecimento a Lisboa? Por que o desejo de ficar em terras brasileiras? Não seria por querer se tornar rei do Brasil, como anteriormente preconizara o Marquês de Pombal ao seu avô, Dom José I? Talvez.

No que se refere à política externa brasileira, as dezenas de atos políticos, administrativos e financeiros, praticados por Dom João VI, favoreceram enormemente o Brasil. Mesmo considerando que o País se via obrigado, pelas circunstâncias da política internacional, a seguir correntes econômicas diferentes, nomeadamente as que emanavam das potências aliadas, em consequência do bloqueio continental. Em relação à política interna, as medidas adotadas pelo governo tiveram grande repercussão, em especial no que tange ao desenvolvimento político, econômico, financeiro e administrativo, com enorme relevo para a educação e para a cultura nacional.

Com a assinatura da carta de abertura dos portos às nações amigas, o Brasil poderia, dali em diante, negociar com quem bem entendesse e melhor lhe aprouvesse. No início, esta proposta beneficiava somente a Inglaterra, tendo em vista a situação em que Dom João pegou o reino para administrar, sendo obrigado a assinar este tratado. Com a evolução dos acontecimentos e a queda de Napoleão, a situação mudou e o rumo dos negócios também. Como o tratado não determinava quem eram as nações amigas, os portos brasileiros viviam atulhados de navios dos mais diferentes países, na maioria das vezes de nações não tão amigas.

Além do mais, o alvará que permitia a instalação de manufaturas em território nacional fez com que o Brasil fosse impelido a fabricar seus próprios produtos de maior necessidade, originando muitas indústrias que passaram a produzir riquezas expressivas para a nação. Foi o que aconteceu com as inúmeras fábricas de tecidos de algodão e a iniciação no fabrico de calçados. Outro setor que se desenvolveu bastante nesta época foi a siderurgia nacional, quando foi instalada a primeira usina perto da cidade de Congonhas do Campo, em Minas Gerais. Também foi inaugurada uma fábrica de pólvora nas margens da Lagoa Rodrigues de Freitas, no Rio de Janeiro, e que permitia ao Brasil fazer os seus apetrechos de guerra.

No setor bancário, Dom João criou o Banco do Brasil, inaugurado em 12 de outubro de 1808, uma de suas mais importantes iniciativas no País. Com o capital inicial 1.200.000$000 (um milhão e duzentos mil réis), representados por 1.200 ações (garantido pelo ouro trazido de Portugal, pertencente à sua fortuna pessoal), o banco foi o primeiro implantado em todo o território do império português daquela época.

No início, era permitido ao Banco do Brasil emitir papel moeda pagável à vista, garantido, todavia, por um fundo em ouro e depositado no banco. Logo a seguir, veio a instalação da Casa da Moeda, com o objetivo de solucionar o crédito à indústria e ao comércio, para possibilitar maior desenvolvimento da economia brasileira. Naquele momento, foi uma medida eficaz e de grande alcance nacional.

Sobre o aspecto político-administrativo, o Brasil, elevado neste momento a membro integrante do Reino de Portugal e dos Algarves e sede do Império, passou a ser dirigido por um ministério constituído de três pastas: a de Negócios do Reino; a de Negócios Estrangeiros; e a da Guerra e dos Negócios da Marinha e Ultramar. Os ministros que ocupavam estas pastas eram escolhidos por Dom João VI. Paralelamente, foram criados, no Rio de Janeiro, outros órgãos da administração pública, à semelhança do que já existia em Lisboa, como, por exemplo, o Conselho de Estado (que tratava de consultas); o Supremo Conselho Militar de Justiça (que servia para aplicar as leis); a Intendência Geral da Polícia (que resolvia as questões policiais e a fiscalização das obras, transportes e o combate aos incêndios); a Casa da Suplicação (funcionava como tribunal de última instância); o Erário Régio, o Conselho da Fazenda e outros institutos que faziam parte de um governo legalmente constituído.

No que tange à política externa, é relevante que se diga como Dom João VI agiu em represália ao que os franceses e espanhóis fizeram durante a ocupação de Portugal. Já foi dito que, traiçoeiramente, franceses e espanhóis invadiram o País quando a Família Real exercia o poder do seu Reino e garantia sua independência. Eis uma das causas de Dom João escolher o Brasil para fixar os poderes do Império Marítimo português:

exercer, a partir do Brasil, o poder sobre seu reino e garantir sua independência. Dessa forma, em represália a estes atos de usurpação tanto da França como da Espanha, ao chegar ao Brasil, Dom João mandou os seus exércitos invadir a Guiana Francesa e tomou o Uruguai aos espanhóis, que passou a chamar-se Província Cisplatina. Esta ficou sob o domínio do País até 1825. Três anos depois da Independência do Brasil, Dom Pedro I, pela sua incompetência, perdeu esta província sulina, que custara tanto sacrifício a seu pai.

Quanto à cultura, verifica-se, outrossim, um surto de desenvolvimento do Brasil nesta área porque acompanhou a Corte grande número de intelectuais, artistas, homens de letras etc. Para colocar o País à altura das grandes potências, era necessário tomar medidas a fim de facilitar a expansão cultural da nação. Foram criadas escolas de ensino superior (muito embora já houvesse os colégios que correspondiam às faculdades), como as duas escolas de cirurgia, uma na Bahia e outra no Rio de Janeiro; foi instalada a Imprensa Real, em 1810, mais tarde responsável pela publicação do primeiro jornal brasileiro, a Gazeta do Rio; fundou-se a Biblioteca Real, em 1810; o Museu Real, em 1818; o Horto Real, hoje Jardim Botânico, em 1811; a Academia de Belas Artes e a Academia Real Militar, em 1811, todos no Rio de Janeiro.

Além de implantar todos estes benefícios, o Príncipe-Regente elevou o País à condição de Reino Unido de Portugal, Brasil e dos Algarves, em 1815. Com a morte de sua mãe, Dona Maria I, nesse ano, sendo ele o único herdeiro da Coroa portuguesa, foi aclamado Rei de todos brasileiros e portugueses. E de todos os rincões do Império português, de aquém e de além-mar, em África, nas Índias, nos arquipélagos da Madeira, dos

Açores, de Cabo Verde etc. Depois de ter feito tantas obras e benfeitorias e de modernizar o Brasil o mais que pôde, ainda há gente que fale mal de um administrador desta envergadura. Há uma petulância e um despreparo dos sociólogos, ensaístas e biógrafos quando julgam tão mal um governante que, em apenas 13 anos de governo, construiu, implantou e colocou em funcionamento tantas obras importantes. Mesmo assim, não conseguiu agradar as penas inflamadas e rotas nem tampouco tapar as bocas da maledicência desses que, certamente, não conhecem a história do Brasil.

XX

Dom João VI Regressa a Portugal

Mesmo depois de ser aclamado rei do império português, com a expulsão das tropas de Napoleão Bonaparte de Portugal, ficou clara e manifesta a intenção do soberano de permanecer no Brasil. Era evidente que esta atitude do monarca preocupava: não convinha aos portugueses do continente europeu que o seu rei permanecesse fora do país onde nascera, por tão longo período, sem razão aparente. Mesmo porque, em primeiro lugar, Dom João era rei de todos portugueses da Europa. Em segundo, porque a sua presença na pátria era uma questão de sobrevivência e soberania da nação portuguesa. Se ele, como rei, se negava a regressar ao país quando este mais precisava da sua presença, seria natural que os portugueses se sentissem frustrados com a demora de seu regresso. Os portugueses o haviam aclamado e, por dever de ofício e obrigação moral, deveria o rei estar presente administrando o seu reino, quando se sabia da situação difícil do país. A nação atravessava uma grande depressão econômica, fruto do caos da invasão napoleônica e da má administração entregue a pessoas estrangeiras, como o general inglês Beresford, a quem foram confiados cegamente os destinos de Portugal.

As finanças em condições precárias e o caos na economia tornavam frágil, quase impossível, a governabilidade do país. Reinavam a indisciplina, a desordem e o desleixo. Era necessário, portanto, pôr ordem no país através da presença de alguém com autoridade para acabar com a situação calamitosa e humilhante por que passavam os portugueses. No entendimento dos lusos, só a presença de sua majestade, o rei Dom João VI, colocaria fim a este estado de calamidade. Apenas Dom João teria condições de restabelecer o orgulho patriótico à pobre massa desgovernada da nação portuguesa nestes momentos cruciais.

O clamor por sua volta era justíssimo. O descaso, a incúria e o relaxamento que se seguiram ao longo período de invasões e guerras expuseram o povo português a privações. Não bastasse, a insegurança e a desconfiança contribuíram intensamente para o surgimento de agitadores e demagogos profissionais. Estes se aproveitavam do caos para difundir suas ideias refratárias a tudo quanto fosse ordem e austeridade, o que aumentou os já enormes prejuízos para as populações desamparadas e famintas de Portugal. Faltava aos lusos uma voz de comando, a voz dos patriotas e nacionalistas capazes de conduzir a nação ao lugar que sempre ocupou, ao lado dos países civilizados do mundo. Deve-se intuir, desde logo, que assim como o rei deixou Portugal e veio para o Brasil por interesses nacionais e patrióticos, agora, também a demora em regressar a Portugal se devia às mesmas razões, as quais passaremos a observar.

Os revolucionários do continente americano, especialmente os da América espanhola, espalharam-se por quase todas as províncias de fala castelhana, proclamando suas respectivas independências: primeiro foram o Paraguai e a Venezuela, em 1811; depois a Argentina, em 1816; seguida pelo Chile, em 1818; e pelo Equador, em 1820. O Peru, o México e as outras províncias da América espanhola, em breve, seguir-lhe-iam os mesmos passos. Foram instituídos, separados da Espanha, esses novos países, com governos republicanos e independentes, logo, refratários às monarquias tradicionais da Europa, como era, por exemplo, a monarquia de Portugal de D. João VI.

No Brasil, as aspirações separatistas davam fortes indícios de que iam seguir a mesma linha política de todos esses países. Porque, dez anos antes, a Bahia e Minas Gerais já haviam tentado a independência, todavia sem êxito pela pronta intervenção do governo. Em 1817, a insurreição republicana de Pernambuco teve enorme repercussão. Em razão destes episódios, o rei sentia que o momento era de perigo e ameaçava a união dos Reinos do Brasil, de Portugal e dos Algarves. No entender de muitos analistas, essa presunção de Dom João VI – preocupado que estava com momento tão conturbado no continente americano – poderia ter sido a causa principal do adiamento de seu retorno a Portugal. Além disso, os súditos brasileiros faziam tudo quanto podiam para satisfazer o desejo do seu soberano, a fim de impedi-lo de regressar a Lisboa.

Não dizem os seus biógrafos, mas é quase certo que Dom João sentia aproximar-se a perda do Brasil, ao qual doara grande parte de sua vida e onde despendeu esforços e sacrifícios para impedir o desligamento desta nação do seu fabuloso império. Parecia haver, por trás desta indecisão calculada, um forte receio de que, se o Brasil se desgarrasse da união com Portugal e se tornasse independente, se tornaria mais uma das várias pequenas repúblicas, como as da América espanhola. O rei enfrentara algumas revoltas e intempestivas manifestações, inclusive de seu próprio filho mais velho. Este se impôs ao pai e, em veementes rasgos de impetuosidade teatral, disse-lhe que não tinha muito mais a fazer no Brasil, quase como a querer expulsá-lo da terra. Dom João anui, contra sua vontade, no seu regresso ao reino de Portugal, também exigido pelas Cortes de Lisboa e pelo povo português.

Em 26 de abril de 1821, depois do tradicional beija-mão de despedida – que, por ironia, foi uma cerimônia lúgubre e oposta à recepção festiva da sua chegada, em 1808 –, largavam os navios com sua Majestade e família, menos, é claro, Dom Pedro. O príncipe ficou no Brasil entre seus pares e, numa parada militar (em aparato teatral orquestrado por ele), fez jurar as bases de uma Constituição nacional. Sequioso do poder, Dom Pedro nomeou um novo governo, deu festas e recepções ostentosas, chamando para si toda a responsabilidade pela vida pública e política brasileira. Em 13 de maio de 1822, durante uma parada militar, encoraja os militares a o aclamar como *Protetor e Defensor Perpétuo do Brasil.* Houve outros incidentes entre pai e filho, inclusive com o envio de uma carta ao pai, em que o Príncipe diz:

> *He um impossível phisico e moral Portugal governar o Brazil ou o Brazil ser governado por Portugal.*

Passados apenas quatro meses, soou, altissonante, nas margens do Ipiranga, o grito de Independência, no dia 7 de setembro de 1822. O Brasil estava livre do jugo português, para o bem do povo e felicidade da nação.

XXI

O desenvolvimento colonial no Brasil e nos Estados Unidos da América do Norte

PRESENTEMENTE, TUDO O QUE É superior, poderoso, inteligente e magnífico – no sentido de pátria ou de potência –, é creditado aos Estados Unidos da América do Norte. Mas a História nos diz que nem sempre foi assim. No mundo moderno, os Estados Unidos dão-se ao luxo de afirmar um pretenso direito de alterar seu passado histórico, seja pelo poder ou pela força do dinheiro. Negam a adoção de práticas não muito corretas na exploração de riquezas de outras nações, inclusive do Brasil, incluindo pressão, anexação e o uso de outras táticas arbitrárias do capitalismo selvagem. Os Estados Unidos abjuram o seu passado o quanto possível, para se manterem na condição de superpotência, de guardiões da moralidade da democracia, dos direitos fundamentais do homem, no mundo que eles reputam e enfatizam como civilizado.

Demonstramos como eram os Estados Unidos antes da sua Independência, e como se comparava ao Brasil naquela época. Falamos sobre a superioridade do Brasil de então, em todos os sentidos: na grandeza territorial (10 vezes maior do que a das 13 colônias Inglesas, em 1776), na maior população (4 milhões de habitantes brasileiros contra 1,5 milhão de norte-americanos), na indústria, no comércio ou ainda na cultura, nas artes e na arquitetura, enfim, em todas as áreas e setores de desenvolvimento. Contudo, há muito a explicar ao caro leitor sobre o porquê de o Brasil não poder prosperar, nos séculos seguintes ao Período Colonial, como prosperou aquela nação do Norte do continente. Há ainda grandes questões para ser abordadas sobre os erros e empecilhos que não deixaram o Brasil evoluir como nação rica e poderosa, como evoluiu aquele país.

Foi referido anteriormente o grande surto de desenvolvimento nacional impulsionado pelas ações do rei Dom João VI, durante os 13 anos de seu governo à frente do reino do Brasil. Graças a sua visão de estadista e à sua obstinação para derrotar seus inimigos europeus. Aliás, alguns historiadores já atribuem a Dom João a derrota de Napoleão. Se analisarmos bem os fatos da marcha do general, foi em Portugal que se deram os primeiros reveses dos exércitos franceses. Seja como for, Dom João VI fez mais pelo Brasil durante os 13 anos de seu profícuo governo do que todos os outros governantes antes e depois dele. Salvo talvez dois grandes governantes brasileiros: Getúlio Vargas e Juscelino Kubitschek de Oliveira, já em meados do século XX, que, em nosso entender, se lhe equipararam.

Para efeitos de comparação, o Brasil, com a transferência da corte de Lisboa para o Rio de Janeiro, alcançou enorme projeção internacional. O seu indiscutível avanço em relação aos Estados Unidos da América do Norte foi, indiscutivelmente, de longe, mais importante que todas as intervenções da Inglaterra no país norte-americano. O parque industrial brasileiro, com suas usinas de açúcar, não se comparava ao que existia nos Estados Unidos: no final do século XVII, existiam no Brasil 270 usinas produzindo açúcar. E estima-se que entre 450 e 500 usinas, no final do século XVIII. Apenas o parque industrial brasileiro de usinas de moer cana, naquele tempo, valia mais do que tudo que existia na área industrial nos Estados Unidos.

Além das grandes dificuldades impostas pela grande extensão e pelo relevo acidentado do território brasileiro, em contraste com as planícies dos Estados Unidos, os portugueses despenderam enormes esforços para desenvolver um País destas proporções naquelas remotas épocas, sem o auxílio de ferramentas apropriadas e de máquinas para tal fim. Assim mesmo, o colonizador luso fez, de uma terra de berberes, um País com suas fronteiras bem vincadas já no ano de 1639, quando Pedro Teixeira colocou um Padrão para demarcar a fronteira brasileira no Amazonas, na povoação de Franciscana (fundada por ele).

Alguns historiadores, sociólogos, antropólogos, homens de letras e artistas brasileiros têm cometido uma série de injustiças contra os primeiros povoadores do Brasil. Não apenas no que se refere à colonização, mas, sobretudo, quanto ao método como se desenvolveram os primeiros movimentos coloniais. De alguns, observamos o desdém ao dizerem da falta de engenhosidade dos lusos ao apenas povoarem o litoral brasileiro, deixando o interior por povoar, sem a atenção necessária ao desenvolvimento nacional. De outros, especialmente os antropólogos, do método da caça ao índio, das matanças e aprisionamentos dos silvícolas. E ainda de outros, em especial os sociólogos, preconizando que os portugueses vinham para o Brasil buscar o ouro e pedras preciosas e depois partiam para Portugal para gastar a fortuna arrancada fácil da terra.

Mas o que não se compreende é que, nesses três aspectos – ocupação territorial e povoação, caça às populações indígenas e busca de riqueza fácil – esses críticos não comparam os colonizadores do Brasil com os das treze colônias americanas. Quando comparam, não dizem a verdade, como, por exemplo, Viana Moog, que compara os nossos Bandeirantes aos Pioneiros americanos, sem se ater às diferenças das épocas, os quase 200 anos que separam os dois movimentos colonizadores.

Ao longo de vários capítulos, vimos contestando essas inverdades sobre os antepassados brasileiros. Não queremos com isso esconder os erros nem os casos incorretos, normais em qualquer processo histórico ou humano, mas estes não foram regra. Neste sentido, há as comparações entre as colonizações lusas e as feitas pelos ingleses, franceses e holandeses, sobretudo destes últimos com referência aos 25 anos que se instalaram na Capitania de Pernambuco. Esta passou a servir como exemplo de colonização de alto valor patrimonial, pela simples razão de terem eles construído a cidade do Recife – o que não se pode negar, mas também é preciso dizer como isso aconteceu.

Não obstante entendermos essas referências injustas e caluniosas sobre questão tão controvertida, não compreendemos que estas críticas sejam aplaudidas pelas elites brasileiras, com honrarias e benesses. Se falassem por desconhecimento, ainda se poderia desculpá-los. No entanto, esses elementos sabem o que dizem e o que escrevem, mas servem-se desse expediente somente com a intenção de se locupletarem. É muito comum esses difamadores comparar o passado colonial brasileiro com exemplos das colonizações dos ingleses das 13 colônias ou dos holandeses da Capitania de Pernambuco. Como já afirmamos, por onde estes passaram e colonizaram, nada deixaram de positivo, a não ser a prepotência e a indiferença com relação aos autóctones, muito ao contrário dos portugueses. Veja-se o caso das Guianas, fronteiriças ao Brasil. O que progrediram esses países até hoje? Que nós saibamos todos os povos que ali residem vivem na miséria e ainda são protetorados das três nações mais laureadas e badaladas por parte de vários brasileiros.

A posição da Índia, onde os ingleses lá estiveram mais de 100 anos, não é melhor do que a do Brasil, em termos de produção de riquezas e nem de bem-estar social do seu povo, em relação ao povo brasileiro. Os ingleses dominaram a Índia até 1948, e o povo indiano vive uma das maiores exclusões sociais do mundo, apesar de ser uma civilização milenar e das mais antigas. Como se explica esse fenômeno? O mesmo acontece com a Indonésia, onde a Holanda lá esteve por mais de 400 anos, e a população vive uma das maiores exclusões mundiais. Portanto, não há que invejar as colonizações desses países que nem deixaram rastro das suas andanças pelo mundo.

Os principais fatores do atraso do Brasil em relação aos Estados Unidos da América do Norte deram-se, em especial, nos últimos 180 anos, e devem-se, em primeiro lugar, à mediocridade dos governantes brasileiros; em segundo, à desonestidade dos políticos; e, em terceiro, à corrupção generalizada que assola a nação brasileira. O resto são desculpas e ilações tiradas do bolso do colete. A corrupção, a desonestidade e a mediocridade dos políticos brasileiros, coadjuvados por alguns sociólogos e ensaístas modernos, têm sido, ao longo destes últimos cento e oitenta anos, as grandes responsáveis pelo atraso do Brasil. Para acobertar suas incapacidades, costumam jogar a culpa pelo atraso do País à – no dizer deles – péssima colonização portuguesa, e via de regra, comparam-na à colonização dos Estados Unidos da América do Norte.

Não se pode esquecer que o atraso brasileiro, em relação aos Estados Unidos, apenas começou a evidenciar-se depois das duas grandes guerras mundiais, quando o Brasil também poderia ter acompanhado o desenvolvimento industrial mundial se tivesse homens a dirigi-lo à altura do americano Thomas W. Wilson, estadista de talento e de ações notáveis. Wilson governou os Estados Unidos de 1912 a 1921, com um estilo que misturava autoritarismo e índole democrática. Foi, todavia, um governante de formação e ideias políticas pacíficas.

Ao entrar, quase obrigado, na Primeira Guerra Mundial, depois de os submarinos alemães afundarem vários navios em seu próprio território, fez valer os direitos do seu país. Discutiu em pé de igualdade com os maiores lideres mundiais daquela época. Terminada a guerra, se deslocou à Europa e apresentou às grandes potências e ao mundo os 14 pontos que entendia serem relevantes para a paz mundial. Retirando-se da vida política, foi ganhador do Prêmio Nobel da Paz. Além de ser grande estadista, deixou várias obras escritas de relevância para a democracia. Morreu em 3 de novembro de 1924. Depreende-se desse exemplo que um país só pode ser grande se tiver líderes de envergadura para governá-lo, caso contrário, estará fadado a ser um pequeno país, ainda que tenha um grande território, como é o caso do Brasil.

Nesse aspecto, um dos maiores exemplos de liderança está na história dos povos árabes. Maomé, fundador da religião islâmica, conseguiu, através da sua fé, unir os árabes e construir um dos grandes impérios do mundo. Antes de Maomé, os árabes eram povos atrasados, bárbaros, desunidos e corruptos. Porque suas tribos de beduínos não se entendiam, eram facilmente derrotados pelos seus inimigos e rivais naturais. Muhamad-ibn-Abdalag-ibn, nome de Maomé, nasceu na cidade de Meca, em março do ano 570. Mesmo descendendo de uma família rica, teve uma infância infeliz porque sofria de epilepsia. Quando lhe davam os espasmos epilépticos, dizia que tinha visões. Após uma vida tumultuada pelas guerras de sua tribo com outras, chegou finalmente à liderança de seu povo e fundou o islamismo. Unindo todas as forças, impondo austeridade e confiança, dando bons exemplos a seu povo, conseguiu formar um grande império que abrangia todo o Norte de África, a Península Ibérica, mais a Arábia e a Pérsia. Governou essas regiões por largos anos com sabedoria e mão de ferro.

E o Brasil? O Brasil é um País rico e grande e que poderia ser poderoso se tivesse governantes à altura da sua grandeza e riquezas. Porém, nunca os teve, muito menos depois da implantação da República.

Capítulo V

XXII

A Independência do Brasil comparada à dos Estados Unidos

A Declaração de Independência do Brasil, em 1822, não foi um ato nacionalmente unânime. Algumas províncias – como Bahia, Cisplatina, Maranhão, Pará, e Piauí – foram contra a declaração e resistiram. Depois de algumas escaramuças entre os focos de resistência, todos se renderam, anos depois, aos militares de Dom Pedro I. Mas, ao aderirem ao movimento de Independência, as províncias o fizeram sem grandes morticínios e guerras hediondas (excluindo a Província Cisplatina que, simultaneamente, declarou sua independência com o nome de República Oriental do Uruguai, que hoje ostenta). Diferente do que ocorreu nas treze colônias americanas, com sua guerra de independência contra os ingleses.

Foi notável o empenho das tropas brasileiras comandadas por Dom Pedro I no enfrentamento dos pequenos núcleos dos exércitos remanescentes das províncias não-alinhadas à Independência ou que não tinham aderido a esta. Contudo, por que as tropas de Dom Pedro não tiveram o mesmo espírito de luta e fervor patriótico no combate à sublevação na Província Cisplatina? Pergunta-se, principalmente, sabendo-se que Dom João havia despendido enorme esforço para conquistar aquela província aos espanhóis, em represália à anexação da portuguesa Olivença pelo reino espanhol, durante as invasões napoleônicas. O fato é que Dom Pedro não deu importância à desvinculação do Brasil daquela província. Talvez porque, naquele momento, os portugueses que viviam no Brasil eram os grandes inimigos tanto do imperador quanto dos nacionalistas. E o dever mais alto era combater os lusos, com elevado espírito patriótico. Por isso, não se empenharam no combate ao movimento uruguaio, como o fizera contra os portugueses. Como disse o historiador Rocha Pombo, a Independência do Brasil era precária e merecia atenção:

> *A Independência estava proclamada, mas ainda não estava feita, pois a soberania da nova ordem política não se estendia ainda por todo o Brasil.*[92]

Dom Pedro, cioso dos seus deveres, reforçou as forças armadas nacionais, mesmo sendo estas suficientes para enfrentar seus frágeis adversários locais. Não obstante estar ciente de que suas forças militares eram poderosas, ainda assim, realizou um recrutamento forçado, admitindo nas fileiras desse novo exército milhares de escravos (com aquiescência de seus senhores). Recorreu também à formação de um regimento formado por mercenários estrangeiros: ingleses, austríacos, italianos e grande quantidade de condenados nas prisões públicas nacionais, oferecendo-

92. Pombo, Rocha. *História do Brasil.* São Paulo: Melhoramentos, 1961.

lhes, em contrapartida, o perdão pelos delitos cometidos. As medidas deram fim à fraca resistência que os portugueses refratários à Independência mantiveram durante certo tempo. Evitou-se, dessa forma, algum possível desmembramento do território nacional, como já acontecera na América espanhola.

Não tardaram as primeiras críticas ao governo do imperador. E estas surgiram contundentes no seio dos próprios adeptos de Dom Pedro e de seu governo. Segundo alguns historiadores, as severas críticas tiveram origem no excesso de gastos do Império, mas se estenderam às políticas e ao comportamento de Dom Pedro: primeiro, o imperador contraíra muitas dívidas para manter um exército desnecessário, além de uma nababesca Corte; segundo, pela sua paixão desmedida por uma dama da Corte; terceiro, por não se dedicar como deveria aos negócios do Estado e deixar o Banco do Brasil ir à insolvência, como resultado do descontrole da balança comercial, o que resultou na instabilidade financeira, administrativa e política do Império; quarto, à pouca importância que o imperador dispensou à causa da Província Cisplatina.

Quase dois anos antes, Dom Pedro fora aclamado defensor do Reino do Brasil, e agora via brotar novas ideias sobre seu comportamento autoritário e intempestivo, no comando da nova nação brasileira. Já em 1824, Pernambuco, com o apoio de algumas províncias, se sublevara contra a monarquia, ao promover uma revolução, chegando a proclamar a sua independência, com o nome de *República da Confederação do Equador*. Encabeçava esse movimento Manuel Carvalho Pais de Andrade, que tinha à sua retaguarda o frade carmelita Joaquim do Amor Divino Caneca, o Frei Caneca, que, com suas crônicas num jornal do Recife, atacava violentamente o imperador e defendia a separação das províncias do Nordeste do eixo São Paulo – Rio de Janeiro.

Dom Pedro enviou um exército de 1.200 homens fortemente armados para submeter os revoltosos, que contavam apenas com alguns fuzis velhos para defender suas ideias. Dom Pedro encarregara para esta missão Francisco Lima e Silva (pai do Duque de Caxias). Do bloqueio marítimo encarregou o inglês Lorde Cochrane, que massacrou os sitiados e a população em geral, perecendo nesta luta desigual enorme quantidade de civis. Pelo relato dos historiadores, foi um assassinato coletivo. Os principais responsáveis pela revolução foram condenados à morte, incluindo o Frei Caneca, que deveria morrer enforcado. Entretanto, os carrascos e os presos comuns se negaram a enforcá-lo. Lima e Silva ordenou que os soldados o amarrassem e o fuzilassem. No momento em que foi dada a ordem para o soldado João Palma atirar, este, sob forte emoção, sofreu uma síncope e morreu. Vendo o colega morto, os outros soldados começaram a gritar: – Milagre! Milagre! Milagre! Não obstante este fato, Frei Caneca foi fuzilado, sem julgamento prévio.

Ocorreram outros episódios semelhantes e esparsos provocados, sobretudo, pela impetuosidade do imperador em querer fazer valer a sua vontade sobre os congressistas brasileiros. Ainda assim, a Independência do Brasil, comparada à Independência dos Estados Unidos da América do Norte, foi pacífica e sem sobressaltos. Mais pela tranquila oposição dos portugueses, de quem D. Pedro esperava resistência, e menos pelos movimentos internos separatistas, contrários aos desmandos autoritários do governo de sua Majestade Imperial.

Já nas 13 colônias, a Coroa inglesa havia entregue o trabalho de colonização e exploração às grandes companhias comerciais porque seus primeiros colonizadores eram oriundos do crime organizado e não confiáveis. Tal como fizera a Holanda, a Inglaterra entregou a exploração, no princípio, às Companhias das Índias Ocidentais, mas colocando em cada colônia um governador com poderes para exercer eficaz fiscalização, tanto dos colonos que para lá se deslocavam, como para observar o cumprimento das leis absolutistas do rei, que empregava toda a sua autoridade nas colônias e as governava com mão de ferro.

Os colonos das treze colônias da América, segundo o historiador francês André Maurois,[93] pagavam à Inglaterra uma taxa pela ocupação da terra, o *Quintrent (Quint Rent)*, que equivalia a 20% do que produziam. Ou seja, os ocupantes das colônias se obrigavam a enviar esse porcentual dos seus ganhos aos cofres da nação inglesa. Além do mais, a Inglaterra exigia que todas as exportações e importações fossem feitas através da marinha mercante inglesa, como forma de proteção à marinha de sua majestade. Mas, como os fretes da marinha inglesa eram mais caros do que os de todos seus concorrentes, esta imposição provocava o encarecimento dos produtos das colônias, tanto nas importações como nas exportações.

A Lei do Melado, de 1733, era outra pedra no sapato dos colonos americanos. Havia ainda outra lei, de 1660, que obrigava os colonos a exportar certos produtos – como o anil, o algodão, o fumo e o açúcar –

93. Maurois, André. *História dos Estados Unidos.* São Paulo: Cia. Editora Nacional, 1946, pp. 81 e 83.

exclusivamente para a Inglaterra. Maurois explica como essas leis criavam situações complicadas para os colonos e negociantes norte-americanos. Por exemplo, um comerciante de uma cidade das treze colônias comprava trigo local, trocava-o em Portugal por uma quantidade equivalente de vinho, trocava depois o vinho na Inglaterra por tecidos e, finalmente, importava para as treze colônias esses mesmos tecidos. Essas triangulações eram tidas como operações lícitas, pois as mercadorias passavam duas vezes pelas alfândegas inglesas, a fim de pagar impostos. Assim era reconhecida a submissão dos colonos e comerciantes americanos.

Os historiadores norte-americanos dizem que os colonos respiravam plena liberdade em todas suas ações. Isto é não é verdade. Eles tinham tantas ou mais restrições quanto os colonos brasileiros, no sentido do seu desenvolvimento individual ou local. Nas treze colônias, havia, por lei, o efetivo monopólio estatal da navegação e do comércio do açúcar e do melado. Já a proibição de cunhar moeda e a presença de um governador em cada colônia deve ser traduzida como falta de confiança nos funcionários subalternos, além de ser evidente o exercício de uma fiscalização rigorosa e permanente em todo território norte-americano das treze colônias.

Além disso, a lei que obrigava os colonos a pagarem o *Quintrent* não tornava a vida deles mais amena que a dos colonos do Brasil. Havia ainda, em cada colônia, a rigorosa presença de vários batalhões de militares, formados apenas por cidadãos ingleses: supõe-se que os colonos eram obrigados a cumprir as leis sobre seus direitos que o congresso de Londres legislava, sem discussão. Sobre o *Quintrent,* é preciso lembrar que era um imposto igual ao *Quinto,* que Portugal cobrava no Brasil. Só que grande parte do *Quinto* ficava no Brasil para custear os salários dos funcionários públicos, construir estradas, ruas, pontes, escolas, igrejas, conventos e fortes para proteger as fronteiras, além de outras obras públicas destinadas ao bom funcionamento das cidades brasileiras. Cidades que ainda hoje revelam a riqueza do Período Colonial, e que, na época, eram muito maiores e mais desenvolvidas do que as das treze colônias americanas. Sobre esse aspecto, reiteramos o que disse o historiador norte-americano R. R. Palmer: os Estados Unidos, antes de sua independência, não tinham nada do que se orgulhassem, a não ser algumas escolas secundárias. Esta verdade era resultado dos muitos compromissos e obrigações assumidos pelos colonos com as autoridades inglesas, que os importunavam com impostos e taxas abusivas, sem nada lhes dar em troca.

Não obstante, é preciso lembrar que os norte-americanos olham e discutem a sua Independência com virtudes inigualáveis e inquestionáveis. Mas, a revolução por eles preconizada deu-se mais em razão direta do Parlamento Inglês aprovar, em 1764, a *Lei do Açúcar*. Era a mesma do imposto do *Melado*, variando apenas em termos de redação, além de incidir sobre outros produtos. Dizia o texto da lei que o numerário arrecadado serviria para proteger as colônias das invasões dos inimigos, e que para tal seria necessário arregimentar um novo e grande exército bem equipado e melhor adestrado. Ficariam responsáveis pela arrecadação dos novos impostos os governadores coloniais, aplicando o mesmo rigor e severidade na arrecadação dos outros impostos já existentes antes dessa inovação.

Natural que tais leis causassem mal-estar entre os colonos americanos, não apenas pela criação de mais um imposto, como também pela alegação, mais uma vez, da defesa das colônias. No ano seguinte, o presidente do Tesouro Nacional inglês veio com a mesma conversa e aprovou a *Lei do Selo*, aplicando-a em todos os documentos da América, alegando justamente a defesa das colônias, como acontecera com a lei do açúcar e do melado. O fato é que os colonos americanos sempre foram submissos e jamais se revoltaram contra seus opressores. Foi a crescente carga tributária e a falta de perspectiva de desenvolvimento que os obrigaram a desobedecer às exigências dos governantes ingleses. Mesmo assim, ainda hoje, a grande maioria dos historiadores norte-americanos não se cansa de se ufanar e de proclamar que, em sua declaração de Independência, atacaram o centro dos alicerces da sociedade do Velho Mundo. Dizer, como o fez o professor e pesquisador norte-americano, Merril Jensen, nos *Ensaios Comparativos Sobre a História Americana*,[94] que a Independência dos Estados Unidos balançou os alicerces da Europa daquela época é, no mínimo, uma anedota histórica. Não há nada mais demagógico do que afirmar isso. A história baseia-se em documentos escritos ou em provas concretas, como nos diz André Maurois:

> *Os Estados Unidos tornaram-se independentes graças à França de Luis XVI, que lhes abonou, emprestou, valiosos dois milhões de libras em ouro, em armas, além de lhes fornecerem vestimentas e muitas armas e materiais de todos os tipos, suficientes para armar um exército de mais de vinte e cinco mil soldados.*[95]

94. Jensen, Merril. In: *Ensaios Comparativos Sobre a História Americana.* Op. cit., p. 33.
95. Maurois, André. Op. cit., p. 148.

Não fossem as ajudas providenciais da França que, além destes subsídios, ainda mandou alguns milhares de homens bem armados e treinados, jamais os Estados Unidos alcançariam a sua Independência. Pois, com vínculos tão fortemente enraizados à Inglaterra e com as limitações de suas lideranças políticas e a pobreza de seus colonos para sustentar uma guerra contra os ingleses, não seria possível tal movimento naquele momento. Haja vista que, George Washington, o primeiro presidente dos Estados Unidos, dispunha, para combater os ingleses e adquirir a independência de seu país, de um exército de apenas quatro mil homens pobre e precariamente armados e muito mal treinados. Teriam de enfrentar os exércitos ingleses otimamente armados e treinados. Portanto, não há motivos para os historiadores americanos do século XX se ufanar com supostos grandes feitos heroicos dessa época. Porque os americanos, enquanto colonos dos ingleses, não eram os campeões da liberdade nem da democracia nem da riqueza, como se preconiza. Pura demagogia.

No tocante à Independência do Brasil, como anteriormente dissemos, ela se deu sem grandes lutas e nem episódios de bravura, a não ser as bravatas inconsequentes de Dom Pedro I. Quanto à ajuda estrangeira, vieram apenas alguns arregimentados amigos do imperador, como o Lorde Cochrane e mais alguns mercenários que nada representaram no movimento da Independência. Foram os nacionalistas brasileiros que cerziram o tecido da liberdade nacional, sem que precisassem de interferências de outras nações no processo brasileiro de Independência.

Já os Estados Unidos da América, se não fossem os estrangeiros (franceses), jamais conseguiriam livrar-se do jugo dos ingleses. Aliás, de todos os países das Américas, as treze colônias foram as únicas que recorreram e receberam ajuda de terceiros países para conquistar sua independência. Diga-se ainda que o melhor monumento antigo que eles ostentam hoje é a Estátua da Liberdade, e foi-lhes oferecida pela França. Hoje, trata-se de uma nação poderosa, mas, como disse, nem sempre foi assim.

XXIII

A primeira Constituição do Brasil

Sufocados todos os movimentos armados contra a Independência e também os movimentos republicanos separatistas, como a Confederação do Equador, era necessário estabelecer nova ordem jurídica, através de uma Constituição válida para todo o extenso território nacional. Assim, em 3 de maio de 1823, foi convocada uma Assembleia Nacional Constituinte, que Dom Pedro, como primeiro mandatário nacional, declarou solenemente aberta. O imperador jurava defender esta Constituição e a Pátria se a nova Carta fosse digna do Brasil e dele próprio. Mas as palavras de juramento do soberano foram interpretadas pelos constitucionalistas como sinais de autoritarismo (na verdade o eram). A partir deste momento, logo começaram os primeiros desentendimentos entre os constitucionalistas. Havia os que eram a favor e os que eram contra o imperador.

Já no decorrer dos trabalhos desta primeira Assembleia Constituinte, os irmãos Andradas e seus correligionários passaram a combater violentamente o imperador. Principalmente quando ele sinalizava que pretendia reservar para si o papel de árbitro das decisões a serem tomadas. Tinha-se como certo o autoritarismo de Dom Pedro. Mas talvez a maior causa da frustração desta primeira tentativa de promulgar a nascitura Carta Constitucional foi a inexperiência dos constituintes em matéria parlamentar. O político e historiador Pandiá Calógeras foi quem descreveu, desta maneira, o comportamento tanto do imperador como dos congressistas nacionais:

> *Em regra, esse primeiro ensaio eleitoral havia enviado ao Rio de Janeiro um bando multicolor de juristas altos dignitários da igreja, párocos da roça e proprietários agrícolas. Nula era a sua competência administrativa e de igual desvalia a sua capacidade prática na técnica parlamentar. Alguns deles, apenas, estavam a cômodo nesse meio tão novo para eles. Alguns deles tinham idéias excessivas sobre sua própria superioridade e olhavam de cima para baixo para os funcionários e membros do próprio Governo, influência da malograda conspiração mineira e da revolução de 1817, em Pernambuco.*[96]

A cada sessão mais se acirravam as discussões e ficavam mais evidentes as divergências entre os homens escolhidos pelo povo e o imperador. Com a adesão da imprensa, acusando de autoritários Dom Pedro I e seus aliados, tornou-se quase impossível se chegar a um acordo político sobre matéria tão difícil de conciliar. Quando o anteprojeto de António Carlos de Andrade e Silva, com 272 artigos, já se encontrava em fase final para ser votado, e possivelmente aprovado pelos congressistas, um polêmico artigo de jornal colocou ainda mais dificuldades ao já difícil entendimento entre congressistas e imperador.

---

96. CALÓGERAS, Pandiá. *Formação Histórica do Brasil.* São Paulo: Editora Nacional, 1980.

O jornalista assinava o artigo com o pseudônimo "*O Brasileiro Resoluto*". Ao ser identificado pelos adeptos do imperador, foi por estes interpelado e espancado. A agressão, que deveria ser levada para esfera policial para a apuração dos fatos, foi levada para a Assembleia pelos deputados da oposição, que passaram a acusar Dom Pedro de ser o seu mandante. Apercebendo-se da dimensão do tumulto que o episódio causou, o imperador tomou medidas enérgicas (como era de sua índole): na noite de 11 de novembro de 1823, suas tropas se reuniram no campo de São Cristóvão, prontas para intervir no recinto do Congresso. A Assembleia, vendo-se ameaçada, declarou-se em sessão permanente, sendo a noite que se seguiu a este episódio denominado como a *Noite da Agonia*. No dia seguinte, Dom Pedro simplesmente dissolveu a Assembleia, prendendo os principais membros da oposição, enquanto outros se exilaram. Entre os exilados estavam os irmãos Andrada, que haviam articulado a Independência do Brasil.

No dia do golpe, Dom Pedro, em discurso patriótico e populista, prometeu uma nova Constituição, muito mais liberal e justa do que aquela proposta pela primeira Assembleia Constituinte. De fato, em 1824, uma nova Carta Magna foi proposta, em que preponderavam algumas ideias democráticas extraídas das constituições francesa e inglesa, com laivos de sentimentalismos nacionais. Depois de aprovada, a Carta entrou em vigor, em 25 de março de 1824. Assim estava aprovada a primeira Constituição Nacional do Brasil, que vigorou até 1889, ano em que foi proclamada a República.

O liberalismo da Constituição foi reconhecido pelos próprios adversários de Dom Pedro. Apesar disso, este liberalismo não era respeitado pelos atos e atitudes autoritárias do imperador. Em diversas ocasiões, tomou medidas anticonstitucionais, caracterizando assim suas tendências absolutistas. Seus principais adversários políticos começaram a articular algumas dissensões internas, visando desestabilizar a política externa e prejudicar os interesses e o desenvolvimento do País.

A Câmara dos Deputados, eleitos em 1824, conseguiu reunir-se pela primeira vez, em 1826. Já na primeira sessão, se formou um grupo de oposicionistas que combatiam crescente e sistematicamente a política autoritária implantada pelo imperador. Os opositores de Dom Pedro propunham um sistema parlamentar com um Primeiro-Ministro que comandasse o governo, cabendo ao imperador a mediação entre o poder Legislativo e o Executivo, como era o costume em outros países com sistemas políticos similares ao Brasil. Porém, D. Pedro não admitia dividir o poder com ninguém. Por isso, os parlamentares começaram a exigir dos ministros de Estado o seu comparecimento à Câmara dos Deputados, a fim de prestarem contas de seus atos e das medidas tomadas e aplicadas pelo Executivo.

A luta desencadeada pelo Legislativo também encontrou eco nos jornais da época, que não poupavam críticas aos ministros comandados por Dom Pedro I. Com artigos violentos contra a política governamental, se tornava quase impossível governar. O maior opositor à política autoritária do imperador foi Evaristo da Veiga, fundador do jornal *"Aurora Fluminense"*, um dos mais influentes periódicos daquele tempo, que combatia acirradamente tanto o governo e seus ministros, como as atitudes ditatoriais do imperador.

Além do desgaste político sofrido, Dom Pedro ainda se envolveu com a sucessão da Coroa portuguesa, quando da morte de seu pai, em 10 de março de 1826. O Imperador do Brasil não poderia se imiscuir na sucessão portuguesa porque, anteriormente, teria renunciado à herança de qualquer direito de sucessão, conforme cartas que escrevera, várias vezes, a seu pai. Assim refere Oliveira Martins:[97]

> *Imperador do Brasil, Dom Pedro não podia ser Rei de Portugal... Teria de abdicar por força.*

Quem conhecia de perto o imperador sabia que o que ele mais desejava era ser rei dos portugueses, o que viria a se comprovar mais tarde. Na verdade, ele dizia uma coisa e almejava outra, a seu feitio. Nessas cartas enviadas a seu pai, ele dizia textual e repetidamente: *"de Portugal não quero nada"*. Mas ao sentir a falta de apoio político no Brasil, ainda como imperador, quis se tornar rei dos portugueses. Porém, uma parte da nobreza e do povo português se opuseram às suas pretensões porque sabiam que ele tinha renegado à condição de cidadão português. Por estrangeiro, não o admitiam como seu rei porque isso contrariava o que fora votado nas Cortes de Lamêgo. Neste sentido, temos o depoimento de Fortunato de Almeida:[98]

> *Não se podia deixar de considerar Dom Pedro como estrangeiro, desde que se revoltara contra a pátria e contra El-Rei seu pai, desobedecera às Cortes Constituintes conservando-se no Brasil, ele próprio se declarara*

97. Martins, Oliveira. *Portugal Contemporâneo.* Lisboa: Guimarães Editora, 1953.

98. Almeida, Fortunato de. *História de Portugal.* Vol. III, Lisboa: Bertrand Editora, 2003.

estrangeiro e como tal foi considerado depois da morte de El-Rei, e portanto não podia intitular-se Príncipe Real de Portugal e dos Algarves. Era a doutrina das Côrtes de Lamêgo, tidas desde 1640 como lei fundamental do reino e que não podiam ser derrogadas pela carta patente de 13 de Maio.

Já João Ameal, ao referir-se à sucessão de Dom João, assim se posiciona:[99]

As leis fundamentais da Monarquia Portuguesa excluem do trono o Príncipe Estrangeiro: Nunquam volumes nostrum Regnum ire for de Portugalensibus – lê-se nas célebres atas das Côrtes de Lamègo. Trata-se de um documento apócrifo? Nem por isso tal apocrificidade mostra que as Côrtes se não tenham efetuado – e a esse respeito as mais constantes dúvidas persistem. No entanto, o que interessa é que em 1826 todos acreditavam nas Côrtes de Lamêgo e nas atas inseridas por António Brandão na Monarquia Lusitana, e que as Côrtes de Lisboa de 1641 nelas se basearam e as sancionaram neste ponto. O Estado dos Povos, nos seus capítulos I e III, pediu – que se ordene de modo que nunca jamais o possa herdar (o trono) Rei algum, nem Príncipe Estrangeiro de maneira que o Rei que houver de ser deste Reino de Portugal, seja natural, e Português legítimo nascido no Reino e com obrigação, de morar e assistir nele pessoalmente. O Estado da Nobreza (Capítulo I) opinou igualmente que o Rei – deve ser natural do mesmo Reino, nascido e criado nele para conhecer seus vassalos e os amar como naturais – e – que a sucessão do

99. Ameal, João – Op. cit., pp. 585 e 586.

Reino não possa vir nunca a Príncipe Estrangeiro, nem a filhos seus, ainda que sejam parentes mais próximos do Rei ultimo possuidor – isto declarou Dom João IV aceitar e mandar fazer a lei.

Pergunta, e ao mesmo tempo responde, o historiador:

É Dom Pedro "Príncipe Estrangeiro", em 1826? Incontestavelmente: 1 – As Ordenações do Reino (Livro 2, Título 55, ? 3) declaram estrangeiros a Portugal os portugueses que se ausentarem deste Reino para ir residir noutro; 2 – A Constituição Brasileira, jurada por Dom Pedro, define (Tít. II, art. 6º, Nº IV) como cidadãos brasileiros "todos os nascidos em Portugal que, sendo residentes no Brasil na época da independência, aderirem a esta expressa ou tacitamente, pelo o único fato de continuarem a residir no Brasil"; a mesma Constituição (Tít. IV, art.119) diz: "Nenhum estrangeiro poderá suceder na Coroa do Brasil", logo, Dom Pedro, que continuou a residir no Brasil após a Independência e tomou ali a Coroa, é cidadão brasileiro; 3 – em 14 de março de 1822, termina assim uma carta para seu pai: "Deus guarde a preciosa saúde de V. M. e vida que tão preciosa é para todos portugueses honrados, e par nós os Brasileiros, a quem está incorporado".

Esta expressão flagrante reaparece com insistência na maioria das cartas: em 19 de março do mesmo ano, em 26 e 28 de abril, em 26 de julho, em 4 de agosto etc. Logo, Dom Pedro é cidadão brasileiro por sua própria designação. Henry Chamberlain, cônsul britânico no Rio de Janeiro, conta ao influente político George Canning, em despacho de 7 de janeiro de 1826, um episódio sintomático: chegando ao Rio, dois portugueses vão a São Cristóvão apresentar as suas homenagens ao Imperador. Querem, segundo a praxe, beijar-lhe a mão. Dom Pedro, porém, logo a retira com vivacidade e observa de mau-humor que não pode consenti-lo, pois é mercê que somente dispensa aos próprios súbditos, os brasileiros: – os portugueses são para ele estranhos!

O historiador observa ainda outros tópicos que nos leva à reflexão de que o imperador do Brasil cortou por completo os seus laços afetivos e políticos com Portugal após a declaração de Independência do Brasil, em 1822, preterindo a nacionalidade portuguesa à brasileira.[100] Porém, ao se sentir desprestigiado pelos cidadãos brasileiros, devido às suas atitudes absolutistas e dissolutas, começou a tramar contra seu irmão Dom Miguel, que havia sido aclamado Rei de Portugal pelo Senado de Coimbra, Aveiro e Algarve. Além de outras regiões portuguesas que começaram a aderir, com ações de apoio ao filho mais novo de Dom João.

É o próprio Dom Miguel que não aceita e se opõe à sua coroação, preferindo permanecer como Regente do Reino de Portugal. Mas, em 18 de março, dá-se o assassinato de alguns lentes e cônegos de Coimbra, no momento em que estes iam cumprimentar o Regente, representando o Cabido e Universidade de Coimbra. Não eram, no entanto, mais que uma dúzia de estudantes – que se diziam liberais (não tão liberais assim) – que, numa estrada e de emboscada, assaltaram, espancaram e mataram as autoridades coimbrãs que pretendiam ir cumprimentar Dom Miguel.

Não obstante, em 23 de abril, o Senado de Coimbra, a Universidade, o Bispo e o Cabido de Aveiro e do Algarve aclamaram solenemente

100. O trecho acima reflete bem o que D. Pedro era. Não restam dúvidas de que ele abdicaria posteriormente da cidadania brasileira pela portuguesa.

Dom Miguel como rei de Portugal. Dom Pedro, ainda como imperador do Brasil, comandava a revolta contra seu irmão e seus adeptos, em Portugal (e portanto contra o próprio povo português), na cidade do Porto. Mas, ao ser expulso do Brasil, logo manifestou o interesse de se proclamar herdeiro à Coroa portuguesa – que, em tempos idos, tantas vezes repudiara e abominara.

Seguem a revolta do Porto, as ilhas da Madeira e Açores. Estava, desta forma, implantado o caos em Portugal, e tudo pela ambição e culto à personalidade do ex-imperador do Brasil. Aliás, práticas que sempre alimentou, desde quando ainda era apenas príncipe e enfrentara seu pai quando da declaração de independência do Brasil. Sucedia, porém, que a nação brasileira conhecia melhor Dom Pedro do que a nação portuguesa. A política populista, nascida e preconizada em terras do Brasil, logo chegaria a Portugal. Tinha como principal protagonista o mesmo personagem que tão obstinadamente serviu a seus mesquinhos interesses e jamais aos do Brasil. E muito menos aos interesses de Portugal e dos portugueses, para onde levou apenas a corrupção, a pobreza e a revolta.

São homens do quilate de Dom Pedro que, governando ao longo da história de um Brasil rico e fabuloso, vêm empurrando grande parte da sua população para a miséria. Salvam-se poucos governantes brasileiros que têm honrado os cargos que ocupam. Dom Pedro governou o Brasil de 1822 até 1831. Nove anos perdidos no desenvolvimento nacional. Enquanto seu pai, em 13 anos de governo, edificou inúmeras obras de grande relevância para o País. O seu filho, em nove anos, não apenas não realizou sequer uma, como destruiu o Banco do Brasil, perdeu a Província Cisplatina e levou as finanças do Brasil à ruína.

XXIV

Abdicação de Dom Pedro I e as Regências de 1831 a 1840

Os políticos e o povo brasileiro, cansados dos desmandos de Dom Pedro I, forçaram a abdicação do imperador em favor de seu filho primogênito, Dom Pedro de Alcântara, que mais tarde reinaria como imperador, com o título de Dom Pedro II. Mas a abdicação de 7 de abril de 1831 fora prematura. O príncipe-herdeiro tinha pouco mais de cinco anos de idade e não poderia governar. No entanto, a Constituição previa, em seus artigos 122, 123 e 124, como, em caso do impedimento do Dom Pedro I de governar, se daria a regência até seu filho atingir a maioridade. Por isso, as autoridades constituídas encontraram uma maneira de interpor um período regencial. Este período estendeu-se por nove anos, durante os quais, pela primeira vez, o Brasil seria governado por brasileiros.

Entretanto, este foi, desde 1500 até 1831, o período mais tumultuado e de maior anarquia da vida brasileira. A primeira *Regência Trina,* como ficou conhecido o governo dos três regentes que assumiram provisoriamente a governabilidade do País, era formada por Francisco de Lima e Silva, José Joaquim Carneiro de Campos e Nicolau Pereira de Campos Vergueiro.

A abdicação dera-se em razão de Dom Pedro I demitir o *Gabinete dos Marqueses*. Acontece que os provocadores da queda do Gabinete não desejavam a crise. Surpreendidos com a atitude do imperador, em reunião precipitada, os deputados e senadores que estavam no Rio de Janeiro elegeram às pressas os membros da Regência. A escolha dos regentes gerou grande insatisfação tanto da maioria dos políticos como do povo. Em razão disso, o novo governo durou pouco mais de dois meses e, durante este período, houve perseguições, tumultos e revoltas, tendo como principais vítimas, em quase todas as províncias, tanto os seguidores de Dom Pedro, como os portugueses em geral.

No dia 17 de junho de 1831, os deputados e senadores elegeram os membros da *Regência Trina Permanente*, que governou os destinos do Império por mais de quatro anos. Eram os regentes: Francisco de Lima e Silva, João Bráulio Muniz e José da Costa Carvalho. Esta regência governou os destinos do Império de forma tumultuada. É o que afirma o historiador Olavo Leonel Ferreira:[101]

> *Em toda a história do Brasil não houve período de maiores convulsões sociais e políticas do que a segunda regência trina, que enfrentou, além de tudo, uma situação econômica precária e difícil de ser remediada.*

---

101. Ferreira, Olavo Leonel. *História do Brasil.* São Paulo: Editora Moderna, 1996, p. 113.

As lutas ideológicas travavam-se entre três correntes políticas: os *Liberais,* os *Moderados e* os *Restauradores,* ou liberais exaltados (*jurujubas ou farroupilhas*), moderados (*chimangos*); e restauradores (*caramurus*). Governavam, nesta altura, os moderados. Na oposição estavam Evaristo da Veiga, redator do jornal *Aurora Fluminense,* e o padre Diogo António Feijó, que, unindo-se aos exaltados, desencadearam luta fratricida e sem tréguas contra a regência, provocando motins e grandes revoltas por todo o País. O Brasil estava uma baderna.

Em 1832, eclodia em Pernambuco um movimento revolucionário chamado *Cabanada.* Este movimento, de grandes proporções, estendeu-se a Alagoas e durou quase quatro anos. Na Bahia, rebelaram-se os escravos malês. No Rio de Janeiro, houve tumultos e depois estourou, em 1831, um movimento revolucionário, seguido de outro, em 1832, sendo ambos prontamente sufocados pelo governo. Ainda ocorreram insurreições em Minas Gerais, Mato Grosso, Maranhão, Pará, Paraíba, entre outros. Por inépcia e inoperância dos governantes, estouraram revoltas por todos os lados. Em 1834, dava-se a primeira Reforma Constitucional. Vários capítulos da Constituição foram modificados. Porém, o mais importante foi a transformação dos conselhos gerais das províncias em Assembleias Legislativas Provinciais. A regência passou a ser exercida por um único regente, eleito para um período de quatro anos.

O padre Diogo António Feijó foi eleito como único regente para comandar os destinos do Império. Todavia, a sua regência também não foi pacífica, pois eclodiram novas revoluções e de grandes proporções. Uma delas foi a *Cabanagem,* na Província do Grão-Pará. Esta revolta começou durante o governo da Regência Trina e só terminou em 1840.

A outra, de maiores proporções, foi a *Revolução Farroupilha*, no Rio Grande do Sul. Aqui abrimos parênteses para, mais uma vez, observarmos, por meio de comparação, porque o Brasil não se desenvolveu no mesmo ritmo que os Estados Unidos da América do Norte, justamente a partir da Independência de ambos.

O Brasil, enquanto Estado pertencente à Coroa portuguesa, teve alguns movimentos separatistas, como era natural. Mas, foram movimentos de pequenas proporções, fáceis de sufocar em seu nascedouro. Debelados com energia, estes não chegavam a comprometer a ordem nacional com divisões separatistas nem com crises estruturais. Entretanto, com a Independência, o que se observa? Primeiro, a falta de comando em nível nacional, haja vista que nem todas as províncias aderiram ao chamamento do imperador. Segundo, o País começou a ser governado irresponsavelmente, sem objetivos definidos e programados. Terceiro, notava-se, desde logo, que os novos governantes estavam mais preocupados com seus interesses pessoais do que com os interesses nacionais. Onde prospera o culto à personalidade, a anarquia prepondera. O egoísmo eleva-se mais alto que o interesse nacional e os negócios do Estado não podem fluir sem uma economia saudável. Foi o que ocorreu com o Brasil imperial de Dom Pedro I.

Logo no início desse período, no Brasil se lutava entre irmãos – facções gaúchas queriam tornar independente a Província do Rio Grande e formar outro país (como, aliás, aconteceu com o Uruguai). Já os Estados Unidos da América, justamente no mesmo ano de 1836, anexavam seu o vigésimo sexto Estado, o Arkansas, com uma área de 135.539 km^2. A consolidação dos 51 Estados que compõem hoje aquela grande nação

Área do Brasil
em 1639 já era
de 8.514.00 km²

A área dos Estados Unidos
era de 835.000 km²

apenas se complementaria muitos anos depois, com a compra do Alasca à Rússia, em 1867, e a anexação do Havaí, em 1926, e a compra das Ilhas Virgens, neste mesmo ano. Aí se finalizaria o alargamento dos Estados Unidos. Eis mais uma diferença entre a história da formação do Brasil e a dos Estados Unidos.

Reiteramos que os Estados Unidos, em 4 de julho de 1776, compreendiam uma área de apenas 835 mil quilômetros quadrados, enquanto o Brasil naquela data já tinha os 8,5 milhões de quilômetros quadrados. Hoje, os Estados Unidos têm um território de 9,38 milhões de quilômetros quadrados e o Brasil continua com a mesma área. Portanto, houve uma evolução diferenciada dos dois países após suas respectivas independências e isso tem pouco a ver com seus respectivos períodos coloniais. O Brasil teve chance de, já independente, se desenvolver mais e melhor, mas não o fez.

A reforma constitucional de 1834 elegeu como regente Diogo António Feijó. Foi eleito para governar por um período de quatro anos, porém, governou apenas dois, de 1835 a 1837. Com Feijó, a situação do Brasil nada melhorou, pelo contrário, piorou porque ele não tinha a maioria no Congresso Nacional. Sem a maioria, jamais poderia aprovar os projetos do governo. Para complicar ainda mais, estourava a *Revolução Farroupilha,* na Província do Rio Grande do Sul. Um governo fraco, com a *Revolução da Cabanagem,* no Grão-Pará, e mais aquela outra no Sul, não teria como administrar o País. Não bastasse, os *Cabanos,* com seus exércitos famintos, chegaram a tomar o governo do Pará. Mas foram vencidos, em 1840, por uma poderosa força militar, em batalhas que resultaram em massacres entre militares e civis. No Rio Grande do Sul, o partido dos liberais moderados aliou-se aos liberais exaltados para implantar uma república independente naquela província. Esta sublevação, conhecida como *Guerra dos Farrapos*, durou longos dez anos, de 1835 a 1845.

O Regente Feijó, apesar de ser homem honesto, não conseguiu governar como queria. Pela morte do jornalista Evaristo da Veiga, seu grande amigo, conselheiro e seguidor, Feijó renunciou ao cargo, manifestando o desejo de que outro governante fosse mais feliz do que ele na governança do Império. Assumiu a regência Pedro de Araújo Lima (1837-1840), que não completou o seu mandato por causa do Ato Adicional, que tratava da antecipação da maioridade de Dom Pedro II. Araújo Lima, na sua regência, soube escolher alguns homens ilustres para compor o seu governo. Entre eles estava Bernardino Pereira de Vasconcelos, como ministro do Império, Miguel Calmon du Pi e Almeida, como ministro da Fazenda, e que muito ajudaram o regente. Este ministério teve o apelido de o *Ministério das Capacidades.*

Pela primeira vez, desde Dom João VI, realizavam-se novas obras no País. Foram criados o Colégio Dom Pedro II e a Escola da Agricultura do Rio de Janeiro, fundado o Instituto Histórico Geográfico e Botânico, em outubro de 1838, e modificada a organização do Exército Brasileiro, entre outros. Porém, também surgiram muitas dificuldades, com a continuação da Guerra dos Farrapos, com novas revoltas, como a *Balaiada,* na Província do Maranhão, e a *Sabinada,* na Bahia. Revoltas ou movimentos sociais que os governantes não foram capazes de debelar por serem inoperantes. Era tal a fragilidade do governo que o líder e chefe da revolução da *Balaiada* era um "vaqueiro", um ex-escravo chamado Cosme

Bento das Chagas. Ao assumir a liderança desse movimento, se intitulou Dom Cosme Bento das Chagas, tutor e imperador dos libertados *bem-te-vis* (como eram designados os oposicionistas ao governo central do Brasil ou ao governo da Regência de Pedro de Lima). Apenas no governo de Dom Pedro II, em 1840, Luis Alves de Lima e Silva finalmente submete a revolução da *Balaiada*. Recebe depois, em 1941, como louvor ao feito de acabar com uma revolta que durou 10 anos, o título de Barão de Caxias.

Parece-nos oportuno refletir sobre como se encaminhava a vida nacional e política brasileira em meados do século XIX. O Brasil, que tinha evoluído sempre e fora muito mais populoso, extenso e expressivo do que os Estados Unidos, iniciava um processo de desagregação e estagnação social. Enquanto isso, os norte-americanos, em 1837, anexavam mais o Estado de Michigan, com 150.779 km^2.[102] Passados apenas dezoito anos de sua Independência, o Brasil amargava uma geração inteira de retrocessos, principalmente por conta da questão da maioridade de Dom Pedro II. Durante esses dezoito anos, só houve guerras, revoltas, levantes, pilhagens e politicagens. Com exceção dos três últimos anos da regência de Pedro Lima, foram dezoito anos perdidos em lutas fratricidas, morticínios e políticas desgastantes: nada se construiu e em nada se evoluiu.

Enquanto o desmantelo político corria solto no Brasil, nos Estados Unidos, em 1840, a população tinha-se multiplicado uma dezena e meia de vezes. Em 1776, eram 1,6 milhão de habitantes nas treze colônias, e 4

102. *Enciclopédia Delta Larousse*, p. 2.357.

milhões no Brasil. Mas, em 1840, os Estados Unidos já contavam com 24 milhões de habitantes, enquanto no Brasil, no mesmo ano, a população se aproximava de 6 milhões de pessoas.[103] Isto quer dizer que, em apenas quarenta anos, os norte-americanos já tinham aumentado em mais de quatro vezes a sua população, em relação ao Brasil, deixando este para trás, estagnado no seu desenvolvimento, em razão da política retrógrada de seus incapazes governantes. Não estariam estes fatos nas raízes das causas do atraso e da pobreza do povo brasileiro? O leitor pode tirar suas conclusões.

---

103. *Enciclopédia Delta Larousse*, pp. 2.357 – 2.358.

XXV

Início do Governo de Dom Pedro II

A QUESTÃO DA ATRIBUIÇÃO DA MAIORIDADE a Dom Pedro II suscitou discussões porque esta só poderia ter acontecido em 1843. Entretanto, o partido dos conservadores, que estava no poder, tinha perdido prestígio por causa da *Balaiada*, quando os revoltosos tomaram a Vila de Caxias, uma das localidades de maior importância na Província do Maranhão. Surgiram então os liberais, que tentavam, com todas as suas forças, derrubar o governo do partido conservador. A promoção da maioridade do Príncipe escondia um desejo de mudança de governo. Logo aderiram ao movimento pela maioridade as mais altas personalidades políticas da nação, cuja sede pelo poder era evidente. Entre essas personalidades estavam Francisco de Lima e Silva, José Martiniano de Alencar, os irmãos Andrada e Silva – Antonio Carlos, Martim Francisco e José Bonifácio –, Teófilo Otoni e outros políticos de menor projeção.

Constituída uma comissão, pelos liberais, a fim de sondar o Príncipe sobre o assunto da maioridade, este logo abraçou a ideia e, em 23 de julho de 1840, a Assembleia Geral concedia a maioridade antecipada a

Dom Pedro II. Foi então aclamado e coroado Imperador do Brasil, com apenas 14 anos e sete meses de idade. A manobra política dos liberais sortira o efeito desejado: eles tomaram o governo substituindo os conservadores. Depois de ficarem alguns meses no poder, os liberais sofreram novo revés porque, já em março de 1841, os conservadores voltariam ao poder.

No início de 1842, os liberais aguardavam, com grande expectativa, a abertura da Câmera dos Deputados, uma vez que este partido tinha a maioria parlamentar. Esperava-se que os liberais fossem novamente assumir o governo. Entretanto, em 1º de maio de 1842, o governo dos conservadores dissolveu a Câmara dos Deputados, estabeleceu uma espécie de ditadura durante o restante deste ano, e impediu os liberais de governar. Inconformados com os atos violentos do governo, os liberais se rebelaram e promoveram as chamadas revoluções liberais: primeiro, em São Paulo, e depois, em Minas Gerais.

Os Liberais

Os paulistas iniciaram, em 1842, os movimentos liberais capitaneados por Rafael Aguiar, sendo este coadjuvado pelo Padre Feijó. Sorocaba era o quartel general do movimento. Rapidamente, a revolução se alastrou pelo Vale do Paraíba, com a adesão das cidades de Pindamonhangaba, Taubaté, Silveiras e Lorena. Mas o governo, de pronto, enviou tropas comandadas pelo então Barão de Caxias que, desembarcando em Santos, arregimentou outras tropas em São Paulo e, com facilidade, derrotou os exércitos dos revoltosos.

Em Minas Gerais, um mês depois, ocorreria outro movimento liberal, idêntico ao de São Paulo, comandado por José Feliciano Pinto Coelho da Cunha, tendo como chefe Teófilo Otoni. Da mesma forma, esses chefes revoltosos foram vencidos, também com certa facilidade, pelas tropas do Barão de Caxias. Ainda em 1842, a Guerra dos Farrapos continuava ativa. Depois de submeter os liberais tanto de São Paulo como de Minas Gerais, o governo resolveu enviar o Barão de Caxias ao Rio Grande do Sul, com a finalidade de acabar, de vez, com o conflito que já durava sete anos. Em 1º de março de 1845, o Barão pôs término à guerra separatista.

Neste ano, em Pernambuco, os liberais detinham o poder por meio do presidente da província, António Pinto Chichorro da Gama. Porém, em 1848, os conservadores ganharam as eleições e assumiram o poder. Os liberais, insatisfeitos com a derrota, deflagraram, em novembro, outro movimento armado, sanguinário e revanchista. Não obstante mostrarem a sua má vontade contra a política dos seus inimigos conservadores, toda a sua ira voltava-se mais contra as populações portuguesas do que contra seus inimigos políticos. Assim, praticaram atos de vandalismo contra alguns grandes comerciantes portugueses porque estes detinham o alto comércio atacadista local e algum prestígio político. Somem-se a isso as revoltas populares contra os latifúndios em toda a província pernambucana,

Por trás desses movimentos estavam as ideias revolucionárias, de caráter liberal, importadas da Europa e incentivadas pelo jornal *O Diário Novo,* editado pelos revoltosos na Rua da Praia. As revoltas resultaram em desastres e ruínas tanto para a província, como para o País. O Brasil se via privado de grande parte da mão-de-obra qualificada da época contra a qual se voltava o ânimo dos revoltosos. Este movimento de revolta das populações nativas ficou conhecido como a *Revolução Praieira,* e se caracterizou, no meu entender, mais pela xenofobia do que pela luta pela liberdade das classes menos favorecidas.

Neste momento, no Brasil, os políticos e o povo não se entendiam, e surgiam movimentos separatistas em quase todas as províncias, com lutas de irmãos contra irmãos, matanças e perseguições políticas criminosas a milhares de trabalhadores estrangeiros. A mão-de-obra especializada estava sendo expulsa. Por outro lado, os Estados Unidos da América, nesse mesmo período, passavam a receber, em média, duzentos e cinquenta mil europeus por ano, inclusive portugueses. A estes lhes davam a cidadania americana depois de cinco anos de permanência no país. Além disso, entre 1845 e 1848, os americanos anexaram os Estados da Flórida, com 151.670 Km^2; do Texas, com 692.408 Km^2; de Iowa, com 145.791 km^2; e de Wisconsin, com 145.439 km^2. Na soma, foi acrescido ao território americano um total de 1,13 milhão de quilômetros quadrados.[104]

Não estaria aqui o momento preciso do descompasso entre a evolução econômico-social do Brasil e a dos Estados Unidos? É um momento para ser avaliado historicamente porque, na época das treze colônias, os Estados Unidos não eram nem sombra do que era o Brasil. Contudo, Dom Pedro II, no comando da política brasileira, apesar de sua erudição e saber superiores, consentia com os tumultos e a

104. *Enciclopédia Delta Larousse*, pp. 2.556 e 2.557.

desorganização que assolavam o seu País. Como único mandatário, pouco ou nada fez para desenvolver o reino que herdou dos seus antepassados. Mais do que julgar os personagens dessa história, o nosso trabalho é tentar desmistificar as causas e as razões que levaram grande parte do povo brasileiro a viver na miséria já em pleno século XXI. Até o início dos anos 2000, segundo estimativas oficiais, 54 milhões de brasileiros estavam excluídos do acesso a bens básicos da vida, como alimentação mínima necessária, moradia, saúde etc. Intriga a todos, supomos, que isso ocorra em um País rico e poderoso. Paradoxalmente, o hino nacional brasileiro diz *"Gigante pela própria natureza"*. Contudo, o Brasil é gigante e rico porque muita gente deu sua vida, em lutas e guerras, para defender as fronteiras do País.

As Guerras contra Oribe, Rosas e Aguirre

Durante 14 anos, Pedro II, para defender a navegação pelo Rio da Prata, via natural para atingir a Província do Mato Grosso, entrou em guerra com vários países vizinhos. Nessa época, Manuel Oribe, político do Uruguai, liderava o partido dos *Blancos* – de oposição ao governo uruguaio –, cujos partidários volta e meia atravessavam a fronteira do Rio Grande do Sul, causando distúrbios e amedrontando as populações gaúchas, com pilhagens e saques. Além disso, havia uma espécie de aliança entre Oribe e o governo argentino comandado por Juan Manuel de Rosas, no sentido de ambos se aliarem e formarem algo semelhante ao Vice-Reinado do Prata, estabelecido anteriormente pelos espanhóis e que era composto por Argentina, Uruguai e Paraguai.

O Brasil, através do seu imperador, protestou várias vezes contra a invasão do seu território pelas tropas de Oribe, no Rio grande do Sul. As reclamações eram feitas pela via diplomática. Contudo, a Argentina não respondia nem solucionava as invasões. Dom Pedro, insatisfeito com o silêncio e o descaso das autoridades daquele país, rompeu relações diplomáticas com os argentinos. Como as invasões continuaram a prejudicar os interesses brasileiros, o imperador aliou-se ao governo oficial do Uruguai e a Justo José Urquiza, governador das províncias argentinas de Entre Rios e Corrientes, que faziam ferrenha oposição política a Rosas. Dom Pedro, junto com as províncias rebeldes argentinas e com o governo uruguaio, declarou, em 1851, a guerra a Rosas.

A esquadra imperial, comandada por Greenfell, e os exércitos brasileiros aliados às tropas argentinas, comandados pelo Duque de Caxias, obrigaram Oribe a se render em 11 de outubro de 1851. Depois de alguns meses, novas escaramuças entre a esquadra brasileira e as tropas de Rosas desembocaram na *Batalha de Passo dos Toneleiros*, nas margens do Rio Paraná. Em 3 de fevereiro de 1852, as tropas brasileiras e aliadas vencem Rosas, na *Batalha de Monte Caseros*. Vencido, Rosas refugiou-se no consulado da Inglaterra, na cidade de Buenos Aires, e dali fugiu para a Europa. Todavia, as lutas políticas entre *blancos* e *colorados* continuavam no Uruguai, com hostilidades a cidadãos brasileiros que viviam naquele país. E continuavam as invasões, pelos *blancos*, da província do Rio Grande do Sul, durante a década seguinte.

O Brasil protesta novamente contra o Uruguai, agora governado pelo *blanco* Atanásio Aguirre, que não dava importância aos clamores do imperador brasileiro, e queria anular o *Tratado dos Limites,* estabelecido em 1852. Com a finalidade de resolver a questão de uma vez, foi enviado o embaixador brasileiro José Antonio Saraiva, que apresentou, em 1864, um ultimato a Aguirre: se não fossem respeitadas as fronteiras brasileiras, o Brasil atacaria e tomaria o Uruguai. O ultimato foi devolvido e o exército brasileiro, aliando-se aos *colorados* de Venâncio Flores, inimigo de Aguirre, alcançaram as vitórias de Paissandu e Salto. Ao mesmo tempo, a esquadra nacional, comandada pelo Almirante Tamandaré, cercava Montevidéu, que já estava sitiada pelas tropas do general Mena Barreto. Ajudado pelas tropas dos *colorados*, as forças brasileiras tomaram a cidade, em 1865. Assim terminava a guerra, ficando a governar o Uruguai, Venâncio Flores, novo aliado do Brasil.

A Questão do Paraguai

O Brasil, depois de sua Independência, andou sempre envolvido em guerras e revoluções. Quando não eram as revoluções internas, eram as guerras externas. Talvez com receio de que a Argentina pudesse implantar o Vice-Reinado do Prata, e também porque não pretendia litigar nas fronteiras com esses países, Dom Pedro tentou se isolar. Mas quando o Brasil entrou em conflito com o Uruguai, Francisco Solano Lopez, ditador paraguaio, opôs-se ao conflito, oferecendo-se como mediador entre as duas nações, mas apoiando o *blanco* Aguirre. A peremptória recusa do Brasil deu motivo para Solano declarar guerra ao Brasil. A partir deste momento, começava, em 1864, o maior conflito bélico internacional da história brasileira.

É preciso lembrar que, naquele momento, o Paraguai era um dos países com maiores recursos militares na América do Sul. Basta dizer que seus efetivos militares eram compostos por aproximadamente 140 mil homens bem equipados, com armamentos modernos e muito bem treinados. Eram, de longe, muito mais eficazes do que todas as tropas da coligação Argentina-Brasil-Uruguai, que apenas somavam 80 mil homens, no início da conflagração. Este conflito ficou conhecido como *Guerra do Paraguai*, no Brasil; *Guerra da Tríplice Aliança*, na Argentina e Uruguai; e *Guerra Grande*, no Paraguai. Iniciou-se em novembro de 1864 e terminou em março de 1870.

O ditador paraguaio, antes de declarar guerra ao Brasil, aprisionara o navio brasileiro *Marquês de Olinda*, que navegava pelo Rio Paraguai com destino a Mato Grosso, levando a bordo o governador daquela província, Frederico Carneiro de Campos, que foi detido. Passados alguns dias, o ditador paraguaio ordenou a invasão da Província do Mato Grosso, assim como das regiões de Corrientes, na Argentina, e do Rio Grande do Sul. Tanto o Brasil como a Argentina reagiram energicamente. Foi firmado um tratado entre os três países da Bacia do Prata – Argentina, Brasil e o Uruguai – que entrou depois – conhecido como a *Tríplice Aliança*.

As hostilidades, inicialmente, começaram nos rios Paraná e Paraguai, com alguns combates navais que culminaram na *Batalha do Riachuelo*, em junho de 1865, onde se distinguiu o almirante e herói brasileiro Francisco Manuel Barroso e o marinheiro Marcílio Dias. Em seguida, deu-se outra grande batalha, a de *Tuiuti*, considerada a maior batalha campal já ocorrida na América do Sul. Terminou em 24 de maio de 1866, com 10 mil mortos, quando os aliados tomaram o Forte de Curuzu. Contudo, depois do ataque à fortaleza de Curupaiti, as forças paraguaias derrotaram as forças aliadas. Porém, nesta altura, as forças avançadas de Lopez foram obrigadas a se render em Uruguaiana. Uma força avançada do exército brasileiro, com 2.500 homens entusiasmados, invadiu o Paraguai, atingindo Laguna. Mas foram obrigadas a bater em retirada, pois, além de sofrerem pesados ataques das tropas paraguaias, ainda foram atacadas por uma epidemia de cólera – morbo – deixando-as incapazes para lutar contra os inimigos.

A guerra já se estendia por dois anos e os resultados não evoluíam. Em 1866, Dom Pedro II entregou o comando das tropas aliadas ao Barão de Caxias. Os exércitos aliados encontravam-se desmotivados, desorganizados e moralmente derrotados. A primeira providência de Lima e Silva foi reorganizar os seus comandados, incutindo-lhes coragem e fé em suas forças. A partir daí, começaram a atacar as tropas paraguaias, alcançando várias vitórias importantes na segunda *Batalha de Tuiuti*, nas batalhas de *Humaitá, Itororó, Avaí, Lomas, Valentina e Angostura*. Vencidos os exércitos paraguaios, Caxias entrou em Assunção, em janeiro de 1869. Pouco tempo depois, deixou o comando dos exércitos aliados por motivos particulares e regressou ao Rio de Janeiro para tratamento de saúde. Assumiu o comando dos exércitos aliados o Conde D'Eu, genro de Dom Pedro II, em abril de 1869.

Solano Lopes sofreu ainda várias derrotas, retirando-se para o Norte do país. Perseguido pelas tropas aliadas, foi alcançado em março de 1870, em Cerro do Corá, onde foi morto pelas tropas do general Câmara. Com a morte de Lopez, foi declarado o fim da Grande Guerra do Paraguai. Dom Pedro II, indulgente, não exigiu indenização do Paraguai. Se fossem os Estados Unidos da América do Norte, não haveria perdão aos adversários. Assim aconteceu nas guerras dos norte-americanos contra vários países: contra o México lhe anexaram o Novo México; contra a Espanha lhe anexaram a Califórnia. Assim como com outras nações das quais anexaram quantidades formidáveis de terra.

XXVI

Fim das Guerras e o Governo do Segundo Reinado

Não se podem ignorar os méritos de Dom Pedro II, sua dignidade e honestidade, sua dedicação ao bem comum, sua capacidade de governar consoante seus ideais e de administrar bem a coisa pública. Acabou com as numerosas agitações sociais existentes ao tempo do seu governo, em todo o território nacional. Com sabedoria, tratou-as mais como mal-entendidos remediáveis, apelando sempre à generosidade dos governos locais que, geralmente, acabavam anistiando os revoltosos. Intelectual como poucos em seu tempo, amigo das letras e das artes, muito ajudou o País nesse sentido, procurando instituir algumas reformas significativas, mas não foi capaz, no entanto, de modernizar o aparelho estatal, como previra e desejava. Apesar de se dizer democrata modesto, desinteressado e generoso, com virtudes exemplares, por meio das quais granjeou respeito e admiração, também carregava defeitos e cometeu equívocos, como lhe assinalaram seus biógrafos e com os quais concordamos.

Entre esses equívocos, estão as decisões que tomou nas revoluções e guerras nas quais se envolveu – especialmente na Guerra do Paraguai.

O que ganhou o Brasil nesta guerra em que gastou milhares de contos de réis e sacrificou tantas vidas humanas? O fato é que País não obteve sequer uma compensação material nesses episódios bélicos. Muito pelo contrário. A década do envolvimento na guerra com o Paraguai foi um período de grande inflação, em que ocorreram graves crises financeiras no Brasil. Tais dificuldades obrigaram o governo a emitir enorme quantidade de papel-moeda, a fazer um esforço fora do comum para equilibrar a balança comercial, e a contrair empréstimos financeiros no estrangeiro, pagando juros absurdos aos ingleses.

O Brasil era um País eminentemente agrícola e, terminadas as guerras, voltou a exportar açúcar, café, cacau e outros produtos. O café já era sua maior fonte de riqueza. Para se ter uma ideia da importância desse produto para a economia nacional, basta dizer que, apenas na década de 1880-1890, exportou-se o recorde de 51.631 sacas de café.[105] Ressalte-se, portanto, o quanto foi importante para o Brasil a introdução das plantações de café iniciadas por Dom João VI. Em apenas um século, desde o início da sua produção intensiva, na década de 1820, até a Segunda Guerra Mundial (1914-1918), as riquezas auferidas com o café foram de aproximadamente de 2 bilhões de libras. Isso representou cinco vezes mais do que todas as riquezas produzidas no Brasil, nos 350 anos anteriores, com o pau-brasil, o açúcar, o ouro, diamantes, gado, pedras preciosas e tudo quanto foi exportado. Estas haviam gerado apenas 475 milhões de libras nesses séculos.

105. Prado Junior, Caio. *História Econômica do Brasil.* São Paulo: Brasiliense, 1980 – São Paulo.

Até o início do século XX, as riquezas brasileiras ainda giravam em torno da agricultura. A indústria mineral e de transformação pouco ou nada representavam dentro do contexto nacional, devido à oposição de alguns setores antiprogressistas, movidos por ciúmes político-partidários e por um atavismo exacerbado. Na mesma época, países da mesma dimensão do Brasil já mineravam fontes de energia subterrâneas, como o petróleo, o carvão mineral, o gás natural, e outras, necessárias ao desenvolvimento.

Desde 1831, liberais e conservadores aglutinavam as forças políticas do Império e se alternavam no poder, sem, no entanto, contribuírem para o progresso do País. Ora governavam uns, ora outros. A luta constante entre partidários de um e de outro lado não permitiu que as duas forças políticas nacionais se unissem para desenvolver o País. Em 1847, haviam sido restabelecidos o Poder Moderador e o Conselho de Estado, e criado o cargo de presidente do Conselho de Ministros, ensejando a adoção de um sistema assemelhado ao parlamentarista, a exemplo do que já existia em outros países da Europa. Porém, esse sistema fora adaptado, abrasileirado, e servia apenas aos interesses de Dom Pedro II. Mas foi Honório Hermeto Carneiro Leão, o Marquês de Paraná, político conciliador, que fez, em 1853, com que os dois partidos formassem um governo de coligação, no chamado Ministério da Conciliação. O parlamento evoluiu consideravelmente como sistema político, permitindo algum avanço no sentido de fazer o País crescer.

Na verdade, o sistema era comandado por duas figuras importantes: a principal era a do imperador, que funcionava como Poder Moderador. A outra figura era a de presidente do Conselho de Ministros, que seria o gabinete do Poder Executivo, indicado pelo imperador e, simultaneamente, referendado pela Câmara. O presidente do Conselho desempenhava o papel de chefe de governo. Como indicava o presidente do Conselho, Pedro II, a qualquer momento, poderia substituí-lo. Como se vê, quem definia era o Poder Moderador que, convenhamos, era mais arbitrário do que moderador. De tal sorte que o imperador governou mais como um ditador do que como um mediador. Mas isto não invalida seus atributos de governante sensato, muito diferente de seu pai, Dom Pedro I.

Contudo, a economia não deslanchava, continuava emperrada da mesma forma como durante o governo de Dom Pedro II. Exportavam-se os mesmos produtos agrícolas trazidos para o Brasil ainda pelos antigos portugueses. Enquanto isso, outros povos, que haviam recebido de seus colonizadores países em condições muito piores do que o Brasil, se desenvolviam. Os Estados Unidos, por exemplo, se industrializavam e se modernizavam, avançando no conceito das nações modernas do mundo. O Brasil ficava para trás, exportando apenas o excesso da sua agora já minguada produção agrícola.

As causas desse atraso são várias. A principal delas talvez esteja na relação do Estado – e de grande parte dos políticos que o fazem – com os empreendedores e empresários nacionais. Aqui se abre uma clara diferença entre esse tipo de relação desenvolvida no Brasil com a que se desenvolveu nos Estados Unidos, a partir da segunda metade do século XIX. Para exemplificar essa relação, dedicaremos o próximo título à história de João Evangelista de Souza, o Barão de Mauá, cujas atividades empresariais vincaram a passagem do Brasil Império para a República.

XXVII

Desenvolvimento, Economia e Finanças – Irineu Evangelista de Sousa, o Barão de Mauá

No panorama industrial, econômico e financeiro do Império, a figura de proa e de maior relevância foi Irineu Evangelista de Sousa (Visconde de Mauá, depois Barão de Mauá). Sobre este homem notável e sua história existem fatos importantes que devem ser esclarecidos para que se saiba por que o Brasil não pôde acompanhar economica, industrial e financeiramente os Estados Unidos da América do Norte. Brasileiro humilde como tantos outros, descendente de famílias portuguesas – neto de açorianos, por parte de pai e de mãe –, Irineu nasceu em Arroio Grande, no Rio Grande do Sul, em 28 de dezembro de 1813. Órfão de pai em tenra idade, veio com um seu tio, aos nove anos, para o Rio de Janeiro. Logo depois, como era e é comum a tantos jovens brasileiros, pensava em arrumar um emprego, trabalhar e ao mesmo tempo estudar no Rio.

Empregou-se na casa comercial de João Rodrigues Pereira de Almeida, outro português para quem seu tio trabalhava. Pereira de Almeida o acolheu como se seu filho fosse. Nessa época, seu estabelecimento era uma das maiores e melhores casas comerciais no ramo a que se dedicava. Irineu, além de dedicado e de corresponder à amizade do patrão, que considerava como pai, mostrava-se responsável e atento às diversas lides do estabelecimento. Depressa, ganhou a confiança de Pereira de Almeida e, sempre subindo de posição, galgou rapidamente o mundo dos negócios, adquirindo uma experiência que muitos levavam anos para conquistar. No começo, foi varredor da loja, depois passou a caixeiro de balcão, em seguida, passou a caixeiro de rua. Aos 15 anos, em 1828, já era caixeiro de escritório, especializando-se em contabilidade.

Havia seis anos que Dom Pedro I tinha declarado a Independência, em 1822. Com as trapalhadas e confusões do imperador, os negócios do Brasil iam de mal a pior. Pereira de Almeida quis tomar providências sobre o faturamento que tinha nas mãos do governo, do qual era um dos maiores fornecedores e credores. Mas era tarde. O caos se instalara no País. A guerra da Província Cisplatina, a má administração do governo, as grandes despesas de Dom Pedro com a Marquesa de Santos, o desgaste político provocado por seus adversários e o pouco caso do imperador ao importante cargo que ocupava corroeram de tal maneira a sua gestão que ninguém conseguiria segurar as contas públicas.

Em 1828, o governo brasileiro aceitou a independência da Província Cisplatina (mais tarde Uruguai). As sequelas desta guerra foram os enormes prejuízos para o erário, mormente porque Felisberto Caldeira Brant Pontes de Oliveira Horta, o corrupto Marquês de Barbacena, embaixador do Brasil em Londres, traindo a confiança do governo, recebia comissões de 2% pelos empréstimos feitos logo depois da Independência do Brasil. Ao mesmo tempo, o marquês servia aos interesses de Dom

Pedro possibilitando-lhe recursos para financiar armas e custear os portugueses refugiados em Londres que conspiravam contra o seu irmão, Dom Miguel, legítimo rei de Portugal, depois da morte de Dom João VI.

Mesmo assim, Pereira de Almeida jamais pensou em levar um calote do imperador, do qual era amigo e em quem depositava toda a confiança. Mas o Brasil devia uma fábula ao estrangeiro e o comerciante era grande devedor, em libras esterlinas, do Banco do Brasil. De repente, o câmbio mudou e as ações do Banco do Brasil passaram a não valer nada. Não recebendo o dinheiro da dívida que o governo brasileiro contraíra com o seu estabelecimento – mais as perdas com o câmbio –, Almeida, de um dia para outro, se viu arruinado, falido. Devia aos bancos e a seus colegas comerciantes, especialmente aos ingleses, que assistiam a tudo de camarote porque estes recebiam informações do seu embaixador que os protegia no Rio de Janeiro.

Nessa altura com 16 anos, Irineu era o contador geral da empresa e o homem de confiança de Pereira de Almeida. Vendo a situação do patrão, a quem considerava muito, propôs-se a ajudá-lo, já que o comerciante estava com idade avançada para resolver os problemas dos seus haveres particulares. Irineu desejava que seu patrão passasse o resto da velhice com tranquilidade. Pereira de Almeida, sabendo das boas intenções e da esperteza do rapaz, deu-lhe carta branca para fazer o melhor que pudesse com a empresa. Sobrara ainda algum patrimônio àquela que fora a maior casa comercial do Rio do Janeiro. Isso possibilitou alguma margem de manobra, e tempo, para Irineu vender alguns navios, imóveis, estoques e propriedades, negociar com credores e pagar as contas mais prementes. Enquanto isso, Pereira de Almeida se mudava para uma das suas fazendas de café, no interior do Estado, onde se recolheu. No pouco conforto da fazenda, passou seus últimos dias na tranquilidade da velhice.

Irineu conseguiu liquidar a empresa do patrão porque este soube dar-lhe a confiança que merecia. Depois dessa experiência, adquiriu muitos e novos conhecimentos sobre liquidação de empresas e não tardou muito para arrumar outro emprego. Desta vez, porém, em uma empresa de um escocês, arguto e usurário, que contava com o apoio do embaixador inglês no Rio de Janeiro, de quem era amigo e confidente sobre a economia brasileira. O novo patrão do já experiente guarda-livros chamava-se Richard Carruthers. O escocês, que havia conhecido Irineu quando este lutava pela liquidação da empresa de Pereira de Almeida, aprendeu a admirá-lo, não apenas por sua honestidade, mas, sobretudo, pela sua agilidade mental e facilidade de persuasão nas lides pessoais. No meio da grave crise brasileira, Carruthers, apesar de confiar em Irineu, era severo e exigente. Todavia, o jovem de 16 anos aprendia qualquer nova função com tal facilidade que as coisas se tornavam simples de se resolver, o que dispensava a necessidade de severidade.

Já com 20 anos, tinha progredido bastante, especialmente nos seus conhecimentos sobre taxas de juros e na direção da empresa do escocês. No fim de 1835, Carruthers pensou em voltar para a Escócia. Como não tinha filhos nem a quem entregar a gerência do seu negócio, e agastado pela idade, pensou em entregar os seus negócios ao guarda-livros para ele os administrar.

Resolveu fazê-lo. Convocou os empregados e, numa reunião nos fins de dezembro desse ano, passou uma procuração a Irineu, concedendo-lhe todos os poderes para dirigir os negócios da casa de Carruthers. Em 1º de janeiro de 1836, Irineu era o senhor absoluto da casa comercial de Carruthers.

Dirigindo os seus negócios com acerto, ajudado pelos empregados da casa do antigo patrão, o menino gaúcho via seus novos métodos de comerciar serem bem-sucedidos. Todavia, somente esses negócios eram pouco para inteligência tão privilegiada e atenta aos acontecimentos políticos do seu tempo. Na sua província, corria solta, nesta época, a *Revolução Farroupilha*. Seus conterrâneos exigiram que o comerciante, já famoso, ajudasse, com dinheiro e alimentos, o movimento que afinal ele também entendia justo. Depois de se envolver com os guerrilheiros gaúchos, os jornais do Rio o denunciaram. Mesmo sendo poderoso, sofreu perseguições. Para se livrar desta complicação, Irineu, com a desculpa de que ia visitar o seu antigo patrão Carruthers, embarcou para a Inglaterra, em viagem de recreio.

Desembarcando em Liverpool, no cais esperava-o um seu amigo do Rio, João Henrique Reynell de Castro. Encontrar o amigo Castro foi uma agradável surpresa. Ao mesmo tempo em que matava as saudades do velho amigo, tinha nele um guia para acompanhá-lo em suas andanças pela Grã-Bretanha e para desvendar todos os mistérios do fabuloso desenvolvimento inglês. Sedento de novidades, especulava ao máximo, a cada empresário que Castro lhe apresentava, como eram os negócios e os melhores empreendimentos na Inglaterra.

Perspicaz, observou, por exemplo, que a liberdade que os ingleses tanto defendiam não era uma questão filosófica, mas sim uma alavanca econômica – em razão disso, não aplicavam no mercado interno o que pregavam para os outros países. Nesse sentido, rememore-se um tratado de comércio que os ingleses arrancaram aos brasileiros, pelo qual os produtos deles pouco pagavam de impostos de entrada no Brasil. Auferiram enormes vantagens com o tratado, propalando aos brasileiros que esse era um método de desenvolvimento nacional.

Percebendo a sagacidade dos ingleses nas entrelinhas do seu modelo de convencimento, inferiu que as crises financeiras brasileiras não eram apenas locais, mas surgiam de conchavos políticos entre as autoridades brasileiras e os agentes ingleses. Pôde então perceber que não haveria crise nenhuma, por maior que fosse, que não tivesse solução. Com muitos planos para implementar, que desembocariam no primeiro surto de industrialização do Brasil, desembarcou no Rio de Janeiro, no início de 1841, e começou a pô-los em prática. Montou uma casa para receber amigos, políticos e parceiros comerciais.

O primeiro desses planos foi liquidar os negócios comerciais e comprar um velho estaleiro na Ponta da Areia, em Niterói. O estaleiro mal se distinguia de uma simples oficina de artesanato, composta de uma doca seca, uma fundição simples e 28 escravos que, de certo modo, já se caracterizavam como mão-de-obra especializada. Mas isso não era o suficiente para fazer funcionar a indústria imaginada por ele. Por isso, pediu a seus sócios, na Inglaterra, para lhe arrumarem um engenheiro e alguns mestres a fim de que estes viessem trabalhar na fábrica de Niterói. Contudo, surgiram outras dificuldades porque as matérias-primas, não existentes no Brasil para a produção dos artefatos que ele queria fabricar, tinham de ser quase todas importadas.

Com persistência, conseguiu contornar a situação e, em 1846, iniciou o *Estabelecimento de Fundição e Estaleiros Ponta da Areia*, para atuar na indústria pesada, fundição, estaleiro e caldeiraria. Sua indústria atingiu a forma que imaginara. Poucos anos depois estaria empregando mais de mil operários, produzindo navios, caldeiras para máquinas a vapor, engenhos de açúcar, guindastes, prensas, além de artilharia, postes para iluminação e canos de ferro para águas e gás. Deste complexo saíram mais de setenta e dois navios em onze anos, entre os quais as embarcações brasileiras utilizadas nas intervenções platinas e as embarcações para o tráfego no Rio Amazonas. Uma coisa inédita até então no Brasil. Os negócios fluíam. O seu maior cliente era o governo. Irineu aprendera, desde os tempos de Pereira de Almeida, como era difícil negociar e, principalmente, receber as faturas do governo brasileiro. Tal dificuldade ficou evidente quando o governo do Rio pensou em prover toda a cidade com saneamento básico, por meio de uma rede de águas e esgotos. Irineu, bem intencionado, propôs-se a fazer o trabalho. Encheu a cidade de valetas e de canos fabricados pela sua indústria da Ponta da Areia. Trabalhava dia e noite para instalar os canos necessários. O dinheiro era consumido, em larga escala, tanto na compra de matéria-prima importada da Inglaterra, como para fazer rodar a grande quantidade de operários e engenheiros empregados nestes melhoramentos da cidade.

O industrial, gastando parte do seu numerário, tinha necessidade de mais dinheiro para continuar os trabalhos. Chegava a hora do acerto de contas e o governo não pagava as faturas. Nesta altura, bateu à porta dos representantes do governo e estes disseram que esse detalhe era de somenos importância. As desculpas para o contumaz não-pagamento continuavam, o que forçou Irineu a recusar-se continuar os trabalhos do projeto de saneamento. A falência avizinhava-se. Para se livrar de tal vexame, o industrial teve de procurar novos clientes e novos produtos para fabricar na sua indústria, para conseguir sair das dificuldades financeiras em que o governo o jogara. Fez de tudo um pouco, até reparos em navios e outros serviços.

Todavia, quando o seu desespero atingira o auge, eis que o Dom Pedro II nomeou, em 1848, como ministro do Império o Marquês de Monte Alegre, grande amigo do comerciante endividado. A mudança se dera porque o imperador resolvera mudar o jogo da roleta política, sacando os liberais do governo e nomeando um gabinete conservador, formado quase todo por maçons azuis, incluindo o marquês. A situação de aperto de Irineu, que também era maçom azul, dissipou-se de um instante para outro. Assim, de um dia para outro, o industrial, além de fazer um contrato para receber os créditos que tinha com o governo, ainda foi brindado com um empréstimo de 129 contos de réis, a juros relativamente baixos. O valor deu para pagar seus débitos e ainda sobrou dinheiro para importar materiais, carvão e demais matérias-primas necessárias para girar a sua indústria.

Assim, temos em tela um exemplo de como o governo atrasou o desenvolvimento do próprio País, ao protelar o pagamento pelos serviços prestados pelo industrial Irineu. Tal prática vem se repetindo ao longo da história brasileira recente. Os políticos – sejam eles ministros, senadores deputados, vereadores ou representantes – têm o poder nas mãos. As elites dominantes detêm o poder político que, por sua vez, fica centralizado e serve de passaporte para o controle da economia e do desenvolvimento da nação. No tempo do Império, dir-se-ia que o sistema permitia o monopólio que, por sua vez, era eficiente e simples. Pedro II podia mudar o ministério quando entendesse e quisesse, sem que ninguém interferisse. Quando caíam os ministérios, caiam, juntamente com eles, os ministros e, simultaneamente, os presidentes das províncias, das autarquias e demais órgãos do governo. Era a regra do jogo político da época, mais ou menos uma ditadura, onde o ditador era o imperador.

Irineu observava de longe os mecanismos do Estado. Inteligente, mais do que depressa, comprou uma elegante residência no bairro do Catete, com todos os requintes dos palacetes ingleses, para receber ministros, políticos, autoridades e homens públicos influentes. Irineu era grande amigo dos ministros dos Negócios Exteriores do Império – Paulino Soares de Sousa, Eusébio de Queiroz e outros. Para um homem astuto como Irineu, que estava atento aos movimentos políticos, era importante este relacionamento com os ministros do governo, Particularmente neste momento, quando o tráfico de escravos estava sendo duramente combatido pelos ingleses. No seu entender, o trabalho, ao invés de ser executado pelos escravos ou no lombo dos burros, deveria ser substituído pela máquina, ao gosto dos donos do mundo, os ingleses. Mesmo porque o uso de mão-de-obra escrava, combatido pela Inglaterra, com apresamento de centenas de navios brasileiros, não era, nesta altura, um negócio interessante para o Brasil nem para Irineu.

O preço do café tinha sofrido forte elevação no mercado internacional. Com isso, o governo brasileiro encaixara alguns milhares de libras esterlinas em seus cofres. Também em razão do afundamento dos navios negreiros brasileiros em águas internacionais e, até mesmo em nacionais, o governo do Império subira as tarifas alfandegárias, em média 15%, sobre os produtos importados da Inglaterra. Enfim, depois de tomar mais algumas medidas internas, o Brasil começava a emergir das grandes crises, às quais ficara exposto desde a Independência.

Com a vitória na Bacia do Prata, e dobrado o volume de importações e exportações, o País ganhara outros contornos políticos. Irineu observava, com redobrada atenção, os rumos da economia nacional e viu, por exemplo, que os negócios com escravos estavam em decadência. O capital dos traficantes, cedo ou tarde, deveria mudar de direção, essa era a sua visão do Brasil moderno. A sua empresa da Ponta da Areia, que passava por dificuldades financeiras, era nesta altura uma companhia sólida, cujos resultados proporcionavam ótimos dividendos a seus acionistas. Alguns dos traficantes que trabalhavam com escravos já tinham investido grande parte dos seus capitais em ações do Estaleiro Mauá S.A., com excelentes resultados. Ainda mais porque esses lucros eram tão bons ou melhores do que os obtidos com os negócios de escravos, que passavam a ser de alto risco.

Pensando no capital que sobrava dos comerciantes de escravos, na praça do Rio de Janeiro, o industrial idealizou uma empresa de capital aberto, com a finalidade de emprestar dinheiro ao comércio, à indústria, à exportação e importação de produtos brasileiros e estrangeiros. Para a constituição dessa empresa, montou um esquema especial e convidou gente de todas as classes sociais, inclusive políticos que tivessem dinheiro disponível para investir num negócio lucrativo e rendoso.

Convidou pessoas que, no seu entender, preenchiam as condições desejadas, a irem à sua residência no Catete, a fim de comunicar-lhes qual seria o tipo de negócio. A modalidade do negócio naquela época era invulgar no mercado e Irineu estava convicto de que conseguiria um encaixe de 10 mil contos, pois as ações seriam colocadas no mercado ao valor nominal de um conto de réis cada uma. O negócio era abrir um banco. Feita a exposição aos futuros acionistas, a adesão foi maciça. Mais difícil foi a papelada, mas mesmo assim, passados sessenta dias, foi convocada uma assembleia geral para escolher o corpo diretivo do novo banco e também o nome da instituição financeira. A escolha do nome do banco recaiu naquele que Dom João havia fundado em 1812, e que tinha falido: "Banco do Brasil. S.A". O dinheiro, que o industrial ideara conseguir num ano ou mais de trabalho, obteve-o em apenas três semanas, ou os 10 mil contos de réis referentes à subscrição das 10 mil ações. Mais que isso: o valor conseguido equivalia a um terço do orçamento do Império naquela época.

Reorganizado e reinaugurado o segundo Banco do Brasil, dinheiro era o que não faltava ao Industrial para avançar nos projetos planejados desde quando fora pela vez primeira passear à Europa. Havia muito tempo se falava em sanear e colocar luz a gás no Rio de Janeiro. Já no tempo de Dom Pedro I, vários empreiteiros se tinham candidatado e apresentado orçamentos para executar esses trabalhos. Todavia, ao chegar a hora de prosseguir nos projetos, estes – ou por falta de verba ou por dificuldades técnicas –, não saíam das mesas de desenhos dos escritórios de engenharia.

No inicio de 1852, o industrial brasileiro tinha esses dois projetos em andamento, o da iluminação e o do saneamento. Mas seus engenheiros percorriam os fundos da Baía da Guanabara, em medições incansáveis, planejando um terceiro projeto, um caminho de ferro que ligasse o Porto de Mauá a Fragoso, no sopé da Serra da Estrela (Petrópolis), no Estado do Rio de Janeiro. A estrada de ferro ficaria conhecida como *Estrada de Ferro Mauá,* a primeira ferrovia do Brasil. Mais tarde, essa ferrovia deveria se ligar a Minas Gerais, passando pelas cidades de Juiz de Fora, São João del-Rei, atingindo o Rio das Velhas, um dos afluentes do São Francisco. Naturalmente, este projeto revestia-se de grande importância nacional porque serviria para escoar a produção de grande parte do território brasileiro para o Porto do Rio de Janeiro. O estudo apontava a obra como um dos mais espetaculares investimentos daquele tempo. Talvez só perdesse para o Banco do Brasil em termos de capital investido.

Os relatórios dos engenheiros concluíram que o projeto era exequível. Porém, os dois projetos já sacramentados com o governo, tanto o da iluminação como do saneamento básico do Rio, encontravam-se na fase inicial, e começar mais uma obra, da envergadura da estrada de ferro, não seria tarefa fácil. Aberta a licitação para a execução do projeto, apareceram três concorrentes estrangeiros. O banqueiro-industrial brasileiro ganhou a concorrência, oferecendo preços mais baixos que seus adversários. Era difícil para Irineu encetar a nova obra. Mas, ao reiniciar as funções do Banco do Brasil, em seu discurso de posse como presidente da instituição, afirmou que os seus planos eram o de fazer do Brasil um País moderno, em condições de competir com os outros países industrializados, colocando-o ao lado das nações avançadas do mundo.

De repente, surge mais um entrave. Em 1849, o tenente da Marinha Norte Americana Matthew F. Maury, astrônomo e hidrógrafo do Observatório Nacional de Washington, havia recomendado ao governo dos

Estados Unidos, em relatório, a anexação da Bacia Amazônica. O tenente havia navegado pelo Rio Amazonas e relatou, em longa exposição, com argumentos xenófobos, o que vira. Dizia Maury que o Rio Amazonas era naturalmente uma continuidade do Rio Mississipi e que, pelos estudos científicos que fizera, os brasileiros desconheciam o grande tesouro das águas daquela enorme bacia, impedindo outros países de explorar às muitas riquezas da fauna e da flora. Tal impedimento, segundo o tenente, provocava a estagnação do avanço e do progresso. Dessa forma, estimulava, em seu relatório, os Estados Unidos a tomar a Bacia Amazônica para conduzi-la ao desenvolvimento mundial.

Diante de tais perspectivas, o governo brasileiro, assumindo suas responsabilidades, mandou emissários aos outros países que partilhavam com o Brasil a grande bacia. Convenceu-os de que seria necessário todos cerrarem fileiras em volta dos seus territórios para impedir as intenções de anexação daquele país em relação à Amazônia. Isto no sentido externo, no flanco interno, porém, o governo brasileiro convenceu Irineu Evangelista a montar uma linha de navegação no Amazonas, a fim de calar a boca do mundo, mormente dos americanos.

Mas Irineu, que em tantas ocasiões tinha sido submisso ao governo, adotava agora uma posição diferente. Depois de observar que poderia tirar partido da aflição do governo em não conseguir ninguém que aceitasse tal projeto, aceitou a proposta do governo, mas sob suas condições. Assim, em 1852, ele estava comprometido com quatro grandes e fabulosos projetos com o governo brasileiro. Não obstante, o banqueiro ser contemplado com os projetos que acabamos de referir, ele mais uma vez mostrou o seu patriotismo tirando o governo de uma posição incômoda, como fez na altura da guerra com o Uruguai, quando se propôs a financiar esta guerra no lugar do próprio governo brasileiro.

Em todos estes projetos, o banqueiro empregava o menos possível de trabalho escravo, e sempre que precisava desse tipo de trabalho, ao invés de comprar escravos, alugava-os a quem os tivesse para alugar. Era refratário ao uso de mão-de-obra escrava. Nas suas empresas, quando empregava escravos, exigia que o tratamento fosse igual ao dado aos homens livres. Eis aí a diferença entre os métodos de um empresário moderno e de capital aberto e os antigos métodos ortodoxos usados, inclusive, pelo governo de Dom Pedro II.

Os seus métodos de administração eram diferentes também daqueles utilizados pelos donos de fazendas de café. Enquanto os feitores das fazendas usavam a chibata para administrar as fazendas, o empresário usava o diálogo e o conselho afável, às vezes até paternal, com seus empregados, desde os escalões mais elevados até aos empregados mais simples. Ao mesmo tempo, determinava a seus empregados de maior nível que estes seguissem o mesmo exemplo com os funcionários de funções inferiores. Com esses métodos pouco conhecidos no Brasil – e por isso criticados, combatidos e censurados – Irineu, em apenas um ano, fundou quatro grandes empresas, excluindo aquelas que já comandava, com sucesso. Os membros do governo observavam que o seu vertiginoso progresso parecia mais fruto de truques do que de capacidade de gerir negócios para contribuir com o progresso do Brasil.

Nas eleições de 1852, os conservadores, que já detinham o comando político do País, se fortaleceram ainda mais. Esta maioria absoluta propiciou ao imperador um pensamento muito seu, que se resumia em

Imperador Pedro II

travar o progresso de alguns industriais progressistas. Para concretizar suas ideias, nomeou para o cargo de Ministro da Fazenda, o Visconde de Itaboraí, no lugar de Eusébio de Queirós, que era amigo do industrial-banqueiro. Mas o Visconde de Itaboraí, que também era amigo de Irineu, intuiu, como conservador radical, que o banqueiro estava se projetando como homem perigoso para o Estado e para o Brasil. Por isso, precisava cortar-lhe as asas. Esta posição foi precipitada por uma atitude do banqueiro, quando da inauguração da estrada de ferro Estrela-Petrópolis.

Irineu Evangelista havia pensado em transformar a inauguração da ferrovia em um ato de enaltecimento ao trabalho. Para tanto, convidou o imperador e seus ministros para a cerimônia de inauguração, que seria transformada em ato simbólico em que Dom Pedro II e os ministros assentariam o primeiro dormente daquele empreendimento. Primeiro e único no País até então. Como se tratasse de um exemplo simbólico e apologético ao trabalho, pediu a Dom Pedro, assim como a seu ministério, para virem render excelsa homenagem ao trabalho e aos homens empreendedores da nação. Porém, a homenagem que o industrial imaginou fazer às altas autoridades do País foi interpretada de modo diferente daquele que pensou, tanto pelo imperador como pelos seus ministros.

Ainda não eram passados 15 dias desde o início da execução do projeto da estrada de ferro, e começou-se a articular uma conjura para torpedear, de todas as maneiras, o banqueiro e empreendedor. Era comum, na abertura dos trabalhos legislativos, o imperador assistir à abertura das sessões da Assembleia. O imperador, em trajes a rigor, ao abrir a sessão do dia 3 de maio de 1853, do alto da sua tribuna, proclamou

Recomendo-vos a criação de um banco solidamente construído, que dê atividade e expansão às operações do comércio e indústria da nação. Nas circunstâncias em que felizmente já nos achamos, esta semelhante instituição é um elemento indispensável à nossa organização econômica.

Aprovado o projeto para a abertura de um banco estatal, fez-se de tudo para arruinar o Banco do Brasil, então do banqueiro Irineu. Até o ponto em que ele teve de jogar a toalha e negociar com o governo a venda (entrega) do seu banco, com alguns prejuízos para os seus negócios. Até os seus amigos políticos que outrora se beneficiaram de sua ajuda agora lhe voltavam as costas. Depois de o banco do governo encampar o banco de Irineu, por meio de troca de ações, o empresário conseguiu vender as ações do novo banco e caiu fora do negócio. Perdeu o banco, mas salvou o capital. As suas outras empresas seguiam avançando. A *Companhia de Navegação a Vapor do Amazonas* entrara em pleno funcionamento e os governantes uruguaios começavam a pagar os juros dos antigos empréstimos referentes ao ano de 1851. A companhia de gás e a ferrovia também, em breve, começariam a carrear recursos para os cofres do empresário, como ele planejara. O sucesso de suas companhias era mais uma questão de honra para Irineu porque seus adversários apostavam justamente no contrário. Ele jogava tudo no desenvolvimento industrial, na força do trabalho e na modernidade do Brasil. Os inimigos do progresso regozijavam-se e viam os negócios dele como trampolim para que Irineu alcançasse o poder a qualquer preço. Por isso, seguiam metodicamente as instruções do imperador para cortar as asas ao industrial progressista.

Mas os seus negócios, embora com dificuldades, iam sobrevivendo à fúria dos adeptos do retrocesso e dos seus inimigos retrógrados.

Depressa, a fama de "argentário", usurário e agente perigoso se espalhou por todo o País. Porém, não tardou para que o industrial desse a resposta a seus algozes, por meio de sua *Companhia de Iluminação a Gás.* Em 25 de março de 1854, Irineu convidou a população da cidade do Rio de Janeiro para, à noite, assistir a um grandioso melhoramento: o acendimento de milhares de lampiões a gás em várias ruas da cidade. À noite, a ruas ficaram completamente iluminadas.

Mas seus inimigos não se davam por vencidos e, com grande estardalhaço, no "*Jornal do Comércio*", espalharam que o projeto dos lampiões tinha sido do então ministro Euzébio de Queiroz e não do industrial. O jornal criticava Irineu, dizendo que Queiroz é quem tinha executado o projeto e o industrial apenas investira o dinheiro, nada além disso. Cerca de quarenta dias depois da desfeita, grande parte das embarcações da cidade do Rio foi tomada por gente de todas as classes. Todos queriam ver o primeiro embarque, no Porto de Estrela, das figuras mais importantes do reino, que iriam inaugurar a primeira estrada de ferro do Brasil. Houve uma pequena cerimônia, quando o imperador saudou o empresário e todos os presentes, e em seguida, a comitiva imperial seguiu em seu vagão, enquanto outros convidados foram noutros. A viagem de 14 quilômetros durou vinte minutos apenas, mas demonstrou o êxito do investimento no progresso do industrial brasileiro.

Depois da primeira viagem de trem, houve discursos e mais uma vez Irineu enalteceu o trabalho, como meio de se atingir o progresso nacional. Dom Pedro apenas se limitou a se referir ao progresso do País, sem tocar na questão do trabalho, a mais importante e necessária para o desenvolvimento das nações. Para a elite circundante de Dom Pedro I e

Barão de Mauá

seu séquito, a apologia de Irineu era uma afronta. Todavia, Irineu, com sua chama envolvente e decidida, tinha conquistado a glória de ser o homem mais capaz e engenhoso do País. Apenas não conseguiu perenizar suas conquistas por ter topado pela frente com homúnculos invejosos no comando político da nação. Tivesse Irineu Evangelista de Sousa nascido nos Estados Unidos, onde a modernidade tinha suplantado o atraso, com certeza seria hoje reconhecido como o são Henry Ford, Rockfeller e, mais recentemente, Bill Gates, entre outros.

O Visconde de Bom Retiro, um dos poucos amigos de Dom Pedro que admirava Irineu Evangelista, depois de conversar bastante com sua majestade e pedir-lhe incessantemente para homenagear o industrial, conseguiu que o imperador o agraciasse com o título de barão. A notícia correu depressa e o industrial tornava-se o Barão de Mauá, em 1954.

Irineu, nesta altura ainda um homem novo, tinha muitos projetos para o desenvolvimento econômico e industrial do Brasil. E não se deixaria vencer pelos medíocres e retrógrados políticos do governo. A valorização do trabalho sempre foi uma das suas maiores apostas para o desenvolvimento da riqueza da nação, como dissera Adam Smith. O maior erro do Barão de Mauá foi entrar em conflito quanto às mudanças introduzidas pelo governo de Dom Pedro II sobre a escravidão. Isso lhe causou a perda do Banco do Brasil, que era o carro-chefe de seus negócios. Porém, não se desanimou no seu intento de montar uma nova instituição financeira para concorrer com o banco do governo, que cobrava juros escorchantes sobre os empréstimos para a produção de bens. Sabendo que teria problemas futuros, mandou uma cópia com o estatuto que regeria a nova empresa ao seu amigo Marquês de Paraná, tomando seus conselhos sobre o assunto.

O marquês não apenas o aconselhou a montar a empresa, como disse que queria ser seu sócio. Irineu começou a admitir sócios para formar o capital da sociedade, semelhantemente aos moldes do seu antigo banco. O projeto, com 182 sócios, que prometia vingar, durou poucos dias. E a felicidade de Irineu desmoronou logo. O Visconde de Itaboraí (subserviente ao imperador) dizia em alto e bom som, no Senado, que o País precisava combater certos métodos: pedia a intervenção do governo sobre a produção agrícola, necessária para o desenvolvimento nacional; reiterava que era preciso evitar que as terras devolutas fossem ocupadas, entendendo que o domínio público era de longe melhor que o particular. E, criticando a política dos Estados Unidos de oferecer terras a estrangeiros sem custo nenhum, afirmava que tal método era errado e maléfico para a nação brasileira. No entender do visconde, o certo seria o governo investir em grandes obras públicas, como ferrovias, canais de irrigação e iluminação. Depois disso, direcionou seu ataque, alertou o Senado sobre a instituição financeira que Irineu pretendia montar. Disse que esta era um perigo para o sistema governamental, tão útil e sadio, lembrando a seus pares a necessidade de mudar o Código Comercial com o fito de coibir novos aventureiros de se instalarem no mercado de capitais concorrendo com o Banco do Brasil.

Depois deste alerta será escusado dizer que o código foi mudado. O industrial teve de devolver o dinheiro aos acionistas e esperar nova oportunidade para prosseguir em seu intento em montar um banco no Brasil. O Visconde de Itaboraí, político retrógrado e apegado a conceitos escravistas, limitava-se a defender o que o imperador determinava. Ao contrário do Barão de Mauá, que defendia o liberalismo, tanto de capitais como de pessoas. Por isso, o visconde não pactuava com a política dos

Estados Unidos de atração de mão-de-obra livre para trabalhar nas terras devolutas do Estado. Dizia o visconde: *Não sei em que consistem os favores, as facilidades com as terras que os Estados Unidos oferecem para atrair braços de trabalho...*[106]

Itaboraí era um dos mais retrógados partidários de D. Pedro, todavia, dentro do seu partido conservador, havia-os em grande quantidade. E, aqui talvez esteja uma das razões de o Brasil não ser hoje tão desenvolvido economicamente como os Estados Unidos. Enquanto o Brasil atravessou quase cem anos (1780-1880) lutando contra seus vizinhos, sem levar vantagem nenhuma, tanto em indenizações monetárias como em anexações territoriais, os Estados Unidos, em suas guerras de expansão, anexou territórios e exigiu indenizações:

Expansão para o Oeste dos Estados Unidos:

1842 – Fixação da fronteira Atlântico-São Lourenço;

1846 – Fronteira montanhosa e rochosa do Oceano Pacífico. Anexação do Oregon;

1846–1848 – Guerra contra o México: ao final da qual foram anexados à União o Texas, o Novo México e a Califórnia. Foram Acrescidos nada menos que 1.660.000 (um milhão, seiscentos e sessenta mil quilômetros quadrados), cerca de duas vezes o seu território inicial.

106. MACEDO, Joaquim Manuel de. *Anno biographico brazileiro* (v.1). Rio de Janeiro: Imperial Instituto Artístico, 1876.

Quanto à população, em 1842, os norte-americanos haviam superado o Brasil, em milhões de habitantes, com a simples política de distribuição de terras a colonos, possível depois de sua expansão territorial, quando criaram e anexaram os Estados citados.[107] O objetivo era desenvolver sua produção agrícola e industrial.

Voltando ao Visconde de Mauá, vislumbrando uma brecha na lei, depois de explicar aos sócios uma maneira arriscada de fazer funcionar o seu banco, Irineu, mesmo com a desistência de alguns acionistas, ainda assim se aventurou criar e colocar para funcionar a sua empresa, com a razão de *Mauá MacGregor & Cia,* em abril de 1855. Anos depois, a instituição financeira contaria com filiais em várias capitais brasileiras e em Londres, Paris, Nova Iorque, Buenos Aires e Montevidéu. No início, a empresa idealizada por Mauá pôs o mercado brasileiro em verdadeiro alvoroço, não apenas pela sua atuação mais racional e eficiente, como pelos serviços prestados e pelos juros mais baratos do que os cobrados pelo Banco do Brasil. Isso porque a empresa operava simultaneamente no Rio e em Londres, com muito maior fluidez, tanto na liquidação de títulos, como nos fundos de negócios das duas moedas. As suas agências de Londres ou do Rio de Janeiro estavam autorizadas a emitir saques uma sobre a outra, o que não poderia ser feito através do Banco do Brasil porque este não tinha agência em Londres.

Perspicaz, o barão percebeu as dificuldades cambiais das províncias longínquas do território brasileiro. Daí sua visão e decisão de abrir agências em quase todas as províncias. Viu avolumar-se maior produção, além

---

107. *Enciclopédia Delta Larousse*, p. 2.550.

de criar uma espécie de rede nacional de agências pelo País. Assim, logo os lucros fabulosos começaram a surgir de todos os lugares do Brasil. Ainda que Mauá cobrasse as mesmas taxas que os outros cobravam, havia uma razão para seus lucros serem maiores do que os de seus concorrentes: o segredo do negócio estava na segurança de seus serviços, na rapidez e eficiência, que eram a diferença e a causa dos lucros extraordinários.

Mauá, com sua filial em Londres encostada à bolsa de valores local, obtinha informações rápidas e seguras. O curioso é que ele, como quase todos os financistas do mundo, sabiam que a casa Rothschild tinha fama de solidez no mundo das finanças por ter levado à bancarrota várias nações. O Barão Lionel Rothschild, intelectual-mor do grande banco londrino, orgulhava-se de suas insaciáveis especulações financeiras, inclusive com o Brasil dos tempos de Dom Pedro I. Agora, com o embaixador Carvalho Moreira, os lucros eram tão compensadores que o maquiavélico diplomata logo adquiriu uma bela residência em Londres. Os negócios entre o embaixador e Lionel se valiam de informações antecipadas sobre os empréstimos que o governo brasileiro deveria negociar. Por isso, sabiam a ocasião em que a moeda brasileira deveria baixar. O Banco Rothschild aproveitava então para comprar a moeda brasileira em baixa para depois vendê-la em alta e cara, ganhando grandes volumes de libras pela diferença entre compra e venda.

Quando se espalhou a notícia do financiamento de 50 mil libras para a Estrada de Ferro Dom Pedro II, o Banco Rothschild, ao invés de receber um pedido de empréstimo, recebeu uma letra da filial de Londres da *Mauá MacGregor e Cia* e, juntamente, um pedido de alguns dias de prazo para pagamento. O fato de o empresário brasileiro ter o atrevimento de adiantar-se ao banqueiro inglês causou grande indignação, mormente pelo fato de a letra não ter fundos.

Lionel mandou chamar o embaixador do Brasil a seu escritório, a fim de averiguar do que se tratava. Depois que Carvalho Moreira informou ao Barão de Rothschild de quem se tratava, as coisas mudaram de rumo. Tudo mudou com a notícia, no Brasil, de que os sócios de Mauá, em Londres, estavam se entendendo com os Rothschild, para se associarem à estrada de ferro Santos-Jundiaí. De fato se associaram e muitos outros empresários – ingleses, franceses e brasileiros – procuraram Mauá para investir seus capitais ociosos nos negócios rendosos do empresário brasileiro.

Quando o público tomou conhecimento da lista dos investidores da Santos-Jundiaí, os ingleses mudaram por completo a sua opinião sobre o Brasil. De uma hora para outra, o governo inglês se deu conta de que havia no País mais do que algumas fazendas de café. E, pensando bem, havia um bocó brasileiro no mercado de capitais cuja atuação tinha acumulado tão alta fortuna, seria o caso de pensar se eles, os ingleses, não teriam perdido muitas oportunidades no Brasil. Ao mesmo tempo em que os ingleses refletiam sobre este assunto, o governo brasileiro, comandado por Itaboraí, pensava em corrigir a legislação sobre as falhas das quais Mauá se aproveitava para enriquecer.

Desestimulado pela política retrógrada do governo do Visconde de Itaboraí, orquestrada por Dom Pedro II, o empresário brasileiro, grande credor do governo do Uruguai desde a guerra com a Argentina, pediu e foi autorizado a abrir uma filial do seu banco naquele país. Por outro lado, o Barão de Rothschild, observando o quanto importante era o mercado brasileiro naquele momento, usando do seu poder e influência sobre o embaixador Carvalho Moreira, ameaçou-o de lançar no mercado um repto a Mauá. A ideia era dizer que ele, Rothschild, tinha usado o seu nome para convencer pessoas de suas relações a comprar ações da Santos-Jundiaí, e que Irineu, num revide, iria avisar a seus conhecidos e amigos para não comprar ações da mesma empresa. O embaixador, assustado com a repercussão que o assunto poderia desencadear no mercado de capitais, passou imediatamente o recado a Mauá, que viu logo as pretensões do inglês, e acertou com ele uma percentagem na Santos-Jundiaí.

Os ingleses agora sabiam muito mais acerca do Brasil, inclusive o sobre comportamento do governo que, desde 1825, já no reinado de Dom Pedro I, era grande e fiel cliente dos Rothschild, de Londres. Esta fidelidade, sempre foi fator impeditivo para Mauá participar em operações onde estivesse o Tesouro Nacional. Por isso, o banqueiro inglês sentiu-se à vontade para pleitear a colocação de uma sucursal no Brasil. A proposta do banqueiro inglês fluiu com tanta rapidez que causou surpresa nos meios financeiros de todo o mundo. O pedido foi feito em maio de 1863. Em outubro de mesmo ano, o banco já funcionava sem mesmo os acionistas terem integralizado todo o capital social que subscreveram. A agilidade do governo brasileiro em fazer funcionar uma empresa estrangeira era completamente oposta à má vontade quando se tratava de um pedido de Mauá, o banqueiro nacional.

Dessa forma, de um dia para outro, o banqueiro brasileiro vira nascer nas suas barbas um fortíssimo concorrente que poderia operar em todos os campos de crédito, enquanto ele só poderia operar restritamente em negócios de câmbio. Era, de fato, uma situação desigual, de real segregação do empresariado brasileiro. Não bastasse o pensamento político de lideres tacanhos – como Eusébio de Queiroz, Itaboraí e outras velhas raposas, sempre investidas em postos-chaves do comando da política econômico-financeira nacional –, os progressistas brasileiros viam com desagrado a forma como os próprios eram tratados pelo imperador e seus aliados no Brasil.

Com a *Guerra da Secessão* nos Estados Unidos, em 1861, as exportações de café recuaram cerca de 25%. Consequentemente, a economia sofreu grande impacto, levando uma parte dos fazendeiros à insolvência. Várias empresas de crédito sofreram os reveses da estagnação. Para agravar a situação, o embaixador britânico recém-chegado ao Rio cometeu algumas trapalhadas entre os governos do Brasil e da Inglaterra e tantas fez que obrigou os governos a cortar relações, com enormes prejuízos para as finanças de ambos os países.

Dom Pedro, com sua prepotência, pensando em represálias, além de expulsar o embaixador, mandou prender uns marinheiros arruaceiros por causa de alguns distúrbios no Rio de Janeiro. O incidente provocou a ira dos britânicos, levando-os a fechar o porto do Rio de Janeiro, com prejuízos para o comércio da cidade, e para toda a nação brasileira. A humilhação foi grande, com os ingleses entrando nos portos brasileiros para destruir a marinha mercante, sem que o País pudesse se defender por causa de um governo formado por conservadores atávicos, pacíficos e inertes. Imediatamente, Dom Pedro constituiu um governo de liberais. Mas esse novo governo não tinha nada de liberal (só o nome) porque foi escolhido por Dom Pedro, como presidente do conselho do gabinete, o velho Zacarias de Góis e Vasconcelos, figadal inimigo de Mauá. Se os negócios já corriam mal para Mauá, com o novo gabinete de Zacarias, tornaram-se piores. Ainda mais porque o embaixador Carvalho Moreira, que mantinha precariamente as relações do Brasil com a Inglaterra, residia em Paris e tinha como interlocutor o Barão Lionel, em Londres, o que favorecia o inglês e seu banco.

Se com amigos as coisas eram difíceis, imagine-se como não seriam com tantos inimigos no governo. Observador arguto, Mauá logo vislumbrou alguma forma de salvar um pouco do seu patrimônio. Pensou em entregar a sua fábrica da Ponta da Areia para o governo pelo empréstimo que tinha contraído quando do incêndio que atingiu as suas instalações. Debalde, o governo não aceitou a proposta, fazendo-o pagar o empréstimo com altos juros e ainda lhe impôs certas restrições ao crédito no seu ex-Banco do Brasil.

Apesar do seu ceticismo sobre o governo brasileiro, ao ver o rumo desastroso que este adotava, e do nó difícil da política econômica de Dom Pedro, ainda assim manteve uma réstia de esperança em uma mudança radical rumo ao progresso. Continuou remando contra a maré, mesmo sofrendo enormes prejuízos com a concorrência desleal provocada, em apenas três anos, pela preferência do embaixador em Londres de transacionar com os bancos ingleses em condições muito mais desvantajosas para o Brasil do que com as agências bancárias de Mauá, as nacionais ou da Inglaterra, Argentina ou Uruguai.

Tanto o governo inglês como o banqueiro Lionel Rothschild faziam de tudo para atrapalhar o governo do Brasil, inclusive com o banco inglês se recusando a pagar dois cheques de fornecimento de víveres para o exército brasileiro. Como o Duque de Caxias tinha extrema necessidade de verbas para suprir as tropas da guerra do Uruguai, pediu ao Barão de Mauá autorização para sacar contra o seu banco. Mauá, amicíssimo de Caxias, jamais poderia negar este favor de emergência ao amigo e, principalmente, ao Brasil.

Zacarias, como presidente do Conselho de Ministros de Dom Pedro II, não gostou e deu ordem para que o empréstimo não fosse pago. A situação foi levada para o Congresso Nacional onde foi discutida e analisada. Mas o Duque de Caxias entrou no processo e o gabinete de Zacarias caiu. Mauá então se queixava a amigos dizendo: *Tivesse eu um banco inglês e nada disto aconteceria!* Era verdade. Para o inglês Rothschild, tudo. Para o brasileiro Mauá, nada. As coisas no Uruguai não corriam nada bem. A guerra gerava o descontrole financeiro. Os governos uruguaios sucediam-se uns após os outros e, num país pequeno e sem recursos, tudo era motivo para governantes despreparados serem substituídos.

Naturalmente, com tantos inimigos nos governos, tanto do Brasil como do Uruguai, o império econômico de Mauá começou a desmoronar. Primeiro, porque os seus sócios já não tinham confiança nas suas previsões; segundo, pela sequência de golpes, contrariedades, crises e sentenças jurídicas compradas, contrárias a seus interesses. Estas prolatadas contrariavam as leis brasileiras: como foi o caso da Santos-Jundiaí, que a justiça brasileira permitiu, absurdamente, que o processo fosse julgado por um tribunal britânico. Tudo isto abalava o já combalido crédito do Barão e diminuía sobremaneira o seu império que, de uma hora para outra, passaria a chamar-se apenas Mauá e Cia.

Seguiram-se frustrações com os créditos que tinha a receber – por duas vezes teve de encerrar as portas do seu banco no Uruguai –, e batalhas contra tudo e contra todos contra o roubo e imputação da sua *Estrada de Ferro Santos-Jundiaí.* Poucos anos antes de sua morte, teve conhecimento de que o embaixador brasileiro em Londres, o Barão de Penedo, conquistara uma vida larga e folgada pela sua amizade com Barão de Rothschild. O embaixador tinha assento reservado à mesa das negociações como representante nomeado pelo imperador Dom Pedro II. Tomou parte inclusive na negociata de mudar a decisão judicial para Londres, quando lhe foi subtraído o direito sobre seu grande patrimônio. Mauá fazia questão de dizer que seu patrimônio era de seus credores brasileiros e não dele.

Tanto Carvalho Moreira, embaixador em Londres, como Zacarias e Silveira Martins, que se diziam liberais, jamais foram mais progressistas do que o conservador Itaboraí ou Torres Homem, capachos das vontades políticas e conservadoras de Dom Pedro II. Já Mauá era progressista e antiescravista e, por divulgar suas ideias com tanto ardor e fé no progresso do Brasil, pelo qual muito lutou, morreu no ostracismo. Homem de fortes convicções e idealismo, tivesse Irineu Evangelista de Sousa nascido num outro país seria chamado pelo governo para ajudar no progresso nacional, e não tão perseguido, como foi, pelos políticos brasileiros. Isso ocorreu (e ainda hoje acontece) a outros homens inovadores do País. (Ver o caso de Monteiro Lobato, no capítulo seguinte).

No ocaso da vida, o imperador mandou-lhe alguns recados para ter uma conversa entre pessoas de bom senso, já senis, em razão de alguns episódios denunciados, tanto na imprensa brasileira, como na londrina, sobre o caso do embaixador Penedo. Todavia, Mauá não estava mais interessado em receber perdão e nem em perdoar ninguém, por entender que, depois de três décadas de atraso, não valia a pena querer remediar o que não tinha remédio. Enquanto teve forças lutou, agora não era mais tempo de corrigir erros do passado. Deixava essa tarefa para os mais novos: a de libertar o País dos atrasos e da corrupção reinante, que de longa data sempre combatera.

Era passado quase um século e as novas gerações governamentais não souberam tirar partido nem proveito dos novos tempos e das novas chances que se apresentaram. O Brasil continuaria trilhando os mesmos caminhos do atraso e da ignorância, como ainda hoje continua, mercê de uma política de clientelismo, analfabeta e alienada dos senhores do poder.

Em 21 de outubro de 1889, o Barão de Mauá, que se encontrava em Petrópolis, desceu cedinho para o seu escritório no Rio de Janeiro. Conferiu os seus negócios e voltou novamente para Petrópolis, onde estava sua mulher. À tardinha, quase noite, sentiu-se muito cansado, reclamando de fortes dores no peito. Poucos minutos depois dava o último suspiro. Assim morria um homem que em vida fora perseguido pelo governo do imperador. Seu maior pecado foi o de sonhar o progresso e o desenvolvimento do seu País.

Foi um visionário incompreendido e combatido por uma sociedade rural e escravocrata. Pioneiro em várias áreas da economia brasileira: participou da construção de todas as primeiras ferrovias, dos primeiros bondes, dos primeiros sistemas de iluminação pública, de saneamento, das primeiras instituições financeiras privadas com atuação internacional.

Foi precursor da valorização da mão-de-obra, do investimento em tecnologia, das transnacionais brasileiras, da globalização, do multilateralismo na América do Sul. Foi deputado pelo Rio Grande do Sul (em 1856, 1859-60, 1861-64, 1864-66 e 1872-75). Renunciou ao mandato, em 1873, para atender aos seus negócios ameaçados desde a crise bancária de 1864. Ironicamente, o conhecimento de sua biografia só foi possível graças à exposição de motivos que apresentou aos credores e ao público ao falir, em 1887.

João Evangelista de Sousa, o menino que aos nove anos de idade viera do Rio Grande do Sul para o Rio de Janeiro, no convés de um navio acalentando mil sonhos, realizou alguns deles, mas não o maior de todos: ver nascer a República em um Brasil industrializado. Pois com ele morria também o Império. Menos de um mês depois de sua morte, em 15 de novembro de 1889, um golpe militar depunha o Imperador Dom Pedro II. O líder dos republicanos, Marechal Deodoro da Fonseca, assumiria o posto supremo do Governo Provisório da República do Brasil. O País seguiria grande, com seus 8,5 milhões de quilômetros quadrados, mas continuaria atrasado e carente de progresso por causa dos maus políticos. Pedro II, com sua família, seguia o caminho do exílio para a Europa, em Londres.

Capítulo VI

XXVIII – A emergência do capitalismo industrial e financeiro na virada para o século XX;

XXIX – O Golpe Militar de 1889 e a implantação da República;

XXX – Os presidentes da República Velha (1894-1930)

XXVIII

A emergência do capitalismo industrial e financeiro na virada para o século XX

Antes de entrarmos na fase republicana do Brasil, é necessário falarmos sobre a emergência do capitalismo industrial e financeiro a partir de meados do século XIX. Tal desenvolvimento teve grande impacto na geopolítica mundial, na estruturação econômica das nações e nos arranjos sociais que marcariam os séculos seguintes. Nesse novo cenário da política internacional repousaria a chave primacial da evolução do capitalismo e o grande trunfo para o desenvolvimento das nações modernas.

O desenvolvimento do capitalismo industrial e financeiro começou a se esboçar a partir de 1850 e teve como consequência uma nova expansão da Europa, também conhecida como imperialismo econômico ou neoimperialismo. Tal cenário começou a processar-se, mais precisamente, a partir do ano de 1870, justamente no mesmo ano em que o Brasil estava envolvido na Guerra do Paraguai, que terminaria com derrota de Solano Lopez, em Cerro Corá, em 01 de março do mesmo ano. Embora o Brasil tenha vencido a guerra, nada lucrou com este episódio. Teve, isto sim, grandes prejuízos com a morte de milhares de brasileiros nos campos de batalha e com enormes déficits financeiros, porque foram gastos milhões de libras esterlinas – emprestadas pelos ingleses a juros escorchantes – para financiar a guerra.

Para falarmos sobre a expansão do grande capitalismo industrial, desenvolvido pela Grã-Bretanha, mormente pelo seu pioneirismo industrial, é necessário dizer-se que este só foi sentido pelas outras grandes potências já no final do século XIX. Esse desenvolvimento industrial provocaria, já no princípio do século XX, uma corrida por mercados e pela supremacia mundial. Estabeleceu-se, nessa época, uma concorrência desenfreada entre as grandes nações pela expansão territorial por meio da anexação de colônias, com enormes gastos para os Estados desenvolvidos. Tal movimento trouxe como consequência a debilidade financeira e institucional de algumas dessas potências europeias e, finalmente, desembocou na Primeira Guerra Mundial, entre 1914 a 1918. Todavia, o desenlace cobrou o seu preço, com a destruição, em parte, da Alemanha, da França, da Holanda, Itália, de Portugal etc. Enquanto a Europa Ocidental se debatia em batalhas, outros países surgiam do nada no cenário mundial (ou das cinzas, como Fênix). Foi o caso dos Estados Unidos, da Rússia e do Japão, que passaram, depois da guerra, a ser encarados e reconhecidos como potências e tomaram assento à mesa das negociações ao lado das grandes nações econômico-financeiras do mundo moderno internacional.

Até a primeira metade do século XIX, a política externa norte-americana estava isolada das grandes decisões das potências internacionais. Contudo, a partir do governo Jaime Monroe (1817-1825), os norte-americanos apostaram em algumas reformas estruturais e deram início a uma disputa pelo mercado internacional com as grandes nações. Os norte-americanos passaram a se articular em torno da *Doutrina Monroe*, cuja máxima preconizava a *América para os americanos.* A doutrina suscitou eufórica onda de patriotismo na população. A tal ponto que a diplomacia norte-americana opôs-se sistematicamente à Alemanha, quando esta potência do centro da Europa, sufocada pela sua superprodução de manufaturados, pretendeu investir nos países menos desenvolvidos e carentes da América Latina e da África.

Se a Inglaterra e a França podiam escoar a sua produção industrial nas suas colônias, o mesmo não acontecia com a Alemanha. Dado o seu isolamento e, simultaneamente, o seu crescimento demográfico e o grande surto de produção da sua indústria, a Alemanha caminhava na direção de se tornar a maior potência militar do mundo, sem, no entanto, ter para onde levar seus excedentes de produção. Com seu mercado de trabalho saturado com milhões de operários, previa-se o caos social da nação alemã, em poucos anos. Era preciso procurar uma saída. Conscientes das suas potencialidades bélicas e ciosos do seu patriotismo exacerbado, os germânicos achavam-se no direito de partilhar, com outras potências internacionais, algumas partes do mundo menos desenvolvidas, como, por exemplo, as Américas ou a África. Tais anseios dos alemães os levaram a fundar, em 1891, a Liga Pan-Germânica. O objetivo da liga era a expansão dos povos germânicos e afins. A liga defendia a partilha de um "mundo colonial sem bandeiras", através da imigração. Assim, pretendia estabelecer zonas estratégicas de influência, tanto pela língua comum, como pelos hábitos e costumes de raízes germanófilas.

Para tal fim, tentaram aumentar as suas marinhas, não apenas a mercante, como também a de guerra. Em 1896, o Kaiser (imperador), em discurso inflamado de patriotismo, anunciava à nação que o futuro do país estava nos mares. Para isso, o Reich (império) estava preparado. Essa política teria reflexos no Brasil, que começou a receber importantes contingentes de imigrantes alemães, que foram para os Estados do Rio Grande do Sul, de Santa Catarina e do Paraná. Porém, sem qualquer interferência do governo alemão. No caso da Venezuela, quando ocorreu o bloqueio anglo-germânico do país sul-americano (já em 1902), os Estados Unidos, mais uma vez, invocaram, através da imprensa, a *Doutrina Monroe*: com frequência, propalavam que a Alemanha era uma das nações mais racistas do mundo.

Se, na Alemanha, se declarava abertamente a superioridade da raça, nos Estados Unidos enfatizava-se, com certo orgulho, a superioridade das instituições democráticas. A ponto tal que as rivalidades entre as duas potências emergentes se tornaram cristalinas aos olhos do mundo. Os alemães procuraram excitar a opinião dos latino-americanos, advertindo-os do perigo de os norte-americanos se lançarem em futuras anexações, como de fato aconteceu. Já em meados do século XIX, os Estados Unidos, que 70 anos antes eram um país com um pequeno território, com as dimensões aproximadas das dos Estados de São Paulo e Minas Gerais, juntos, e uma ínfima população, pretenderam apoderar-se do Estado do Amazonas.

É preciso ter em conta que os Estados Unidos, com a orientação de sua política externa muito diferente da do Brasil até ao final do século XIX, tinham conseguido incorporar – à custa do extermínio das suas nações indígenas e da agressão ao México – todas as terras do Oeste até o Oceano Pacífico. Completaram o que eles chamaram de missão do "Destino Manifesto". Tendo isto como contingência o período de reconstrução nacional, que durou de 1865 a 1877.

Sob a ótica da economia norte-americana, este período significou o avanço da atividade industrial em detrimento da atividade agrícola, tendo algumas consequências nefastas imediatas, mas que, no longo prazo, sortiu o efeito desejado, dada a grande visão de seus estadistas. Tanto que o período seguinte, de 1870 a 1893, foi considerado *Idade Áurea da América*. O forte impulso industrial, mais as riquezas naturais do Texas, da Califórnia e do Novo México (então anexadas recentemente) – com suas fontes de energia emergentes à flor da terra – davam aos norte-americanos a certeza da prosperidade perene. O que de fato ocorreu depois daquelas anexações contra as nações mais fracas.

Cumpre dizer que, com a política externa sob as presidências de William McKinley, de 1896 a 1901, e de Theodore Roosevelt, de 1901-1909, a economia daquele país deu um salto gigantesco, passando a concorrer de igual para igual com as nações mais avançadas do mundo industrializado. Na verdade, conseguiu superar todas as outras nações, perdendo apenas para a Inglaterra. Começa a se esboçar, então, o imperialismo norte-americano. A guerra contra a Espanha, em 1898, e a política exterior da nova nação, aplicada pela alta visão dos seus mandatários, dariam início à formação dos grandes monopólios empresariais no final do século XIX.

Assim, a economia dos Estados Unidos que, há bem poucos anos, se caracterizava pela concorrência entre pequenos comerciantes e industriais internos, passou rapidamente a contar com grandes empresas de transformação, bancos altamente competitivos, capitalizados e financiadores da agricultura, do comércio e, em especial, da alta indústria. Tais conglomerados formaram os famosos trustes norte-americanos. Paralelamente a este espetacular desenvolvimento, veio a afluência de mão-de-obra estrangeira, fugida das constantes guerras entre as nações europeias. Certamente, este notável crescimento demográfico deu-se de acordo com a sua capacidade de absorção de mão-de-obra, no bojo de seu estupendo crescimento industrial, agrícola e financeiro. Em poucos anos, os Estados Unidos tornar-se-iam a mais populosa e a mais industriosa potência econômica do mundo Ocidental.

É de ressaltar, porém, que a sua política predatória não se fez sentir apenas contra os seus índios, os primeiros habitantes das terras americanas, que foram massacrados, ou com os espanhóis e mexicanos de quem lhes tomaram as terras. Os métodos de imperialismo foram tão agressivos que, em 1898, anexaram as Ilhas do Havaí; em 1901, impuseram a tutela a Cuba; em 1905, estabeleceram o controle econômico de São Domingos; em 1903, tomaram, como cessionários, a zona do Canal do Panamá; em 1916, ocuparam o Haiti etc. Esta prática de anexação, ocupação e controle deveria continuar, porém, foi deixada para trás porque os produtos agrícolas, que predominavam em suas exportações, deram lugar aos manufaturados. Em poucos anos, a participação dos manufaturados no volume total de comércio exterior passou de 35% para 49%, fazendo os norte-americanos esquecer a sua fúria de anexação, contra os seus vizinhos mais fracos, como nos ensina Jean-Jaques Rousseau, no seu *O Contrato Social.*[108] A exportação de manufaturados

108. ROUSSEAU, Jean-Jaques. O *Contrato Social.* São Paulo: Editora Nova Cultural, 1987.

passou a gerar mais riqueza, e menos despesas e problemas, do que as ocupações.

A partir daí, para não dar muito nas vistas do mundo (*a quem eles próprios tanto enfatizavam ser livres – todavia, só para inglês ver),* e pelo fato de terem sido também um país colonizado, e mais a defesa da doutrina "Monroe" *(a qual logo esqueceram),* passaram a fazer investimentos mais em concessões de construção em outros países, como, por exemplo, de estradas, ferrovias, pontes, obras de saneamento básico etc. Ou em ajudas financeiras a governos pobres e fracos que estivessem envolvidos em conflitos armados, ou em outros serviços de infra-estrutura. No entanto, nestes seus empréstimos ou aplicações, amarravam quase que totalmente os países que deles dependiam. Depois de se endividarem, os países tomadores jamais se viam livres do pesadelo dessas suas dívidas, com os juros estratosféricos, em forma obrigações a pagar futuramente.

Observe-se bem a rota dos acontecimentos. Como dissemos, os Estados Unidos não tinham nada quando adquiriram a sua independência, em 1776, pelo que nos relata R. R. Palmer. Note-se bem: não tinham absolutamente nada. Agora, observe-se o que nos diz o historiador e pesquisador brasileiro Clodoaldo Bueno em sua obra: *Política Externa da Primeira República:*[109]

> *Cumpre ainda realçar que a ascensão dos Estados Unidos e da Alemanha à categoria de potências mundiais fazem parte do processo*

109. Bueno, Clodoaldo. *Política Externa da Primeira República.* São Paulo: Paz e Terra, p. 42, 2003.

(que se iniciou em 1870) de perda, por parte da Grã-Bretanha, do controle do equilíbrio de poder europeu e do globo.

O esclarecimento do historiador encaixa-se dentro do que defendemos ao longo da nossa exposição. Primeiro, demonstramos que o Brasil enquanto governado pelos portugueses, antes da Independência dos Estados Unidos, era 10 vezes maior e tinha pelo menos quatro vezes a população das treze colônias. Além disso, o Brasil era mais evoluído do que os Estados Unidos enquanto colônia, industrial e comercialmente, assim como em outros setores como na literatura, na música, na escultura, engenharia etc. Em segundo lugar, provamos que depois de sua Independência, os EUA implementaram uma política externa muito mais agressiva do que o Brasil. Tal política norte-americana, tanto de anexação como predadora, foi se assenhoreando das pequenas nações em seu redor e não apenas para satisfazer as suas aspirações de grandeza, como ainda hoje continuam a fazer. Além disso, souberam explorar as riquezas naturais das terras anexadas, como a extração de suas fontes de energia do subsolo, como o petróleo, coque de carvão (hulha), gás natural, ferro, cobre, zinco, chumbo, bauxita, ouro, prata etc.[110] Essas riquezas essenciais foram fatores preponderantes para o seu crescimento econômico. Isto sem falar no desenvolvimento da agricultura norte-americana, impulsionada pela política de doação gratuita de terras a quem quisesse imigrar para lá. Tal medida foi violentamente criticada pelo Visconde de Itaboraí, ministro no governo do Império, durante o reinado de Dom Pedro II.

110. *Enciclopédia Delta Larousse,* p. 2.553.

Enquanto isso, o que aconteceu no Brasil, antes muito maior e mais rico e populoso? Metido em guerras com seus vizinhos, jamais anexou um metro quadrado de terra a seu extenso território herdado dos portugueses. Além do mais, não soube explorar suas riquezas naturais imensas (petróleo, carvão, alumínio, ferro, borracha, gás natural etc.) Apenas tardiamente veio adotar esta política. Para se ter uma ideia, apenas em 1953, Getúlio Vargas criou a Petrobras. Mesmo assim, o que seria do Brasil hoje em dia, com o preço deste produto nas alturas, se Getúlio não tivesse idealizado a empresa?

O Brasil e todos seus governantes imperiais e republicanos não souberam explorar sequer as ideias dos seus grandes intelectuais. Estes tiveram que realizar seus inventos, suas criações, e aplicar seus conhecimentos fora do País, como foi o caso de Santos Dumont. Não bastasse, muitos desses inovadores foram por vezes perseguidos politicamente, como aconteceu com Monteiro Lobato, Irineu Evangelista de Sousa e outros que não tiveram oportunidade de demonstrar todas suas obras, sua arte, seus conhecimentos na sua terra natal. De Irineu Evangelista de Sousa, narramos a perseguição aos seus projetos e propósitos de desenvolver o Brasil. Porém, de Monteiro Lobato e de Alberto Santos Dumont, Osvaldo Cruz, Vital Brasil nada falamos, além de outros brasileiros que normalmente saíram e saem para o estrangeiro, sem que tenham oportunidade de desenvolver seus conhecimentos na sua terra, porque não são reconhecidos pelos governantes da nação.

Quantos não são os cientistas, pesquisadores, intelectuais brasileiros que têm imigrado para os Estados Unidos e para os países europeus, para fazer suas experiências e realizar os seus conhecimentos naqueles países por não terem a oportunidade de demonstrar a sua capacidade na sua terra? São talvez centenas de pessoas que no Brasil não têm ou não tiveram oportunidade porque os políticos brasileiros não deixam que ninguém sobressaia mais que eles. Este é mais um dos motivos do atraso brasileiro.

XXIX

O Golpe Militar de 1889 e a Implantação da República

NASCIDO DE IDEAIS REPUBLICANOS, desconhecidos por grande parte do povo brasileiro, o golpe militar não teve o apoio popular (como sempre, acontece). E nem o povo teve conhecimento da essência do que representava a República naquele momento. Porém, assim mesmo consentiram, mas não aplaudiram, a princípio, o movimento para implantação daquele sistema de governo. O projeto do movimento militar, que deveria eclodir em 20 de novembro de 1889, foi antecipado para o dia 15, quando o Marechal Deodoro da Fonseca, à frente das tropas, ocupou o Ministério da Guerra, prendeu o ministro Afonso Celso, o Visconde de Ouro Preto. Nessa mesma tarde, na Câmara Municipal do Rio de Janeiro, em discurso inflamado e patriótico, o marechal proclamava a implantação da República.

Dom Pedro II estava em Petrópolis e, ao saber do episódio, dirigiu-se imediatamente para o Rio, pensando ainda em reverter a situação, pois entendia que os revoltosos queriam apenas a substituição do ministério. Às pressas, tentou organizar outro ministério, tendo como presidente o conselheiro José Antonio Saraiva. Debalde, no outro dia, o imperador recebia o major Frederico Sólon Sampaio Ribeiro, que lhe entregou um comunicado, dando-lhe a conhecer a proclamação do novo regime, convidando-o para sua imediata retirada do País. De fato, na madrugada do dia 17 de novembro, portanto dois dias depois, partia Dom Pedro II, e toda sua família, para a Europa, deixando o Brasil que governara durante 49 anos. Aliás, o governante que mais tempo governou a nação, em toda a sua história.

O Governo Provisório

Depois da Proclamação da República, estabeleceu-se um governo provisório. Pelo acordo firmado e pelo manifesto elaborado pelos participantes do Movimento Republicano, o governo provisório deveria permanecer no poder até a escolha dos órgãos competentes de uma administração definitiva. O governo provisório tinha, como presidente da República, Manuel Deodoro da Fonseca; como ministro da Fazenda, Rui Barbosa; e como ministro do Exterior, Quintino Bocaiúva. Este governo teve a duração de um ano. Durante este período, algumas das medidas mais importantes foram as seguintes: a) A publicação do regime federativo republicano de governo; b) A transformação das províncias em Estados; c) A subordinação das forças armadas ao novo governo; d) O envio de comunicação ao ex-imperador dando-lhe a conhecer o novo regime e a solicitação de sua retirada do País; e) A dissolução da Câmara dos Deputados; f) A instituição da bandeira da República; g) O reconhecimento dos compromissos assumidos pelo imperador; h) A separação entre Igreja e Estado e a instituição do casamento civil; i) A reforma do Código Penal; j) A convocação de uma Assembleia Constituinte, para elaboração da Constituição da República.

Consolidação do Regime Republicano

Ao completar um ano de existência, o governo provisório republicano, ao promover a primeira convocação da Assembleia Constituinte, em 1889 – que deveria elaborar a nova Constituição da República –, instalou solenemente o Congresso Constituinte que, a 24 de fevereiro de 1891, promulgou a Constituição Republicana. A nova Constituição Nacional, pelo que dizem os historiadores da época, sofreu influência da Carta Magna dos Estados Unidos da América do Norte.[111] Interpretação esta que merece algumas críticas. Se não, vejamos: iria Rui Barbosa, jurista dos mais famosos do Brasil daquela época, um dos principais mentores da República e da Constituição republicana, intelectual de projeção internacional, ocupar-se em copiar a Constituição norte-americana, promulgada havia mais de um século, e escrita por indivíduos quase analfabetos? Observe-se, por exemplo, quem foram os autores ou responsáveis pelos primeiros estudos da primeira Constituição norte-americana.

Em primeiro lugar, Benjamin Franklin – certamente o mais intelectualizado de todos os que redigiram o primeiro Manifesto da Independência dos Estados Unidos –, era filho de um fabricante de velas.

111. Conforme afirma Olavo Leonel Ferreira, em sua *História do Brasil*, p. 160. São Paulo: Editora Ática, 1995.

Muito novo, Franklin começou a trabalhar numa tipografia. Seus estudos foram feitos à sua custa, nas horas vagas. Porém, cursou apenas um ano o Germany School e jamais cursou alguma faculdade. Por sua vez, George Washington, o primeiro presidente dos Estados Unidos, aquele que promulgou a primeira Constituição americana, era um simples agrimensor. Washington foi educado por um sacristão e por um mestre–escola. Tinha conhecimentos rudimentares de latim, desenho e trigonometria. Já Thomas Jefferson foi pensionista de um *clergyman (clérigo)* com quem aprendeu alguns conhecimentos dos clássicos latinos e leu *Ensino sobre os costumes,* de Voltaire, e o *Espírito das Leis,* de Montesquieu.

Foi dessa gente que um dos mais notáveis intelectuais e tribunos brasileiros se valeu para escrever a Constituição da República do Brasil? Não nos cabe que Rui e outros republicanos de grande criatividade intelectual não tivessem competência para redigir a Constituição e precisassem do auxílio de gente de tão poucas letras, como acabamos de ver. Observe-se ainda, como eram primitivos e desorganizados os republicanos do Brasil, quando da implantação da República. Assim relata Jorge Caldeira:[112]

> *Ao chegar o dia 15 de novembro, os republicanos não tinham uma bandeira que simbolizasse o movimento. As tropas que depuseram o imperador desfilaram com uma cópia improvisada do pavilhão dos Estados Unidos, ao qual haviam sido aplicadas as cores brasileiras.*

Esta é uma crítica sobre como se processou, em parte, a primeira Constituição da República do Brasil, mas também revela o despreparo

112. Caldeira, Jorge. Op. cit., p. 236, com direito a fotografia e tudo mais.

dos interlocutores – historiadores – de um movimento tecido por homens de alta estatura intelectual, como foram os mentores dos ideais republicanos, nas suas infelizes improvisações. Entendemos que o Rui Barbosa, o *Águia de Haia*, tinha muito mais competência do que todos os norte-americanos juntos, para elaborar uma Constituição genuinamente brasileira, sem necessidade de plagiar outras fontes do Direito Constitucional, que não fossem as da tradição brasileira.

A República

Como sabemos, o sistema republicano de governo foi mais fruto de manipulação política do que de livre-escolha da nação brasileira. Por isso, os adversários do governo entendiam que a máxima "do quanto pior melhor" servia a seus projetos particulares, contrariando os interesses nacionais. A situação financeira era de completa ruína com calamitoso *Déficit* público entre receitas e despesas. A Câmara dos Deputados, que se opunha ao governo, desorganizou os serviços anteriormente criados, cortando ou simplesmente suprimindo verbas indispensáveis à boa administração pública nacional. Não bastasse, a Câmara procurou o rompimento das boas relações com a comunidade internacional, tanto da Europa como da América, pretendendo interromper as relações diplomáticas no momento em que o Brasil mais delas necessitava.

Convencem-se os adversários do governo da República de que desestabilizar a instituição republicana seria o suficiente para destruir os planos do governo republicano. Por isso, preconizavam na indústria, no comércio e nos bancos emissores de papel fiduciário que o excesso de circulação de moeda deveria acarretar enormes prejuízos. Não apenas pela grande quantidade, mas sobretudo pelo desequilíbrio entre a moeda emitida e as reais necessidades para o desenvolvimento do País. O envolvimento dos ministros e do próprio presidente da República, neste caso, foram postos em dúvida, com suspeita de malversação do dinheiro na administração pública. Isso, de certa maneira, aprofundou a crise política, levando as discussões para a ribalta do Congresso Nacional, quando, após discussões acirradíssimas, foram propostos projetos de caráter socialista, inexequíveis em suas metas e conjeturas.

Observa-se, desde logo, que os inimigos da República, aproveitando-se das mais diversas dificuldades que o governo enfrentava, serviam a seus interesses para reinstalarem a Monarquia. Mas o presidente Deodoro da Fonseca sabia de antemão onde se entrincheiravam seus inimigos e as maquinações de seus adversários, que pretendiam afrontar a autoridade e a legalidade, confiantes na sua retaguarda de congressistas. Diante disso, o presidente dissolveu o Congresso Nacional, em 3 de novembro de 1891, dizendo:

> *Contemporizei, até agora. Se na crise em que se encontra a República eu não apelasse para a Nação, dissolvendo, como dissolvo o atual Congresso, eu seria um traidor à Pátria.*[113]

Como em quase todos os movimentos revolucionários, os políticos nacionais daquela época (tal qual como hoje), estavam ou estão de plantão prontos para impedir o desenvolvimento ou o progresso nacional. Não seria o governo da República, ou outro qualquer movimento, que os

113. Silva, Hélio. *Nasce a República.* São Paulo: Editora Três, p. 92, 1998.

afastaria deste seu intento nefasto para o País. Instituída a República, eleito Deodoro da Fonseca como presidente, em 25 de fevereiro de 1891, logo a 23 de novembro do mesmo ano, Deodoro renuncia ao mandato por não conseguir resolver os problemas nacionais. A causa principal da renúncia estava em um Congresso Nacional hostil e espúrio, mal intencionado, que não permitia, de maneira alguma, que se resolvessem os problemas brasileiros. Além disso, a primeira Revolta da Armada, em novembro de 1891, comandada pelo contra-almirante Custódio de Melo, precipitou sua saída.

Com a renúncia à presidência de Deodoro, assumiu o vice-presidente, Floriano Peixoto. Porém, como a Constituição de 1891 determinava, em seu artigo 42, que "no caso de vaga, por qualquer causa, a Presidência ou a Vice-Presidência, e não havendo ainda decorridos dois anos, de período presidencial, proceder-se-ia a nova eleição." Logo, se o Presidente teve de renunciar porque dissolvera o Congresso Nacional, sem estar este ato previsto na Constituição, imagine-se o que não haveria de sofrer o vice-presidente, por haver contrariado a letra da Carta Magna?

A atitude de Floriano em não renunciar também lhe valeu tenaz oposição, tendo como consequência, em 1893, as revoltas das Fortalezas da Lage e de Santa Cruz, a segunda *Revolta da Armada*, chefiada pelo mesmo Custódio de Melo, no Rio; a *Revolução Federalista*, no Rio Grande do Sul. O governo de Floriano conseguiu dominar alguns desses movimentos revolucionários, porém, a *Revolução Federalista* continuou e estendeu-se pelos Estados de Santa Catarina, Paraná e quase entrou em São Paulo. Apenas não conseguiu porque o presidente do Estado, Bernardino de Campos, oferecendo tenaz resistência, impediu que o movimento se alastrasse por São Paulo e, quiçá, por todo o Brasil. A estes revoltosos uniram-se depois os participantes da *Revolta da Armada*, os quais mergulharam o País numa sangrenta luta revolucionária. Mais uma vez, terríveis violências foram cometidas de parte a parte. Esta revolta durou 31 meses, deixando 10 mil mortos nos campos de batalha, assim como mais de 50 mil inválidos e feridos, além de ocasionar elevadíssimos prejuízos materiais para o Brasil. Este movimento estendeu-se até 1895.

Mais uma vez, a nação brasileira mergulhava no caos e nos horrores das guerras civis. Mais uma vez o povo foi vítima de atos irresponsáveis de políticos, de governantes e seus asseclas, que sempre estiveram mais interessados em resolver os seus problemas pessoais do que os nacionais. Mais cinco anos perdidos em lutas fratricidas, só pela ambição do poder e da notoriedade pessoal e imbecil. Durante o governo do marechal Floriano Peixoto, o número de manifestos lançados contra a sua pessoa, pelos seus opositores, foi incontável, de fazer medo.

Primeiro, foi a carta-manifesto, lançada por treze generais, em 31 de março de 1892. Eis o conteúdo do manifesto dos generais:

Exmo. Sr. Marechal Vice-Presidente da República:

"Os abaixo assinados oficiais generais do Exército e da Armada, não querendo pelo silêncio, comparticipar da responsabilidade moral da atual desorganização em que se acham os Estados, devido à indébita intervenção da força armada nas deposições dos respectivos governadores, dando em resultado a morte de inúmeros cidadãos, implantando o terror, a dúvida e o luto no seio das famílias, apelam para vós, Marechal, para que façais cessar tão lamentável situação.

A continuar por muito tempo semelhante estado de desorganização geral do País, será convertida a obra de 15 de novembro de 1889 na mais completa anarquia. E os abaixo assinados, crentes como estão, que só com a eleição do Presidente da República, feita quanto antes, como determina a Constituição Federal e a Lei Eleitoral, porém, livremente, sem pressão da força armada, se poderá restabelecer prontamente a confiança, o sossego e a tranquilidade da família brasileira, e bem assim o conceito da República no exterior, hoje abalados, esperam e contam que, neste sentido, dareis vossas acertadas ordens, e que não vacilareis em reunir este importante serviço cívico aos muitos que nos campos de batalha já prestastes a esta Pátria.

Capital Federal, 31 de março de 1892 – Marechal José de Almeida Barreto.[114] *Seguem-se mais doze assinaturas.*

O contra-almirante Custódio José de Melo fazia parte do governo de Floriano Peixoto, mas sentindo que poderia ter a oportunidade de concorrer às eleições para presidente da República, pelo Partido Republicano Federal, pede o seu afastamento do Ministério da Marinha e proclama um manifesto contra o governo de Floriano, a que poucos dias antes servira:

Proclamação do Contra-Almirante Custódio José de Melo (06-09-1893)[115]

No governo, até quando a ele pertenci, procurei manter firmes os meus intuitos patrióticos, sustentando com inquebrantável lógica a supremacia da Constituição e a submissão à lei.

---

114. Ferreira, Olavo Leonel. Op. cit.
115. Ferreira, Olavo Leonel. Op. cit.

Nem só um dia se passou que, como ministro, eu não estivesse de atalaia em prol dos direitos e das liberdades populares contra a ação invasora e absorvente de uma forma de administração que, enfeixado nas próprias mãos todas as funções políticas da Nação, todas as manifestações de soberania populares, tendia, de arbítrio, de prepotência em prepotência, escalar todas as ameias dos poderes políticos e anular todas as regalias constitucionais.

Contra a Constituição e contra a integralidade da própria Nação, o chefe do Exército mobilizou o exército discricionariamente, pó-lo em pé de guerra e despejou-o nos infelizes Estados de Santa Catarina e Rio Grande do Sul.

Contra quem? Contra o inimigo do exterior, contra estrangeiros? Não. O vice-presidente da República armou brasileiros, contra brasileiros, levantou legiões de supostos patriotas, levando o luto, a desolação e a miséria a todos os ângulos da República, com o fim único de satisfazer caprichos pessoais e firmar no futuro, pelo terror, a supremacia de sua ferrenha ditadura. Sentinelas ao tesouro nacional como prometera, o chefe do Executivo perjurou, iludiu a Nação, abrindo com mão sacrílega as arcas do erário público a uma política de suborno e corrupção, sacrificando a autoridade que, em má hora, a revolução de 23 de novembro em suas mãos depositou. A bancarrota já nos bate à porta, ela aí está com todo o seu cortejo de horrores e misérias.

Capital Federal, 6 de setembro de 1893, Custódio José de Melo

Assim finalizava o contra-almirante as suas perorações contra o governo que, até havia poucos dias, servira. Deixara-o apenas por conveniência, como também por conveniência estivera a seu serviço.

Patriotismo, que deveria haver, era o que menos havia no espírito dos governantes daquelas eras. Em 07 de dezembro de 1893, outro manifesto contra o presidente da República circulou pela nação. Desta vez eram os monarquistas que, através de Saldanha da Gama, lançaram seu protesto contra o marechal. Depois, em 15 de novembro de 1894, foi a vez de Prudente de Morais lançar o seu manifesto contra o jacobinismo e a baderna das revoluções, e a favor de um presidente legalmente eleito pela Constituição, que fosse capaz de guiar o povo brasileiro à liberdade, à paz e à justiça social.

A intervenção de Prudente de Morais a favor do governo valeu-lhe a indicação para disputar a eleição para presidente da República, em substituição a Floriano, para o período de 1894 a 1898. Esta eleição, muito conturbada, repleta de crimes, revoltas e massacres, ocorreu paralelamente à continuação da *Revolução Federalista*, no sul do País, ao início da *Guerra dos Canudos*, na Bahia, e à ocupação da Ilha da Trindade, pelos ingleses.

XXX

Presidentes da República Velha

Prudente de Morais (1894-1898)

PRUDENTE DE MORAIS FOI ELEITO para um período de quatro anos. Todavia, como frisamos, o período foi marcado por tumultos, revoltas e pesadelos para o povo brasileiro, que não cessava de assistir a lutas políticas e guerras ideológicas entre os políticos e governantes sedentos do poder e de glória. Mas aquela glória que apenas causava dor e perturbação à nação. Dois destes movimentos, Morais herdou-os do governo anterior, os quais se propôs a combater com coragem.

A Guerra de Canudos (1896-1897)

Não obstante todos estes manifestos e revoltas políticas, para agravar a situação, eclodiu outro movimento armado, em 1896, na Bahia. As lutas armadas, as guerras entre brasileiros deixavam no seu rastro o ódio, a vindita e o rancor. Naquela época, no Brasil, o poder significava o esmagamento do vencido pelo vencedor. Mas o movimento armado que eclodiu no sertão baiano foi, no seu todo, muito diferente das outras revoltas originárias da implantação da República. Era uma revolução de ideias e convicções intumescidas de misticismos, provocadas pela miséria e pela fome em consequência das secas do Nordeste brasileiro. Milhares de místicos sertanejos reuniam-se sob o comando de um guia, chamado Antônio Vicente Mendes Maciel, conhecido por Antônio Conselheiro, que se declarava ungido e enviado de Deus.

Nas suas pregações pelo sertão, Conselheiro se posicionava contra algumas das imposições dos republicanos, como a substituição do casamento civil pelo religioso, e se declarava abertamente a favor da monarquia. Os seus seguidores chegaram a atingir mais de 25 mil pessoas, que se reuniam no Arraial chamado Canudos, situado às margens do Rio Vaza-Barris, no sertão baiano. O Conselheiro havia chegado ao arraial em 1893. Este movimento, que mobilizou tanta gente, teve consequências nefastas para os fazendeiros da região, privando estes da mão-de-obra, obrigando o governo do Estado a intervir. Foi enviado, em 1896, grande contingente de policiais militares, que entraram em conflito contra os sertanejos daquele reduto armado.

Os seguidores de Conselheiro, enfrentando as tropas do Estado, conseguiram retumbante vitória, o que obrigou o Governo Federal a enviar ao arraial, para combater os revoltosos, uma força de mais de mil homens bem treinados e armados, sob o comando do Coronel António Moreira César. Mas também esta força militar foi insuficiente para vencer a tenaz resistência dos homens de Conselheiro que, conhecedores profundos da região, mais uma vez mostraram suas qualidades guerrilheiras, desbaratando o exército de Moreira César.

Euclides da Cunha, grande intelectual brasileiro da época, descreveu magistralmente a *Guerra de Canudos*, em sua obra *Os Sertões* (1902). Antes da publicação do livro, em 1897, Euclides publicara artigos sobre a revolta no jornal *O Estado de S. Paulo,* tendo sido inclusive enviado para a região para cobrir a campanha final contra Canudos. Os artigos tiveram grande repercussão em todo o território nacional e, em especial, no Rio de Janeiro. A derrota de Moreira César e os artigos de Euclides da Cunha provocaram grande revolta do povo carioca, seguida de atos de vandalismo contra os jornais monarquistas, pelo simples motivo de o Conselheiro defender a monarquia contra o regime republicano. Depois dos incidentes com Moreira César, era dever de honra para o governo acabar com o movimento dos fanáticos de Canudos. Para isso, enviou numeroso exército bem preparado para derrotar os revoltosos. Escreve Euclides da Cunha:

> *Canudos não se rendeu. Exemplo único em toda a história, resistiu até o esgotamento completo (...) frente à força da quarta expedição de quase seis mil soldados mandados pelo governo da República. Em 5 de outubro de 1897, foram mortos os últimos defensores do sertão (...) Eram quatro apenas: um velho, dois homens feitos e uma criança, à frente dos quais rugiam raivosamente cinco mil soldados.*[116]

Das 5.200 casas existentes em Canudos, todas foram destruídas, não ficando pedra sobre pedra. Depois do término deste conflito, com mais este assassinato coletivo de brasileiros, um militar chamado Marce-

---

116. Ferreira, Olavo Leonel. *História do Brasil,* p. 168.

lino Bispo perpetrou um atentado contra a vida de Prudente de Morais, que fora receber as tropas vencedoras chegadas da Bahia. O presidente conseguiu escapar, porém, o marechal Carlos Machado Bittencourt, ministro da Guerra de seu governo, foi morto ao tentar salvar do presidente. Este episódio aumentou sobremaneira o prestígio de Prudente de Morais.

Campos Sales (1898-1902)

Sucessor de Prudente de Morais, Campos Sales encontrou um País com as finanças altamente comprometidas em consequência dos levantes, revoltas, revoluções e guerras de todos os tipos que já vinham desde a implantação da República. Bom negociador, conversou com os banqueiros estrangeiros, quando propôs para que o Brasil deixasse de pagar os juros por certo período, garantindo ainda ao País o direto a fazer novos empréstimos, para desenvolvimento futuro.

Idealizador de uma política de aproximação com os governadores dos Estados-membros federados, visou o fortalecimento da relação entre a presidência da República e os governadores, com o apoio do Congresso Nacional. Desse estreitamento resultaria uma política executiva ditada pelo poder central, com a formação de grupos oligárquicos com poderes extraordinários, e que dominariam frontalmente quase todas as atividades produtivas nacionais. Ungidos pelos poderes superiores de que desfrutavam, assentados em uma política de má distribuição da riqueza nacional, as oligarquias políticas mais uma vez se tornaram os todo-poderosos do País. Enquanto isso, a nação, na miséria, gritava e revoltava-se contra os desmandos dos todo-poderosos do País. Para corroborar com este sentimento, eis o que nos diz um manifesto de um jornal daquela época, do Rio de Janeiro, ao povo brasileiro:[117]

Brasileiro, Às Armas!

A nossa hora de povo livre, os nossos brios de povo independente, a nossa própria conservação reclamam, de nós, nesta hora suprema de privações e ignomínias toda a energia e todos os sacrifícios!

A terra gloriosa de nossos avós (aqui os brasileiros recordam os seus avós, que os de hoje tanto denigrem),[118] *a nossa amada Pátria, outrora invejada pelo estrangeiro como uma das mais felizes do mundo, está transformada em lodaçal, paul pestilento, onde só podem viver as oligarquias, cevadas no tesouro, tripudiando sobre a honra nacional.*

Vede como a perversidade, de homens sem patriotismo, livres da obediência à moral, e afeitos à violência e ao crime, desfigurou a nossa grandeza, desbaratou a nossa riqueza, na orgia infernal que nos deprime e avilta!

Contemplai a miserável situação em que nos achamos!

Fora do país, de bárbaros é a nossa fama. O Governo Brasileiro foi proclamado, na Europa, o mais corrupto da Terra! Os nossos diplomatas, deslembrados da sua alta missão, são objeto de ridículo nos países civilizados, onde deslustram o nome brasileiro por sua inépcia e ignorância!

Os credores externos, os ricos banqueiros de Londres, ditam leis ao nosso Governo, que garante com hipotecas os seus arranjos indecorosos, roubando-lhes as economias com tantos sacrifícios acumuladas!

117. *Correio da Manhã*, 25/5/1902, Rio de Janeiro, p. 1.

118. Grifo nosso.

De nossa supremacia na América resta apenas a lembrança! O nosso Exército que venceu em 24 de maio, que triunfou no Humaitá, que se cobriu de glória, com tantas batalhas, na defesa da Pátria, já não pode impedir que a Bolívia nos tire o ACRE, desintegrando o território Nacional!

A Marinha, a nossa gloriosa Marinha, que outrora pôde escrever com sangue, mas com glória inexcedível a epopeia do Riachuelo, apodrece ingloriamente na baía do Rio de Janeiro, ou dela só se afasta, por ordem do governo, como medida de segurança, não da Pátria, mas do próprio governo, que a tem em suspeição.

Como nação, valemos menos que o Egito, cujos títulos de dívidas logram, nas praças estrangeiras, cotações que os nossos já tiveram, mas que hoje não alcançam, tal o nosso descrédito.

No interior, as cores dos quadros desta atualidade não são menos negras.

Tudo corrompido, tudo em decomposição: uma vasta podridão de norte a sul do país!

A lavoura, vencida por uma crise tremenda, como jamais se viu neste país, debalde tem esperado o socorro que o governo não podia negar, sem faltar a um imperioso dever... O comércio, explorado pela ganância, batido pelo câmbio, cujas quedas e cujas oscilações tornaram impossível todo o cálculo, ou vegeta como planta marinha ou abre escandalosa falência, procurando na fraude vantagens que o trabalho honesto já não pode dar! As indústrias definham ao desamparo, morrem sugadas pelo fisco, cujos mil tentáculos arrecadaram quantias fabulosas, que mal entram para o erário público, dele saem para a dissipação dos magnatas, para enriquecer os advogados administrativos, e, suprema vergonha, para o luxo das meretrizes corretoras, cujos retratos o despudor de um estampou nas notas do tesouro.

Tudo ruínas, ruínas materiais, manifestadas na pobreza e na miséria que se alastra por toda a parte; ruínas morais dolorosamente reveladas na devassidão que campeia de um extremo ao outro do país!

A União já suspendeu pagamentos; os Estados já não podem pagar o funcionalismo público, e fecham escolas porque o dinheiro do imposto escasseia, enquanto a ganância dos larápios aumenta desmedida mente numa fúria diabólica!

Justiça! Por justiça clama o povo brasileiro se a encontrar nos tribunais, cujos juízes são feitos ao molde de interesses da mesquinha política!

O magistrado, que em toda a parte é garantia dos direitos individuais, segurança de todas as liberdades, é aqui servo do governo, a cujo soldo está a vara da justiça, transformada em instrumento público, de que as oligarquias se servem para cortar os estímulos do patriotismo revoltado!

Desgraçada situação! Pobre Pátria, cujo destino está nas mãos de uma malta de aventureiros tão arrojados em suas empresas de explorações quão despojados do brio e da honra!

Brasileiros; isto não pode continuar. Às armas!

Salvemos a nossa Pátria; sejamos dignos dos nossos antepassados!

É impossível maior dilação: soou o momento preciso, inadiável, em que cada cidadão deve cumprir o seu dever! E este dever só será cumprido pela Constituição de um Governo Nacional, capaz, pela inteligência e pela honestidade, de garantir o nosso direito, respeitar a nossa liberdade e bem conduzir a Nação aos seus gloriosos destinos!

Exército de Caxias e de Osório, Marinha de Barroso e Tamandaré: confraternizai com o povo para a salvação da Pátria!

Soldados brasileiros, cuja espada gloriosa sempre fulgiu brilhante na defesa nacional, não a deixeis na bainha agora que a Pátria faz um supremo apelo ao vosso valor e patriotismo!

Mocidade das escolas, civis e militares, vós que ainda conservais a pureza do amor-pátrio, que enche os vossos corações, vinde, altaneira e generosa, combater a tirania em nome da liberdade!

Brasileiros! cumpri o vosso dever! Às armas!

VIVA O BRASIL!

VIVA A LIBERDADE!

Estávamos em 1902. E o Brasil mergulhado em lutas políticas internas e externas, com governantes e políticos medíocres e desonestos, como se observa pela transcrição acima, perdia para a Bolívia o território do Acre. Imagine-se a miséria e a penúria em que se encontrava a nação. Para grande parte do povo brasileiro, que não conhece a história de sua pátria e que proclama altissonante que o Brasil é atrasado e subdesenvolvido porque foi colonizado pelos portugueses, aqui há um bom exemplo de patriotismo de seus governantes e políticos de um século atrás! Estes eram bem brasileiros e não portugueses. Ainda assim vivem a afirmar que se fossem colonizados pelos ingleses, seriam ricos e poderosos como são os norte-americanos de hoje.

Com os dirigentes que têm governado o Brasil, ao longo destes quase duzentos anos de Independência, não adiantaria em nada o Brasil ser colonizado por ingleses, holandeses ou franceses, pois o mal não está na colonização, o mal está nos governos e nos homens medíocres que têm tomado decisões quase sempre erradas. Já demonstramos que o Brasil, enquanto Colônia da Coroa portuguesa, era de longe muito mais rico e poderoso que os Estados Unidos.

Rodrigues Alves (1902-1906)

Apesar das revoluções e das manobras políticas dos governantes, a economia brasileira seguia num ritmo quase normal com a produção do café. Não que o presidente da República fizesse algo para esse desenvolvimento, mas como grande cafeicultor que era, Rodrigues Alves ajudava no que podia a sua classe e, por tabela, a economia crescia. Na verdade, o Brasil respondia por 75% da produção mundial desta rubiácea, o que favorecia o seu papel no mundo dos negócios dos cafeicultores.

Os fazendeiros, mesmo com a maior parte dos negócios nas mãos, tiveram de enfrentar os exportadores brasileiros que pretenderam impor uma política de produção e comercialização ao mundo dos negócios do café. Resolveram os fazendeiros fazer uma reunião a fim de traçarem um plano para concretizar esta ideia. A cidade de Taubaté foi escolhida para abrigar a reunião de onde partiriam as diretrizes desse plano. Rodrigues Alves, mesmo sendo grande produtor, não aderiu à política a ser adotada pelos coronéis fazendeiros. Isso não agradou aos seus colegas cafeicultores que, dali em diante, nunca mais apoiaram os seus projetos de governo.

Nesta administração, a cidade do Rio de Janeiro foi saneada sob a influência de Osvaldo Cruz, cujo hercúleo trabalho eliminou o flagelo da febre amarela, que grassava pela cidade dizimando grande quantidade de pessoas. O prefeito Francisco Pereira Passos, com uma administração eficaz, foi outro que modernizou a cidade, abrindo avenidas, alargando ruas, enfim, dando outra feição ao Rio de Janeiro. Mas como não há três sem dois, este governo também foi premiado com uma revolta. Esta ocorreu na Escola Militar, motivada pela obrigatoriedade da vacinação do povo contra a varíola, imposta pelo governo. Porém, o presidente resistiu às pressões militares, e os rebeldes, depois de alguns conflitos, foram dominados pelas forças do governo, que agiu com determinação e rigor. Rodrigues Alves conseguiu reincorporar o território do Acre, que estava na posse da Bolívia, pelo Tratado de Petrópolis.

Antes de entrarmos no século XX, são necessárias algumas reflexões. Em primeiro lugar, é preciso nos lembrar do modo como eram regidas e orquestradas as oligarquias políticas locais e nacionais, no princípio do século XX. Na maioria das vezes, o grande desafio ao domínio sobre os setores produtivos, sociais e administrativos era apenas vencido pelos conhecimentos adquiridos, quer nos colégios, quer nas faculdades ou nas escolas do exército. Como temos observado, os setores militares estavam sempre na vanguarda da nação. Era normal a categoria militar se impor às outras, pela sua união e disciplina rígida. Por isso, a carreira ou os cursos militares passaram a ter mais importância ou influência no ânimo da mocidade estudantil, no comando nacional da carreira política. Tanto isto é verdade que os primeiros presidentes da República, todos, vieram das fileiras do Exército Nacional, o que de certa forma tornara-se uma praxe, uma referência para as outras carreiras. Contudo, não eram raras as vezes em que se confundia o militar democrático, pela sua formação disciplinar rígida, com o militar ditador, dentro da sua função de comando disciplinador.

Porém, o fato é que quaisquer desses políticos oriundos do setor militar ou civil, de um modo geral, não reuniam condições de comando e nem conhecimentos técnicos ou administrativos, ou mesmo formação intelectual capaz de aglutinar as populações brasileiras. Nem tiveram a capacidade de governar um País da grandeza e da complexidade do Brasil, como deveria ter sido governado, desde os primeiros instantes da República.

Isto ficou patente em quase todos os presidentes eleitos durante o período conhecido como República Velha. Todos, sem exceção, tiveram grandes dificuldades em gerenciar os negócios do Estado, mormente no que concernia à acomodação das massas e das classes sociais. Os líderes eleitos pelas oligarquias para dirigir a República não pensaram em construir uma democracia para todos os brasileiros. Não bastasse, a grande maioria da nação não estar preparada para entrar no regime livre e democrático e nem sabiam o significado da palavra Democracia. Daí as dificuldades dos governantes em conduzir o povo nesse sentido.

Todos os presidentes da República se desencantaram com a presidência. Jamais conseguiram – sem guerras, revoltas e sem traumas políticos – apaziguar as rivalidades políticas nos mais variados setores da vida nacional. Talvez estejam aí os grandes erros ou as falhas do nosso passado histórico em não progredir, ou em não crescer economicamente como algumas das nações daquela época. Tivesse o Brasil seguido o caminho da paz, do trabalho e da tranquilidade para seu povo, sem os grandes morticínios que grassaram entre suas populações, e um melhor entendimento entre os políticos daquela época, teríamos com certeza uma nação mais rica e justa. E a economia brasileira de hoje, talvez, fosse uma das maiores e mais fortes do mundo.

Com o desentendimento dos políticos desta *República das Elites*, com a exclusão não apenas do povo, mas até de uma grande parte das próprias elites, que não pertencessem ao rol dos senhores do poder ou aos apadrinhados e adeptos dos governantes, as decisões governamentais via de regra acabavam em tragédia ou em revolução. Isso porque o povo e parte da alta sociedade eram alijados dessas decisões, que deveriam ser direcionadas exclusivamente para o progresso nacional, e deveriam contar com o comprometimento e as ideias dos homens mais lúcidos da República. A maneira mais eficaz de as oligarquias resolverem este problema seria através do voto popular, em eleições livres para toda a nação. Porém, essas oligarquias colocaram ressalvas nas eleições, determinando quais as pessoas poderiam ou não votar.

Assim resolveram que só poderia votar o cidadão que soubesse ler e escrever. Como apenas cerca de 10% da população sabia ler e escrever, voltávamos à estaca zero. Isto é, a grande maioria da nação brasileira ficava fora do esquema político nacional, engendrado pelas elites dominantes da época, como até hoje se observa em quase todo o território brasileiro. As classes dominantes do País ainda hoje empregam as mesmas táticas, por meios fraudulentos, de caça ao voto às populações mais desfavorecidas e distantes da civilização. O tal voto de cabresto, como ficou conhecido aquele voto por aliciamento ou comprado, é usado até hoje por deputados para satisfazer seus interesses pessoais, de seus partidos e de seus líderes.

Afonso Pena (1906-1909)

O governo de Afonso Pena, cuja duração foi de apenas três anos, também não passou incólume às crises políticas que sacudiram os governos anteriores. Porém, com uma visão um pouco mais ampla que a de seus antecessores, Afonso Pena tentou ocupar os enormes espaços vazios que ainda existiam no Brasil, incentivando a imigração de estrangeiros, a exemplo do que vinha sendo feito pelos Estados Unidos. Entretanto, é preciso lembrar que o governo brasileiro não usou os mesmos métodos que os americanos usaram, quando estes avançavam pelas terras habitadas pelos índios, saqueando e matando todos que encontravam pela frente. No Brasil, Pena encarregou o marechal Cândido Rondon para essa alta missão de apaziguar índios e colonos, criando algumas reservas indígenas que, mais tarde, passariam a se abrigar no Serviço Nacional de Proteção ao Índio.

Neste governo, foram modernizados os caminhos de ferro, com a ligação de São Paulo a Mato Grosso por via ferroviária. Outro fato importante foi a modernização das Forças Armadas. Afonso Pena faleceu antes de terminar seu mandato. Contudo, cumpriu-se a Constituição, com o vice-presidente, Nilo Peçanha, assumindo a presidência.

Nilo Peçanha (1909-1910)

Este presidente seguiu à risca as diretrizes do seu antecessor, durante o último ano do mandato dessa gestão. Como estava no programa do governo passado, Nilo Peçanha, cumprindo o que estava acordado, procedeu ao saneamento básico da Baixada Fluminense. Ao findar o seu governo, a disputa política entre Hermes da Fonseca e Rui Barbosa tumultuou a nação, e seu governo passou por sérias dificuldades. Mais uma vez, os brasileiros passaram por dias tumultuados e de grandes consternações.

Hermes da Fonseca (1910-1914)

As disputas políticas geradas pelos sucessivos governos republicanos foram as principais causas do atraso do Brasil. Falamos das disputas políticas, não do sistema republicano. Isto porque os litigantes políticos pensaram em implantar um sistema de governo, a Democracia, para o qual o povo não tinha vocação. Rui Barbosa, talvez o único político brasileiro daquela época com tendências democráticas e liberais, pretendeu impor suas ideias às oligarquias reinantes desde a declaração da Independência. Quase um século depois da efeméride, jamais encontrou eco no seio das forças políticas, assim como jamais suas ideias sobre o que era a democracia tiveram ressonância na sociedade civil. Destarte, ao concorrer como candidato à presidência da República, em oposição Hermes da Fonseca, o candidato do presidente cessante, portanto, o candidato das oligarquias, Rui sofreu o mesmo desgaste porque passaram todos seus antecessores.

Este fenômeno decorreu justamente da falta de capacidade de quase todos os ex-presidentes em liderar não apenas os políticos, como também as massas populares. Daí as insurreições, os levantes, as lutas armadas constantes, até a presidência de Venceslau Brás. Rui jamais poderia ganhar as eleições de 1910: o colégio eleitoral era-lhe avesso, o povo não votava e sua causa não era simpática aos cafeicultores nem aos grandes latifundiários. Em razão disso, sofreu expressiva derrota nas urnas ao defender a democracia, contrária aos grandes interesses das tais oligarquias.

Hermes da Fonseca não governou pacificamente. Aliás, o seu governo foi um dos mais tumultuados, em decorrência de alguns movimentos político-sociais que eclodiram nos mais diversos recantos do País, como a *Revolta da Chibata*, no Rio de Janeiro, em 1910; a Guerra *do Contestado*, no Paraná e Santa Catarina, (1912-1916); e a *Sedição de Juazeiro*, no Ceará, em 1916, etc. As elites de então, e o próprio Hermes da Fonseca, tinham horror a quaisquer manifestações populares ou político-sociais. Ao mesmo tempo, os seus adversários estavam desautorizados a criticar politicamente tanto a sua pessoa como o seu governo, e muito menos, suas diretrizes econômicas. A partir daí, surgiam conflitos, como a *Questão do Contestado*, que acabou em massacres humanos.

Já a *Revolta da Chibata*, no Rio, comandada pelo cabo João Cândido, foi motivada pelos maus tratos corporais, com o uso da chibata, que os oficiais superiores aplicavam a seus subordinados, cabos e marujos. Isso levou os couraçados São Paulo, Deodoro, Minas Gerais e Bahia a se rebelarem contra o governo. Os revoltosos acabaram sendo dominados pelas topas do Governo Federal, mas, com bom senso, as autoridades julgadoras deste processo anistiaram todos os envolvidos. A *Sedição de Juazeiro* também teve desfecho diferente. À frente do movimento, o Padre Cícero Romão Batista fez o povo de Juazeiro do Norte, da qual era prefeito, se levantar contra o então governador do Ceará. O padre era considerado santo milagroso e capaz de resolver todos os problemas, inclusive questões políticas. Mas Hermes da Fonseca, enviando o coronel Setembrino de Carvalho, que depois passou a governar o Ceará, entendeu-se politicamente com o religioso e conseguiu êxito completo em sua missão. O Padre Cícero, considerado uma das figuras mais influentes daquela região nordestina, o sertão do Cariri, teve muita influência no apaziguamento deste movimento. Faleceu em 1934.

Venceslau Brás (1914-1918)

Em 1914, deflagrava-se a primeira Grande Guerra Mundial. No mesmo ano, Venceslau Brás tomava posse como presidente da República. Não bastassem as guerras internas de brasileiros contra brasileiros, entre civis e militares, o Brasil via-se agora diante de um conflito mundial. As notícias vindas da Europa davam novos enfoques aos movimentos sociais das nações envolvidas na Grande Guerra. Começaram então a germinar reações sociais em todo o território nacional. Assim, em 1917, estourou a primeira manifestação de caráter sócio-popular organizada pelos sindicatos e partidos de influência esquerdista. Este movimento reivindicatório tinha como objetivo principal conseguir mudanças no sistema político e no governo.

Foi um movimento que provocou a primeira greve geral do País, que acabou paralisando as cidades do Rio de Janeiro e de São Paulo. Foi aceita e atendida grande parte das reivindicações dos operários e das forças de trabalho em nível nacional. Além dessa questão, uma das catástrofes destes tempos foi a deflagração de uma epidemia, surgida na Europa em consequência da guerra, chamada gripe espanhola, que dizimou milhares de pessoas. No entanto, a realização mais importante deste governo foi pôr fim à *Guerra do Contestado*, o conflito de caráter popular e religioso entre catarinenses e paranaenses, e a promulgação do novo Código Civil Brasileiro. Neste governo havia ocorrido também, em 1915, a *Revolta dos Sargentos*, fruto de uma divisão entre a base e a cúpula do Exército, e que seria o embrião do *Movimento Tenentista*, de grande importância política nos anos posteriores, até a derrubada das oligarquias, em 1930. Ao se realizar novas eleições para a escolha do sucessor de

Venceslau Brás, foi eleito Rodrigues Alves. Porém, este faleceu antes de tomar posse e, em seu lugar, assumiu o vice-presidente eleito Delfim Moreira, que governou de 15 de novembro de 1918 a 28 de julho de 1919, quando foram realizadas novas eleições.

Epitácio Pessoa (1919-1922)

Este presidente se elegeu com a garantia de cumprir uma plataforma de governo que previa promover obras contra as secas do Nordeste, introduzir algumas reformas no exército nacional e construir ferrovias pelo interior do País. Disposto a trabalhar neste sentido, conseguiu realizar boa parte do plano que prometera à nação. Entretanto, no ocaso de seu mandato, em julho de 1922, Epitácio Pessoa enfrentou a *Revolta do Forte de Copacabana*, por causa da posse do seu sucessor, Artur Bernardes, com a qual alguns jovens militares não concordavam.

Este episódio ficou conhecido pelo nome dos *Dezoito do Forte.* Tomaram parte neste movimento, entre outros, os tenentes Eduardo Gomes e Juarez Távora. Eram figuras importantes e populares dentro das forças armadas e depois se projetarem, com grande notoriedade, na política nacional dos anos seguintes. Este movimento de características inusitadas foi prontamente sufocado pelas forças do governo. Avançando sobre apenas 18 corajosos e valentes jovens oficiais, as forças governamentais massacraram alguns deles que, de armas em punho, enfrentaram destemidamente todo o exército nacional. O episódio foi um daqueles instantes de maior heroísmo e coragem na história da oficialidade brasileira. Os corpos dos jovens oficiais, entre *os 18 do Forte*, tombados em defesa de seus ideais, jamais foram esquecidos. Numa praça da Praia

Vermelha, no Rio de Janeiro, há um monumento em memória ao heroísmo dessa juventude idealista brasileira.

Artur Bernardes (1922-1926)

O governo de Artur Bernardes caracterizou-se por uma série de revoltas, como a *Revolução de 1923*, no Rio Grande do Sul, e a *Revolta Paulista* de 1924. Este presidente governou quase todo o seu mandato em estado de sitio. A revolta gaúcha só foi resolvida com a intermediação do general Setembrino de Carvalho, que se compôs com os revoltosos num acordo chamado de Pedras Altas. Já em São Paulo, os revoltosos, que pretendiam a deposição de Artur Bernardes, chegaram a tomar a cidade, desafiando as tropas federais. Mas, as forças do governo central conseguiram vencer os revoltosos, fazendo-os se retirarem em direção ao Estado de Mato Grosso. No entanto, o movimento não se rendeu e, conjugando forças com os rebeldes do Sul – sob o comando de Luis Carlos Prestes e Juarez Távora –, percorreram os sertões brasileiros, num estoico movimento de liberdade, perseguidos pelos exércitos federais. Este movimento ficou conhecido como a *Coluna Prestes*, que percorreu mais de 25 mil quilômetros em território brasileiro, internando-se depois na Bolívia, quando, cansados e exaustos, seus militantes debandaram, seguindo cada um o seu destino.

Washington Luís (1926-1930)

A República, que viera para mudar o estado de letargia e atraso em que o País esteve mergulhado durante o período do Império, não conseguiu romper as antigas barreiras das *oligarquias, do coronelismo e do tenentismo.* Estes se haviam consolidado no poder desde 1889, quando o marechal Deodoro da Fonseca foi guindado provisoriamente à Presidência da República. Washington Luis herdou este pesado atributo dos atávicos conservadores, contrários ao progresso nacional, e que se haviam instalado no poder ao longo de quase 40 anos. Como vimos, o desenvolvimento do País há muito tempo tinha ficado para trás, em relação a outras nações, por causa das revoltas, guerras e revoluções. Isso levou Washington Luis a pensar em como fazer o País progredir.

Mas o presidente, que fora eleito em novembro de 1926, além de outras revoltas, tinha de enfrentar a *Coluna Prestes*, que se iniciara no tempo de Artur Bernardes e corria solta pelas matas e pântanos brasileiros, sem dar trégua ao novo governo, impedindo-o de equilibrar as contas públicas. O governo de Washington Luis sentia faltar-lhe algo importante para equacionar a mazela do *déficit* público. Para piorar a situação, a economia nacional, que dependia apenas de produtos agrícolas, via-se em sérias dificuldades, com o balanço de pagamentos do País ameaçado.

Em pleno século XX, não existia a indústria de transformação ou de extração no Brasil. Não havia transformação ou extração de petróleo, hulha (carvão mineral), alumínio, ferro, bauxita e outros minérios tão necessários ao desenvolvimento industrial de uma nação. Bem diferente do que ocorria em outros países concorrentes do Brasil. Os Estados Unidos, por exemplo, produziu, em 1926, a razoável quantidade de 591 milhões de toneladas de carvão mineral, das quais exportou 41,9 milhões de toneladas, auferindo receitas extraordinárias com estes produtos. Nessa altura, os Estados Unidos já se tinham distanciado muito do Brasil.

As exportações brasileiras, basicamente de café, tinham crescido muito entre 1912 e 1929. Entretanto, em 1929, uma grande crise, chamada de a Grande Depressão, abalou a economia mundial. O Brasil, que tinha nos produtos agrícolas o seu maior fator de riqueza, de um momento para outro, viu suas exportações reduzirem-se drasticamente. As consequências foram nefastas para o governo e para o povo, que se via privado do trabalho e dos produtos de importação para completar o seu consumo. O resultado é que, em 1930, eclodiu uma revolução violenta contra os governantes e os políticos da época, e que demorou tempo razoável para ser debelada.

Aqueles que se revoltaram contra este desequilíbrio da economia nacional, de maneira geral, eram pessoas da classe média, e até alguns senhores das oligarquias que não estavam ligados ao café, além de muitos militares que não pertenciam aos grupos dos poderosos mandatários. Enfim, eram classes de certo prestígio nacional. A revolução não era meramente operária ou de famintos, mas sim de pessoas que queriam o progresso do País. Isso porque o Brasil tinha ficado muito atrás de outras potências mundiais, em razão das políticas erradas e ineficazes adotadas pelos pequenos grupelhos de políticos incompetentes e despreparados que governaram a nação. Dessa maneira, se formou o movimento revolucionário de 1930 – formado por uma oligarquia rachada, militares encabeçados por tenentes, oriundos do "tenentismo", operários e parte da classe média –, e que derrubaria o governo de Washington Luís (como veremos mais detalhadamente no capítulo seguinte).

O movimento foi de alto sentido patriótico: propugnava reformas essenciais de grande alcance econômico e social, visando levar o País a atingir o *status* de primeiro mundo, que até então não conseguira. Na direção que os políticos estavam levando a economia nacional, seria muito difícil de alcançar esse status. Sem um sistema de educação competente e capaz e com a especulação da pesquisa científica muito atrasada, o desenvolvimento econômico ordenado do Brasil não se poderia comparar com o das outras potências. Nestas, havia a distribuição equitativa das riquezas nacionais e outros fatores conjunturais permeando as relações do homem com o seu trabalho, incluindo o avanço da tecnologia. Assim, jamais a nação brasileira poderia atingir ou pertencer ao grupo das nações do primeiro mundo.

Convém notar que aqueles que não querem o desenvolvimento do Brasil, o bem-estar do povo e a felicidade da nação, continuam ocupando os postos de comando do País. Para chegar à cúspide do poder, muitos ainda se vestem com pele de cordeiro, mas em lá chegando mudam de roupagem, como temos assistido nos últimos tempos da vida pública nacional. Desdizem o que antes disseram, nos palanques, à nação, que os elegeu ingenuamente. Aliás, o Brasil é o maior palco de demagogos do mundo moderno. Se os gregos de 3 mil anos atrás, que usaram a palavra demagogo para indicar os políticos que prometiam mundos e fundos a seus eleitores, viessem hoje ao Brasil, certamente não viriam ensinar nada a esta gente. Porque, passados mais de 100 anos da Independência, quase nada fora feito em termos de progresso. O que o País cresceu neste interregno foi apenas fruto da evolução dos tempos e de alguns fatores da modernidade que não puderam ser desfigurados ou contidos. No mais, estava tudo como dantes como no quartel de Abrantes. Assim terminava a República Velha.

Este período vai de 15 de novembro de 1889, quando Dom Pedro II foi destronado, até a junta governativa entregar o poder a Getúlio Vargas, em 3 de novembro de 1930. Foi um período muito conturbado, sem grandes resultados positivos para o País. Digamos que o pouco progresso obtido não se deu pela procura obstinada, pensada ou estudada, de um processo inteligente que desembocasse na conquista do desenvolvimento tecnológico nacional. No tempo e no espaço, não houve essa busca, como ocorreu como os outros países, como ilustra bem o caso dos Estados Unidos. Mas começava uma nova era política no Brasil, que acordava do seu sono profundo, deitado em seu berço esplêndido, como nos diz o hino nacional.

Capítulo VII

Getúlio Vargas

XXXI

A Revolução de 30 e a era Vargas

Desde a instalação do regime republicano, a representação popular havia sido sempre uma farsa, com eleições fraudulentas e esquemas de corrupção de votos, e limitadas a poucos setores da sociedade. Uma das bandeiras do *Tenentismo* dos anos 20 era a luta contra *a corrupção, o vício fundamental do regime.* À maior crise econômica da história, com recessão mundial e queda de preços e da demanda por café nos mercados mundiais, em 1929, à insatisfação nas casernas e aos protestos do proletariado urbano iriam se somar um novo ingrediente político: a escolha dos candidatos à sucessão de Washington Luís, que acabou sendo o estopim que faltava para detonar a revolução. Desde 1894, alternavam-se na presidência da República governadores de Minas Gerais e de São Paulo, naquela que ficou conhecida como a *política do café-com-leite.*

Para ter a certeza de que sua política administrativo-financeira teria continuidade, Washington Luís resolve apoiar, para sucedê-lo, o governador paulista Júlio Prestes, em detrimento de Antônio Carlos de Andrada (governador de Minas Gerais). Neste momento, era a vez de um político mineiro assumir a presidência. Diante da insistência do então presidente em manter a candidatura de Júlio Prestes, Minas Gerais e Rio Grande do Sul firmam um pacto de apoio à candidatura presidencial de Getúlio Vargas, presidente do Estado gaúcho e ex-ministro da Fazenda de Washington Luís. Em 20 de setembro de 1929, com o apoio da Paraíba, foi fundada a Aliança Liberal e por esta lançada a candidatura de Vargas, tendo como vice o presidente do Estado paraibano, João Pessoa.

Nas eleições presidenciais de 01 de março de 1930, Júlio Prestes derrotou Getúlio Vargas. Porém, a legitimidade do pleito foi contestada por suspeita de fraude. Em 26 de julho de 1930, o assassinato de João Pessoa foi fator decisivo para agravar as iniciativas contra Washington Luís, já desgastado com os efeitos da crise sobre o comércio brasileiro de café. Ao reassumir o governo do Rio Grande do Sul, Getúlio Vargas se aliou a outros políticos de oposição, como Osvaldo Aranha, e deu início à conspiração. Em 24 de outubro de 1930, os chefes das forças armadas depuseram Washington Luís, antes que este terminasse seu mandato. Assumiu o governo uma junta provisória formada pelos generais Tasso Fragoso e Mena Barreto e pelo almirante Isaías de Noronha. Contudo, ajudados pela pressão de manifestações populares e por movimentos militares, como o de Minas Gerais, revolucionários gaúchos chegam ao Rio de Janeiro e obrigam a junta a entregar a chefia do governo a Vargas, em 3 de novembro de 1930.

Getúlio Dornelles Vargas perdera as eleições, mas foi empossado como presidente. Este movimento, talvez o mais complexo e amplo de todos os movimentos revolucionários já existentes no País, mudou por completo o rumo e os aspectos político, econômico e administrativo do

País. Getúlio trocou todas as chefias dos governos dos Estados da Federação, colocando nos comandos das unidades estaduais homens de sua confiança, chamados interventores e que se reportavam diretamente a ele. Este projeto foi executado, bem-sucedidamente, pelo exército nacional, visando unificar e subordinar as forças armadas dos governos dos Estados-membros do Brasil.

Como se observa, o governo de Getúlio não começou pacificamente. Logo nos primeiros momentos, enfrentou resistência de alguns Estados, como foi o caso de São Paulo, onde ocorreu a *Revolução Constitucionalista de 1932.* Também nos outros Estados, houve revoluções de líderes políticos, como Luis Carlos Prestes, que formou um partido chamado de Aliança Nacional Libertadora (ANL), de índole comunista, que combateu a unidade nacional, assim como a Ação Integralista Brasileira (AIB), de cunho fascista, comandada por Plínio Salgado, que também tentou desestabilizar o governo central.

No entanto, Getúlio Vargas, apoiando-se nas forças armadas, depois de resolver os problemas das revoltas dos líderes extremistas, tanto de esquerda como da direita, estabeleceu um governo de unidade nacional, centralizador, com poderes especiais jamais vistos em toda a história dos governos da República. Apesar de contar com o apoio das forças armadas, Getúlio não conseguiu, num primeiro momento, encontrar o caminho da harmonia política para implementar o desenvolvimento nacional.

A *Revolução Constitucionalista de 1932* foi desencadeada porque os chefes políticos paulistas, assim como os mineiros, os dois Estados mais poderosos da Federação, não se conformaram com os interventores nomeados pelo presidente da República e rebelaram-se. A presença de indivíduos estranhos à política local era vista como uma intervenção na política estadual. Tais políticos estaduais não concordavam e nem reconheciam os interventores porque estes modificavam toda uma estrutura estabelecida de caciques e de coronéis locais que, desde a implantação da República, gerenciavam e comandavam a política. Em razão dessas modificações, e antevendo um futuro negro para suas próprias oligarquias, os líderes políticos locais resolveram desobedecer às ordens do presidente e desencadearam a *Revolução Constitucionalista.*

Neste movimento de 1932, transparecia o grande temor dos senhores feudais produtores de café de perder o seu poder político. Isso porque a Era Vargas pretendia acabar com os currais eleitorais que os elegiam, ou elegiam os seus apaniguados, desde sempre, de eleição em eleição, ora deputados, ora senadores, conforme seus desejos e caprichos. Além do mais, durante muitos anos, os chefes políticos locais, comandados pelos governadores (então presidentes de Estado), elegiam os presidentes da República que ora eram paulistas, ora mineiros, dentro da política do *café-com-leite.*

Quando o grupo de Getúlio tomou o poder, o objetivo principal era modificar o País e dar-lhe o sentido de união nacional. Para isso, era preciso tomar conta da política. A nova administração enfrentou os potentados nacionais, os senhores do engenho, os latifundiários, os capitalistas, mas ganhou a difícil batalha contra essas poderosas forças. Era o Brasil que começava a despir-se das suas velhas roupagens antiprogressistas. Era o Brasil nacionalista se iniciando, tardiamente, é verdade, mas começando uma nova fase, instalando um novo sistema político-administrativo. O País emergia da letargia de mais de um século de atraso e de estagnação e partia para a industrialização. Embora tarde demais, partia de peito aberto enfrentando os antigos donos nação.

Os revolucionários paulistas que deram início à luta armada, em 9 de julho de 1932, foram derrotados. Mas pelo menos um dos objetivos de suas lutas foi conseguido: em 3 de maio de 1933, realizaram-se as eleições para eleger os membros da Assembleia Constituinte, quando se elaborou a Constituição de 1934. Esta Constituição, promulgada em 16 de junho de1934, embora tivesse na introdução alguma similitude à Constituição de 1891, apresentava características próprias, como certa liberalidade nacionalista. Dizia, por exemplo, como deveriam ser explorados o solo e subsolo nacionais; a energia elétrica só poderia ser explorada por brasileiros natos. Entre outras inovações, dispunha sobre as representações classistas entre os deputados. Modificava as funções dos senadores e extinguia o cargo de vice-presidente da República.

Depois de promulgada a Constituição, um novo movimento revolucionário, chamado *Intentona Comunista,* estourava de norte a sul do País, liderado por Luís Carlos Prestes, *O Cavaleiro da Esperança,* como foi chamado. Prestes foi objeto, nessa época, de uma biografia escrita por Jorge Amado, onde aparecia como líder comunista e herói nacional que comandava os rotos e descamisados da nação brasileira. As ideias comunistas preconizadas por Prestes, coadjuvado por Jorge Amado, naquele instante, tiveram forte repercussão nacional. Especialmente entre as massas populares, tanto as operárias das grandes cidades, como as rurais dos latifúndios, dominadas pelo coronelismo e pelas oligarquias remanescentes. Acendeu-se tão fortemente o desejo por mudanças radicais, com ideias de vingança semelhantes às que se deram na Rússia, em 1918, que os políticos dirigentes tremeram.

A *Intentona Comunista,* também conhecida como *Revolta Vermelha de 35 e 'Levante Comunista,* foi uma tentativa de golpe contra o governo de Getúlio. Em novembro de 1935, comandada pelo Partido Comunista Brasileiro (PCB), em nome da Aliança Nacional Libertadora, desencadeou-se o movimento, simultaneamente, em Natal, no Rio Grande do Norte, no dia 23; em Recife, no dia 25; no Rio de Janeiro, em 27. Foi prontamente rechaçado, controlado e vencido pelas tropas de Vargas. Seus principais líderes e idealistas foram encarcerados nas prisões do Rio de Janeiro, de Natal e de Recife. Mais tarde, alguns desses líderes foram tidos como mártires da nacionalidade, como aconteceu com Luís Carlos Prestes.

O governo tinha como filosofia a Ordem e o Progresso, digitados no próprio pavilhão nacional. E o cumprimento à risca desse mandamento levou a um esquema de forte repressão aos comunistas, não raro levando ao assassinato de pessoas inocentes em virtude de suas ideias comunistas. Abafado este, outro movimento de revolta eclodia no Brasil, porém agora de direita e completamente contrário ao comunismo. Eram os integralistas, movimento nazi-fascista, baseado nas doutrinas alemãs de Hitler e de Mussolini, na Itália.

A princípio, de certa maneira aliados a Getúlio, os integralistas tinham como lema *Deus, Pátria e Família.* Seu líder era Plínio Salgado e seus militantes trajavam uniformes que simbolizavam austeridade e respeito, imitando os nazistas alemães de Adolf Hitler. Eram visceralmente contra os comunistas da Rússia, então sob a tutela do ditador e carrasco Josef Stalin, e, de alguma forma, ameaçavam as forças militares de Getúlio. Há quem indique que esses movimentos, principalmente o comunista, foram os motivadores do golpe de estado de 1937. Neste, foi imposta à nação brasileira uma nova Constituição, que originou a criação de um novo sistema político, chamado *Estado Novo*.

Ao dar o golpe de Estado em 1937, amparado pela Emenda Constitucional Nº 1, e ao fundar o *Estado Novo*, Getúlio desbaratou, prontamente, esses grupos que foram declarados foras da lei e passados à clandestinidade. Seus militantes foram perseguidos, presos, sem acusação formal e sem quaisquer direitos de defesa, pela policia política do Estado Novo.

Dizem alguns historiadores que o Estado Novo (versão brasileira da simbiose do nazismo com o fascismo) teve como objetivo expurgar os grupos de Prestes e de Plínio Salgado, que ameaçavam de desintegração física o território nacional. Com esse pretexto, este governo de exceção durou até terminar a Segunda Guerra Mundial, em 1945.

Para implantar o novo sistema político, Vargas contou com o apoio das forças armadas e da polícia política do Estado. Para se garantir no poder, o presidente afastou todos os obstáculos que lhe pudessem oferecer resistência direta ou indiretamente. Assim, forçou ao exílio Artur Bernardes, Armando Sales de Oliveira, Prestes e Plínio Salgado. Em 1937, elaborou a Constituição com a qual governaria o Brasil, por mais oito anos, agora como ditador. Encarregou seu amigo particular, o jurista Francisco Campos, de elaborar a Constituição de 1937, que atribuía ao presidente de República direitos de caráter autoritário e centralizador, como jamais alguma constituição conferira a outro presidente. Por exemplo, no seu artigo 73, estabelecia:

> *O Presidente da República, autoridade suprema do Estado, coordena a atividade dos órgãos representativos, de grau superior, dirige a política interna e externa, promove ou orienta a política legislativa de interesse nacional, e superintende a administração do país.*

Além deste artigo, a Constituição estabelecia a censura prévia, declarava o estado de emergência em todo o País, estancava as atribuições do Judiciário, assim como as autonomias dos Estados e Municípios etc. Getúlio, que já tinha poderes absolutos autorizados pela Constituição, como o de dissolver o Congresso Nacional, além de poder escolher o seu sucessor, introduziu outras modificações de seu interesse pessoal na nova Carta, com a qual governou com total autoritarismo até o fim de sua gestão.

Já em 1942, o Brasil, que se mantivera neutro no conflito mundial, viu-se, de repente, obrigado a entrar na guerra em consequência de alguns episódios ocorridos com sua marinha mercante. O ditador brasileiro, que até aquela data tinha atuado quase que totalmente a favor da coligação Hitler/Mussolini, passou a apoiar os aliados porque, hipoteticamente, os alemães teriam atacado a frota mercante brasileira, que transportava gêneros alimentícios para os americanos. Há quem duvide desta interpretação e diga que os submarinos americanos é que atacaram os navios brasileiros, muito próximos aos portos marítimos. Depois disso, os norte-americanos teriam espalhado o terror e o medo dizendo que os alemães afundaram os navios brasileiros. Estes fatos nunca foram esclarecidos, mas, nessa época, corriam boatos de que tais afundamentos se deram para obrigar o governo brasileiro, de inclinações nazistas, a se virar contra Hitler, o que acabou acontecendo.

Em janeiro de 1942, o governo brasileiro declarou guerra às potências do *Eixo* (Alemanha, Itália e Japão). Contudo, em agosto desse mesmo ano, Vargas se contradisse ao dizer que os regimes da Alemanha, de Hitler, e da Itália, de Mussolini, eram muito semelhantes ao regime em vigor no Brasil, desde 1937. As promessas populistas de Getúlio eram semelhantes às dos chefes demagogos da Europa, baseadas no suposto atendimento das reivindicações das massas populares dos grandes centros urbanos. Essa era a principal meta a ser atingida e se configurava como uma política populista. De fato, os alicerces da política de Getúlio, ao constituir o Estado Novo, estavam fundados nas mesmas raízes populistas dos principais Estados da Europa Central. Além de Hitler e Mussolini, havia Franco, na Espanha, e Salazar, em Portugal, que se caracterizavam como ditadores populistas.

No entanto, ao entrar na guerra, Getúlio teve de tomar algumas medidas de abertura política contrárias à sua posição anterior. Foi a partir daí que começou a crescer a oposição ao seu governo ditatorial. Em 1944, decretou a anistia a todos presos políticos. Depois, por pressão dos Estados Unidos, fixou a data de 2 de dezembro de 1945 para a realização de eleições livres e democráticas, em nível nacional. Deu-se, então, a formação dos partidos políticos nacionais, que deveriam concorrer às eleições. Os partidos eram os seguintes:

PTB – Partido Trabalhista Brasileiro, formado por partidários e apoiadores de Getúlio Vargas;

UDN – União Democrática Nacional, liderado pelo brigadeiro Eduardo Gomes, de extrema direita;

PCB – Partido Comunista Brasileiro, liderado por Luís Carlos Prestes, de extrema esquerda;

PRP – Partido de Representação Popular, seus principais adeptos eram antigos integralistas e seu líder era Plínio Salgado, ultradireita;

PSD – Partido Social Democrata, composto por democratas de centro, centro-direita e centro-esquerda.

Com o processo de abertura política, respirava-se alguma liberdade entre as camadas sociais. Mas, havia aqueles que queriam que Getúlio continuasse no governo e concorresse às eleições. Porém, os opositores do antigo ditador eram contrários a essas ideias, pois entendiam que se deveria dar oportunidade a um novo líder governante.

Mas Getúlio, conhecendo bem o terreno em que pisava e prevendo alguns conflitos de rua, colocou, no dia 25 de outubro, seu irmão Benjamim como chefe da polícia do Rio de Janeiro. Esta medida desagradou os militares que, percebendo a manobra do caudilho, depuseram-no, no dia 29 de outubro de 1945. Os militares tinham à frente o general Góis Monteiro, grande aliado de Vargas nos momentos cruciais da ditadura. Acabava assim, de forma radical como começara, havia 15 anos, a Era Vargas, e o governo do Estado Novo.

Cabem aqui algumas considerações concernentes ao período dos 15 anos de Vargas. Como se viu, durante certo tempo, Getúlio tentou governar o País democraticamente. Mas, ou porque o seu temperamento não era o de um democrata convicto, ou porque o povo não estava preparado para tal processo político, Vargas teve de abandonar "a democracia" e encetar um regime de exceção, ou ditatorial, que durou oito anos e não 15 anos, como dizem muitos de seus críticos. Nos dois períodos, Getúlio mostrou ser mais lúcido quando dirigiu o País com mão de ferro do que quando se deixou envolver pela política *água com açúcar* (ou da democracia utópica). Por isso, o mais justo será dizer que Getúlio Vargas foi mais fecundo governante como ditador do que como democrata.

Quando assumiu o poder, em 1930, Vargas pensou em transformar de rural para urbana a sociedade brasileira, construindo grandes cidades com centenas indústrias, onde se empregariam milhões de operários em suas fábricas. No seu espírito empreendedor, urgia levar a cabo uma mutação radical, quer no comportamento social das massas operárias, quer no desenvolvimento industrial de grandes cidades, tal qual acontecera na Alemanha de Hitler e na Itália de Mussolini.

Era de seu ideário formar poderosos sindicatos de operários ou associações de classe de profissionais liberais, com milhares de associados, que mais tarde seriam doutrinados e transformados em seus seguidores políticos, numa perenidade idólatra. Seriam, em seu entender, seus cegos adeptos e correligionários, sem vontade própria, aliciados entre as massas miseráveis das favelas dos bairros pobres, dos becos apinhados de seres humanos. Os milhões de homens e mulheres que apenas sobreviviam seguir-lhe-iam os passos, em marcha e resolutos, crentes em dias melhores e mais felizes, contra as oligarquias da casa-grande e senzala, do coronelismo e das grandes fazendas de café, ou de outros potentados localizados no interior dos Estados brasileiros. Enfim, homens e mulheres de todos os redutos onde proliferavam os currais eleitorais, os votos de cabresto e outras práticas eleitoreiras daquela época.

Para conseguir isso, primeiro prometeu-lhes a democracia livre e universal. Mas logo a seguir, com subterfúgios demagogos, explicou às populações que era necessário engendrar um regime de bases fortes e sólidas para alcançar os seus objetivos. Disse-lhes que, com o sistema até então vigente, não conseguiria realizar seu programa por causa das diversas sublevações que se disseminavam por todo o País e que jamais o permitiriam levar o bem-estar ao povo brasileiro. Completamente diferente de Rui Barbosa, Getúlio entendia que a democracia era mais uma questão de encher a barriga ao povo do que uma questão da defesa das liberdades individuais do homem. Assim, justificava sua obstinação em constituir um governo forte, a fim de enfrentar as grandes forças rurais do País, difíceis de combater, para atingir seus objetivos iniciais.

Além do mais, o povo brasileiro, no qual queria incutir suas ideias políticas e doutrinas nacionalistas, era muito diferente do povo alemão ou do italiano, onde dois ditadores tinham conquistado a adesão popular com facilidade, em consequência das crises de emprego que afligiam esses países. Embora Vargas tivesse conseguido angariar o apoio de grande parte das massas de brasileiros, sob as mesmas condições daqueles, há de se ressaltar que o tamanho do Brasil não lhe proporcionava a mesma facilidade de adesão nacional.

Há que se levar em conta ainda as grandes diferenças de condições intelectuais e sociais – sob as quais viviam o povo brasileiro e os da Alemanha e Itália – que facilitavam a assimilação das doutrinas nacionalistas. Se Getúlio não teve condições de doutrinar os seus seguidores através da força das armas, imagine-se o que conseguiria pelo processo democrático? É de se supor que numa sociedade com maior liberdade política, jamais ele conseguiria catequizar, pelo voto universal, tantos adeptos, como conseguiu com a ditadura. Mas alcançar a democracia não é assim tão fácil como se pensa, como observou Aldous Huxley, em seu *Regresso ao Admirável Mundo Novo*:[119]

> *As instituições democráticas são dispositivos destinados a conciliar a ordem social com liberdade e iniciativa individuais, e submeter o poder imediato dos governantes de um país ao poder último dos governados. O fato de esses preceitos, na Europa Ocidental e na América, terem funcionado, no final das contas, de uma forma aceitável, é prova bastante de que os otimistas do século XVIII não se enganaram completamente.*

Continuando, o autor afirma categoricamente:

> *Além disso, nenhum povo em condições precárias tem uma grande oportunidade de ser capaz de se governar democraticamente a si próprio. O liberalismo prospera numa atmosfera de progresso e declina quando a prosperidade decadente exige do governo a sua intervenção, cada vez mais freqüente e drástica, nos assuntos de seus súditos.*

---

119. Huxley, Aldous. *Regresso ao Admirável Mundo Novo.* Rio de Janeiro: Editora Record, p. 50, 1987.

O caso em tela é muito semelhante ao que se passou nos primeiros anos de governo do ditador Vargas. Talvez resida aí o problema da democracia de Getúlio: não ter fluído como deveria. Nessa época, o povo brasileiro não passava por um período de progresso econômico excepcional, por falta de planejamento. Era notório um grande declínio da prosperidade das massas populares que Getúlio desejava deslocar do interior brasileiro para as cidades. O objetivo do presidente era formar grandes aglomerados de cidadãos, verdadeiras metrópoles. Cair-lhe-iam nos braços, rogando o amparo prometido nas campanhas, os amontoados de seres humanos vivendo em péssimas condições de vida, a superpopulação socialmente desagregada dos conjuntos de favelas, onde reinava a falta de infra-estrutura, de higiene, água potável, saneamento básico etc.

Pouco faltou para se concretizar a teoria sociológica engenhada por Vargas. Não porque o seu desejo não fosse esse. O que impediu esse processo de ocorrer foi o desfecho e o término antecipado da Segunda Guerra Mundial: se a guerra tivesse pendido para o lado das tropas do *Eixo*, e tivesse demorado mais dois ou três anos para terminar, teriam sido bem-sucedidas as intenções do ditador de envolver o povo brasileiro numa política de alienação mental, como aconteceu na Alemanha e na Itália, nas mesmas circunstâncias.

XXXII

O desenvolvimentismo de Vargas

Quando afirmamos que Getúlio Vargas foi mais lúcido e profícuo como ditador do que como democrata, levamos em consideração as suas realizações no sentido do desenvolvimento nacional: a criação das estruturas para o progresso industrial; a revolução das leis jurídicas e trabalhistas, com a criação de salário mínimo, limitação da jornada de trabalho, férias remuneradas; o forte impulso urbanizador, para citar apenas as mais importantes. Todas essas ações estavam enquadradas numa linha ideológica claramente definida. Getúlio, como ditador, envolveu toda a nação no sentido patriótico, econômico, industrial e social.

O crescimento do Brasil registrado nesta época, em todos os sentidos e em nível nacional, tem sua causa nas grandes realizações do seu governo, no período que vai de 1937 a 1945. Em 1938, no primeiro ano de ditadura, foi criado o Departamento Administrativo dos Serviços Públicos (DASP) para realizar grandes modificações administrativas no serviço público federal. Depois, em 20 de janeiro de 1941, criou o Ministério da Aeronáutica, instituindo mais uma força dentro da armada nacional. Em 1942, tendo como ministro da Educação Gustavo Capanema, introduziu importante reforma no ensino secundário nacional, quando instituiu o Serviço Nacional de Aprendizagem Industrial (SENAI). Em 1943, criou os novos territórios de Fernando de Noronha, Amapá, Guaporé (hoje Rondônia), Rio Branco (hoje Roraima), visando incentivar o desenvolvimento econômico e o povoamento dessas regiões, que apenas mais tarde alcançariam este objetivo.

Promoveu também as reformas jurídicas, promulgando códigos e leis, como as da Propriedade Industrial, o Processo Civil, o Código Penal e a promulgação da Consolidação das Leis do Trabalho (CLT) etc. Criou a Companhia Siderúrgica Nacional (CSN) e o Conselho Nacional de Petróleo (CNP), em 1938, que daria origem, em 1953, à Petrobras, hoje a maior empresa da América Latina e orgulho de todos os brasileiros. Em 21 de janeiro de 1939, jorrou o primeiro poço de petróleo no bairro de Lobato, em Salvador, capital da Bahia.[120] Além disso, criou a Faculdade Nacional de Filosofia, deu grande impulso ao desenvolvimento, por todo o País, dos sistemas rodoviário e ferroviário, substituiu a moeda de mil-réis pelo cruzeiro etc. Enfim, uma série de reformas foi implementada pelo Brasil, e seria demasiado citá-las uma a uma.

Ainda sobre a criação da Petrobras, dissemos que Monteiro Lobato, no final do século XIX e princípios do século XX, propalava, pelo País afora, a existência de petróleo, em quase todo território nacional. Contudo, tanto as autoridades constituídas como os difamadores do grande escritor nacional, chamavam-no de tolo e de louco. Além disso, sofreu

120. *Enciclopédia Delta Larousse*, p. 5.301.

tenaz perseguição política dos seus desafetos e de governantes ignorantes, quando lançou a ideia da fundação de uma empresa brasileira que pudesse prospectar petróleo. Chegou a ficar preso por três meses, em 1941, por mandar cartas, consideradas ofensivas, em que criticava o CNP e alguns ministérios do Estado Novo. Lobato sabia que esta fonte emergente de energia estava transformando vários países já desenvolvidos em grandes potências mundiais. O marco da indústria do petróleo é a perfuração, bem-sucedida, de um poço no Estado da Pensilvânia, nos Estados Unidos, em 1859. Menos de vinte anos depois, em 1874, os norte-americanos estavam produzindo dez milhões de barris de óleo cru. Nos anos seguintes, seria exponencial o crescimento da produção de petróleo, fonte de energia básica de todo o desenvolvimento mundial do século XX e até hoje.

Observador perspicaz, Getúlio Vargas, passado quase meio século dos xingamentos a Monteiro Lobato, voltou sua atenção para o ouro negro. Incumbiu o Conselho Nacional de Petróleo de não apenas de autorizar, regular e controlar a importação e a exportação e o transporte do produto, como de superintender sua distribuição e comércio e a instalação e funcionamento das refinarias de petróleo no território nacional.

Daí em diante, por iniciativa do CNP, foram tomadas providências que vincavam a posição do Estado no domínio do petróleo, como a declaração de que constituíam propriedades da União as jazidas que viessem a ser descobertas dentro do território nacional, a nacionalização do refino, entre outras medidas.

Vargas entendia que a democracia era um empecilho para dirigir o País. De fato, os políticos vinham ao longo dos anos atrapalhando o progresso nacional, e os últimos anos de governo do ditador vieram a provar isso. Pois, como se disse, nos últimos oito anos de seu governo, o Brasil prosperou muito mais que durante os 50 anos anteriores. A história, muitas vezes, é a luz que guia os espíritos empreendedores. E foi com base na história que Getúlio montou o esquema político de um governo forte e capaz de romper as barreiras do atraso das populações brasileiras. Observe-se o que nos diz o historiador norte-americano Thomas Skidmore, em *Brasil, de Getúlio a Castelo*:[121]

> *Em vista da divisão e da indecisão dos políticos conservadores e do centro, Vargas sabia que a posição do Exército seria crucial em qualquer tentativa de golpe. Desde a mudança do Ministro da Guerra, em 1934, o Exército vinha conseguindo estabelecer a disciplina que havia sido minada durante as revoltas da década de 20, a revolução de 30 e a revolta de São Paulo, de 1932. Em Dezembro de 1936, o General Eurico Dutra tornou-se Ministro da Guerra, assegurando o apoio militar aos desígnios totalitários. Em julho de 1937, o General Góes Monteiro, persistente defensor de um regime mais centralizado e mais autoritário, foi nomeado Chefe do Estado-Maior do Exército, fortalecendo ainda mais o braço de Vargas. Nos dois anos seguintes à revolta comunista de 1935, Góis Monteiro, a éminense grise militar de Vargas, tinha levado a cabo o seu próprio plano de neutralizar os Estados cuja liderança política havia entrado em oposição ao governo federal: Bahia (Juraci Magalhães), Pernambuco (Lima Cavalcanti), Rio Grande do Sul (Flores da Cunha) e São Paulo (os partidários de Sales de Oliveira). Para Góis Monteiro e Dutra, o objetivo era um "Exército forte dentro de um Estado forte". Os*

121. SKIDMORE, Thomas. *Brasil, de Getúlio a Castelo.* São Paulo: Paz e Terra, p. 47, 1982.

esforços de ambos para dar ao Exército nacional o monopólio da força militar coincidiam com os planos de Vargas de uma ditadura pessoal.

É importante observar que, no *Estado Novo,* não foi organizado nenhum partido nacionalista, como aconteceu na Alemanha nazista ou na Itália fascista ou na Espanha falangista. Getúlio e seus auxiliares e seguidores governaram o Brasil, durante oito anos, à sombra dos militares e do seu próprio nome. Os partidos ou grupos políticos que sobreviveram depois de 1930, logo após a Constituição de 1937, foram suprimidos da política brasileira, dando lugar a um só partido de feição nacional-socialista. Como se vê, o Estado Novo trouxe mudanças radicais e irreversíveis às instituições políticas e administrativas brasileiras. Em suma, quando Getúlio foi deposto, em 1945, o Brasil era outro País: tornara-se, indiscutivelmente, mais forte, mais coeso e centralizador em nível de Governo Federal, enquanto os Estados e Municípios perderam muito da sua força e influência política nas decisões nacionais.

Inegáveis avanços foram conseguidos pelo governo forte de Vargas, especialmente nas áreas da saúde, da justiça, nas relações do trabalho, na educação. Na indústria e no comércio e, em especial, na supervisão das exportações do café, que passou da esfera estadual para a competência da federal, resultando em maior apoio aos agricultores. As medidas impulsionaram as vendas externas do principal produto brasileiro. Vargas deu ao Brasil a feição de um País unificado, em que apenas o poder central manobrava todos os setores das exportações e da produção, com a instalação de indústrias de base e do comércio exterior. Apenas o presidente da República, com seu corpo de ministros, determinava o que e como fazer em relação aos rumos da política nacional e internacional. O Brasil estava, enfim, organizado, uno e determinado. Era o caminho para um nacionalismo moderno, que a nação havia perdido com a implantação da República.

Jamais algum presidente republicano, governador de Estado, prefeito, senador, deputado, vereador pensou tanto, como Getúlio, em legislar a favor dos descamisados e dos excluídos. Se foi com interesses futuros, não se sabe. Para uns, Getúlio se suicidou. Para outros o suicidaram. O fato é que ele não logrou ver um Brasil em que a justiça social estivesse presente e a distribuição da riqueza nacional fosse mais equânime entre os brasileiros. Do ponto de vista material, ninguém poderá acusar Vargas de ficar rico à custa da política. Os bens que tinha quando entrou como presidente da República eram os mesmos que ficaram, quando saiu, passados os 15 anos do exercício do poder. Talvez isto o diferencie dos outros políticos, de todos os tempos, do Brasil.

O ingente esforço do presidente para fortalecer esta política nacionalista teve o apoio da maioria da sociedade brasileira e de muitos setores do País. Uma dessas forças eram os militares superiores, cujo controle dos setores da segurança nacional já vinha dos tempos do tenentismo. Também muitos intelectuais e estudantes de menos recursos apoiavam Vargas na sua cruzada rumo a um nacionalismo patriótico. No entanto, ao terminar a guerra, algumas forças reacionárias e contrárias às suas ideias, gente influente que desempenhava funções importantes numa política paralela àquela ditada por Vargas, começaram a intervir nos assuntos políticos. Pressões dos Estados Unidos da América e de oficiais brasileiros que haviam combatido ao lado do 5º Exército americano, na Itália, forçaram, de certo modo, o chefe de Estado a prometer eleições livres em 1945.

Políticos interessados no restabelecimento do processo democrático andavam por todo o Brasil, aglutinando gente para as eleições. O que seguiu-se já comentamos anteriormente. Só que ninguém falou do amor e do patriotismo de Vargas neste episódio. Vargas, como ditador, governara durante oito anos e poderia, se quisesse, governar mais outros oito. Poderia, em seu interesse, prolongar esse período. E, por que não quis prolongá-lo? Getúlio havia-se comprometido consigo mesmo e com o povo brasileiro a modernizar e a industrializar o País. Mas, como se sabe, faltavam-lhe os recursos para levar adiante essa missão. Entrementes, os Estados Unidos, através da política de seu Presidente Roosevelt, lançara um programa para a industrialização dos países pobres latino-americanos, oferecendo empréstimos com juros muito baixos.

É, no entanto, preciso esclarecer que Vargas, antes de a Alemanha iniciar a guerra na Europa, já tentara negociar com o país europeu a implantação de uma moderna usina siderúrgica no Brasil. Todavia, começada a guerra, o projeto caiu no vazio, passando ao esquecimento dos dirigentes alemães. Mas o presidente do Brasil não o esqueceu. Vendo agora surgir nova chance de levar a cabo o projeto, em 1942, pediu a Roosevelt que o ajudasse na implantação da siderúrgica. Em troca, como lhe pedira o dirigente norte-americano, levaria o País às eleições livres e democráticas, assim que terminasse o conflito mundial. Eis aí a razão de Getúlio desistir do seu intento de governar o Brasil além daquele período, como prometera ao presidente norte-americano. Após o entendimento entre ambos governantes, uma missão norte-americana, comandada por Moris L. Cooke, deslocou-se para o Brasil, iniciando com êxito as bases da Companhia Siderúrgica Nacional, em Volta Redonda. Getúlio, orgulhoso de ter cumprido a sua palavra consigo mesmo e com o povo brasileiro, num dos seus muitos discursos proclamou:

> *Só os países suficientemente industrializados e aptos a produzir dentro das próprias fronteiras os materiais bélicos de que necessitam podem realmente ser considerados potências militares.*

Daí a razão de dizermos que Getúlio sacrificou suas ambições pessoais em favor dos interesses nacionais, diferente do que temos visto dos governantes brasileiros recentes. O Brasil entrava na era da industrialização, tão esquecida pelos governantes a partir dos anos de 1850, com um século de atraso. Dito isso, ficam patentes que os reais motivos do atraso brasileiro não se deveram ao processo de colonização dos portugueses. Ou que o Brasil não perdeu o passo porque foi colonizado pelos portugueses: os motivos do atraso estão todos explicados na história registrada nesses três capítulos anteriores.

XXXIII

Dutra e os Governos Provisórios (1945-1955)

Com a deposição de Getúlio Dornelles Vargas, e não havendo vice-presidente previsto na Constituição, assumiu a presidência da República, o presidente do Supremo Tribunal Federal, José Linhares. Todavia, foi curto o período de Linhares à frente do Governo Federal, apenas o tempo necessário para organizar as eleições marcadas por Getúlio, para 2 de dezembro de 1945.

Concorreram às eleições presidenciais o general Eurico Gaspar Dutra, ex-ministro da Guerra de Getúlio, pela coligação PSD-PTB; o brigadeiro Eduardo Gomes, candidato pela UDN; e Yedo Fiusa, candidato pelo PCB. O importante apoio de Getúlio a Dutra ajudou sobremaneira o general a ser eleito, com maioria absoluta dos votos (55%).

Ao ser deposto pelos militares, Getúlio não perdeu o seu prestígio político. Já nesta eleição concorreu ao cargo de Senador, e foi eleito com grande número de votos de todas as camadas sociais brasileiras. O governo de Dutra foi um governo pacífico, mas pecou pela falta de iniciativa. Foi um governo inócuo, sem emoção e iniciativa, limitando-se a algumas formalidades administrativas e políticas. Seus atos mais importantes foram: a) a separação dos três poderes: Executivo, Legislativo e Judiciário; b) o restabelecimento do cargo de vice-presidente da República; c) o restabelecimento da República Federativa do Brasil; d) o restabelecimento dos princípios democráticos; e) a extensão do mandato de presidente para cinco anos.

A administração federal voltava a cair no marasmo de sempre, dos governos frouxos e inoperantes dos tempos antigos da República Velha. Dutra foi um presidente honesto. No entanto, um governante sem brilho e sem a ousadia do seu predecessor na direção da modernidade do Brasil. Em 1950, foram realizadas novas eleições e, mais uma vez, Getúlio Vargas, agora como político profissional, apresentou-se como candidato à Presidência da República, pelo partido que ele mesmo havia fundado, o PTB. Concorreram com ele o brigadeiro Eduardo Gomes, pela UDN; Cristiano Machado, pelo PSB; e João Mangabeira, pelo PSD.

Experiente, Getúlio entrara nesta briga para ganhar, como de fato ganhou. Novamente foi guindado ao cargo de primeiro magistrado de todos os brasileiros, pelo voto popular e direto, para um mandato de cinco anos. Este mandato, que deveria estender-se até 31 de janeiro de 1956, foi violentamente interrompido pelo seu suicídio, no dia 24 de agosto de 1954. Mesmo ganhando nas urnas as eleições, limpas e honestas, o seu governo foi marcado por forte oposição. Um dos seus maiores opositores foi, desde sempre, o deputado e jornalista Carlos Lacerda que, da tribuna da Assembleia Legislativa, atacava-o, incessantemente, com boatos e mentiras.

No dia 5 de agosto de 1954, num atentado contra Carlos Lacerda, o mais aguerrido opositor de Vargas, o major-aviador Rubens Florentino Vaz, que acompanhava Lacerda no mesmo automóvel, foi alvejado com um tiro e morreu. Carlos Lacerda escapou ileso do atentado. O inquérito policial para investigar o crime da Rua Toneleros (como ficou conhecido este episódio) apurou que havia gente do Getúlio envolvida no assassinato. O caso teve grande repercussão na imprensa, no Congresso Nacional, e até as Forças Armadas tomaram posição contra o chefe do Estado.

No dia 23 de agosto, o marechal Mascarenhas de Morais entregou um manifesto da oficialidade da Força Aérea, pedindo a renúncia do presidente da República. Getúlio não era homem de renúncias e, como já dissemos, também não era de tendências democráticas. Não concordou com o manifesto porque não tinha participado da ação em que morreu o major-aviador. O fato de alguns dos seus seguidores políticos terem participado do atentado não provava que ele estivesse envolvido no ato. Diante das evidências dos fatos, recusou-se a renunciar por não ter participado e também por dever de consciência com seus eleitores.

Na madrugada do dia 24, houve uma reunião com seu ministério no Palácio do Catete, em que Getúlio acabou por aceitar uma solução que lhe pareceu razoável. Ele entraria de licença, passando o cargo para o seu substituto legal, por um período de um mês, e depois voltaria a ocupá-lo por legítima delegação do voto popular. Mas os militares não concordaram e insistiram no seu afastamento definitivo.

O antigo ditador, se quisesse, teria resistido às pressões porque tinha o povo e muita gente importante do seu lado. Porém, prevendo que o País poderia descambar para uma guerra civil, preferiu o caminho mais difícil para ele próprio, mas mais fácil para seus algozes e inimigos políticos. Getúlio deixou a reunião, despediu-se de seu ministro da Justiça, Tancredo Neves, deu-lhe sua caneta de ouro, e retirou-se para seus aposentos. Angustiado e em um gesto de amor à pátria e ao seu povo, suicidou-se com um tiro no coração. Deixou longa e patriótica mensagem ao povo brasileiro. Nesta mensagem, Getúlio cita que estava sob uma conspiração, uma cabala de políticos conluiados com grandes empresas nacionais e multinacionais que tentavam bloquear "o regime de proteção ao trabalhador brasileiro", limitar o poder do Estado brasileiro de criar empresas, como a Petrobras e a Eletrobrás, impedir a criação de uma lei que limitava "as remessas de lucro para o estrangeiro, e os próprios lucros das empresas alienígenas que atingiam a alta cifra de até 500% ao ano". Ao mesmo tempo, havia os lobbies políticos contra as medidas adotadas pelo governo brasileiro, para proteger as exportações de café, que provocaram enorme pressão sobre a economia do Brasil, a ponto Getúlio ser coagido a ceder a essas pressões. Na verdade, a carta era esclarecedora e deixava poucas dúvidas sobre a forma como o suicídio do presidente tinha de ser encarado e interpretado. Em um trecho da carta, dizia:

> *Eu ofereço em holocausto a minha vida. Escolho este meio de estar sempre convosco. Eu vos dei a minha vida. Agora ofereço a minha morte. Nada receio. Serenamente dou o primeiro passo no caminho da eternidade e saio da vida para entrar na história.*

A coragem e o espírito de sacrifício de Getúlio foram reconhecidos por seu povo. Os antigetulistas que não se esconderam tiveram que se refugiar, até que o povo esquecesse o seu maior líder. Se foi demagogia ou se seus atos foram espontâneos não podemos deduzir. Sabemos apenas que, de fato, ele ofereceu sua vida a seu povo, como disse na hora extrema. Não foi como Galileu, que renunciou à verdade para salvar a sua vida que estava em perigo, como nos disse Aristides Ávila, no princípio deste trabalho. Disso tudo, podemos apenas inferir algumas hipóteses: uma delas é a de que os políticos, especialmente senadores, deputados e vereadores têm sido e serão, sempre, os grandes responsáveis pelos males e pelo atraso do Brasil. No mais, como disse Camões: "Cesse tudo o que a Musa antiga canta, / Que outro valor mais alto se alevanta".[122]

Governos transitórios

A crise política gerada pela morte de Getúlio Vargas originou enorme vazio no sistema político brasileiro, com consequências desastrosas para os adversários do getulismo. Estes pensavam em tomar o poder com a queda do grande líder. Mas a situação inverteu-se, passando estes a serem hostilizados pelo povo revoltado, que retinha na memória o patriotismo do seu ex-líder. Tanto que o povo depositou a confiança no seu vice-presidente, Café Filho, e o conduziu à Presidência da República, como determinava a Constituição. Café Filho tinha sido eleito vice-presidente na chapa de Getúlio. Prometeu seguir os passos da política do grande líder. No entanto, o novo presidente, ao assumir o governo, colocou no seu ministério homens reconhecidamente contrários à política desenvolvimentista de Vargas.

122. Camões, Luis Vaz de. *Os Lusíadas* – Canto Primeiro, versos 7 e 8, da estrofe 3ª.

Isto demonstrava que Café Filho não estava interessado em conduzir o País no caminho do desenvolvimento e, muito menos, da política social orientada por Vargas. Além do mais, a sua política era dúbia e frágil, não correspondendo aos anseios de grande parte da sociedade brasileira. O que ele prometia, com vigor e insistência, era seguir a letra da Constituição, como a realização de eleições democráticas, conforme determinava a Carta Magna de 1946, além de outras determinações. Entretanto, percebiam-se, nas entrelinhas, que as tendências políticas pendiam mais para o lado daqueles que tinham levado o ex-presidente ao suicídio do que para a política social e de desenvolvimento.

Eram visíveis os sinais de apoio de Café Filho ao líder Carlos Lacerda, da UDN. Mas, tanto Lacerda como a UDN tinham ciência que naquele momento não havia como expurgar os getulistas do sistema político, a não ser com um regime totalitário de direita. Café Filho era um legalista e tinha como objetivos principais: primeiro, perseguir a estabilidade econômica do Brasil; segundo, promover as eleições democráticas e livres, e dar posse ao seu sucessor constitucional e legalmente eleito.

Percebendo o momento político difícil e tumultuado, Café Filho tentou encontrar, entre as diversas lideranças políticas, um candidato de consenso nacional. Não foi possível. As eleições foram marcadas para 3 de outubro. O primeiro candidato a se inscrever para concorrer ao cargo foi Juscelino Kubitschek de Oliveira, que ficou conhecido como JK. Natural de Minas Gerais, médico de formação, Juscelino todavia tinha uma brilhante carreira política: primeiro, como prefeito de Belo Horizonte, e segundo, como governador do Estado de Minas Gerais.

Pela UDN, depois de muitas indecisões, inscreveu-se o general Juarez Távora. E pelo PSP, de São Paulo, candidatou-se Ademar Pereira de Barros. Carlos Lacerda, assim que Juscelino se inscreveu como candidato à presidência, começou a atacar a ideia de eleições livres e diretas. De saída, acusou Juscelino de *articulador da canalhice nacional* e propôs uma reforma total na democracia brasileira – naturalmente a seu modo – tentando remover de todas as formas a possibilidade de os getulistas assumirem novamente o poder. Numa convenção da UDN, o seu líder maior naquele tempo, João Agripino, proclamava: *Era melhor viver limpo num cárcere do que livre na podridão.*

Este era o retrato que o líder da UDN pintava dos seus adversários políticos, os getulistas. Enquanto isso, Juscelino propunha, como seu ideário e em seus discursos democráticos, promover um governo que fizesse o Brasil progredir 50 anos em apenas 5 anos. O contraste era surpreendente: Juscelino propunha o aceleramento do desenvolvimentismo com a democracia. E os seus opositores propunham a estagnação, ao mesmo tempo em que lhe queriam impor uma ditadura militar de direita.

No dia 3 de outubro, os eleitores confirmaram, nas urnas, o que as previsões davam como certa: a vitória de JK e João Goulart, o Jango. A dupla foi eleita presidente e vice-presidente, com 3,07 milhões de votos e 3,59 milhões, respectivamente, para um período de cinco anos.

O drama da posse de Juscelino Kubitscheck

Observamos, anteriormente, a ojeriza de Carlos Lacerda contra o presidente eleito. Mas JK ganhara as eleições e Café Filho, como se diria, era um prisioneiro da legalidade constitucional. Nesse ponto, ele não abdicava de maneira nenhuma. Pensava em transmitir o cargo legalmente, nas eleições de 1955, assim como o tinha recebido. A discussão arrastava-se repleta de lances veementes entre os que eram a favor da legalidade, e aqueles que queriam o golpe militar, a fim de não deixar os dois eleitos tomarem posse.

O general Teixeira Lott, ministro da Guerra, também considerava que os eleitos deveriam tomar posse, tendo em vista que as eleições haviam sido legais e limpas, não havendo razões para os militares intervirem no processo democrático e constitucional. Mas as discussões continuavam cada vez mais acirradas. Lacerda, no seu jornal, *Tribuna da Imprensa*, do Rio de Janeiro, levantava dúvidas contra os legítimos recém-eleitos: dizia que não haviam obtido a maioria absoluta e que tinham sido apoiados pelos comunistas, lançando-os num atoleiro de lama, dizendo: *Esses homens não podem tomar posse, não devem tomar posse, não tomarão posse.*

Em 1º de novembro de 1955, no enterro do general Pereira da Costa, um dos líderes da conspiração militar que tramavam contra a posse de Juscelino, num inflamado discurso, incitava seus companheiros de armas a intervir no processo sucessório. Era o coronel Jurandir Mamede, usando como argumento a figura do general falecido que teria sido um dos heróis que depuseram Getúlio. Atacou políticos que usavam a pseudolegalidade para assegurar suas pretensões de comandar a política nacional e dizia que esta gente corrupta queria o poder para dar azo às suas vaidades pessoais. Enfim, a sua verborragia poderia ser entendida como uma afronta ao presidente Café Filho e ao seu ministério.

Acontece que nesse ministério estava inserido o general Teixeira Lott, como ministro da Guerra que, além de se sentir ofendido, pensou em castigar o coronel Mamede. Deixar o discurso de Mamede sem punição seria um convite à desordem e admitir que, dali em diante, qualquer oficial superior poderia causar complicações ao País. Mas havia um dilema: o coronel Mamede pertencia ao Estado Maior da Escola Superior de Guerra e, portanto, estava subordinado diretamente ao presidente da República. Lott telefonou aos assessores militares do presidente, rogando-lhes a punição de Mamede e, junto a seus companheiros ministros militares, requereu a censura de toda a imprensa comunista, tendo em vista as provocações desta contra as forças armadas.

Entretanto, neste ínterim, Café Filho sofreu pequeno acidente cardiovascular e foi proibido, pelos médicos, de desempenhar suas funções durante algum tempo. A perspectiva era a de que o presidente deveria delegar seus poderes temporariamente a alguém legalmente constituído. Numa reunião da Câmara dos Deputados, em 8 de novembro, o presidente da Câmara, Carlos Coimbra Luz, o mais próximo na sucessão hierárquica, segundo a Constituição, assumiu a Presidência interina. Mas Carlos Luz era tido e havido como antagonista de Café Filho e, portanto, contrário à posse legítima de Juscelino Kubitschek e de João Goulart.

O caso do coronel Mamede continuava sem solução, originando a renúncia de Lott, ministro da Guerra. Em 9 de novembro, Carlos Luz presidia a primeira reunião do seu gabinete. O general Lott apresentou-se pedindo uma audiência com o presidente em exercício, para tratar do caso Mamede. Carlos Luz encerrou a reunião, chamando o ministro da Guerra de lado, a fim de debaterem o assunto. Lott exigia a transferência imediata de Mamede, recusada pelo presidente. Ali mesmo, o general renunciou ao cargo de ministro da Guerra. Em 10 de novembro, Luz o substituía pelo general Fiúza de Castro.

Era evidente que estava sendo armada uma trama, pela UDN de Lacerda, para não deixar Juscelino e Goulart tomarem posse porque, para os udenistas, estes representavam a herança de Vargas. A política estava em ebulição. Os boatos corriam e os últimos acontecimentos davam-nos uma leitura muito clara de que Carlos Lacerda, a serviço da UDN e, por tabela, dos Estados Unidos, preparava-se para dar o golpe mortal nas ambições dos dois candidatos vencedores das eleições de 3 de outubro de 1955.

Por caminhos tortos, Lacerda tinha removido uma grande pedra na sua sinuosa caminhada. Lott, talvez o seu mais difícil adversário, estava fora de jogo. Agora só faltava a remoção de mais alguns obstáculos e os vitoriosos das eleições jamais tomariam posse. Magoado pela maneira como fora afastado do seu cargo, seguidor inflexível dos princípios constitucionais, Lott, convencido que Carlos Luz estava a serviço dos que não queriam Juscelino e Jango no poder, no mesmo dia em que pediu a demissão, decidiu promover o seu golpe de militar. Em 11 de novembro, o general mobilizou o comando do Exército do Rio de Janeiro e ocupou todos os edifícios públicos, estações de rádio, televisões e jornais, enfim todos os meios de comunicação e de transportes e concretizou o que se pode chamar de clássico golpe militar. Carlos Luz fugiu no cruzador

Tamandaré, que se encontrava na Baía de Guanabara, com destino a Santos, mandando mensagens para assegurar o seu direito de permanecer como presidente de um governo legalmente instituído. Porém, Lott, reunindo o Congresso Nacional, em sessão de 11 de novembro, por 185 votos contra 72, elegeu Nereu Ramos, então presidente do Senado, como presidente da República. Com isso, Lott assegurava as posses legitimas dos vencedores das eleições democráticas, legalmente disputadas em 3 de outubro de 1955.

Juscelino Kubitschek

XXXIV

Juscelino: dinamismo, arrojo e autoestima

Sob condições políticas nada auspiciosas, em 31 de janeiro de 1956, Juscelino Kubitschek de Oliveira tomava posse como presidente do Brasil, tendo como seu vice-presidente João Belchior Marques Goulart. No título anterior, vimos como e quantas dificuldades foram colocadas para impedir que JK tomasse posse. Mesmo se considerando que o mandato presidencial fora legitimamente disputado, em eleições regularmente instituídas, dentro da Constituição Nacional. Mineiro de Diamantina, JK formou-se em medicina, mas a sua grande vocação era a política. Cedo, aprendeu o ofício da política com seu professor e mestre Benedito Valadares, inteligente, talentoso e antigo aliado de Getúlio Vargas, o mestre dos mestres em política.

Os primeiros passos de JK como político profissional foram dados em Belo Horizonte, onde foi eleito prefeito. Depois, candidatou-se a governador do Estado de Minas Gerais, elegendo-se com excelente votação. As experiências em seu Estado foram o laboratório para sua caminhada rumo à presidência do Brasil. Dinâmico, JK ficou conhecido como ótimo realizador e impulsionador do progresso. Seus conhecimentos intuitivos de economia financeira se evidenciaram no período em que esteve à frente do governo do seu Estado. Seu ímpeto para o progresso e seus conhecimentos intuitivos foram talvez a principal marca da sua extraordinária carreira política e de sua visão progressista. Tais características iriam se revelar ainda mais fortes já como presidente da República, quando deu grande impulso na estrutura industrial do Brasil.

Juscelino usou em sua campanha eleitoral o lema: "50 anos de progresso em 5 anos de governo". Prometeu e cumpriu. Não caíram no esquecimento suas promessas de campanha, Não foram promessas jogadas ao vento, como a maioria dos políticos costuma fazer. O seu dinamismo se fez sentir no curto espaço de tempo que o mandato lhe conferiu, pelas suas fantásticas realizações. A expansão vigorosa da economia brasileira, com expressivo crescimento da base industrial, representou um dos maiores crescimentos do mundo entre 1956 e 1961. Sua visão superior proporcionou extraordinária expansão da indústria do aço, que cresceu 100%, neste período; da produção das indústrias mecânicas (125%); das indústrias elétricas e de comunicações (380%); e, finalmente, da indústria de equipamentos e transportes, que cresceu 600%. O seu plano de desenvolvimento econômico, elaborado por um grupo de tecnocratas que se apoiavam nas ideias da modernidade, levou-o a uma política estratégica de governabilidade, voltada para a autosuficiência, jamais utilizada no Brasil.

Os empresários, invariavelmente, eram consultados sobre a economia e os investimentos mais rendosos e os modelos que melhor se adaptassem ao progresso nacional. Aos estrangeiros, ele apelava para que fizessem novos investimentos nas áreas mais carentes e significativas dentro das manufaturas industriais. Aos nacionais, era constante a sua preocupação com o seu aparelhamento para que concorressem com os estrangeiros, a fim de evitar que os grandes monopólios e trustes se instalassem no Brasil, como acontecera nos Estados Unidos. Tinha, na sua estratégica política, o cuidado de não permitir que apenas um manufatureiro explorasse certo setor, a fim de evitar o monopólio especulativo e maléfico à sociedade brasileira.

Incentivos especiais foram oferecidos à indústria automobilística, como a isenção da cobertura cambial externa para importação de máquinas, ferramentas e aparelhos industriais. O objetivo era equipar as fábricas que se instalavam no País, que contaram com a ajuda e o apoio do governo central de Juscelino. Sua política foi denominada *Nacionalismo Desenvolvimentista*. Esta marca, utilizada na primeira hora de sua campanha, foi levada ao povo brasileiro, para dar-lhe esperança sobre seu governo honesto e trabalhador. Conclamou também a nação a depositar confiança em si mesma, para levar o Brasil a figurar entre as maiores potências industriais do mundo. Era notória a euforia de Juscelino, que já vislumbrava o sucesso da industrialização brasileira, em sua crença de que o futuro milagre aconteceria. Porém, tudo dependia muito da estabilidade política, que ele tentava demonstrar a seus adversários políticos. Estes, já nos primeiros momentos de seu governo, bateram firme, de frente, desde sua posse. Todavia, com seu otimismo e dinamismo incansáveis, venceu, em luta titânica, e conseguiu estabilizar a nação.

Depois de cortejar e apelar às oposições para que aderissem ao esforço de construir uma nação una e democrática, um pequeno grupo de oficiais da Força Aérea, adeptos do deputado Carlos Lacerda, rebelaram-se numa antiga base aérea de Jacareacanga, na região amazônica. Estes, inconformados com a derrota nas eleições e com a posse de Juscelino, passadas apenas duas semanas de sua posse, amotinaram-se e tentaram desestabilizar o governo, que mal começava a dar os primeiros passos. O presidente não poupou esforços na acomodação dos militares revoltosos, perdoando-os pelo seu ato tresloucado. Pois, além de ter Lott a seu lado, como ministro da Guerra, adulou a Marinha brasileira, comprando um porta-aviões dos britânicos, já fora de uso, mas que, depois de remodelado, serviu por muitos anos o País. Entretanto, teve de enfrentar uma nova briga com a aeronáutica por causa do porta-aviões.

Na sua luta para apaziguar os comunistas, esforçou-se para agradar o Partidão (como era conhecido o PCB), que fazia críticas mordazes à política internacional adotada por JK. Uma das brigas que o presidente teve com os comunistas foi motivada por seu apoio incondicional a Portugal de Salazar. Juscelino, descendente de lusitanos por parte de pai, ofereceu seu apoio irrestrito a Portugal, nas Nações Unidas, enquanto esteve à frente do governo brasileiro. Daí a frustração do PCB com Juscelino.

Na política econômica externa, ao contrário do que muitos esperavam, estreitou ainda mais seus laços com os Estados Unidos. Prevendo que seu programa de industrialização dependeria muito dos investimentos públicos e privados daquele país, empenhou-se em apresentar todos os programas de seu governo às autoridades norte-americanas, sem exceção. Naquele tempo, alguns líderes da América tiveram uma má recepção no Brasil, organizada pelos estudantes ultranacionalistas. Foi o caso de Fidel Castro, que se distanciara da política da América do Norte, e do o vice-presidente Richard Nixon, que, em viagem pela América do Sul, foram vaiados em público, diversas vezes. O mundo então vivia o clima da *Guerra Fria*, entre Estados Unidos e União Soviética.

Estes episódios levaram o chefe do governo brasileiro a enviar, em 1958, uma prolixa e dramática exposição de motivos à presidência dos Estados Unidos, exercida naquele tempo por Dwight Eisenhower. Na exposição, convidava Eisenhower para que, em conjunto com os governos sul-americanos, articulasse um programa eficaz e ambicioso para a isolar as ideias de alguns líderes dos países dissidentes. O programa proposto e imaginado pelo chefe do governo brasileiro chamava-se *Operação Pan-Americana* (OPA) e enfatizava inicialmente a necessidade de desenvolvimento da América Latina, com a supervisão e ajuda material dos Estados Unidos. O plano previa medidas, acordadas entre todos os países signatários, para estimular políticas de ajuda mútua, tanto nas relações comerciais como nas relações humanas, visando o aperfeiçoamento democrático de todas as nações das Américas.

O plano não surtiu o efeito desejado pelo estadista brasileiro sobre os sentimentos dos dirigentes da América do Norte. Mas após alguns anos, quando Fidel Castro rompeu relações com os Estados Unidos e se jogou nos braços da União Soviética, os dirigentes americanos vieram correndo com um programa multilateral de ajuda mútua aos sul-americanos, chamado *Aliança para o Progresso.* Era uma cópia disfarçada do programa do JK, propondo e prometendo ajuda econômica e infraestruturas industriais aos países sul-americanos. Contudo, agora era tarde demais, porque a política mundial havia mudado e as outras nações não estavam receptivas à política oferecida e orientada pela Casa Branca, como no tempo em que Juscelino remeteu o seu programa a Eisenhower.

Do ponto de vista da política interna, Juscelino assumiu o poder sob forte oposição dos antigos inimigos de Getúlio. Estes viam no seu vice, João Goulart, o portador de ideias getulistas porque contava com forte apoio dos trabalhadores. Jango complicou algumas vezes o governo de Juscelino por causa dessa faceta, obrigando, por vezes, o governo a enfrentar situações extremadas. Em junho 1956, o governo determinou que se fechasse o Sindicato dos Trabalhadores Portuários, bem como o Sindicato dos Operários da Liga de Emancipação Nacional, dois grupos comunistas, absolutistas, que pretendiam tomar o governo pelas armas. Mas, também, logo em agosto do mesmo ano, mandou fechar o jornal *Tribuna da Imprensa,* de Carlos Lacerda, representante da extrema-direita. O deputado preconizava, por meio de seu jornal, que Juscelino condescendia com os comunistas traidores e que, na calada da noite, pensava entregar o País aos inimigos. O que não era verdade, claro.

Apesar dos excessos de seus opositores, JK era condescendente com todos eles. Não fosse o presidente um democrata convicto, teria feito como fez Getúlio, em 1937, quando impôs ao País um governo de exceção. A pressão que Lacerda exercia sobre o governo progressista de Juscelino só foi comparada à do Visconde de Itaboraí, no governo de Dom Pedro II, com respeito ao então industrial progressista João Evangelista de Sousa (Visconde de Mauá). Aliás, os politiqueiros, mais uma vez, eram os grandes responsáveis pelo atraso do Brasil, com vem acontecendo ao longo de sua história. E não os portugueses, como enfatizam muitos brasileiros.

Juscelino jamais adotou uma política de confronto. Se não conseguisse persuadir seus adversários políticos pela palavra mansa e inteligente, não seria pela força que os aliciaria a seu modelo de governar com otimismo progressista. Aceitava e, muitas vezes concordava, e aplaudia as críticas de seus opositores, desde que fossem construtivas, não ofendessem as instituições ou as estruturas democráticas. As suas convicções democráticas jamais foram abaladas pelas ofensas pessoais ou pelas blasfêmias dos seus adversários políticos. Não se abalava apenas porque discordavam dos seus projetos de governo e de seus métodos, às vezes improvisados, quando necessários.

O seu plano de industrialização trouxe-lhe algumas dificuldades no que concernia à inflação, resultando em um *déficit* na balança de pagamentos de $ 280 milhões em conta corrente, nos anos de 1955 e 1956. Todavia, logo em 1957, apareceram os primeiros sintomas de equilíbrio, gerados pelo ambicioso plano de industrialização, que restabelecia e o otimismo e a confiança. Para conter a inflação, que vinha aumentando desde 1951, usou todos os meios que tinha a seu alcance. Entretanto, seu ministro da Fazenda, José Maria Alkmim, não foi capaz de captar recursos nos mercados estrangeiros para debelar a inflação, que vinha crescendo a cada ano. Tal questão redundaria na renúncia do ministro, em 1958, que foi substituído pelo engenheiro Lucas Lopes. O malogro do programa anti-inflacionário do governo de Juscelino deveu-se, mais outra vez, aos movimentos políticos que se moviam de olho nas eleições do Congresso Nacional, que ocorreriam em outubro desse ano. Valeu-lhe, no entanto, a derrota dos extremistas, e assim pôde refazer o seu programa financeiro, que lhe permitiu, através de um esforço de estabilização monetária, impor o seu modelo de desenvolvimento econômico ao País, sob ótimas condições de equilíbrio financeiro.

Com o programa de estabilização, elaborado pelo novo ministro da Fazenda, coadjuvado pelo diretor do Banco do Desenvolvimento Econômico, Roberto Campos, as instituições financeiras do Brasil adquiriram maior credibilidade. Os céticos, porém, não acreditavam que seria possível conciliar extraordinário desenvolvimento sem inflação desenfreada. As razões apresentadas entre os programas de metas de Juscelino e a estabilidade financeira eram contraditórias, diziam os oposicionistas. Como existiam divergências entre os economistas, de um e de outro lado, o governo brasileiro consultou o Fundo Monetário Internacional (FMI), para obter uma opinião neutra, todavia, avalizada. A posição do FMI era reconhecidamente pela defesa do tratamento de choque dado à estabilização, e pela simplificação dos complexos mecanismos e regulamentações do câmbio. Entendiam eles que deveria ser feito um orçamento equilibrado, para que os investidores estrangeiros tivessem confiança nas finanças do Brasil. Juscelino e seus ministros puderam então observar, com grande desagrado, qual era o preço político da inflação. Note-se que os americanos tinham, anteriormente, estabelecido planos para oferecer empréstimos aos países em desenvolvimento, mas para deixá-los endividados até a quinta geração.

Feitas as contas, se o Brasil tivesse de pedir os 300 milhões de dólares ao FMI, soma necessária para fechar o seu balanço de pagamentos daquele ano, além de ter de esperar a boa vontade dos diretores norte-americanos, o País ficaria refém de uma dívida incalculável. O seu resgate seria mais de 10 vezes o seu valor nominal, entre juros, jurinhos, comissões, despesas e taxas extras, e mais uma série de confiscos para pagar num prazo máximo de cinco anos, se tanto. Juscelino fez de tudo para impedir a inflação, de um lado, e a estagnação, de outro. Apelou inclusive aos industriais nacionais e estrangeiros para que acelerassem a produção industrial. Ofereceu prêmios e bônus para os exportadores ultrapassarem os pontos estruturais de estrangulamento, defendendo as propostas de seus ministros Lucas Lopes e Roberto Campos.

A situação precária do País, motivada pelas taxas de câmbio diferenciadas, só seria revertida, com resultados satisfatórios e compensadores, se houvesse exportações excedentes às importações, nomeadamente às de petróleo e trigo, que atingiam níveis altíssimos já naquela época. Os ministros, tanto da área financeira, como da área industrial e comercial, entenderam, por bem, cortar os subsídios que o erário despendia com as importações destes dois produtos. A medida poderia causar forte impacto no comércio e na indústria brasileira, elevando substancialmente os preços no mercado interno, e, de maneira geral, atingindo o bolso do povo. O que atenuava a elevação do custo de vida do povo e a desvalorização da moeda nacional era o incontestável progresso que o Brasil como um todo experimentava.

A construção de Brasília

Juscelino havia se comprometido, em sua campanha eleitoral, a construir uma nova capital no interior do Brasil, já prevista na Constituição de 1891. Na verdade, José Bonifácio de Andrada, o "Patriarca da Independência", havia apresentado o projeto para a mudança da capital, já em 1823, e com o nome de Brasília, durante a elaboração da primeira Constituição (a Constituinte foi dissolvida por D. Pedro I antes que o projeto fosse aprovado). Depois, a construção fora adiada de presidente em presidente e, passado mais de um século, ainda não saíra do papel. Ao assumir a Presidência, Juscelino submeteu o projeto de mudança da nova capital ao Congresso Nacional. Considerado por muitos uma fantasia, uma loucura mesmo, especialmente pelos seus adversários políticos, o projeto refletia no seu cerne o otimismo e a autoconfiança do governo de JK no povo brasileiro. Além disso, o projeto se traduziria em fonte de dinamismo para toda a nação, que se envolveria na construção de Brasília. Para JK este era o projeto-síntese de seu "Plano de Metas". Foi considerada, depois de erguida, como uma das últimas maravilhas do mundo.

Infatigável e entusiasmado, Juscelino confiou o projeto ao arquiteto Oscar Niemeyer, que já o tinha acompanhado nos projetos de embelezamento de Belo Horizonte. Outro personagem que se destacou na construção de Brasília foi o notável urbanista Lúcio Costa, cujo projeto foi escolhido vencedor. As obras iniciaram-se em 1956 e provocaram a vinda de milhares de pessoas, dos mais diversos rincões do País, para trabalhar na construção da cidade. Os problemas difíceis que o povo enfrentava, como a alta do custo de vida, eram atenuados pelo orgulho de se ver surgindo, no meio de uma zona tórrida e inóspita, naquele agreste sertão do interior brasileiro, a moderna e cintilante capital, de belos edifícios e conjuntos de monumentos que se erguiam, dia após dia, aceleradamente. Brasília foi inaugurada em 21 de abril de 1960, com os três poderes da República se instalando simultaneamente na cidade. Embora tenha sido construída em tempo recorde, a transferência completa da infraestrutura governamental se deu apenas durante os governos militares. Contudo, ainda no início do século XXI, vários órgãos federais continuaram sediados no Rio de Janeiro.

O projeto arquitetônico de Brasília impressionou o mundo, pelo seu modernismo e inovações. Um fato que reflete esse impacto se deu quando da visita do cosmonauta russo Yuri Gagarin, o primeiro homem a viajar no espaço: quando chegou à recém-construída Brasília, em 1961, disse: *Tenho a impressão de que estou desembarcando num planeta diferente, não na Terra.* Como a maioria das capitais brasileiras, Brasília cresceu mais do que o planejado e hoje é quarta maior do País e a primeira em PIB per capita. Mas Brasília cumpriria um de seus objetivos, que era o de levar o desenvolvimento para o interior brasileiro, particularmente para o Centro-oeste e para o Norte do País.

Os *Anos Dourados*

Nessa época, o Brasil vivia os chamados *Anos Dourados*, respirava-se otimismo e criatividade em todos os setores, com oportunidades a todos que quisessem trabalhar. O Rio de Janeiro, dos anos 50, fixou sua imagem no exterior de cidade maravilhosa. Naquele tempo, diziam os sociólogos: "Brasil, o País do futuro!". O Brasil era sobretudo o País da atualidade, onde melhor se vivia. Neste Brasil dos anos 50 a 60, a economia crescia em média 7% ao ano. O salário-mínimo, em 1959, em termos reais, descontada a inflação é considerado, ainda hoje, o mais alto da história brasileira, em termos de poder de compra. O Brasil começava a ser predominantemente urbano. Na esteira do *American way of life,* foram aparecendo no País os eletrodomésticos, enceradeiras, aspiradores de pó, aparelhos de rádio e televisão, mobílias de plástico e fibra sintética, carros etc. Tudo isso prometendo uma vida doméstica mais fácil. A atmosfera era tal que não havia o fantasma do desemprego, da violência. Não havia o fantasma da fome que ronda hoje os lares de mais 30 milhões de brasileiros excluídos, com 80% da população vivendo com salário inferior a R$ 900,00, quando a falta de emprego é uma constante. Muito menos havia a violência que há hoje, quando o trabalhador sai de casa de manhã e não sabe se chega à noite e encontra sua família, por conta do banditismo que impera nas ruas.

Na "Era Juscelino", imperava a esperança e o desenvolvimento. As artes se desenvolviam com tal criatividade que os artistas brasileiros eram celebrados no exterior pelo seu alto valor artístico: a Bossa Nova, de João Gilberto, de Tom Jobim, de Vinícius de Morais, conquistava Nova Iorque e o mundo; Jorge Amado abandonava sua prosa política e passava a escrever sobre os costumes da sua Bahia, criando personagens sensuais e livros excepcionais, como *Gabriela Cravo e Canela, Dona Flor e seus Dois Maridos, Tieta do Agreste.* Os poetas, os cantores e os compositores criavam incessante e vigorosamente. No cinema, reinava as chanchadas e, um ano depois do fim do governo JK, em 1962, Anselmo Duarte ganhava sua Palma de Ouro, no Festival de Cannes, por sua direção em *O Pagador de Promessas.* Brasileiras, como Marta Rocha, eram eleitas miss-mundo.

Os meios de comunicação assistiriam a um dramático desenvolvimento, no final dos anos 50, com o estabelecimento de novos jornais, revistas, emissoras de rádio e televisão. O teatro se expandia, as radionovelas, telenovelas, telejornais e programas humorísticos ganhavam cada vez mais audiência. A televisão, que chegara ao Brasil em 1950, apresentava seus festivais de música popular brasileira, com enorme sucesso e repercussão, com participação de ídolos como Roberto e Erasmo Carlos e também os da Bossa Nova. No esporte, o País ganhara a Copa do Mundo de Futebol, em 1958, e ganharia novamente, em 1962. Éder Jofre era campeão mundial de boxe, peso-galo, em 1958, a seleção brasileira de basquete masculino era bicampeã mundial, e Maria Esther Bueno vencia os torneios de Wimbledon etc. Respirava-se, então, uma atmosfera que preenchia o orgulho nacional. Os *Anos Dourados* vincariam a história brasileira.

As promessas

Juscelino cumpriu suas promessas de campanha: construiu Brasília e mudou a capital do País; implantou e desenvolveu a indústria automobilística nacional, reduzindo drasticamente as importações de veículos (carros, jipes, caminhões, ônibus e carretas); desenvolveu a indústria metal-mecânica pesada; ampliou a malha rodoviária para favorecer a demanda das populações que se deslocavam para o interior do País; realizou seu *Plano de Metas* dentro de uma gestão democrática de governo; acelerou muito o desenvolvimento brasileiro, se aproximando de seu *slogan* "50 anos de progresso em 5 anos de governo". Para a maioria dos brasileiros, incluindo cientistas políticos, historiadores e intelectuais, JK foi o melhor presidente do Brasil, de todos os tempos. As suas responsabilidades, como presidente, terminariam ao transmitir o poder ao seu sucessor, democraticamente, como prometera, sem os traumas dos governos anteriores, que se verificavam desde a era Vargas.

XXXV

O Brasil moderno e as eleições de 1960: Jânio Quadros e João Goulart

EM 1960, JÁ SE ESBOÇAVA O BRASIL moderno, que se iniciou com Getúlio Vargas, que transformou em urbano um País agrário e estagnado pelas oligarquias. Depois, Juscelino empreendeu grande surto de desenvolvimento industrial e econômico e legou um País bem diferente daquele herdado de Nereu Ramos, em 1955. O Brasil já contava com cidades pujantes, como São Paulo, Rio de Janeiro, Salvador, Belo Horizonte e a nova capital, Brasília, no planalto goiano, que iria marcar a ocupação do Centro-norte brasileiro.

As eleições presidenciais, previstas para outubro de 1960, mobilizavam as forças políticas brasileiras ainda dentro de um panorama de crescimento e otimismo, porém com as tensões crônicas da política nacional. Concorreram no pleito Jânio da Silva Quadros, Henrique Teixeira Lott e Ademar Pereira de Barros. Candidato pela União Democrática Nacional (UDN), experiente na política, Jânio havia construído uma reputação de grande administrador na Prefeitura e no governo do

Estado de São Paulo. Jânio apresentava-se como grande reformador, um inovador econômico contra o sistema obsoleto e ultrapassado de Juscelino, segundo ele. Tornou-se, desde o primeiro momento de sua campanha, uma figura irresistível à frente da direita nacional, liderada por Carlos Lacerda.

Os correligionários de Lacerda, formando uma coligação com Jânio Quadros, viam nesta união uma oportunidade para uma vingança histórica pelas sucessivas derrotas eleitorais anteriores de seus ex-candidatos Eduardo Gomes e Juarez Távora. Sequioso de vingança contra os getulistas e juscelinistas, Lacerda aceitara apoiar Jânio. Tal decisão evidenciava a fragilidade da UDN, que aceitava uma aliança sem o compromisso expresso de Jânio com a agremiação.

É preciso ressaltar que nas eleições para presidente, os eleitores tinham de ser alfabetizados. Quem não soubesse ler não podia votar. Os currais eleitorais rurais, de onde era originária a maioria dos deputados e senadores do Congresso Nacional, tinham muita força para eleger estes representantes. No entanto, para eleger o presidente da República, valia o voto da nação alfabetizada, que estava majoritariamente concentrada nos centros urbanos.

Jânio sabia disso, como os outros candidatos também sabiam. Ex-professor de Direito, levava vantagem sobre os outros candidatos, não obstante o seu carisma aumentasse continuadamente por meio de seus prolixos discursos, pelos mais afastados recantos do Brasil. Não raro, em suas perorações, o ex-professor enfatizava (para agradar os eleitores) que o analfabetismo era a causa próxima do atraso da nação brasileira. Em frases feitas, de espírito demagogo, prometia, aos milhares de eleitores, erradicar este atraso da nação, caso fosse eleito. Esta promessa era suficiente para as populações mais idosas, privadas de votar porque não sabiam ler, incentivarem seus filhos e netos alfabetizados a votar no "homem da vassourinha". Outros exemplos de irracionalidade poderiam ser demonstrados, para explicar a fácil vitória eleitoral de Jânio Quadros.

Juscelino havia apresentado o general Teixeira Lott, seu ministro da Guerra, como candidato do seu governo. Apesar do sucesso do Plano de Metas e da gestão de JK, o militar Lott, sem experiência nem carisma político, foi derrotado por Jânio nas eleições 3 de outubro de 1960. Político paulista carismático, Jânio da Silva Quadros teve uma carreira meteórica. Tendo como vice João Goulart, venceu conquistando 5,6 milhões de votos (47,9% de um total de 11,7 milhões de votos). Foi o maior número de votos conferidos a um candidato presidencial na história da República até aquela data.

O governo de Jânio Quadros

No mesmo dia em que Juscelino lhe transmitiu o cargo, em 31 de Janeiro de 1961, Jânio Quadros, que demonstrara em campanha um novo estilo, usando como símbolo uma vassoura, tomou medidas frontalmente opostas a tudo quanto o ex-presidente tinha feito, em seus cinco anos de governo. Já em seu discurso de posse, Jânio apontava o falso nacionalismo de Juscelino e o imperialismo das classes intelectuais, infiltradas em certos setores da sociedade brasileira. Reiterava, como já o fizera em seus discursos carismáticos repletos de magnetismo pessoal e irreverente, que as classes dominantes, as antigas oligarquias antidemocráticas, queriam impedir o povo, que ele representava, de chegar ao poder.

Assentado em sua retumbante vitória, Jânio, num primeiro momento, atacou problemas de somenos importância deixados por seu antecessor. Pretendia obscurecer o trabalho da administração anterior, no concernente à péssima situação em que encontrou as finanças do País. Jânio vinha, de longa data e por todas as maneiras, tentando destruir o mito Juscelino e seu otimismo desenvolvimentista, chamando a atenção da nação brasileira para as precárias condições da situação econômico-financeira do País. Houve exagero por parte de Jânio, uma vez que era do conhecimento de todos que o governo anterior havia feito muito em cinco anos, com os parcos recursos. Aliás, poder-se-ia afirmar que foi como o caso do milagre dos pães na administração anterior.

De personalidade difícil, o novo presidente não apenas se distanciava de seus antecessores do Executivo como das próprias forças políticas que o elegeram. Os partidos da coligação pela qual Jânio fora eleito, formada por UDN, PSD e PDC, aos poucos foram notando certo desprezo, por parte do presidente, por seus programas e diretrizes partidárias. Jânio fazia questão de mostrar independência em relação a essas diretrizes. Aliás, uma das características de Jânio era sua ojeriza de se submeter à vontade de outrem. Mesmo à UDN de Carlos Lacerda, Jânio disse que manteria a sua independência em relação a coligações partidárias ou parlamentares. Depois de eleito, pouca ou nenhuma importância dava aos parlamentares e aos grupos partidários que fizeram força para elegê-lo. No entanto, o presidente prometia, aos partidos e ao povo em geral, governar o Brasil sob um regime democrático e pluripartidário, o que de certa forma agradava aos partidos da sua coligação.

Jânio era avesso aos políticos tradicionais – deputados, senadores e outros apêndices da política – que gravitavam em redor das estrelas mais refulgentes da política nacional. Uma das suas promessas de campanha teria sido a de mandar fazer uma série de investigações sobre uma grande rede de corrupção política, ligada aos grandes caciques do Congresso Nacional. Convém admitir que esta medida iria atingir os grandes partidos agregados à coligação política de Juscelino, PDC e PTB. Como é óbvio, muitos servidores de setores importantes do governo ficaram preocupados com a investigação. Ainda mais porque a fama de rigor na administração pública de Jânio era bem conhecida pelos exemplos da sua gestão na cidade e no Estado de São Paulo. Pairavam, portanto, entre os servidores públicos federais, grandes dúvidas quanto à estabilidade de seus empregos e de seus polpudos salários, depois da posse do novo governo.

No começo do seu governo, Jânio dedicou-se quase exclusivamente a tentar sanear as finanças. Neste sentido, tomou medidas enérgicas, com o objetivo de pagar uma dívida de 2 bilhões dólares herdada do governo anterior. Acusou Juscelino de gastos exagerados, com favorecimentos a seus amigos, de nepotismo administrativo e perdulário. Além destas medidas e difamações, lançou um programa contra a inflação baseado na contenção das despesas do Estado. Em março, fez uma reforma cambial, substituindo múltiplas taxas nacionais, promovendo a desvalorização de 100% do cruzeiro, aumentando o custo das importações. Estas eram restritas apenas a produtos essenciais, como o trigo, o petróleo etc. Naturalmente, estas medidas dobraram do custo do pão e das passagens de ônibus, o que desagradou a população.

Para compensar os aumentos das matérias-primas importadas, baixou algumas medidas de favorecimento às exportações, com a finalidade de superar o déficit orçamentário do governo e obter um empréstimo do FMI. Os resultados não se fizeram esperar. A credibilidade que Jânio Quadros conseguira em seis meses de seu governo causou espanto na grande maioria dos seus adversários e na comunidade das altas finanças internacionais. O que Juscelino não conseguira em quatro anos, ele conseguira em apenas seis meses. Tanto que, logo em agosto, o Brasil recebia mais um empréstimo, no valor de 2 bilhões de dólares, dos grandes agentes financeiros mundiais.

O esforço para estabilizar a inflação era uma das metas principais do novo governo e as medidas adotadas no sentido de recuperar a economia brasileira repercutiram favoravelmente no mundo das finanças. Jânio não acreditava o bastante no seu plano anti-inflacionário sem o dinheiro das instituições financeiras internacionais. Daí a sua convicção em aliar o seu plano contra a inflação ao plano de desenvolvimento nacional (lançado por Juscelino), que poderia fazer com que a produção e as exportações conseguissem deter e debelar a inflação. Mas, para pôr em prática qualquer programa desenvolvimentista desta envergadura, seria necessário montar uma equipe de técnicos experientes e capazes. O desafio destes seria promover fortemente a produção industrial e canalizá-la para exportações, visando alcançar o almejado equilíbrio do balanço de pagamentos.

Passados apenas seis meses da posse de Jânio, havia no Congresso certo esvaziamento político e uma distância profunda entre o presidente e a maioria dos congressistas, refletidos nos debates sobre as questões nacionais e sua legislação. Isto porque, muito a seu estilo de quando fora governador em São Paulo, Jânio divertia-se em governar o imenso Brasil de maneira ortodoxa, e um pouco fora de uso, como se estivesse nos tempos monárquicos ou medievais. Mandava papeluchos ou bilhetinhos para cá e para lá, dando pouca importância aos enfatuados deputados e senadores, que se sentiam diminuídos em suas importantes funções.

Na política externa, era outra incógnita a posição de Jânio Quadros. Em certas ocasiões, acenava para o lado dos Estados Unidos, com suas ideias irreverentes, de católico extremado, contra o comunismo. Logo em seguida, emprestava o seu incondicional apoio à discussão, nas Nações Unidas, sobre a participação da China comunista nesta organização. Assim como declarava, intempestivamente, que o Brasil estaria estudando reabrir as relações com a União Soviética, interrompidas desde 1947. Outra questão era a sua crítica aberta contra a intervenção dos Estados Unidos em Cuba.

Depois, talvez para confundir os analistas políticos internacionais, e quiçá causar ciúmes nos governantes americanos e considerar-se independente no caso da política de Cuba, Jânio criou uma controvérsia espetacular ao condecorar o guerrilheiro Che Guevara, com a Ordem do Cruzeiro do Sul. Jânio, repetidas vezes, através de seu ministro de Relações Exteriores, dizia que a política do Brasil não era neutra, porém suas atitudes demonstravam precisamente o contrário.

Mal o presidente terminara a cerimônia de condecoração do guerrilheiro comunista argentino, que se tinha posto ao lado dos rebeldes cubanos, vozes de clamor se levantavam contra Jânio, com ataques à posição do dirigente brasileiro. Entre os oponentes radicais estavam Carlos Lacerada, o almirante Pena Boto, o Cardeal Jaime Câmara e todos os chefes da cruzada contra o comunismo no Brasil. Carlos Lacerda, famoso por ter derrubado Getúlio, iniciou seus impetuosos e veementes ataques contra a política externa do País, através da imprensa escrita, do rádio e da televisão. Colocava o presidente em situação difícil, não apenas perante o Congresso Nacional, mas sobretudo diante da classe média brasileira, suporte principal do eleitorado de Jânio. Pretendia também incompatibilizá-lo com a ala dos militares anticomunistas, contrários, desde sempre, ao seu vice-presidente, João Goulart.

O venal Carlos Lacerda, na noite de 24 de agosto de 1961, discursando violentamente contra a política de Jânio, afirmava peremptoriamente que o ministro da Justiça do governo, Oscar Pedroso Horta, estaria tramando um plano diabólico para dar um golpe de Estado, para o qual ele, Lacerda, fora convidado. Para que tudo parecesse real e verdadeiro, Lacerda ameaçou renunciar ao governo do Estado da Guanabara, mas voltou atrás na sua decisão e disse, demagogicamente: "Para que meu País não saia do caminho que seus fundadores lhe traçaram". Como o episódio não era verdadeiro, Pedroso Horta negou as acusações de Lacerda, dizendo que o governador da Guanabara levantara essas suspeitas porque Jânio, em acalorada discussão com alguns ministros, teria dito que faria o mesmo que De Gaulle fez na França. As ilações de Lacerda sobre uma suposta preparação de uma ditadura desferida por Jânio, com o apoio dos chefes militares, tinham como base o nacionalismo exacerbado do presidente brasileiro, identificado em seu antiamericanismo, em especial no caso da interferência dos Estados Unidos em Cuba, de Fidel Castro.

Por meio das observações de Lacerda sobre sua política externa, Jânio deduzia, e tinha quase certeza, que o governador combatia a sua política interna e estava a serviço dos Estados Unidos. Na sua visão de estadista, sabia que se vacilasse neste momento, poder-se-ia tornar refém daquela potência americana. Por isso, criticava, com todas suas forças, o bloqueio norte-americano contra Cuba. A crise política evoluía. Jânio Quadros estava pressionado, de um lado, por um congresso corrupto, cuja ameaça de cassação pairava sobre a cabeça da maioria de seus membros, e, de outro, pelos militares anticomunistas, descontentes com a condecoração de Che Guevara e a posição sobre Cuba, e, por último, por Carlos Lacerda, visivelmente a serviço dos Estados Unidos.

Num ato tresloucado, no dia 25 de agosto de 1961, Jânio submeteu um pedido de renúncia ao Congresso Nacional que, prontamente, sem discussões nem oposição, aceitou a proposta do presidente. A forma como se deu a renúncia denota uma sintonia entre os poderes de oposição a Jânio, no sentido de que queriam derrubá-lo. Contudo, derrubaram também o avanço do País em seu desenvolvimento econômico.

Será válido indagar: por que o Congresso Nacional aceitou tão dócil e rapidamente o pedido de renúncia do presidente? Por que não nomearam uma comissão para ir ao encontro do presidente, no Palácio da Alvorada, a fim de se certificar da veracidade de um ato tão grave? Por que aceitá-lo tão apressadamente? Por que não houve reação de nenhum setor da nação, para saber mais profundamente o que se estava passando com o presidente da República? Não seria este assunto tramado antes pela conjura dos momentaneamente representantes do povo? Não teriam estes razões suficientes para que Jânio renunciasse, uma vez que havia uma ameaça de serem cassados os seus mandatos? Ficam essas indagações porque, como se passou o ato da renúncia do presidente, mais uma vez um ato insólito prejudicou o crescimento do Brasil, para atender a desejos dos inimigos do País, tanto de dentro como de fora.

Há que se ressaltar que o Brasil vivia um momento especialíssimo e caminhava para uma política internacional de independência, fora do jugo dos dois grandes blocos da *Guerra Fria*, liderados pelos Estados Unidos e União Soviética. O País dava largos passos, com palpáveis indícios de que se afastava tanto do bloco de direita, como do de esquerda.

Atribuem-se a suposta conspiração como fruto da atitude de Jânio de querer usurpar poderes não lhe conferidos pela Constituição. Não comungamos com essa hipótese. Entendemos que o seu temperamento autoritário e irreverente levou seus críticos e biógrafos a confundir suas atitudes personalíssimas com aquela possibilidade. Mesmo porque, como historiador, Jânio sabia o que se passara com Getúlio Vargas, em seus 15 anos de governo à frente dos destinos da nação. Lembremo-nos que Vargas fechou o Congresso Nacional e governou como ditador, durante oito anos, porque, nos sete anos anteriores, os políticos não o deixaram trabalhar.

O fato é que Jânio Quadros saía da cena política brasileira no dia 25 de agosto. Ao sair, admitia que forças ocultas, muito poderosas e superiores às suas, contra as quais não poderia lutar, se opunham ao exercício do seu governo e à independência econômica do Brasil. Será isto verdade? Getúlio não denunciara, na hora do seu suicídio, as mesmas forças ocultas? Não seria esta trama arquitetada pelas tais forças ocultas? Não sabemos, mas há fortes indícios que nos levam a pensar que sim.

A vacância na Presidência

Com a renúncia do presidente dava-se automaticamente a vacância no mais alto cargo da República. Mas a Constituição de 1946 era muito clara. A norma do artigo 79 mandava que, na falta do presidente, assumia o cargo o vice-presidente. Entretanto, e apesar de explícita esta norma, Carlos Lacerda e os militares anticomunistas não queriam seguir a letra da Constituição. Levantaram, de imediato, grande celeuma contra a posse do vice-presidente, João Goulart (Jango), que estava viajando pela China comunista, declarando-o impedido por ser um getulista fanático e comunista convicto. Este impasse durou 10 dias, inclusive com ameaça de deflagração de uma guerra civil, até que foi aventada a hipótese de ser elaborada uma Emenda Constitucional que previsse um governo parlamentar.

Até o retorno de Jango, o presidente interino do Brasil era Ranieri Mazzilli, presidente da Câmara dos Deputados. No exercício das suas funções, o presidente enviou uma mensagem ao Congresso, onde informava àquela casa que os ministros militares não admitiam a volta de Jango ao Brasil: alegavam os militares motivos de segurança nacional. Mas o Congresso, além de não aceitar a imposição dos militares, nomeou uma comissão para estudar o sistema parlamentarista. O ministro da Guerra de Jânio era o mesmo de Juscelino, o marechal Odílio Denys. Inimigo figadal dos getulistas e, por consanguinidade, inimigo de Jango, o marechal, em comunhão com seus dois colegas, Gabriel Grün Moss, ministro da Aeronáutica, e Sílvio Heck, ministro da Marinha, opunha-se ao regresso e à posse de Goulart.

O marechal Lott tinha passado à reserva quando disputou as eleições contra Jânio. Todavia, como legalista, achava que a Constituição deveria ser cumprida e lançou um manifesto à nação em favor de Jango e de sua posse. Após este manifesto, Lott foi imediatamente preso por ordem do ministro da Guerra, o que contrariou alguns militares pró-Lott. De repente, a cisão nas forças armadas revelou os militares que eram contra e os que eram a favor da legalidade. O general Machado Lopes, comandante do 3º Exército, sediado no Rio Grande do Sul, onde Leonel Brizola era governador, declarou-se logo a favor de Lott. E o fez com tanta ênfase que sua declaração parecia mais uma declaração de guerra do que um apoio a seu companheiro legalista. Além disto, Brizola também apoiava incondicionalmente a posse de seu cunhado João Goulart, conforme determinava a Constituição.

Numa situação pouco confortável de enfrentamento, o marechal Denys viu-se forçado a retroceder porque o peso das suas atitudes políticas não reunia o consenso de todos os militares, gerando divisões entre seus comandados. E as forças militares divididas jamais poderiam vencer esta batalha.

A solução do Parlamentarismo

João Goulart não tinha características de ditador. O seu compromisso era fazer com que o povo sentisse orgulho de sua pátria, como, aliás, era o sentimento de Jânio, Juscelino ou de Getúlio. Por isso, enquanto os militares se debatiam para impedi-lo de ocupar o cargo que era seu por direito, a maioria do povo brasileiro queria vê-lo assumir a presidência da República, porque o tinha como nacionalista e protetor do País.

Cordato e pacífico como um brasileiro comum, Jango tinha o direito de entrar no Brasil sem nenhum impedimento, principalmente para ocupar o cargo que lhe pertencia. Mas, para não causar traumas à nação, Jango preferiu sair da China e ir para Cingapura, enquanto a crise estava em efervescência. Evitou voltar ao Brasil até que fosse encontrada uma solução pacífica e depois voou para Paris. Nesta cidade, manteve conversações com uma delegação brasileira que foi ao seu encontro. Depois desta reunião, mostrando boa vontade para não levar o País a uma guerra civil, concordou com todos os pontos apresentados no bojo da proposta de implantação do Parlamentarismo, como solução para a crise. Quando teve a certeza de que estava tudo certo, saiu de Paris, foi para Nova Iorque e dali seguiu para Montevidéu, rumando depois para o Rio Grande do Sul, e, em seguida, para Brasília.

Apenas em 7 de setembro de 1961, justamente no dia em que o Brasil comemorava 139 anos de Independência, é que o vice-presidente prestava juramento como presidente da República do Brasil. Jango, como era sabido, tinha várias arestas e conflitos a aparar com os chefes do movimento parlamentar. Além dessas, havia as divergências com os militares anticomunistas, que não o admitiam como presidente. Agrava a situação o fato de Jango não ter uma base partidária majoritária no Congresso que pudesse ajudá-lo. De fato, uma ala do PSD não o apoiava. Restava-lhe o apoio do PTB e de alguns membros sem representatividade do PSD, o que não era suficiente para dar-lhe sustentação no poder.

Durante um ano e dois meses, Jango manobrou cuidadosamente a política nacional, tentando ganhar o apoio popular, no sentido de caminhar diretamente a um plebiscito nacional, para restabelecer o sistema presidencialista. O sistema parlamentarista era confuso e Jango, com grandes dificuldades pela situação financeira que o País atravessava, tentou convencer os norte-americanos das suas boas intenções, e do apoio de sua política externa àquele país. Contudo, foi nota passageira porque, quando tentou obter um empréstimo já prometido pelos americanos, não conseguiu os recursos. Era a prova de que existiam as forças ocultas de que falaram Getúlio e Jânio. Jango também encontrou as mesmas dificuldades dos seus dois antecessores.

As *Reformas de Base*, lançadas vagamente por Jânio, levaram Jango a tentar acelerá-las com a intenção precípua de criar alguma reputação histórica e alcançar o almejado apoio das massas populares. Apesar de algumas manifestações esquerdistas, quando Jango tocava no assunto de reformas de base, aproximando-se mais do centro moderado, contrariava alguns dos seus seguidores políticos, em especial aqueles da Confederação Nacional dos Trabalhadores. Esta atitude dúbia de Jango confundia tanto os políticos da esquerda radical como os da direita do antigo tenentismo de 1930. Na verdade, a dualidade política estabelecia grande confusão em Brasília. Este processo atrapalhado, mesclado de um anarquismo orquestrado pelo Palácio do Planalto, sugeria que poderia haver a intenção do presidente apresentar, no Congresso, um novo projeto de retorno ao poder como principal mandatário das forças vivas da nação.

Jango usava os conflitos de rua e as greves para provar que o País precisava de diretrizes firmes e de um governo forte. Seria necessário prosseguir com sua política porque apenas assim o Brasil poderia alcançar a estabilidade governamental e o equilíbrio das forças políticas e produtivas da nação. No fundo, o presidente desejava a volta do presidencialismo. Tanto trabalhou e lutou nesse sentido que, em janeiro de 1963, conseguiu a aprovação do Congresso, para a realização de um plebiscito sobre o sistema de governo. Realizada a consulta ao povo, este disse não ao parlamentarismo, optando portanto pela volta ao presidencialismo. Jango assumia assim os poderes constitucionais conferidos aos antigos presidentes da República, tornando-se chefe de Estado e, simultaneamente, chefe do governo.

Como chefe do governo, tomou, de imediato, medidas de caráter econômico, administrativo e social, contrariando alguns setores políticos que já estavam de prevenção contra os seus atos, levantando desde logo a acirradas e acaloradas discussões na sociedade. Entre estas medidas, destacava-se a regulamentação da remessa de lucros para o exterior, contrária à política das empresas norte-americanas aqui sediadas e, por decorrência, contra os Estados Unidos. Além dessa, o projeto da reforma agrária; a nacionalização das refinarias de petróleo; o projeto do monopólio estatal das importações de petróleo etc. Os desgovernos do sistema parlamentarista, que possibilitava a indicação de ministros sem nenhuma experiência administrativa, causaram elevadas taxas de inflação, proporcionando certa indignação, em parcelas da sociedade civil, contra o governo de Goulart, que não fora o principal causador deste estado calamitoso da economia nacional. Para se ter uma ideia da situação do País, neste ano a inflação anual atingia a casa dos 73,5%.

O caos político e econômico se estabelecia, com greves estourando diariamente em todos os lugares. A desordem reinava em todos os setores da vida nacional. O governo não conseguia governar, tal era a confusão em que o País se encontrava. Manifestações de todos os tipos eram organizadas pelos descontentes. Em Belo Horizonte, a Liga das Mulheres Democráticas arrastou milhares de pessoas para as ruas, em fevereiro de 1964, num grande protesto contra a orientação de um governo considerado, pela direita, de tendências comunistas.

De outro lado, os adeptos de Jango, em apoio ao governo, promoveram um grande comício a favor das *Reformas de Base*, na Estação D. Pedro II da Central do Brasil, no Rio de Janeiro, em 13 de março de 1964. Jango participou ativamente do comício, discursando para o povo e assinando, naquela oportunidade, decretos de nacionalização das grandes empresas de petróleo e de desapropriação de terras improdutivas, a fim de distribuí-las aos lavradores e camponeses carentes. Apenas seis dias depois, uma multidão calculada em 500 mil pessoas participava da *Marcha da Família com Deus pela Liberdade*, a maior manifestação contra o governo até então, organizada por setores da direita e por alas conservadoras da Igreja Católica. A marcha protestava contra o presidente, por entender que ele pretendia instalar um governo comunista no Brasil. A verdade é que, a partir do comício da Central do Brasil, o governo de João Goulart estava com os dias contados.

Em 31 de março de 1964, o general Olimpio Mourão Filho, saindo de Juiz de Fora, Minas Gerais, marchou contra o Rio de Janeiro. Jango não conseguiu organizar qualquer resistência porque os militares interferiram na central de comunicações do exército, dificultando o presidente da República de entrar em contato com o comando nacional das forças armadas do governo. No Rio de Janeiro, onde Jango se encontrava, a sua situação, a cada hora, se tornava mais difícil e confusa. Para complicar, Carlos Lacerda mandara cercar vários pontos da cidade, dificultando ainda mais as possibilidades de o presidente reunir forças para preservar a sua segurança. Muito embora a população do Rio estivesse do lado do presidente, isso pouco ou nada valia. Como não tivesse nenhuma garantia de vida na cidade maravilhosa, Jango resolveu viajar para Brasília.

Mas lá também encontrou o mesmo cenário do Rio. As tropas cercaram o aeroporto de Brasília, impedindo a saída e entrada de congressistas e de outras autoridades. O golpe militar estava definido, faltava apenas a adesão dos civis. Destarte, o presidente do Senado, Auro de Moura Andrade, convocou Congresso para aprovar o *impeachment* do presidente da República. No dia seguinte, em nova reunião, o Congresso declarava vago o cargo de presidência da República, e empossava o presidente da Câmara dos Deputados, Ranieri Mazzilli, mesmo sabendo que Jango ainda estava no País. Depois destas encenações, tropas de elite montaram guarda no Palácio da Alvorada, dando garantias ao novo presidente empossado.

Estava consumado mais um golpe militar contra um presidente constitucionalmente eleito pela maioria do povo brasileiro. Por quê? Por obra e graça de Carlos Lacerda e dos corvos carniceiros e vorazes que o cercavam, prontos mais uma vez a assaltar as riquezas do Brasil, muito cobiçadas pelos Estados Unidos e seus asseclas. Cobiça essa que vêm sendo alimentada desde os tempos do Brasil Colônia, mais especialmente depois da implantação da República que, como vimos, foi declarada à sombra da bandeira dos Estados Unidos, sendo-lhe apenas permitido apensar as cores verde e amarelo.

Capítulo VIII

XXXVI – O Regime Militar (1964 – 1985)

XXXVII – O desenvolvimento da infraestrutura

XXXVIII – A redemocratização (1985-2006)

XXXIX – Corrupção, atraso e a colonização lusa como bode expiatório

XXXVI

O Regime Militar (1964 – 1985)

Em 25 de março de 1964, eclodiu a *Revolta dos Marinheiros*, com militares de baixa patente se amontinando e reivindicando melhores condições e apoio às reformas de base de Jango. O então ministro da Marinha, almirante Sílvio Mota, mandou prender os líderes do movimento. Jango proibiu qualquer invasão à assembleia dos marinheiros e exonerou Mota. A quebra da hierarquia militar foi o pretexto que faltava para a mobilização dos comandos militares, que marcaram para 4 de abril de 1964, a data do levante contra Jango. Em 28 de março de 1964, na cidade de Juiz de Fora, os generais Olímpio Mourão Filho e Odílio Denys se reuniram com o governador de Minas Gerais, o banqueiro Magalhães Pinto.

Contudo, por iniciativa própria, Mourão se antecipou e marchou com suas tropas para o Rio de Janeiro, em 31 de março. No Vale do Paraíba, em Resende, encontraria-se com as tropas do general Armando de Moraes Âncora, que havia sido enviado por Jango para combatê-lo, mas, para evitar derramamento de sangue, aderiu ao movimento. Assim como já havia aderido a maior parte dos comandos militares das três forças, incluindo o general Castelo Branco, nomeado, em 1963, chefe do Estado-Maior do Exército por João Goulart. As grandes cidades brasileiras foram ocupados com tanques, caminhões e jipes de guerra.

Sem alternativa, em 2 de abril, Jango saiu de Brasília e se refugiou em uma instância de sua propriedade, no Rio Grande do Sul. No mesmo dia, o Congresso Nacional declarou vaga a presidência e deu posse a Ranieri Mazzilli, então presidente da Câmara dos Deputados. Mas o governo já era exercido de fato por uma junta de militares. Em 9 de abril de 1964, Mazzilli deu posse à junta militar composta pelo general Artur da Costa e Silva, do Exército; Francisco Correia de Melo, da Aeronáutica; e Augusto Rademaker, da Marinha. Através do Ato Institucional Nº1, a junta impunha suas normas à política nacional e suspendia, por dez anos, os direitos políticos de todos aqueles que poderiam ser contrários ao regime. Decidiram também impor ao resto do Congresso, que não se exilara nem fora preso, a eleição de um novo presidente da República. Em 11 de abril, foi eleito o general Humberto de Alencar Castelo Branco, tendo como vice-presidente José Maria Alkmin. Apenas em 15 de abril é que foram empossados os novos governantes da nação.

Castelo Branco (1964 – 1967)

O mandato de Castelo Branco deveria estender-se até 20 de janeiro de 1966, porém, foi prorrogado para 15 de março de 1967. A verdade é que o golpe militar teve o apoio quase total da nação brasileira, pela baderna que os políticos daqueles momentos difíceis tinham promovido no País. Nos dias antecedentes à revolução de 64, vivia-se no Brasil o caos social, uma onda de terror e violência. E, tudo isto causado pelos mesmos de sempre: os políticos.

Nos primeiros dias do regime militar, muitos deputados e líderes políticos de esquerda, presidentes de sindicatos e sindicalistas, declarados e comprometidos com a esquerda, foram detidos ou se exilaram para escapar do crivo dos processos militares. Castelo Branco, de formação militar, não era político. Mas durante o seu curto governo tomou algumas medidas políticas e administrativas acertadas, para acabar com os baderneiros e proporcionar o crescimento do Brasil. Carlos Lacerda, um dos baderneiros e causadores das perturbações sociais, foi posto para fora do contexto das ações do governo. Vale dizer que o tiro saiu-lhe pela culatra: os militares que apoiara afastaram-no. Eis o conjunto de leis das novas lideranças que, após o expurgo dos antigos comunistas, foram aprovadas pelo Congresso:

A) Promulgação da Lei Orgânica dos Partidos, estabelecendo apenas dois partidos no Congresso Nacional: A Arena (Aliança Renovadora Nacional), partido de sustentação do governo, e o MDB (Movimento Democrático Brasileiro), de oposição;

B) Criação do Banco Central da República;

C) Criação do Instituto Brasileiro de Reforma Agrária (IBRA) e do Estatutoda Terra;

D) Constituiu-se a Empresa Brasileira de Telecomunicações (Embratel);

E) Constituiu-se a Empresa Brasileira de Turismo (Embratur).

Além disso, Castelo Branco tomou outras providências nos campos econômico e social, como a criação do Fundo de Garantia por Tempo de Serviço (FGTS); do Instituto Nacional de Previdência Social (INPS), unificando todos os institutos; do Programa de Ação Econômica etc. O seu governo foi marcado por uma série de medidas austeras, visando impedir a malversação do dinheiro público, contendo os gastos do Estado. Para isso, criou o Ministério do Planejamento e Coordenação Geral. Criou também o Serviço Nacional de informações (SNI), que atuaria no monitoramento das atividades tidas como subversivas. Com os congressistas remanescentes do expurgo da corrupção de 64, criou uma nova Constituição, que foi promulgada em janeiro de 1967.

Castelo Branco planejava a transferir o governo aos civis no final de seu mandato, mas setores radicais do Exército impuseram a candidatura do marechal Costa e Silva. Castelo faleceu no Ceará em acidente aéreo, em 18 de julho de 1967.

Costa e Silva (1967 – 1969)

Costa e Silva foi eleito presidente, em 15 de março de 1967. Não obstante a Constituição de 1967 conferir amplos poderes ao Executivo, alguns líderes opuseram-se às diretrizes governamentais. No Congresso Nacional, constantemente o governo era criticado pelo MDB, partido da oposição. Os líderes oposicionistas debatiam-se com os defensores da situação, criando no espírito da sociedade civil certa revolta contra as ações do governo. Alguns grupos armados e civis organizaram-se e para combater o regime. O presidente, aconselhado por seus ministros militares, no final de 1968, baixou o Ato Institucional Nº 5, que dava poderes especiais ao presidente, inclusive o de fechar o Congresso Nacional e cassar direitos políticos de vários congressistas e ativistas. Foi o período mais repressivo do período, com militares da direita enfrentando os extremistas de esquerda.

Entre estes estava Carlos Marighella, dirigente do Partido Comunista Brasileiro, que organizou um movimento armado contra o governo, que incluía em suas ações assaltos a bancos, roubo de armas dos quartéis, não raro resultando na morte de pessoas. Porém, numa batida em São Paulo, denunciado por seus companheiros presos, foi morto pelas forças de segurança, em 1969. Carlos Lamarca, ex-capitão do Exército, também participou do movimento armado contra o governo militar. Num confronto contra as forças do governo, no interior da Bahia, foi morto, em 1970.

Em fins de agosto de 1969, o presidente Costa e Silva foi acometido de derrame cerebral, ficando impossibilitado de exercer as funções de presidente. Pedro Aleixo era vice-presidente e, como tal, deveria assumir o cargo. Contudo, assumiu a Presidência, em desacordo com a Constituição, uma junta militar provisória formada pelo ministro da Marinha, Augusto H. Rademaker; pelo ministro do Exército, Aurélio Lira Tavares; e pelo ministro da Aeronáutica, Mário de Sousa Melo.

Garrastazu Médici (1969 – 1974)

No mês de outubro, a junta militar que governava o País convocou o Congresso para eleger o novo presidente da República. O general Emílio Garrastazu Médici foi o escolhido. Ao assumir, em 30 de outubro de

1969, Médici trouxe em seu ideário algumas reformas e programas sociais, como o Programa de integração Social (PIS); o Programa de Integração Nacional (PNI); o Plano Nacional de Desenvolvimento (PND). Estendeu as fronteiras do mar territorial brasileiro para 200 milhas adentro do Oceano Atlântico, o que se refletiu em grande desenvolvimento no setor petroquímico nacional.

A execução desses programas, alguns concluídos, outros não, gerou otimismo e entusiasmo no povo brasileiro. A fé do povo se explicitava nos *slogans* do governo, enaltecendo o amor à pátria, como o *Ninguém segura mais este País* e *Brasil, ame-o ou deixe-o.* As riquezas do Brasil, reconhecidas em todo o mundo, provocavam um vigoroso crescimento imigratório. O País voltava a crescer, passados os seis anos de péssimas condições de governabilidade e das más administrações, desde o final do governo Juscelino, em 1961, até o fim do governo Castelo Branco, em 1967. Durante o período de Juscelino, de 1956 a 1962, com a instalação das indústrias automobilísticas e de bens de capital, o País cresceu 26% ao ano. Em 1970, se registrava que a população urbana atingia 56% do total, ante 44% da população rural. Pela primeira vez, o Brasil alcançava o sonho de Getúlio Vargas de transformar em urbano um País rural. Este crescimento era o reflexo daquilo que fora planejado e construído anos atrás, e mais o que estava sendo feito neste auspicioso momento.

Castelo Branco recebera um governo politicamente desmantelado. Todavia, os grandes complexos industriais estavam instalados e funcionando a todo o vapor, para proporcionar as riquezas necessárias ao povo, e para orgulho da nação. Mas, o processo de industrialização, apesar de funcionar com certa regularidade, prescindia de projetos complementares para o bom desempenho daquilo que se poderia chamar de o *Brasil Industrializado.* Neste sentido, para o País atingir o alto desenvolvimento industrial, era necessário um setor hidrelétrico com capacidade de produzir eletricidade suficiente. Era preciso um esforço sobrenatural, repetimos, para suprir o País de energia, que só poderia ser obtida com a construção de grandes usinas hidrelétricas. Identificada a necessidade, foi elaborado o plano para construir usinas de grande porte, como a Usina Itaipu Binacional, ainda hoje a maior hidrelétrica do mundo. Outras da mesma importância foram construídas para garantir a demanda da produção e do consumo brasileiros.

Outro setor em que havia carência era o rodoviário porque o Brasil havia atingido uma alta produção de veículos, mas não contava com uma malha viária à altura. Nesta época, estavam sendo produzidos todos os tipos de veículos, como automóveis, caminhões, ônibus, tratores, escavadeiras, colheitadeiras, máquinas de planar a terra etc. Uma nova malha viária era necessária tanto para escoar a produção agrícola, como para o tráfego dos veículos e para integração do território brasileiro. O País precisava ser cortado de rodovias de Norte a Sul, de Leste a Oeste, para levar a todos os recantos nacionais a expressiva produção de grãos. Foi então construída a Ponte Rio – Niterói e grande número de rodovias. Em alguns casos sem sucesso, como ocorreu com a Rodovia Transamazônica, que prometia cortar a Amazônia, mas se mostrou inviável.

A área de habitação foi outra que se desenvolveu muito durante o regime militar, principalmente pelos grandes fluxos migratórios e imigratórios urbanos que ocorreram na década de 70. O Brasil precisava de casas e apartamentos, particularmente nas grandes e médias cidades, para abrigar milhares de pessoas que chegavam diariamente em busca de oportunidades. Neste setor, também houve empenho das autoridades para acomodar a grande imigração estrangeira, e pôr fim à escassez de moradias. Tais fluxos migratórios superlotaram as grandes e médias cidades brasileiras, em virtude da alta taxa de industrialização nacional. Foi criado, então, o Banco Nacional de Habitação (BNH), para financiar, em até 30 anos, casas para milhares de brasileiros e estrangeiros, a juros baixos. Outros projetos, no setor de comércio, foram criados para que o País sustentasse o seu extraordinário desenvolvimento, iniciado desde Juscelino.

A população operária, que, em 1939, era de apenas de 850 mil pessoas, dobrou, em 1969, passando para 1,7 milhão de trabalhadores. Uma demonstração cabal de como o Brasil crescia. Neste mesmo intervalo, o número de indústrias passou de 43 mil unidades para 110 mil unidades. O setor industrial já respondia por 39% do Produto Interno Bruto, enquanto a agricultura ficava com 28%. Dava-se, então, o chamado *milagre econômico*, como ficou conhecido este período que se estenderia do final da década de 60 a meados da década de 70. Com crescimento industrial vertiginoso, o Brasil passou de importador a exportador de bens de consumo, como automóveis, refrigeradores, televisores e aparelhos eletroeletrônicos, aços finos, chapas e outros produtos.

Entretanto, a crise mundial do petróleo, em 1973, iria ameaçar esse crescimento. O preço do barril do petróleo, de um dia para outro, subiu de US$ 2,5 para US$ 10,5 e abriu um rombo na balança comercial brasileira porque o País importava quase 90% do petróleo que consumia. Este súbito e enorme aumento afetou não apenas a economia brasileira, mas a mundial. Para fazer frente a esta aguda crise, o governo adotou medidas para restringir ao máximo as importações de produtos supérfluos, cuja tributação foi elevada. Mas o continuado aumento nos preços do petróleo e seus derivados exigiam do governo outras ações para reduzir o consumo de combustível. Foi então estabelecido um plano de racionamento de energia, com o fechamento dos postos de gasolina aos domingos e feriados. Porém, isso não foi suficiente para diminuir o *déficit* entre exportações e importações.

Para resolver parte do problema, foi criado, em 1975, o Programa Nacional do Álcool – Proálcool, visando suprir o abastecimento de combustível no País, agora com álcool hidratado, em substituição à gasolina. Criação da engenharia brasileira, o álcool combustível restabeleceu, de certa forma, o equilíbrio do balanço de pagamentos brasileiro. O governo fora apanhado de surpresa neste episódio da crise do petróleo. Por isso, além de investir no Proálcool, passou aplicar recursos significativos na Petrobras, para que esta aprofundasse suas sondagens petrolíferas na costa marítima continental. As pesquisas deram resultado e aumentou significativamente a prospecção e extração de petróleo no Brasil, mas ainda não o suficiente para suprir sua demanda interna. Ao longo dos anos, a Petrobras desenvolveu tecnologia única no mundo de extração de petróleo em águas profundas. Apenas em 2006, o Brasil atingiria a autosuficiência na extração de petróleo, produzindo cerca de 2 milhões de barris por dia.

Ernesto Geisel (1974 – 1979)

Depois do governo de Médici, assumiu o poder, em 15 de março de 1974, o general Ernesto Geisel, eleito pelo mesmo Colégio Eleitoral que escolhera o presidente anterior. No governo Geisel não houve a euforia verificada no período de Médici. Embora Geisel tenha acertado em alguns aspectos, errou em muitos outros. Um dos seus maiores equívocos foi a aquisição das usinas termonucleares da Alemanha. Instaladas em Angra dos Reis (Estado do Rio de Janeiro), até hoje funcionam apenas duas dessas usinas, assim mesmo precariamente. O maior ideal de Geisel era fazer do Brasil uma potência nuclear, com a construção de três usinas nucleares, uma empresa de pesquisas tecnológicas, e uma fábrica de componentes para reatores, o que jamais aconteceu. Em relação ao investimento gigantesco feito no projeto, o resultado foi desastroso. Os gastos foram astronômicos e o sonho bélico do homem não passou de um pesadelo, com prejuízo quase total.

A dívida externa do Brasil, em 1970, ainda era relativamente pequena, somando US$ 5,2 bilhões. Mas, nos anos seguintes, iria aumentar substancialmente com a elevação dos juros internacionais, com o choque do petróleo, e com a realização de obras gigantescas, como a hidrelétrica Itaipu Binacional, a construção da malha rodoviária nacional, a Ponte Rio-Niterói, a Transamazônica, as usinas nucleares, e muitas outras. Em 1974, a dívida brasileira subira para US$ 17,1 bilhões, e no último ano do governo de Geisel, em 1978, atingira a elevada cifra de US$ 49,9 bilhões. As autoridades monetárias entendiam que os empréstimos pedidos aos bancos e países estrangeiros, depois de investidos no Brasil, iriam gerar riquezas superiores ao capital emprestado e tornaria fácil a quitação dos credores no futuro.

Haveria alguma chance disso acontecer se tudo caminhasse sem as crises e sobressaltos que vieram. Se assim fosse, o País teria condições de resgatar suas dívidas sem traumas, num futuro próximo. Mas, neste caso, o Brasil deu-se muito mal. Porque as crises vieram e os juros sobre os empréstimos aumentaram muito: de um dia para outro, passaram de 3% ao ano para 25% ao ano. E o País não teve condições de pagar aquela dívida externa que, em 1985, iria atingir US$ 120 bilhões, e, em 2001, o recorde de US$ 238 bilhões, equivalente a 45% do PIB, com o pagamento de US$ 42 bilhões só de juros nesse ano.[123] O País só se livraria do fantasma da dívida externa durante o governo Lula.

Retomando, a má gestão de Geisel provocou na sociedade civil a impressão de que se havia dado um cheque em branco a Garrastazu Médici e era preciso resgatá-lo, tirando o poder dos militares e passando-o para os civis. Destarte, levantou-se um movimento conclamando a eleições livres e diretas, às quais, de certo modo, Geisel aquiesceu. Os militares não confiavam nos civis por entender que estes não tinham condições de governar o País, em razão da corrupção e malversação de dinheiro público registrada diversas vezes ao longo da história brasileira.

O Brasil tornara-se, nessa época, a oitava economia do mundo. Contudo, o avanço tecnológico nas comunicações, concomitantemente com o aumento da capacidade de armazenamento de dados através da computação, possibilitou a formação dos grandes conglomerados de

123. Banco Central do Brasil.

capitais, organizados em enormes redes bancárias de capital aberto. Este sistema concentrava as maiores riquezas do País e podia ser controlado pelo Estado, que ditava normas de correção financeira, para detectar quem mais lucrava no sistema financeiro. Além disso, o Estado, corrupto e corruptor, poderia lançar mão de impostos em grande escala, objetivando financiar os gastos exorbitantes com seus funcionários militares e civis.

A sociedade civil, ao perceber que quem mais lucrava com o sistema eram os militares, iniciaram um movimento, alegando que o poder militar não sabia dirigir e distribuir as riquezas produzidas pelo País. Além desta percepção, a sociedade civil tinha muitas restrições aos governos militares anteriores. Os políticos civis, sequiosos de entrar na divisão deste grande e corrupto bolo econômico brasileiro, propunham-se a solucionar este complicado problema com eleições livres e diretas, que entendiam ser moralizadoras e honestas, no dizer de Fernando Henrique Cardoso.

João Baptista Figueiredo (1979 – 1985)

Geisel, que prometera aos políticos civis algumas concessões e uma abertura política, escolheu para sucedê-lo o general João Baptista Figueiredo, em 1977. Porém, essa indicação não agradou a todos os militares e despertou acirrada luta dentro das Forças Armadas. Os opositores pretendiam eleger o general Sílvio Frota, que fora ministro do Exército do próprio Geisel. Para impedir este movimento dentro das hostes militares, Geisel destituiu Sílvio Frota de suas funções, em 11 de outubro de 1977, e, por via indireta, pelo Congresso Nacional, Figueiredo foi eleito presidente, em 15 de outubro de 1978, e tomou posse em 15 de março de 1979.

Logo nos primeiros dias do seu governo, enfrentou a greve dos metalúrgicos do grande ABC, na região metropolitana de São Paulo, liderada pelo então metalúrgico Luiz Inácio da Silva (mais tarde presidente do Brasil). Muitas outras greves foram deflagradas. Algumas destas eram justas, outras abusivas. Este estado de coisas levou o Governo Federal a reprimir os abusos com a destituição de alguns sindicalistas, além de efetuar muitas prisões, e provocar até mortes. Figueiredo, no princípio, tinha prometido a conduzir o País à democracia. Mas isso era apenas uma das propostas do seu programa de governo e não uma afirmação categórica. Os políticos entenderam a proposta como um sinal de fraqueza ou de abrandamento do regime. Nesta perspectiva, as oposições arriscaram, exorbitando em suas manifestações de cunho liberal, sem levar em conta que o sistema ainda era uma sequência dos governos militares anteriores, onde não era permitido a políticos de qualquer natureza, principalmente aos comprometidos com a esquerda, fazer manifestações ou protestos.

Do ponto de vista político, o governo Figueiredo garantiu a consolidação das medidas que visavam à redemocratização do País, como a anistia política e o restabelecimento do pluripartidarismo (como veremos melhor no título seguinte). Mas a sua gestão seria marcada por grave crise econômica, com a segunda crise do petróleo (1979/80), com a explosão da dívida externa brasileira, pelo endividamento acumulado anteriormente e pela elevação dos juros internacionais conjugada com a recessão mundial. Para conter as pressões econômicas internas, seu ministro da Fazendo, Delfim Neto, lançou "III Plano Nacional de Desenvolvimento". Contudo, o plano não surtiu o efeito necessário. Tal cenário provocaria o chamado fim do *milagre econômico* do regime militar.

Figueiredo deixou o País, em 1985, com uma dívida externa de cerca de US$ 120 bilhões, inflação anual de 240% (já uma hiperinflação), e uma tremenda recessão. Os governos civis, inaptos e sem experiência, teriam de lidar com essa herança, que custou mais de uma geração para ser consertada, em meio à reorganização e depuração política que o Brasil teria de fazer por vias democráticas.

XXXVII

O desenvolvimento da infraestrutura

O MODELO DE INDUSTRIALIZAÇÃO DO BRASIL adotado pelo regime militar foi baseado em investimentos pesados na infraestrutura brasileira, capitaneados pelas grandes empresas estatais, como Petrobras, Eletrobrás, Nuclebrás, Telebrás, entre outras. Foram realizados grandes projetos nas áreas de energia elétrica, nuclear, extração de petróleo, petroquímica, siderurgia, estradas, ferrovias, aeroportos etc. Como tal, estimularam áreas prioritárias, como o Nordeste e a Amazônia, visando à descentralização industrial, implantando centenas de unidades industriais nessas regiões carentes de emprego. Quase todos os setores industriais foram estimulados, como a siderurgia nacional, que teve substancial aumento, com a criação de grandes empresas estatais, como a Usinas Siderúrgicas de Minas Gerais (USIMINAS); a Companhia Siderúrgica Paulista (COSIPA); a Companhia Siderúrgica Nacional (CSN); a Aços Especiais Itabira (Acesita); e a Aços Finos Piratini, no Rio Grande do Sul, etc.

Em 1972, a indústria petroquímica, um dos setores que o Brasil mais carecia, começou a se desenvolver.

A Petrobras – Os dois choques do petróleo, em 1973 e 1980, como já nos referimos, obrigaram o governo a destinar quase todos seus recursos à importação, o que desequilibrava a balança de pagamentos, além de contribuir decisivamente para o aumento da inflação, que se tornara incontrolável. Por isso, foram criados vários projetos de exploração e extração de petróleo na plataforma marítima continental, especialmente na Bacia de Campos, nos Estados do Rio de Janeiro e do Espírito Santo, visando forçar o aumento da produção de petróleo. Até o País atingir a autosuficiência deste produto, em 2006, grandes foram os investimentos em pesquisa e produção, feitos ao longo dos anos.

No setor elétrico, os governos militares não descuidaram e desenvolveram um vigoroso programa de energia elétrica, como jamais se vira no Brasil. Foram despendidos bilhões de dólares na construção de grandes usinas elétricas e termelétricas em todo o território nacional:

Usinas Hidrelétricas

Itaipu – A maior usina em operação no mundo, com produção de 12,6 mil MW de energia elétrica e reservatório de 1.350 Km^2. Foi iniciada em 1975 e terminada em 1983. É um empreendimento binacional, na divisa entre Brasil e Paraguai, no Paraná;

Tucuruí – Maior usina 100% brasileira, com potência instalada de 8 mil MW, e reservatório de 2.872 km^2, começou a ser construída, em 1976, e terminou sua primeira fase, em 1984, com 4 mil MW. Obra estratégica para o País, localizada no Pará.

Complexo de Urubupungá – Um dos complexos hidrelétricos mais importantes do Brasil, é formado pelas usinas de Jupiá e Ilha Solteira. Opera com potência total de 4,6 KW. Teve papel importante no desenvolvimento do Brasil.

Paulo Afonso – A usina é parte do complexo Paulo Afonso I, II, III e IV, no complexo Moxotó, uma queda natural do Rio São Francisco, nas divisas dos Estados de Alagoas e Bahia. Uma complicada ligação de transformadores e maquinários produz 2,5 mil MW de potência, com reservatório de 16 km^2. Trata-se de uma usina subterrânea.

Usinas nucleares

Apesar de o projeto nuclear brasileiro ter sido um fracasso, houve um esforço dos governos Geisel e Figueiredo para dotar o País desta fonte de energia. Não foi um programa bem-sucedido como o hidrelétrico, porém, foi uma tentativa de iniciar o Brasil no desenvolvimento da energia nuclear. A maioria dos países desenvolvidos está empenhada em investigar, desenvolver e produzir este tipo de energia. As iniciativas dos militares nesse setor foram as seguintes:

Centro Nuclear Almirante Álvaro Alberto – Composto pelas usinas nucleares Angra 1 e Angra 2, que estão em funcionamento com alguma deficiência, mas operam.

Angra 1 – Entrou em operação em 1985, com a capacidade de produção de 657 MW. Já produziu mais de 23 milhões de MWh.

Angra 2 – Com capacidade de produção de 1309 MW, está em operação desde janeiro de 2001. Tem condições de produzir boa quantidade de energia elétrica, assim como outros tipos de energia.

Este é um pequeno esboço do Brasil eletrificado, obra iniciada e concluída pelos militares. Os governos civis posteriores não avançaram significativamente no campo da energia elétrica e da nuclear. O País passou quase 20 anos, de 1984 a 2002, sem investimentos expressivos na sua infraestrutura. Apenas recentemente, foram retomados grandes projetos de energia, de transportes e de infraestrutura urbana.

Transportes

No setor dos transportes, os governos militares também desempenharam papel preponderante, rasgando o Brasil com estradas em todos os sentidos. No governo Médici, foram construídas as rodovias Cuiabá-Santarém, a duplicação da rodovia Marechal Dutra, a rodovia Transamazônica, com extensão de 2600 quilômetros (que foi um fracasso, mas que serviu de lição). Outra grande rodovia de integração nacional foi a Perimetral Norte. Nos transportes rodoviários urbanos, a grande construção foi a Ponte Rio-Niterói. E, no Estado de São Paulo, a Rodovia dos Imigrantes, ligando a capital paulista à Baixada Santista, e a Rodovia dos Trabalhadores (via leste), ligando a cidade de São Paulo ao Vale do Paraíba.

No setor ferroviário, também foi feito grande esforço para recuperar algumas ferrovias que, por causa da crise do petróleo, passaram a ser viáveis, como foi o caso da Madeira-Mamoré, em Roraima, e a construção da Ferrovia Dona Tereza Cristina (ou ferrovia do carvão), em Santa Catarina. Também no setor ferroviário dos meios urbanos merece destaque o Metrô de São Paulo, inaugurado durante o governo Geisel. E, do Rio de Janeiro, inaugurado no governo de Figueiredo.

Nos transportes marítimos, foi expressivo o desenvolvimento da indústria naval, com o grande aumento da frota da marinha mercante, construída nos modernos estaleiros do Rio de Janeiro, e estimulada pela organização a Frota Nacional de Petroleiros (FROMPE). Teve grande ressonância a modernização dos Portos de Santos, Rio de janeiro, Rio Grande do Sul e o de Tubarão, em Santa Catarina. Essa indústria foi abandonada durante 20 anos e sucateada. Apenas a partir de 2006, a indústria naval brasileira ressurgiria, com a instalação de novos estaleiros, e com grandes encomendas de navios e plataformas de petróleo da Petrobras, e introdução de novos programas de expansão da Marinha Mercante.

Nos transportes aéreos, o desenvolvimento foi surpreendente, com a construção do Aeroporto Internacional do Galeão, no Rio de Janeiro, inaugurado no governo Geisel; e do Aeroporto Internacional de Cumbica, em São Paulo, cujas obras foram iniciadas na gestão Figueiredo. Há a acrescentar a iniciativa por parte dos militares da fundação da Embraer, que já construiu centenas de aeronaves de uso civil e militar. Depois de privatizada, a Embraer se tornou a terceira maior indústria de aeronaves do mundo, e é a maior exportadora brasileira.

Comunicações

Em 1965, foi constituída a Empresa Brasileira de Telecomunicações (Embratel), com a finalidade de desenvolver os sistemas telefônicos de longa distância. Neste sentido, foram notáveis os avanços para sua ampliação e modernização, com a implantação do sistema de transmissão através de microondas, usando-se o processo de Discagem Direta a Longa Distância (DDD) ou a Discagem Direta Internacional (DDI). A Embratel instalou uma estação terrena para comunicações por meio de satélite, localizada em Tanguá, município de Itaboraí, no Estado do Rio de Janeiro, que entrou em operação em fevereiro de 1969. As empresas do governo que faziam parte deste projeto de telecomunicações, como a Telebrás, sentido a necessidade de ampliar as comunicações no Brasil, desenvolveram a rede telefônica e a rede de telex do País, com investimentos de bilhões de dólares.

Já a Empresa Brasileira de Correios e Telégrafos (ECT) aprovou um projeto de modernização, reorganizando e modernizando diversos serviços postais que eram muito morosos. Os correios eram os serviços púbicos mais antigos do Brasil e sofriam do mal atávico da sua idade. Graças às reformas sofridas, passaram a ser os melhores serviços públicos nacionais da época.

Cultura e arte durante os *Anos de Chumbo*

Paradoxalmente e apesar da repressão, durante os governos militares as artes brasileiras viveram grande momento produtivo e criativo. E este é um fenômeno que nos intriga. Quase todos os artistas foram presos ou se exilaram ou simplesmente saíram do Brasil. Por que as artes, nesses tempos de repressão, tiveram retumbante sucesso? No cinema, por exemplo, nunca se produziu tanto. Em 1969, foi criada a Embrafilme, empresa estatal brasileira produtora e distribuidora de filmes cinematográficos. Embora a Embrafilme, no início dos anos 70, estivesse submetida à censura, foi uma iniciativa que fortaleceu significativamente a indústria cinematográfica brasileira, em um mercado nacional dominado por filmes estrangeiros, basicamente norte-americanos.

De 1970 a 1990, quando foi extinta pelo governo de Fernando Collor de Melo, a Embrafilme produziu e distribuiu centenas de média e longa metragens brasileiros, alguns notáveis sucesso de bilheteria e vários premiados internacionalmente. Entre estes, destacam-se *Xica da Silva* (Carlos Diegues, 1974); *A Dama do Lotação* (Neville de Almeida, 1976); *A Idade da Terra* (Glauber Rocha, 1977); *Gaijin* (Tizuka Yamazaki, 1978); *O Gigante da América* (Júlio Bressane, 1978); *Pixote, a Lei do mais Forte* (Hector Babenco, 1978); *Eles não Usam Black-tie* (Leon Hirszman, 1979); *Beijo no Asfalto* (Bruno Barreto, 1980); *Cabra Marcado para Morrer* (Eduardo Coutinho, 1980), entre muitos outros. Em 1981, o cinema brasileiro recebeu a consagração mundial com *O Homem que Virou Suco*, de João Batista de Andrade, premiado em Moscou. E *Eles não Usam Black-tie* foi premiado com o Leão de Ouro, no Festival de Veneza.

Na literatura, destaque para Antônio Calado, com sua obra *O Quarup*; Pedro Nava, com o seu *Baú de Ossos*; Dalton Trevisan, com *O Vampiro de Curitiba.* Aliás, foi no período de maior repressão que Jorge Amado escreveu alguns dos seus melhores romances, destacando-se: *Teresa Batista Cansada de Guerra e Dona Flor e seus Dois Maridos*, entre 1966 a 1973. Também Érico Veríssimo produziu *Senhor Embaixador, O Prisioneiro e Incidente em Antares,* respectivamente em 1965, 1967 e 1971.

Grandes compositores e poetas produziram, durante o regime militar, obras hoje admiradas. Entre estes, destacam-se Vinícius de Morais, Carlos Drummond de Andrade, Chico Buarque de Holanda, Caetano Veloso, Gilberto Gil, Toquinho, Tom Jobim, e tantos outros. O País jamais produziu em tão curto espaço de tempo tal quantidade de obras-primas. Apenas para reiterar, essa produção se deu durante o período militar, mas, fora o cinema, os militares não tiveram nada a ver com essa produção. Quando a obra artística continha crítica ao regime, os militares censuravam, impediam sua propagação e prendiam e exilavam escritores, poetas, dramaturgos, atores, cantores, diretores, jornalistas etc. Isso até a primeira meados dos anos 70.

XXVIII

A redemocratização (1985-2006)

A Lei de Anistia, geral e irrestrita, sancionada em agosto de 1979, veio beneficiar muitos políticos que haviam sido presos ou exilados desde 1964. Previa a lei o regresso ao País de muitos políticos, como foi o caso de Leonel Brizola, Miguel Arraes, Fernando Henrique Cardoso, Aluísio Nunes, Luís Carlos Prestes e muitos outros. Para acomodar o regresso de figuras importantes da política nacional, Figueiredo promoveu uma reforma partidária, definindo as regras de jogo político, criando novas agremiações políticas, extinguindo a Arena e o MDB, os dois partidos existentes. Do bipartidarismo, o País passava a viver sob o pluripartidarismo. No lugar da Arena, foi criado o Partido Democrata Social (PDS); e, no lugar da MDB, se estabeleceu o Partido do Movimento Democrático Brasileiro (PMDB). Surgiram também partidos que desempenhariam papel importante nas décadas seguintes, como o Partido dos Trabalhadores (PT); o Partido Democrático Trabalhista (PDT); o Partido Trabalhista Brasileiro (PTB), e o Partido Popular (PP), que mais tarde se fundiu com o PMDB.

O projeto de redemocratização democracia brasileira, iniciado por Geisel e executado por Figueiredo, teve continuidade com a realização de eleições para governador de Estado, em 1982. Estas eleições tiveram muita ressonância nos Estados mais populosos da União. Depois dessas, o processo de democratização teria como suporte principal os governadores, que passaram a pressionar para que fossem realizadas eleições livres e democráticas para a presidência da República. Este movimento ganhou força, mobilizando milhares de pessoas em quase todas grandes capitais do País, visando eleger o presidente diretamente pelo voto popular. Mas a Constituição de 1967 previa que o presidente da República só poderia ser eleito indiretamente, através do Colégio Eleitoral do Congresso.

Para mudar o sistema de eleição presidencial para a via direta, seria necessária uma alteração constitucional para modificar o "*modus faciendi*" do processo eleitoral. No dia 25 de abril de 1984, foi colocada em votação, no Congresso Nacional, a Emenda Constitucional Dante de Oliveira, conhecida como "Diretas Já". Porém, esta não foi aprovada. Restava a chance de a oposição ganhar as eleições indiretas, dentro do Congresso. As principais lideranças políticas da oposição mobilizaram-se e concorreram com candidato próprio, ao mesmo tempo em que conclamavam para que fossem realizadas *Eleições Livres e Democráticas Já*, ou *Diretas Já,* como ficou conhecido o movimento cívico.

Muitos políticos profissionais, como Tancredo Neves, José Sarney e outros, observando que o governo tinha o povo como oposição, mudaram imediatamente do PDS (ex-Arena) para o PMDB, formando a Aliança Democrática. Esta lançou a chapa com Tancredo (PMDB) e

Sarney (ex-PDS), como presidente e vice-presidente, tendo Paulo Salim Maluf (PDS), como candidato do governo.

Os candidatos contra o governo ganharam as eleições, em 15 de janeiro de 1985, com larga margem de votos. A posse fora marcada para 15 de março, mas, na véspera, Tancredo Neves foi internado às pressas num hospital de Brasília por causa de um tumor benigno na região abdominal. No lugar do presidente, assumiu o vice José Sarney. Depois de 38 dias de internação e várias cirurgias, o estado de saúde de Tancredo Neves se agravou. Faleceu em 21 de abril. José Sarney, que já assumira o governo, em 15 de março, à espera do restabelecimento da saúde de Tancredo, se efetivou como o primeiro presidente civil depois do regime militar. Na posse, o general Figueiredo recusou-se a passar a faixa presidencial a Sarney porque entendia que este não teria direito de recebê-la.

Terminavam assim os governos da ditadura militar iniciada em 1964. O povo brasileiro pensava no caminho alegre da liberdade democrática. A liberdade sonhada durante os odiosos 21 anos da ditadura. Mas a liberdade viria acompanhada de grave crise econômica, que postergaria os desejos de justiça de uma nação faminta. Durante o governo Figueiredo, tão odiado como os outros generais-presidentes anteriores, se estabeleceriam, aos brasileiros de todas as raças, cores e credos religiosos, as garantias de liberdade. Assim como ocorrera, em 7 de setembro de 1822, quando os brasileiros conquistaram a liberdade e a Independência, separando o Império do Brasil do odiado reino de Portugal.

Ocorre que os 14 anos seguintes ao governo militar seriam trágicos para o País. Ao lado da liberdade política recém-conquistada, o País sofreria com o caos econômico, com hiperinflação, moratórias de dívida externa, crescimento iníquo; a explosão dos problemas urbanos, como violência e favelização; a estagnação social e a falta de investimentos em infraestrutura. No entender dos sociólogos e políticos, os anos 80 seriam a década perdida. Mas esta se estenderia pelos menos até 1994.

José Sarney (1985-1990)

Sucessor de Figueiredo, o governo Sarney foi um desastre. A inflação chegou a 85% ao mês. A maior que o País já conhecera (e este homem ainda continua dirigindo os destinos da nação brasileira). A dívida pública do Estado aumentou tanto que o Brasil deixou de pagar os juros ao FMI, declarou moratória unilateral, em 1987, se tornando inadimplente perante o mundo econômico. Esta é uma pequena amostra do que viria a ser a primeira legislatura da democracia brasileira.

Oriundo da oligarquia maranhense, que estava há 30 anos no poder do Estado, e ex-presidente do partido de sustentação do regime militar (a Arena), Sarney implementou vários planos econômicos para tentar debelar a inflação, como o Cruzado, em 1986, que previa o congelamento geral de preços por um ano. O plano fracassou, assim como outros: o Cruzado II, em 1987, e Bresser e Verão. Entre 1989 e 1990, a inflação explodiria, atingiria a marca anual de mais de 2.700%.

Paralelamente ao caos econômico, o processo de redemocratização no País avançou nesse período. Em 1985, haviam sido realizadas eleições para prefeitos de capitais depois de 20 anos. Em 1986, novo pleito elegeu deputados para a Assembleia Nacional Constituinte, que iria elaborar a nova Constituição, que seria promulgada em outubro de 1988. Neste mesmo ano, seriam realizadas as primeiras eleições livres e diretas para a Presidência da República, em 29 anos. José Sarney se revelaria um dos políticos brasileiros mais espertos da contemporaneidade, ao se tornar presidente do Senado em vários governos sucessores ao seu. E assim continuando a exercer influência sobre as decisões do País ao reter sua força política no jogo parlamentar.

A Constituição de 1988

Até este ano, o Brasil vivia ainda sob a égide da Carta Constitucional de 1967, alterada em 1969, que abrigava os Atos Institucionais impostos pelos militares e privilegiava o conceito de Segurança Nacional, com restrições à liberdade de manifestação e expressão. A carta de 1988, que ficou conhecida como *Constituição Cidadã,* instituiu o *Estado Democrático de Direito,* com estrutura federativa. Seu texto determinou a realização de um plebiscito, em 1993, para a escolha sobre a forma e o sistema de governo: monarquia ou república, parlamentarismo ou presidencialismo. Foi adotado o regime republicano e presidencialista.

A nova Carta restabeleceu as liberdades políticas e reforçou os direitos sociais. Instituiu o fim da censura aos meios de comunicação, garantiu eleições livres e diretas em todos os níveis, regulou as atribuições do Poder Público, alterou a divisão administrativa do País, que passou a contar com 26 Estados Federados e um Distrito Federal. Concedeu maior autonomia aos municípios e estabeleceu a função social da propriedade urbana. Restabeleceu a autonomia do Poder Judiciário e concedeu novos instrumentos para o povo questionar os atos do Estado, como o *Habeas Corpus, Ação Popular, Mandato de Segurança Coletivo,* entre outros.

Fernando Collor de Melo (1990-1992)

No final dos anos 80, o caos econômico e social havia se estabelecido no Brasil: inflação estratosférica, endividamento interno e externo, descontrole total das contas públicas, desemprego, que geravam inquietação social, com distúrbios nas grandes cidades e protestos violentos – incluindo saques de supermercados – da massa urbana desassistida pelo Estado. A corrupção dentro do Estado começava a transparecer e a ganhar proporções inauditas.

No *front* político, antigas e novas forças se estabeleciam e lutavam pelo poder. Com o pluripartidarismo, as grandes agremiações políticas, PMDB e PDS, enfrentavam dissensões internas, que desembocavam em novas alianças. Amparados pela lei, pequenos partidos, sem representação, eram fundados e participavam do jogo político, geralmente negociando seus apoios às grandes correntes partidárias. Antiga Arena, o PDS daria origem, em 1985, ao PFL (Partido da Frente Liberal), transformado depois em Democratas (DEM), de direita. Do PMDB sairia, em 1988, o PSDB (Partido da Social Democracia Brasileira), de centro. O PDT, de Leonel Brizola também se impunha. Uma quarta corrente, o PT (Partido dos Trabalhadores), de esquerda, começava a ganhar força no jogo político. Além destes, dezenas de partidos minúsculos eram formados apenas para satisfazer interesses não muito nobres de seus criadores.

Um desses partidos foi o PRN (Partido da Renovação Nacional) – oriundo do também pequeno PJ (Partido da Juventude), fundado em 1985 – que lançou a candidatura de Fernando Collor de Melo às eleições presidenciais de 1989, tendo com vice o senador Itamar Franco, do

Partido Liberal (PL). Empresário e ex-governador de Alagoas – neto Lindolfo Collor, o ministro de Vargas –, Collor de Mello teve como adversários no pleito Mário Covas (PSDB), Leonel Brizola (PDT), Luiz Inácio Lula da Silva (PT), Aureliano Chaves (PFL) Paulo Maluf (PDS); entre outros. Desses, foram para o segundo turno das eleições, apenas Collor e Lula. Com forte esquema de marketing em torno de sua fama de *Caçador de Marajás* e com o apoio da mídia nacional e das forças de centro e de direita, Collor venceu Lula e se tornou o primeiro presidente civil eleito pela via direta em 29 anos.

Sua gestão também foi desastrosa, tanto no aspecto econômico como político. Duas medidas econômicas marcariam o seu governo: abertura da economia brasileira ao capital e às empresas estrangeiras, com o início das privatizações, e o *Plano Collor*, que confiscaria a poupança popular e geraria enormes protestos. Mas seu maior fracasso foi político: sua queda se daria pela descoberta de um esquema de corrupção generalizado – comandado por seu tesoureiro de campanha, o empresário Paulo César Farias –, reforçado pelas denúncias de seu próprio irmão, Pedro Collor. As oposições, com apoio popular, levaram à frente o movimento de *impeachment* do presidente. Em sessão extraordinária transmitida ao vivo por rádios e TVs, a Câmara dos Deputados, em 29 de setembro de 1992, votou pela abertura do processo de *impeachment* do presidente, que seria julgado pelo Senado. Collor renunciou ao mandato antes do julgamento. Seu vice, Itamar Franco assumiu o cargo.

Itamar Franco (1992-1994)

Senador mineiro eleito pelo PMDB, Itamar Franco assumiu interinamente a Presidência da República, em 2 de outubro de 1992, já como membro do Partido Liberal (PL), para o qual havia se transferido. Foi, contudo, aclamado presidente, em 29 de dezembro, com a renúncia de Collor. Com apoio popular, o governo Itamar tentou tudo para conter a inflação, que atingira mais de 4.000% ao ano, em 1993. Em fevereiro de 1994, lançou o *Plano Real*, que estabilizou a economia e a acabou com a crise hiperinflacionária. Seu ministro da Fazenda, de maio de 1993 a março de 1994, Fernando Henrique Cardoso iria se beneficiar disso e colher os frutos do sucesso do plano: seria o candidato e vencedor das eleições presidenciais realizadas em outubro de 1994.

Fernando Henrique Cardoso (1995 – 2002)

Sociólogo e professor universitário, descendente de militares do chamado *Tenentismo,* Fernando Henrique Cardoso (FHC) foi exilado político, em 1968, durante do regime militar. Nascido no Rio de Janeiro, mas radicado em São Paulo, FHC deixou a academia, em 1978, e passou a participar ativamente do movimento pela redemocratização do País e a apoiar os movimentos sindicalistas que reivindicavam, no final dos anos 70, liberdade de organização e melhores condições para os trabalhadores. Torna-se senador, em 1983. Sua atuação no processo de transição do regime militar para a democracia durante os anos 80, o tornou um dos principais líderes políticos do País, ao lado de Mário Covas, Franco Montoro, Ulisses Guimarães, Leonel Brizola, Tancredo Neves e Luís Inácio Lula da Silva.

Foi derrotado por Jânio Quadros nas eleições para prefeito de São Paulo, em 1985, e reeleito senador, pelo PMDB, em 1986. Teve atuação destacada na elaboração da Constituinte de 1988 e na transição pacífica, em 1992, do governo Collor para o governo de Itamar Franco. Neste, foi um dos seus principais líderes e ministro da Fazenda. O sucesso do Plano Real, adotado em 1994, que acabou com o crônico processo hiperinflacionário brasileiro, levaria FHC a vencer, no primeiro turno, as eleições presidenciais, contra Luiz Inácio Lula da Silva, em outubro desse ano.

FHC se tornaria o primeiro presidente reeleito na história do Brasil, ao vencer as eleições de 1998, novamente contra Lula da Silva. Seu governo foi marcado por atuação distinta: no primeiro mandato, conseguiu consolidar a estabilização econômica do País, com controle da inflação, do câmbio e a criação de leis de responsabilidade fiscal. Em 1997, sua gestão quebrou o monopólio estatal de petróleo, exercido pela Petrobras, e abriu o setor para participação do capital estrangeiro, na prospecção, extração, refino e distribuição do produto.

Seu segundo mandato, contudo, é alvo de críticas e acusações. A começar pelo processo de aprovação da Emenda Constitucional que tornou possível a sua reeleição: houve indícios de compra de votos de deputados para que a alteração constitucional fosse aprovada. Segundo seus críticos, de olho na reeleição, sua gestão retardou para depois das eleições de 1998 a desvalorização do real, necessária para restabelecer a capacidade exportadora do Brasil e o reequilíbrio do balanço de pagamentos. Tal retardo teve impacto significativo no aumento do endividamento interno e externo brasileiros. Logo no início do seu segundo mandato, foi necessária uma desvalorização expressiva da moeda, acentuada por crises financeiras internacionais (Rússia, México e Ásia), que levou o governo a impor os maiores juros da história brasileira, com enorme aumento da dívida interna. Além disso, o governo brasileiro foi obrigado a fechar um empréstimo junto ao Fundo Monetário Internacional, no valor de US$ 41,5 bilhões, para cobrir o déficit do governo.

Outro aspecto envolve o processo de privatização de empresas estatais, outra marca de sua gestão. Se a privatização foi bem-sucedida no sistema Telebrás, que possibilitou a participação de empresas estrangeiras no setor de telecomunicações e telefonia do País, em outras áreas há fortes críticas. Entre essas está a desestatização de parte do sistema Eletrobrás, que administrava hidrelétricas brasileiras, do sistema de distribuição de gás, da Rede Ferroviária Federal, de rodovias federais, entre outras. A abertura do setor de mineração, por meio da venda da Companhia Vale do Rio Doce, por preços considerados bem abaixo do que valiam, também gerou críticas pesadas.

Apesar das conquistas de seu primeiro mandato, FHC deixou o Brasil com dívida interna e externa recordes, inflação e juros crescentes. Segundo seus críticos, não realizou investimentos expressivos na infraestrutura nem na área social. Em seu último ano de governo, em agosto de 2002, foi obrigado a recorrer, pela terceira vez, ao FMI e pegar US$ 30 bilhões para cobrir as vulnerabilidades do País. Já estava em curso, então, o processo eleitoral para a sua sucessão. Seu partido, o PSDB, havia lançado, como candidato do governo, o senador José Serra, que foi derrotado por Lula da Silva, nas eleições de outubro de 2002.

Luiz Inácio Lula da Silva (2003 –)

A quarta candidatura consecutiva à Presidência da República do ex-metalúrgico e sindicalista Lula da Silva foi vitoriosa em parte devido à crise econômica deixada por seu antecessor. Sempre visto com ceticismo pelo espectro político que vai da direita ao centro, Lula conseguiu vencer as resistências e temores ao seu nome, ligado ao radicalismo de esquerda. Oriundo de uma família muito pobre de Garanhuns, interior de Pernambuco, que veio para São Paulo em cima de um *pau-de-arara,* Lula se notabilizou pela liderança dos movimentos sindicais na região metropolitana do Grande ABC paulista. Radicado em São Bernardo do Campo, comandou, em 1978, a primeira greve dos metalúrgicos realizada durante do regime militar. Por isso foi preso. Em 1980, fundou, com outros sindicalistas e intelectuais, o Partido dos Trabalhadores, que passaria a ser a nova força no cenário político brasileiro.

Com uma mudança surpreendente no seu posicionamento político, Lula voltou sua administração mais para o centro e abriu o governo para o diálogo e a participação dos conservadores. Tal mudança, embora tenha provocado a ira dos radicais de esquerda, provou-se bem sucedida. Sua gestão tem sido marcada pela ênfase nos projetos sociais, como o Bolsa-Família e pelo fortalecimento do poder de compra do salário mínimo; pelo saneamento inédito nas contas do País; e pela retomada dos grandes projetos de investimento na infraestrutura brasileira, via Programa de Aceleração do Crescimento (PAC). Tal sucesso foi confirmado pela sua reeleição, em 2006. Neste pleito, derrotou Geraldo Alckmin, do PSDB.

XXIX

Corrupção, atraso e a colonização Lusa como bode expiatório

Depois do processo de redemocratização do País, emergiram centenas de escândalos e casos de corrupção bilionários, que certamente contribuíram e contribuem decisivamente para o atraso brasileiro. A enorme dívida social que o País tem para com a maioria de seu povo se agravou, particularmente nas décadas de 80 até meados da de 90, com a má distribuição das riquezas, falta de crescimento econômico, desemprego em massa, e a intensificação da favelização de seus grandes centros urbanos, com a explosão da violência e da miséria.

Entre inúmeros, podemos citar alguns casos emblemáticos de corrupção em cada governo: o escândalo das concessões de rádio e TV e o caso das pedras preciosas, durante o governo Sarney; o caixa dois do PC Farias, tesoureiro de Collor; o caso DNOCS e dos Anões do Orçamento, durante a gestão de Itamar Franco; os casos do Banestado e do Banco Econômico, durante o governo FHC; o *Mensalão,* durante o governo Lula. Todos desviaram dezenas de milhões que deveriam se dirigir à construção de hospitais, creches, escolas, metrôs, ônibus, estradas, ferrovias etc.

A vulnerabilidade do Estado brasileiro a esquemas de corrupção se refletiu numa precária democracia até recentemente. Como diz Aldous Huxley: [124]

> *Nenhum povo em condições econômicas precárias tem uma grande oportunidade de ser capaz de governar democraticamente a si próprio.*

Em mais de um século de República, o valor mais alto que se consagrou no Brasil foi a corrupção. Na verdade, esta ficou de tal maneira arraigada ao Estado, que se tomou sinônimo de fazer política ou de esperteza. Neste sentido, não faltam exemplos de indivíduos que se destacam em amealhar fortunas colossais, subtraídas do erário. Mas o poder Judiciário também dá a sua contribuição. Juízes acusados de corrupção geralmente perdem seus cargos e, no entanto, são aposentados recebendo o salário rigorosamente integral, como se estivessem em plena atividade. Apesar de a sociedade tomar conhecimento das suas maracutaias, os corruptos ficam com os bens em seu poder, quando deveriam ser confiscados, por enriquecimento ilícito. O Judiciário fecha os olhos à corrupção, de forma corporativista.

O edifício que os governantes chamam de sistema democrático está doente e corroído pela corrupção e pela grande mazela social que assola o País. A corrupção entranhada no Estado Brasileiro, que se agravou

---

124. Huxley, Aldous. Op. cit., p. 50.

após sua Independência, é uma das causas do atraso brasileiro. A incapacidade de políticos e governantes, durante todo o período republicano, de combater a malversação de dinheiro público, tem colocado o Brasil bem atrás dos países desenvolvidos, notadamente dos Estados Unidos, com o qual fizemos comparações pontuais no decorrer deste trabalho.

A corrupção produz miséria, desigualdade, alijando a maioria do povo das riquezas produzidas pelo País. Se a sociedade brasileira não se organizar para acabar com a corrupção, os corruptos tomarão o lugar dos honestos. Daí, como sempre, os grandes culpados pela pobreza da nação brasileira serão os antigos colonizadores portugueses, os bandeirantes e os capitães-hereditários, como disseram os grandes sociólogos do País, como Sérgio Buarque de Holanda, Darcy Ribeiro, Franklin de Oliveira e outros.

Considerações finais

Mais de 500 anos depois de seu descobrimento, alguns brasileiros mais açodados insistem em colocar a culpa nos portugueses pelo atraso brasileiro. Isso ocorre particularmente nos momentos de caos político e econômico e de corrupção generalizada. Nessa crítica fácil, ficam soterradas as virtudes, as grandes realizações dos lusos na colonização do Brasil. Porque essa crítica é uma explicação superficial, prontamente acessível e mais facilmente manipulável do que pensar na estrutura do Estado, no processo de desenvolvimento brasileiro após a sua Independência, em 1822. É mais difícil e complexo refletir sobre como as circunstâncias históricas, a dinâmica política, econômica e social favoreceram ou prejudicaram o desenvolvimento do Brasil. Repetimos, o País teve quase 200 anos para se livrar dessa suposta "influência nefasta dos portugueses" e se tornar mais justo e igualitário, mas não se tornou.

Continuará sendo recorrente também a pergunta: por que o Brasil não se desenvolveu como os Estados Unidos? Nos primeiros capítulos deste trabalho, tratamos de comparar os processos de colonização dos dois gigantes das Américas. Observamos que, durante o Período Colonial de ambos os países, os Estados Unidos estiveram sempre atrás do Brasil, em termos territoriais, populacionais e de desenvolvimento agrícola, industrial e cultural. Vimos, contudo, que os Estados Unidos aceleraram seu desenvolvimento a partir do início do século XIX, com uma dinâmica política forte, com eleições em todos os níveis se sucedendo – permitindo a participação e fiscalização popular nas decisões e ações de governo –; com o desenvolvimento da sua agricultura; com a descoberta e exploração de seus recursos naturais, como o petróleo; com a sua política de guerras e anexação de regiões; e o forte incentivo à vinda de mão-de-obra imigrante e qualificada, entre outros.

Já o Brasil, nesse mesmo período, que vai dos anos 1822 a 1930, permaneceu estagnado, enredado numa estrutura arcaica, sem mobilização, sem dinâmica política, econômica e industrial, em torno de um Império centralizador e inócuo e de uma República Velha oligárquica, opulenta e incompetente, sem o menor compromisso com o seu povo. É provável que as estruturas de poder centralizadoras e autônomas, vigentes por tempo demasiado no Brasil, tenham sufocado o processo político brasileiro, impedindo a renovação, inibindo a participação e o poder de pressão do povo, bem como a capacidade de fiscalização sobre os agentes do Estado. Essa asfixia se refletiu no seu desenvolvimento econômico.

Dessa forma, o Estado brasileiro se constituiu, por tempo longo demais, em um ente apartado de seu povo, um "Estado dentro do Estado". De tal maneira que os poderes Executivo, Judiciário e Legislativo foram, durante muito tempo, instâncias voltadas para si mesmas que, com o tempo, autoestimularam seus vícios internos, como a corrupção, o clientelismo e o desprezo pelo restante da sociedade. Originaram uma máquina do Estado dissociada dos interesses nacionais majoritários. Dessa separação entre Estado e Povo surgiu o abismo social em que o Brasil navega.

Na passagem do século XIX para o XX, os Estados Unidos se colocaram a cerca de 100 anos à frente do Brasil. A comparação entre os dois países talvez seja pedagogicamente válida, mas há que se respeitar a dinâmica histórica de cada nação e suas características sociais e culturais únicas. Parece-nos que mais importante do que o grau desenvolvimento de cada país, é o bem-estar de cada povo. Neste aspecto, o Brasil tem melhorado muito lentamente e precisa trabalhar mais. Nos momentos de dificuldade política e econômica, como dissemos, os portugueses viraram o bode expiatório das tragédias sociais brasileiras. No alvorecer da segunda década do século XXI, com o recente avanço do País rumo a uma maior justiça social e pujança econômica, espera-se que sejam resgatadas as virtudes legadas pelos portugueses na construção deste Continente chamado Brasil.

São Paulo, março de 2006

ANTÓNIO NETO GUERREIRO

ECOgraf
diagramou e imprimiu

Rua Costa, 35 – Consolação – São Paulo-SP
ecograf.grafica@terra.com.br
Fone: (11) 3259-1915